Latinum für Studenten

Christoph Kuhn

Latinum für Studenten

Lehr- und Übungsbuch

Schmetterling Verlag

Bibliografische Informationen *Der Deutschen Bibliothek*
Die Deutsche Bibliothek verzeichnet diese Publikation in der Deutschen Nationalbibliografie; detaillierte Daten sind im Internet über http://dnb.ddb.de abrufbar.

Schmetterling Verlag GmbH
Lindenspürstr. 38b
70176 Stuttgart
www.schmetterling-verlag.de
Der Schmetterling Verlag ist Mitglied von aLiVe.

ISBN 3-89657-840-5
1. Auflage 2008
Printed in Germany
Alle Rechte vorbehalten
Satz und Reproduktionen: Schmetterling Verlag
Druck: GuS-Druck, Stuttgart
Binden: IDUPA, Owen

Inhalt

Vorwort 9

1. Repetitorium der deutschen Grammatik 10
Sieben Wortarten 10
    Übung: Wortarten 14
Vier Satzteile 20
Attribut und Prädikativum 25
    6 Arten von Attributen 25
    Prädikativum 28
    Übung: Satzteile, Attribute und Prädikativa 31
Satzarten und Satzfunktionen 37
Verben werden konjugiert 47
    Übung: Indirekte Rede 60
    Übung: Irrealis 61
Nomen werden dekliniert 62

2. Lateinischer Teil 66
Aussprache 66
Verben 67
    Vokabular: Verben 79
    Übung: Verben 85
Nomen und Pronomen 91
Substantive 94
Adjektive 97
    Vokabular: Substantive und Adjektive 105
Pronomen 107
    Vokabular: Pronomen 113
    Funktionen von Nomen und Pronomen 114
    Übung: Nomen und Pronomen 120
Präpositionen 134
    Vokabular: Präpositionen 137
    Übung: Präpositionen 138
Komparation 143
    Übung: Komparation 148
Adverbien 149
    Vokabular: Adverbien 152
Verbaladjektive 155
    Das Partizip Präsens Aktiv (PPA) 157
    Übung: PPA 161
    Das Partizip Perfekt Passiv (PPP) 163
    Übung: PPP 167
    Das Partizip Futur Aktiv (PFA) 170
    Übung: PFA 173
    Das Partizip Perfekt Deponent (PPDep) 175
    Übung: PPDep 178

Das passive Notwendigkeitspartizip auf *-nd* (Gerundivum) 179
Der substantivierte Infinitiv auf *-nd* (Gerundium) 185
    Übung: nd-Formen 189
Supinum 192
    Vokabular: Supinum 193
    Übung: Supinum 194
Ellipse von *esse* 195
Konjunktionen 196
    Vokabular: Konjunktionen 200
    Übung: Konjunktionen und indirekte Fragen 202
Kasusfunktionen 203
    Vokabular: Kasusfunktionen 209
    Übung: Kasusfunktionen 210
Der Ablativus absolutus 211
    Übung: Ablativus absolutus 215
Der Konjunktiv 218
    Übung: Konjunktiv im Hauptsatz 222
Der AcI 223
    Vokabular: AcI-Signalverben 228
Der NcI 229
    Übung: AcI und NcI 232

Anhang **234**
Übersetzungstechnik 234
Abweichungen vom klassischen Sprachgebrauch bei Sallust 237
Stilfiguren 240

Tabellen **242**
Der deutsche Indikativ Aktiv 242
Der deutsche Indikativ Passiv 243
Der deutsche Konjunktiv Aktiv 244
Der deutsche Konjunktiv Passiv 245
Der lateinische Indikativ Aktiv 246
Der lateinische indikativ Passiv 247
Der lateinische Konjunktiv Aktiv 248
Der lateinische Konjunktiv Passiv 249
Der lateinische Imperativ Aktiv 249
Der lateinische Imperativ Passiv 250
Indikativ der Verben mit Stammwechsel 251
Konjunktiv der Verben mit Stammwechsel 252
Substantive mit unregelmäßiger Deklination 252
Personalpronomen 254
Demonstrativpronomen 255
Relativ- und Fragepronomen 255
Zusammengesetzte Pronomen 256
idem, eadem, idem 256

ipse, ipsa, ipsum	256
Die Possessivpronomen im Singular	257
Die Possessivpronomen im Plural	257
Suffixe und Endungen des Komparativs	258
Suffixe und Endungen des Superlativs/Elativs	258
Beispiele regelmäßiger Adverbbildung	261
Suffixe und Endungen des PPA/PPP	262
Suffixe und Endungen des PFA	263
Suffixe und Endungen des passiven Notwendigkeitspartizips auf -nd (Gerundivum)	264
Zur Übersetzung des Zeitverhältnisses	264

Meinen Schülern und Studenten – dieses Buch ist für euch!

Danksagung

Mein Dank gilt in erster Linie meinem Freund und Mitstreiter Mathias Michel, der in jahrelanger Zusammenarbeit mir viele Inspirationen geliefert und didaktische Konzepte mitentwickelt hat. Seinen Beitrag lieferte außerdem Reinhard Forst im Rahmen eines Schulpraktikums, auch wenn ihm vielleicht nicht mehr bewusst ist, wann, wo und wem. Als Nächstes darf ich dich nicht vergessen, meine geliebte Chia. Ohne deine Liebe und Unterstützung (und die vielen, vielen Nacken- und Handmassagen) hätte ich dieses Buch nie und nimmer schreiben können. Besonderer Dank geht auch an meinen Freund und Kollegen Roland Richter für Anregungen, Kritik und persönliche Unterstützung. Für weitere Anregungen, Kritik, Verbesserungsvorschläge, Korrekturarbeiten, fachliche und persönliche Unterstützung möchte ich mich bedanken bei (Reihenfolge alphabetisch):
Rainer Bangert, Dennis Dorrhauer, Christian Fusten, Wolfgang Geldermann, Verena Grunewald, Christian Gsänger, Dominik Härig, Stefan Heinemann, Carsten Hess, Judith Hofmann, Michael Jülich, Martin Kindermann, Martina Nebeling, Radomir Nosek, Ural Özaltin, Anne-Kathrin Schneider, Albert J. Urban, Nora Voss, Katharina Zuschlag sowie bei allen Kursen der Jahre 2004–2008, ohne deren Mitarbeit und Interesse dieses Buch niemals zustande gekommen wäre.

Außerdem möchte ich mich beim Team vom Schmetterling Verlag bedanken (Tobias Weiß, Doris Schmidt, Gabriela Cifuentes, Jörg Hunger, Paul Sandner und Jörg Exner), für Geduld und gute Zusammenarbeit, wenn es mal etwas länger gedauert hat.

Vorwort

Liebe Studentin, lieber Student,

das Ziel dieses Lehrgangs besteht darin, dich in möglichst kurzer Zeit mit möglichst einfachen aber wirksamen Mitteln auf die Latinumsprüfung vorzubereiten, so dass du am Ende mit mindestens der Endnote 4,0 oder 5 Punkten bestehst.

Vor dir liegen zwei Prüfungen, eine schriftliche und eine mündliche. In der ersten, der schriftlichen Prüfung hast du 180 Minuten Zeit um 180 lateinische Wörter ins Deutsche zu übersetzen. Das macht genau 1 Wort pro Minute. In der zweiten, der mündlichen Prüfung hast du 30 Minuten Zeit um 60 bis 80 lateinische Wörter ins Deutsche zu übersetzen. Das macht etwa 2 bis 3 Wörter pro Minute.

Um dahin zu kommen brauchst du je nach Begabung und Terminlage zwischen wenigen Wochen und mehreren Jahren. Diese kühle Berechnung soll nicht dazu dienen dich abzuschrecken, sondern dich frühzeitig mit den Realitäten zu konfrontieren und dir zu helfen ein Ziel und einen Zeitplan abzustecken. Denn genau das ist es, was sich die meisten Latinumsprüflinge immer viel zu spät oder gar nicht klar machen.

Dieses Buch ist folgendermaßen aufgebaut: Es besteht aus einem Einführungsteil, in dem ich die Grundbegriffe, mit denen wir in der deutschen wie in der lateinischen Grammatik operieren, anhand einfacher, meist deutscher Beispiele erkläre. An diesen Einführungsteil schließt sich ein lateinischer Teil an, in dem ich zunächst die elementare Formenlehre und im Anschluss alle für das Latinum wesentlichen grammatischen Phänomene behandle.

Den gesamten Beispiels- und Gegenstandskatalog habe ich den Stoffen vergangener Latinumsprüfungen entnommen und nach Häufigkeit und Relevanz gewichtet, so dass ich das eine oder andere Thema nur kurz angeschnitten oder gar nicht behandelt habe, wenn es mir für ein erfolgreiches Bestehen der Prüfung nicht unbedingt erforderlich erschien. Die meisten Sätze sind ungekürzt zitiert. Das ist anfänglich schwer, hat aber den Vorteil, dass du dich von Beginn an daran gewöhnst, dass im Latinum scharf geschossen wird. Als Netz und doppelter Boden dienen die Übersetzungen und der Lösungsteil im Internet, unter: www.latinum-fuer-studenten.de.

Eine Anmerkung zu den Übersetzungen der lateinischen Terminologie: Bei vielen lateinischen Begriffen, die heute in der Grammatik gängig sind, handelt es sich um falsche oder ungenaue Übersetzungen ursprünglich griechischer grammatischer Fachausdrücke. Obwohl die Einführung einer fundierteren Nomenklatur wünschenswert wäre, möchte ich mich mit der herkömmlichen Terminologie begnügen und diese auch nicht zu sehr hinterfragen oder aus ihren griechischen Ursprüngen erklären. Das hat vor allem pragmatisch-didaktische Gründe. Wenn insbesondere in der mündlichen Prüfung ungebräuchliche Fachausdrücke fallen, kann es zu Missverständnissen zwischen Prüfer und Prüfling kommen, meist zu Ungunsten des letzteren. Zum anderen würde es den Rahmen des Gegenstandskataloges für die Latinumsprüfung sprengen.

Auf einen Stellennachweis habe ich in dieser Ausgabe verzichtet, weil er dich als Anfänger kaum interessieren dürfte und ich in diesem Buch keinen Wert auf Wissenschaftlichkeit sondern auf Verständlichkeit lege.

Jedes Kapitel habe ich in

- einen Themenüberblick,
- einen ausführlichen Erklärungsteil und
- einen zusammenfassenden Lernteil

untergliedert. Der Themenüberblick dient der Orientierung und Formulierung der Lernziele. Der Erklärungsteil sollte gründlich durchgearbeitet und verstanden werden. Der Lernteil bündelt das Gelesene zum Auswendiglernen. Im Anschluss an die meisten Kapitel finden sich Übungen um das Gelernte anzuwenden. Außerdem schule ich dich immer wieder in gesonderten und gekennzeichneten Exkursen zu den beiden anwendungsrelevantesten Fertigkeiten:

- Übersetzungstechnik
- Arbeit mit dem Wörterbuch

Ich verwende folgende Symbole und Abkürzungen:

✎ Übersetzungstechnik

📖 Arbeit mit dem Wörterbuch

🗣 Lerne auswendig

1.	1. Person
2.	2. Person
3.	3. Person
♀	feminin, weibliches Geschlecht
♂	maskulin, männliches Geschlecht
n	neutral, sächliches Geschlecht
Dekl.	Deklination
Fut.	Futur
HS	Hauptsatz
Ind.	Indikativ
Imp.	Imperativ
Impf.	Imperfekt
Konj.	Konjunktiv
NS	Nebensatz
Perf.	Perfekt
Plpf.	Plusquamperfekt
Plur.	Plural
Präs.	Präsens
Prät.	Präteritum
Sing.	Singular

Und nun beginne!

Wortarten

Repetitorium der deutschen Grammatik

Sieben Wortarten

Themenüberblick

Am Anfang war das Wort, heißt es in der Bibel. Am Anfang war die Wortart, heißt es in der Grammatik. Es gibt sieben Wortarten:

- Verb
- Substantiv
- Adjektiv
- Pronomen
- Konjunktion
- Adverb
- Präposition

Es gibt Grammatiken, die es etwas genauer nehmen. Bei ihnen werden Artikel, Ausruf und Zahlwort als eigene Wortarten gezählt. Das ist aber für den Bedarf des Latinums nicht pragmatisch und – wie ich noch erklären werde – auch nicht immer richtig.

In diesem Abschnitt lernst du, wie man Wortarten definiert, erkennt und unterscheidet.

Verben bezeichnen Tätigkeiten

Zu Beginn einer berühmten Stilfibel heißt es: «Das wichtigste auf der Welt sind die Taten, die wichtigste Wortart ist das Tätigkeits- oder Zeitwort, also z.B. *lieben, leben, küssen, tanzen, schlafen, reden*». (Ludwig Reiners, Stilfibel: Der sichere Weg zum guten Deutsch, München 1951) Besser könnte ich es auch nicht ausdrücken. Der lateinische Name für das Tätigkeitswort ist Verb (Mehrzahl: Verben).

verbum ist lateinisch und heißt eigentlich nichts anderes als «Wort». Was das mit Tätigkeiten zu tun haben soll, ist ohne Kenntnisse der Sprachgeschichte schleierhaft. Mach dir also nicht zu viele Gedanken, sondern nimm es hin.

Verben kommen in zwei Formen vor:

- als finites Verb
- als infinites Verb oder Infinitiv

Die lateinischen Wörter *finitum* und *infinitum* bedeuten: *beendet* und *unbeendet* oder «mit einer Endung versehen» und «nicht mit einer Endung versehen». Wie das eigentlich zu verstehen ist, lernen wir in einem eigenen Kapitel.

Das finite oder bestimmte Verb gibt genau an, wer, wann, in welchem Zustand etwas tut: *er lebt, er hat geredet, es wurde gehandelt, sie wurde geliebt, du hast gelernt*.
Der Infinitiv oder das unbestimmte Verb ist gewissermaßen die allgemeine Grundform, also das Verb an sich: *leben* oder *das Leben*, *handeln* oder *das Handeln*, *lernen* oder *das Lernen*.

Über finites Verb und Infinitiv erfahren wir später mehr. Wichtig sind zunächst nur die beiden Begriffe finites Verb und Infinitiv.

Substantive bezeichnen Dinge und Personen

Die nächste Wortart sind die Hauptwörter: *Hut, Stock, Regenschirm*. Die lateinische Bezeichnung für das Hauptwort lautet Substantiv (Mehrzahl: Substantive).

Substantiv kommt von dem lateinischen Wort *substans*, wörtlich «*darunterstehend*», feststehend, auch *entgegenstehend* (daher Gegenstand); es hat also mit dem deutschen «Hauptwort» nichts zu tun. Vergleiche aber das deutsche Fremdwort Substanz, das einen Stoff, ein Wesen bezeichnet. Vorsicht mit den Begriffen Substantiv und Subjekt. Substantiv und Subjekt sind nicht dasselbe und haben wenig miteinander zu tun.

Auch die Namen und Bezeichnungen von Personen sind Substantive: *Frau, Mann, Kind; Homer, Cicero*. Oder von Orten: *Rom, Sizilien, Mittelmeer*. Nicht immer bezeichnen die Hauptwörter solche greifbaren Gegenstände; auch die Namen der körperlosen Begriffe sind Hauptwörter, z.B. *Glaube, Liebe, Hoffnung; Friede, Freude, Eierkuchen*.

Substantive, die greifbare Dinge (*Tisch, Haus, Hand*) bezeichnen, nennt man gegenständlich oder konkret vom lateinischen *concretum*, wörtlich «zusammengewachsen», «verfestigt»; etwas, das fest ist, kann ich anfassen. Hauptwörter, die gegenstandslose und gedankliche Begriffe (*Klugheit, Liebe, Schönheit*) bezeichnen, nicht-gegenständlich oder abstrakt, vom lateinischen *abstractum*, wörtlich «entzogen», getrennt; etwas, das mir entzogen und von mir getrennt ist, kann ich nicht anfassen, es schwebt herum, ist nicht-dinglich, nicht-materiell.

Mit Substantiven und Verben können wir bereits einen Satz bilden:

Cicero vertrieb Catilina.

Adjektive bezeichnen Eigenschaften

Als nächste Wortart kommen die Eigenschaftswörter: *schön, reich, glücklich, intelligent, tapfer*. Auch Farben (*schwarz, rot, gold*) und Zahlworte (*zwei, drei, vier*) gehören zu den Adjektiven wie in dem berühmten Refrain: *siebzehn Jahr, blondes Haar*. Das lateinische Wort für Eigenschaftswort ist Adjektiv (Mehrzahl: Adjektive).

adiectum ist auch lateinisch und heißt «*hinzugeworfen*», drangeworfen; an das Substantiv wird ein Wort gefügt, das genauer beschreibt wie dieses Substantiv ist. Bereits hier wird die Terminologie ungenau, weil hier die Bezeichnung einer Wortart in die Nähe von Satzteilen gerückt wird (vgl. Subjekt, Objekt mit Adjektiv).

Adjektive haben grundsätzlich drei Funktionen. Sie können

- ein Substantiv näher beschreiben
- selbst zum Substantiv werden
- den Zustand eines Substantivs im Zusammenhang mit einem Verb näher beschreiben

Im ersten Fall steht das Adjektiv nie allein, sondern immer nah bei dem Substantiv, das es beschreibt, dem sogenannten Bezugswort: *der weise Sokrates, die platonische Akademie, das römische Reich.* Adjektive können auch zu Substantiven werden. Diesen Vorgang nennt man **Substantivierung**. Ein Adjektiv wird substantiviert, indem es Eigenschaft und Gegenständlichkeit in sich vereint. Beispiele im Deutschen sind alle Adjektive, die groß geschrieben werden, bzw. wie Hauptworte behandelt werden: *Schlimmes, Schönes, Gutes, Verehrtester, Liebste, Geliebte, Hamburger, Pariser, Dicker, Kleines.*

Die dritte Funktion von Adjektiven, die Beschreibung von Zuständen eines Substantives während einer Verbalhandlung, lasse ich an dieser Stelle noch aus, weil sie für das Adjektiv als Wortart keine Bedeutung hat. Ich behandle dieses Thema im Kapitel «Attribut und Prädikativum».

Verbaladjektive

Zu den Adjektiven gehört auch eine besondere Gruppe, das sogenannte Verbaladjektiv. Verbaladjektive sind Adjektive, die sowohl Eigenschaften des Verbs als auch des Adjektivs haben. Die deutsche Bezeichnung «Mittelwort» rührt daher, dass Verbaladjektive in der Mitte zwischen Verb und Adjektiv stehen. Zunächst einige Beispiele: *ein beeindruckendes Bauwerk, der springende Punkt, die gelehrte Frau, das gut erzogene Kind.* Hier bezeichnet man die Formen *beeindruckend, springend, gelehrt, erzogen* als Verbaladjektive. Sie leiten sich nämlich von Verben ab *(beeindrucken, springen, lehren, erziehen)*, bezeichnen aber meist eine Eigenschaft. Die lateinische Bezeichnung für das Verbaladjektiv lautet **Partizip**.

Die Bezeichnung Partizip kommt vom lateinischen *particeps*, das heißt «teilnehmend»; das Partizip nimmt teil an zwei Wortarten: vor allem an dem Adjektiv, weil es in erster Linie ein Eigenschaftswort ist; aber auch an dem Verb, weil es sich von Verben herleitet. Dementsprechend kann man mit Hilfe des Partizips sowohl Adjektive zur Bezeichnung von Eigenschaften bilden, z.B. *mein geliebtes Buch*, als auch Verben, z.B. *ich habe geliebt*.

Nomen bezeichnen sowohl Substantive als auch Adjektive

Nomen ist eine Sammelbezeichnung. Unter dem Begriff Nomen fassen wir Substantive und Adjektive zusammen, weil beide Wortarten einiges gemeinsam haben. Immer dann also, wenn wir uns auf die Gemeinsamkeiten von Substantiven und Adjektiven beziehen oder wenn wir etwas aussagen, das für beide zutrifft, zum Beispiel eine grammatische Regel, sprechen wir von Nomen.

Nomen ist wieder einmal banales Latein und heißt nichts anderes als «Name», «Bezeichnung». Auch das ist wieder irreführend, weil mit Nomen ja nicht nur Substantive mit irgendwelchen Namen sondern eben auch Adjektive, also Eigenschaften gemeint sein können. Das Nomen, Mehrzahl: Nomen oder Nomina

Vorsicht mit diesem Begriff: Nomen ist nicht dasselbe wie Substantiv. Diese Gleichsetzung ist zwar verbreitet aber unzulässig und falsch. Nomen ist eine Sammelbezeichnung für Substantive und Adjektive.

Mit den Adjektiven können wir den Satz jetzt noch erweitern:

Der hochmütige Cicero vertrieb Catilina.

Verb (Zeitwort), Substantiv (Hauptwort) und Adjektiv (Eigenschaftswort) sind die wichtigsten Wortarten. Aber wir können mit ihnen nicht alles ausdrücken. Präziser und ökonomischer wird unsere Sprache durch Pronomen, Konjunktionen, Adverben und Präpositionen.

Pronomen stehen «für Nomen»

Wenn in einem zusammenhängenden Text immer wieder von demselben Thema die Rede ist, wiederholen sich bestimmte Begriffe. Wenn der Leser aber bereits weiß, wovon die Rede ist, ist es nicht nur langweilig immer wieder dasselbe Wort zu wiederholen, es ist auch überhaupt nicht ökonomisch, z.B. in folgendem Text:

Cicero liebte Terentia und Cicero heiratete Terentia. Cicero und Terentia hatten eine gemeinsame Tochter. Die gemeinsame Tochter nannten Cicero und Terentia Tullia. Nachdem Tullia gestorben war, trauerten Cicero und Terentia sehr um Tullia.

Viel besser klingt es, wenn man die Namen *Cicero*, *Terentia* und *Tullia* nur einmal nennt und anschließend durch kürzere, sparsamere Formen ersetzt:

Cicero liebte Terentia und er heiratete sie. Sie hatten eine gemeinsame Tochter. Diese nannten sie Tullia. Nachdem diese gestorben war, trauerten beide sehr um sie.

Cicero, Terentia und *Tullia*, aber auch *Tochter* und *Tod* sind Substantive. *liebte, heiratete, nannten* sind Verben. *gemeinsame* und *frühen* sind Adjektive. Was aber ist mit den Wörtern *er, sie* und *diese*? Die Wörter *er* und *sie* stehen für die oben genannten Substantive (Cicero, Terentia, Tullia oder beide Eltern). *Diese* dagegen steht im ersten Fall für ein vorher genanntes Adjektiv: für *die gemeinsame Tochter* steht nun *diese Tochter*. Das vorher genannte Adjektiv *gemeinsame* (und der Artikel *die*) wird also durch *diese* ersetzt. Im zweiten Fall ersetzt *diese*

Wortarten

das Substantiv *Tullia*. Es sind also sowohl Substantive als auch Adjektive ersetzt worden.

Diese Wortart, die für ein Substantiv oder Adjektiv steht, nennt man Fürwort, lateinisch Pronomen.

Diese Bezeichnung setzt, wie unschwer zu erkennen, einfach die lateinische Vorsilbe *pro* an das *nomen*; *pro* heißt auch nichts anderes als «für», Pronomen stehen für Nomen, also für Substantive und Adjektive; Mehrzahl: Pronomen oder Pronomina.

Pronomen stehen für Nomen. Wir erinnern uns: Nomen, das sind sowohl Substantive als auch Adjektive. Pronomen sind z. B. *er, ich, du, sie, wir, dieser, jener, derjenige*, aber auch *wer?, jemand* und *niemand, alle, manche, jeder, diese* usw.

Strenggenommen gehören auch die Geschlechtswörter, nämlich «*der, die, das*» oder «*ein, eine, ein*», zu den Pronomen. Der lateinische Begriff lautet Artikel (Artikel kommt vom lateinischen *articulus*, wörtlich «Gelenkchen», und hat mit dem Geschlecht gar nichts zu tun. Da es im lateinischen keine Artikel gibt, müssen wir uns mit der Erklärung begnügen, dass der Artikel im Deutschen eben eine Art Gelenk ist, mit dem wir Hauptwörter beugen können. Zum Begriff Beugung siehe Deklination; Mehrzahl: Artikel). Der Artikel hat sich sprachgeschichtlich aus den Pronomen entwickelt und wird – im Grunde zu Unrecht – als eigene Wortart gezählt. Wir unterscheiden zwischen bestimmtem Artikel («*der, die, das*»), wenn wir genau wissen, wer oder was gemeint ist, und unbestimmtem Artikel («*ein, eine, ein*»), wenn wir es offen lassen. Artikel gibt es im Lateinischen nicht. Wir müssen hier aus dem Zusammenhang den passenden Artikel ergänzen. In allgemeinen Aussagen können wir ihn auch weglassen, wie es zum Beispiel Lao Tse getan hat:

Wahre Worte sind nicht angenehm.
Angenehme Worte sind nicht wahr.

Konjunktionen verbinden Satzteile und Sätze

In dem kurzen Text über Cicero sind Pronomen nicht die einzige neue Wortart. Neu sind hier auch die Wörtchen *und* und *nachdem*. Sie gehören zur Wortart der Bindewörter. Der lateinische Name für das Bindewort lautet Konjunktion (genau wie die lateinische *coniunctio*, das heißt «Verbindung»; Mehrzahl: Konjunktionen). Andere Konjunktionen sind z. B.: *oder, aber, weil, wenn, obwohl, nachdem, da, damit, dass*. Es gibt viele verschiedene Arten von Konjunktionen, die verschiedene Arten von Verbindungen herstellen. Konjunktionen verbinden:

- einzelne Satzteile
- zwei Hauptsätze
- zwei Nebensätze
- Haupt- und Nebensätze

Beispiele dazu lernst du später kennen.

Adverbien sind einzelne, meist kleine Wörter, die Tätigkeiten beschreiben

Nun ist es nicht nur interessant zu wissen, dass Cicero liebte, heiratete, eine Tochter hatte, sondern uns interessieren auch die näheren Umstände, die Art und Weise, Zeit und Ort, kurz: das Wann, Wo und Wie.

So erfahren wir, dass er sie sehr liebte, dass er sie *gern* und *kurz darauf* heiratete. Wir erfahren, dass sie *bald* eine gemeinsame Tochter bekamen und dass diese *unglücklich* starb und *dort* begraben wurde.

Wörter wie *sehr, gern, kurz darauf, bald, unglücklich, dort* bezeichnen, wann, wo und wie eine Tätigkeit abläuft. Sie bezeichnen also die Eigenschaft des Verbs, die näheren Umstände der Verbalhandlung, die Art und Weise einer Tätigkeit. Daher heißen sie im Deutschen Umstandswörter. Die lateinische Bezeichnung für das Umstandswort heißt Adverb.

Der Name Adverb kommt daher, dass das Adverb «ad verbum», «beim Verb» steht, oder «zum Verb» gehört und sich «auf das Verb» bezieht; Mehrzahl: Adverbien.

Wichtig: *Adverbien bestehen immer nur aus einem einzelnen Wort.*

Adverbien geben den Ort an (*da, hier, nirgends*) oder die Zeit (*jetzt, bald, jemals*) oder die Art und Weise (*leider, schnell*) oder den Grund (*darum, deshalb*) und antworten stets auf Fragen wie: *wann, wo, wie, warum, wodurch, auf welche Weise, unter welchen Umständen geschieht etwas?*

Verwechsle Adverbien nicht mit Konjunktionen. Manche Konjunktionen klingen ähnlich wie Adverbien und in der Tat ist die Unterscheidung in manchen Fällen nicht ganz einfach. Das liegt daran, dass sich die Konjunktionen sprachgeschichtlich aus den Adverben entwickelt haben: das Adverb *deshalb* gibt zum Beispiel einen Grund an genauso wie die Konjunktion *weil*. Eine genaue Trennung erfordert scharfes Nachdenken und einen geschulten Blick. Aus pragmatischen Gründen wollen wir es deshalb hier nicht so genau nehmen. Ärgere dich nicht, wenn du bei den Übungen manches Wort als Konjunktion eingeordnet hast, das ich in meinen Musterlösungen eher zu den Adverbien zähle.

Auch zu unserem Beispielsatz können wir ein Adverb hinzufügen:

Der hochmütige Cicero vertrieb Catilina schließlich.

Präpositionen bezeichnen Stellungen in Raum und Zeit

Wenn man Stellungen und Beziehungen zueinander ausdrücken will, bedient man sich der siebten und letzten Wortart: der Verhältnis- oder Stellungswörter, lateinisch Präpositionen.

lateinisch *prae* heißt «vor», *positio* heißt «Stellung»; das lateinische Wort *praepositio*, «Voranstellung», bezieht sich also auf die Stellung, die «Position» der Präpositionen. Die Präpositionen sind nämlich immer *vor* einem Substantiv *vorangestellt*.

So kann man zum Beispiel ausdrücken, dass Cicero *in Arpinum, südlich von Rom, am 3. Tage vor den Nonen des Januar im Jahre 106 vor Christus geboren wurde*, dass er *über Rhetorik und Philosophie* schrieb und sich *um die Politik und Rechtswissenschaft* verdient machte. Präpositionen sind also lauter kleine Wörter wie *in, an, bei, vor, für, über*, die man zur Bestimmung von Raum-

und Zeitangaben, aber auch von Beziehungen und Stellungen der Dinge und Personen zueinander verwendet.

Wichtig: Präpositionen stehen nie allein! Sie benötigen immer ein Wort, auf das sie sich beziehen, ein Bezugssubstantiv. Die Verbindung aus Präposition und Bezugssubstantiv nennen wir präpositionaler Ausdruck.

Präposition	Bezugssubstantiv	präpositionaler Ausdruck
in	Rom	in Rom
aus	Arpinum	aus Arpinum
über	stoische Philosophie	über stoische Philosophie

Dabei spielt es keine Rolle, ob der präpositionale Ausdruck nur aus einem Bezugswort besteht oder ob dieses Bezugswort noch weitere Ergänzungen bei sich trägt. Der präpositionale Ausdruck ist nämlich keine Wortart, sondern nur eine funktionelle Einheit, eine Wortgruppe.

Diese Unterscheidung ist vor allem dann wichtig, wenn du Satzteile bestimmst. Der präpositionale Ausdruck kann mehrere Satzteile bilden, am häufigsten aber die adverbiale Bestimmung.

Auch einen präpositionalen Ausdruck können wir noch an den Beispielsatz anfügen:

Der hochmütige Cicero vertrieb Catilina schließlich aus der Stadt Rom.

Wortarten: Das solltest du auswendig gelernt haben

Die sieben Wortarten, ihre Funktion mit Beispielen

Bezeichnung	Funktion	Beispiele
1. das Verb	Tätigkeiten mit Zeitangabe	leben, tun, küssen, sein
2. das Substantiv	Personen, Gegenstände, Dinge	Tisch, Homer, Gerechtigkeit
3. das Adjektiv	Eigenschaften	klug, geliebt, blau, drei
4. das Pronomen	ersetzt Nomen	er, dieser, jener, keiner, welcher
5. das Adverb	Zeit, Ort, Art und Weise	hier, bald, gern, schon, da
6. die Konjunktion	Verbindung von Satzteilen und Sätzen	und, aber, als, nachdem, damit
7. die Präposition	Stellungen und Beziehungen in Raum und Zeit	in, über, zu, an, bei, vor, nach

- Der Begriff Nomen ist eine Sammelbezeichnung für Substantive und Adjektive.
- Konjunktionen und Adverbien können gewisse Ähnlichkeiten haben.
- Die Verbindung aus Präposition und Bezugswort bezeichnet man als präpositionalen Ausdruck.

Wortarten

Übung: Wortarten

Ordne (mit Bleistift) möglichst viele Wörter des Textes den sieben Wortarten zu.

Rom

Der mythologische Gründungsvater der Römer ist der Trojaner Aeneas. Nach der Zerstörung Trojas durch die Griechen flieht er etwa im tausendzweihundertsten Jahr vor Christus über das Mittelmeer und gelangt nach Italien. Einer seiner Nachfahren, Romulus, soll im siebenhundertdreiundfünfzigsten Jahr vor Christus die Stadt Rom gegründet haben. Bis zum fünfhundertundzehnten Jahr herrschen dort Könige, zuletzt Tarquinius Superbus. Dieser wird von Brutus vertrieben. Die Zeit der römischen Republik beginnt. Die Römer selbst unterscheiden eine frühe, eine mittlere und eine späte Republik. Die frühe Republik ist eine Zeit des Wachstums, die mittlere Republik gilt als Blütezeit. Mit dem Fall Karthagos, des letzten außenpolitischen Gegners der Römer, beginnt im einhundertsechsundvierzigsten Jahr die späte Republik und der Niedergang. In diese Zeit fallen auch die Lebenszeiten Ciceros, Caesars und Sallusts. Schließlich versinkt der Staat im fünften vorchristlichen Jahrzehnt im Bürgerkrieg. Aus diesem geht zunächst Gaius Iulius Caesar siegreich hervor, später dessen Großneffe und Adoptivsohn Gaius Octavianus, der sich Caesar Augustus, Kaiser Augustus, nennen wird. Unter dem Prinzipat, der auch römisches Kaisertum genannt wird, besteht die Republik zwar auf dem Papier fort, faktisch herrscht aber nur noch ein Mann, der princeps senatus, der Vorsitzende des Senates, der sich fortan immer auch Caesar imperator, der Herrscher Caesar, nennen wird.

Wortarten

Substantive	Adjektive	Pronomen	Adverbien	Präpositionen	Konjunktionen	Verben
Gründungsvater	mythologische	er	Nach	in	und	flieht.
Romer	Trojaner	seiner	durch	vor		ist
Aeneas				über		
Trojas	Zerstörung		Nach			
die Griechen						
Jahr						
Chiester						
das Mittelmeer						
Italien						
Romulus						

Wortarten

Beantworte die folgenden MC-Fragen. Es ist jeweils nur eine Antwort richtig. Wenn du eine Antwort nicht verstehst, lies zunächst die anderen durch und arbeite dann nach dem Ausschlussverfahren. Wenn du dir bei einer Frage nicht sicher bist, solltest du niemals raten. Kreuze «weiß ich nicht genau» an und arbeite die Lücke später nach.

1. Wortarten sind:

    1. Substantiv
    2. Objekt
    3. Prädikat
    4. Adverb
    5. Präposition

    - ☐ Nur 3, 4 und 5 sind richtig.
    - ☒ Nur 1, 4 und 5 sind richtig.
    - ☐ Nur 1, 2 und 3 sind richtig.
    - ☐ Nur 2 und 3 sind richtig.
    - ☐ 1–5. Alle sind richtig.
    - ☐ Weiß ich nicht genau.

2. Das Wort «Krieg» ist

    - ☐ ein konkretes Subjekt.
    - ☐ ein abstraktes Subjekt.
    - ☒ ein konkretes Substantiv.
    - ☐ ein abstraktes Substantiv.
    - ☐ je nach Zusammenhang ein Konkretum oder Abstraktum.
    - ☐ Weiß ich nicht genau.

3. Welche Aussage trifft nur auf das Adjektiv, nicht aber auf das Adverb zu?

    - ☐ ist eine Wortart
    - ☐ dient der näheren Beschreibung einer anderen Wortart
    - ☐ kann Verbaladjektive modifizieren
    - ☒ ist deklinierbar
    - ☐ ist nicht unbedingt «notwendiger Bestandteil» eines Satzes
    - ☐ Weiß ich nicht genau.

4. Welche Aussage trifft zu?

    - ☐ Nomen ist ein Synonym für Substantiv.
    - ☐ Subjekt ist ein Synonym für Substantiv.
    - ☐ «substantiell» ist das terminologische Adjektiv für substantivische Eigenschaften.
    - ☒ Substantive können sowohl konkret als auch abstrakt sein.
    - ☐ Substantive sind Satzteile.
    - ☐ weiß ich nicht genau.

5. Welcher Aussage stimmst du zu?

    - ☐ Die Verbindung von Konjunktion und Bezugssatz bezeichnet man auch als konjunktionales Gefüge.
    - ☐ Konjunktionen nennt man auch «Konnektoren».
    - ☐ Konnektoren sind integrale Kopplungselemente einer jeden Wortart.
    - ☐ Konjunktionen sind sprachgeschichtlich als eigene, isolierte Wortart entstanden.
    - ☐ Der deutsche Konjunktiv ist ein Konjunktionenmarker.
    - ☐ Weiß ich nicht genau.

Wortarten

6. Welche Aussage über «ein Buch über stoische Philosophie» trifft nicht zu?

- ☐ «Buch» ist ein konkretes Substantiv.
- ☐ «stoisch» ist ein Adjektiv.
- ☒ «ein» ist nach der traditionellen minimalistischen Grammatik ein Pronomen.
- ☐ «über stoische Philosophie» ist ein präpositionaler Ausdruck.
- ☐ «über» ist eine abstrakte Konjunktion.
- ☐ Weiß ich nicht genau.

7. Präpositionen sind:

1. ab
2. von
3. wegen
4. weil
5. zum

- ☐ Nur 1 und 2 sind richtig.
- ☒ Nur 1, 2, 3 und 5 sind richtig.
- ☐ Nur 3 und 4 sind richtig.
- ☐ Nur 5 ist richtig.
- ☐ 1–5, alle sind richtig.
- ☐ Weiß ich nicht genau.

8. Konjunktionen sind:

1. und
2. nachdem
3. als
4. da
5. weil

- ☐ Nur 1 ist richtig.
- ☐ Nur 4 und 5 sind richtig.
- ☐ Nur 1, 2 und 3 sind richtig.
- ☒ 1–5, alle sind richtig.
- ☐ Nur 2 und 3 sind richtig.
- ☐ Weiß ich nicht genau.

9. Adjektive sind:

1. gern
2. nie
3. so
4. dann
5. wie

- ☐ Nur 1 ist richtig.
- ☐ Nur 3 und 4 sind richtig.
- ☐ 1–5, alle sind richtig.
- ☐ Nur 1 und 2 sind richtig.
- ☒ Keine der Aussagen 1–5 ist richtig.
- ☐ Weiß ich nicht genau.

Wortarten

10. Ordne die Wörter der Liste 1 den richtigen Wortarten der Liste 2 zu.

Liste 1   Liste 2

1. gerecht   Substantiv: 2
2. Freiheit   Adjektiv: 1
3. also   Konjunktion: 4
4. oder   Präposition: ~~4~~ 5
5. in   Adverb: 3

☐ Weiß ich nicht genau.

11. Ein Adverb ist

☐ ein Wort, das in der Nähe eines Verbs steht.
☐ ein Wort, das die grammatischen Gattungsmerkmale des Verbs konstituiert.
☐ eine Wortgruppe, die ein Verb näher modifiziert.
☐ eine Wortart, die ein Verb näher beschreibt.
☐ eine syntaktische Modifikation, die das Verb nur mittelbar tangiert.
☐ Weiß ich nicht genau.

12. Welches der folgenden Wörter ist kein Verbaladjektiv:

☐ schlagend
☐ beschlagen
☐ schlagfertig
☐ angeschlagen
☐ verschlagen
☐ Weiß ich nicht genau.

13. Der Satz «Das erste Triumvirat bildete ein ökonomisches, politisches und militärisches Kartell.»

☐ enthält vier Adjektive, zwei Substantive und keine Adverben.
☐ enthält drei Pronomen, drei Adjektive und ein Adverb.
☐ enthält ein Substantiv, ein Adjektiv und drei Adverben.
☐ enthält vier Substantive, ein Adverb und keine Adjektive.
☐ enthält zwei Substantive, ein Adverb und drei Adjektive.
☐ Weiß ich nicht genau.

14. Der Satz «Der römische Bürgerkrieg war eigentlich ein Machtkonflikt zwischen zwei Männern.»

☐ enthält drei Adjektive.
☐ enthält zwei Substantive.
☐ enthält keine Nomen.
☐ enthält eine Konjunktion.
☐ enthält eine Präposition.

15. Was kommt in dem Vers «Um neue Freunde zu erhalten, brich als erstes mit den alten!» nicht vor?

☐ ein Substantiv
☐ ein Adjektiv
☐ eine Präposition
☐ ein Adverb
☐ ein Verb
☐ Weiß ich nicht genau.

Wortarten

16. Welcher Aussage stimmst du zu?

☐ Adjektive können substantiviert werden.
☐ Substantive können adjektiviert werden.
☐ Adverbien sind Adjektive, die Verben beschreiben.
☐ In der Regel können nur Substantive durch Pronomen ersetzt werden.
☐ Nomen sind entweder abstrakt oder konkret.
☐ weiß ich nicht genau.

17. Was zählt nicht zu den Wortarten?

☐ Substantiv
☒ Subjekt
☐ Nomen
☒ Verbaladjektiv
☐ Konjunktion
☐ Weiß ich nicht genau.

18. Welches der folgenden Wörter gehört zur Wortart der Konjunktionen?

☐ das
☒ da
☒ dann
☐ darum
☐ dabei
☐ Weiß ich nicht genau.

19. Welcher der folgenden Sätze enthält keinen präpositionalen Ausdruck?

☐ Geldadel und Geburtsadel waren in Rom nicht dasselbe.
☐ Die späte römische Republik wurde faktisch von Militärputschisten regiert.
☐ Die lateinische Sprache ist im Grunde ein primitiver Bauern- und Soldatendialekt.
☒ Die römische Republik war in Wirklichkeit ein Ständestaat.
☐ Lass dich von diesen Sätzen nicht in die Irre führen.
☐ Weiß ich nicht genau.

Satzteile

Vier Satzteile

Themenüberblick

Bei einem Satz wie

Der hochmütige Konsul Cicero vertrieb Catilina schließlich aus der Stadt Rom.

haben wir vorhin untersucht, zu welcher Wortart die einzelnen Wörter gehören. Dabei haben wir die Wörter ausschließlich für sich betrachtet.

Wir können aber auch noch etwas anderes untersuchen, nämlich: Welche Rolle spielt jedes Wort innerhalb des Satzes? Welche Beziehung haben Wörter oder Wortgruppen zueinander? Wie hängen sie zusammen? Wollten wir nur Wortarten bestimmen, so kämen wir bei unserem Satz auch zu dem gleichen Ergebnis, wenn wir die Wörter einfach nur sinnlos aneinanderreihen:

hochmütig Konsul Cicero vertreiben Catilina schließlich aus Stadt Rom.

Wenn wir aber genau wissen wollen, wer nun eigentlich was tut, wann und wo, dann müssen wir uns genauer ausdrücken und die Stellen und Funktionen, die jedes Wort im Satz übernimmt, bestimmen. Das sollst du in diesem Abschnitt lernen. Man unterscheidet vier verschiedene Satzteile:

- Subjekt
- Prädikat
- Objekt
- adverbiale Bestimmung

Im deutschen und lateinischen Satz sind dem Subjekt, Objekt und der adverbialen Bestimmung sogenannte Fälle oder Kasus (vom lateinischen *casus* «der Fall», Mehrzahl: Kasūs) zugeordnet:

- Subjekt ← Nominativ
- Objekt ← Akkusativ oder Dativ
- adverbiale Bestimmung ← Ablativ

Dem Prädikat ist kein Kasus zugeordnet, sondern Verbformen.

Wer hier den Genitiv vermisst, muss wissen, dass der Genitiv niemals einen eigenen Satzteil bildet, sondern im Bereich des Attributs zu suchen ist. Mit Attributen beschäftigen wir uns im nächsten Kapitel.

Wenn du Satzteile bestimmst, solltest du Fragen formulieren, auf die der jeweilige Satzteil antworten könnte oder dir die Frage stellen: *Was erwarte ich gefühlsmäßig als nächstes?* Ein Satzteil muss eine sinnvolle Einheit ergeben. Er muss also nicht aus einem Wort bestehen. Sehr häufig besteht ein Satzteil aus Wortgruppen.

Bei der Bestimmung fangen wir mit dem ersten Satzteil in einem Satz an und nicht irgendwo in der Mitte.

Der erste Satzteil kann von Satz zu Satz ein anderer sein. In unserem Beispiel ist es das Subjekt.

Das Subjekt antwortet auf die Frage: *Wer?*

Das Subjekt antwortet auf die Frage: *Wer? Wer ist, handelt oder wird behandelt?* Dieser Wer-Fall ist der Nominativ. Der Satzteil, der auf die Wer-Frage antwortet und durch den Wer-Fall repräsentiert wird, heißt lateinisch Subjekt. Das Subjekt spielt die Hauptrolle in einem Satz. Die Handlung dreht sich immer um das Subjekt, entweder handelt das Subjekt oder das Subjekt «wird gehandelt».

nominatum heißt «benannt»; der Nominativ ist also der Nennfall.
subiectum heißt «unterworfen, zugrundegelegt», also das, was dem Satz zugrundeliegt.

Subjekt
Der hochmütige Konsul Cicero

Das Prädikat steht im deutschen Satz an zweiter Stelle

An Stelle des zweiten Satzteils im deutschen Satz finden wir regelmäßig die Handlung selbst, die Tat, das Geschehnis. Die Handlung in unserem Satz und damit der zweite Satzteil ist: *vertrieb*. Dafür gibt es keine eindeutige Frage. Man kann Fragen: *Was geschieht? Worin besteht die Handlung des Satzes?* Die Antwort lautet: *[er] vertrieb*. Das Prädikat erkennt man zumeist intuitiv an seiner Verbalform. Lassen wir es aus, existiert keine eindeutige Handlung und unser Satz sagt nichts aus:

Der berühmte Redner Cicero Catilina schließlich aus der Stadt Rom.

Wir sprechen deshalb auch von Satzaussage, lateinisch Prädikat (*praedicatum* heißt «vorweg ausgesagt», also die wichtige Handlung, die eigentliche «Satzaussage».) Die Stellung des Prädikates muss im deutschen Satz beachtet werden.

Im deutschen Satz steht das Prädikat an zweiter Stelle! Im lateinischen Satz gilt das nicht! Hier gibt es für die Stellung des Prädikates keine feste Regel. Das solltest du dir jetzt schon für die Übersetzung merken, denn es ist eine der häufigsten Quellen für Stellungsfehler! Vergiss nicht das Prädikat eines lateinischen Textes in der deutschen Übersetzung rechtzeitig vorzuziehen an die Stelle des zweiten Satzteils im deutschen Satz.

Von dieser Zweitstellungsregel des Prädikates gibt es drei Ausnahmen:

- Fragesätze
- Befehlssätze
- Nebensätze

Im Frage- und Befehlssatz steht das Prädikat immer an erster Stelle, wie aus dem berühmten Gespräch zwischen dem Tonnenphilosophen Diogenes und Alexander dem Großen zu erkennen ist:

Alexander der Große fragt:
Kann ich irgendetwas für dich tun, armer Mann?

Diogenes befiehlt:
Geh mir aus der Sonne!

Im Nebensatz dagegen steht das Prädikat – sowohl im Deutschen als auch im Lateinischen – sehr häufig an letzter Stelle:

Hauptsatz	Nebensatz
Glück ist,	wenn das Pech die anderen **trifft**.

Ein Prädikat kann aus mehr Wortarten als nur Verben zusammengesetzt sein

Nicht immer ist das Prädikat so eindeutig wie in unseren Beispielsätzen oder in dem Satz:

Du schnarchst.

Hier besteht das Prädikat nur aus einem Wort: aus dem finiten Verb *schnarchst*. Ein Prädikat kann aber auch aus mehreren Wortarten und aus verschiedenen Verbformen zusammengesetzt sein. In dem Satz:

Du hast geschnarcht.

ist das Prädikat schon aus zwei Worten zusammengesetzt: aus dem finiten Verb *hast* und dem Verbaladjektiv *geschnarcht*. In dem Satz:

Du wirst geschnarcht haben.

besteht das Prädikat sogar aus drei Worten: aus dem finiten Verb *wirst*, dem Verbaladjektiv *geschnarcht* und dem Infinitiv *haben*.

Prädikate können also aus einem einzigen finiten Verb bestehen, sie können aber auch als Wortgruppen zusammengesetzt sein: aus finiten Verben, Infinitiven und Nomen. Ausschlaggebend für die Bestimmung des Prädikates muss immer die Frage sein: *Was ist das Geschehen, die Handlung in einem Satz.*

Wir kennen also jetzt Subjekt und Prädikat:

Subjekt	Prädikat
Der hochmütige Konsul Cicero	vertrieb

Wir brauchen nun den Satzteil, der auf die Frage antwortet: *Wen oder was vertrieb der hochmütige Konsul Cicero?*

Zwei Objekte

Das direkte Objekt antwortet auf die Frage: *Wen oder was?*

Als Nächstes steht in unserem Satz: *Catilina*. Die Frage, die dieser Satzteil beantwortet, lautet: *Wen?* In unserem Fall: *Wen vertrieb der Konsul Cicero?* Dieser Wen-Fall heißt lateinisch Akkusativ.

accusatum heißt «angeklagt»; obwohl diese Bezeichnung wahrscheinlich auf einen römischen Übersetzungsfehler des griechischen «Bittfalls» zurückgeht, kann man sich bei dieser Bedeutung merken: der Akkusativ ist ein Fall, der sich «gegen jemanden oder etwas richtet», er schließt immer eine Bewegung oder Richtung mit ein.

Den zugehörigen Satzteil nennen wir lateinisch direktes Objekt oder Akkusativobjekt, vereinfachend sprechen wir auch von Objekt.

obiectum heißt «entgegengeworfen», nämlich dem handelnden Subjekt in der Handlung, die das Prädikat ausdrückt.

Subjekt	Prädikat
Der hochmütige Konsul Cicero	vertrieb
Objekt	
Catilina	

Das indirekte Objekt antwortet auf die Frage: Wem oder für wen?

Das indirekte Objekt hat mit dem direkten Objekt nichts zu tun. Es steht in einem anderen Kasus und antwortet auf andere Fragen. Direktes und indirektes Objekt können zusammen in einem Satz auftauchen. Wir können den Beispielsatz so umformulieren, dass wir sowohl direktes als auch indirektes Objekt erhalten:

Cicero schaffte den Römern Catilina vom Hals.

In diesem Satz ist das direkte Objekt, das Akkusativobjekt, gegen das sich das Prädikat richtet, noch immer Catilina. Denn ich kann fragen: *Wen schaffte Cicero vom Hals?* Und die Antwort lautet: *den Catilina*. Gleichzeitig bleibt jedoch ein Satzteil übrig, der auf die Frage antwortet: *Wem schaffte Cicero den Catilina vom Hals? Wem nützt diese Handlung? Für wen hat Cicero das getan?* Die Antwort darauf lautet: *dem römischen Volk* oder *für das römische Volk*. In so einem Fall sprechen wir vom indirekten Objekt. Es ist nicht unmittelbar, sondern mittelbar von der Verbalhandlung betroffen. Das indirekte Objekt steht im Dativ.

datum heißt «gegeben»; der Dativ ist also der Gebefall.

Der Dativ antwortet auf die Fragen:

Für wen wird etwas getan?
Wem nützt die Handlung?

Der Grund, weshalb ich hier neben dem echten Dativ auch einen präpositionalen Ausdruck zur Bestimmung des Dativs verwende, hat mit der Übersetzungstechnik aus dem Lateinischen ins Deutsche zu tun. Die Frage *wem* passt im Lateinischen nicht immer so gut wie die Frage *für wen*. Deshalb musst du diese Frage mit in dein Repertoire aufnehmen, wenn du es bald mit einem lateinischen Dativ zu tun bekommst.

Satzteile

Ein weiteres Beispiel:
Der Junge küsste dem Mädchen die Wange.

Hier ist das direkte Objekt des Küssens die Wange. Das Mädchen selbst wird durch den Kuss nicht direkt getroffen, sondern nur seine Wange. Indirekt hat es aber doch seinen Genuss davon, es ist der «Nutznießer» des Kusses.

Auch der umgekehrte, negative Fall, lässt sich durch ein indirektes Objekt ausdrücken. Auch dazu noch ein Beispiel:

Gauner haben meiner Großmutter die Brieftasche gestohlen.

Wen oder was haben die Gauner gestohlen? Die Brieftasche. Diese steht im Akkusativ und ist damit direktes Objekt. Wem oder für wen bringt diese Tat Nachteile und Ärger? Meiner Großmutter, für meine Großmutter. Gestohlen wird zwar nur die Brieftasche, aber meine Großmutter wird indirekt auch durch den Diebstahl betroffen. Sie ist indirektes Objekt und steht daher im Dativ.

Nicht in jedem Satz findet sich unbedingt ein Objekt

Es gibt zwei gar nicht seltene Fälle, in denen es im Satz kein Objekt gibt:

- In passiven Sätzen
- bei den sogenannten intransitiven Verben

In dem Satz:

Der Koch schlug den Hund.

ist *den Hund* ein Objekt. Heißt es aber:

Der Hund wurde vom Koch geschlagen.

ist *der Hund* kein Objekt mehr. Am reinen Tatbestand ändert sich zwar nichts: Der Koch prügelt – inhaltlich gesehen – immer noch auf dem armen Objekt Hund herum. Aber grammatisch betrachtet ist der Hund nun Subjekt, denn wir können fragen: *Wer wird geschlagen?* Wann immer also ein Verb ins Passiv tritt, verliert es sein Objekt, weil das Objekt automatisch zum Subjekt wird.

Intransitive Verben

Es gibt auch Verben, die gar kein Objekt haben können. Dabei handelt es sich um all die Verben, von denen man kein Passiv bilden kann: z.B. gehen, schlafen, schnarchen, lachen, leben, sterben. Solche Verben, die nicht ins Passiv treten können, nennt man intransitive Verben.

in-trans-it-iv ist lateinisch und bedeutet: «nicht-hinüber-tretend», und zwar nicht hinübertretend ins Passiv. Diese Verben liegen alle im Aktiv vor, ein Passiv kannst du aus ihnen nicht bilden. Deshalb «treten sie nicht ins Passiv hinüber». Sie sind und bleiben im Aktiv.

Denn schließlich kannst du weder geschnarcht, noch gegangen, noch gelacht, noch gelebt, noch gestorben werden. Du kannst übrigens auch nicht geseint werden.

Andere Verben können, müssen aber kein Objekt haben: z. B. *trinken, essen, schreiben, malen*. Denn ich kann sowohl trinken als auch Bier trinken. Ich kann entweder einfach essen oder Bratwurst essen. Ich kann schreiben oder ein Buch schreiben, malen oder ein Bild malen. Werden solche Verben ohne Objekt gebraucht, sprechen wir vom intransitiven Gebrauch.

Die adverbiale Bestimmung

Die adverbiale Bestimmung ist eine nähere Beschreibung des Verbs. Sie antwortet auf viele Fragen, die Begleitumstände betreffen: Wann, wo, auf welche Art und Weise, unter welchen Umständen, warum? Im Deutschen sprechen wir deshalb auch von der Umstandsbestimmung.

Im Lateinischen gibt es außerdem für die adverbiale Bestimmung einen eigenen Kasus: den Ablativ (*ablatum* heißt «weggetragen»; der Ablativ ist also ursprünglich ein Trennungsfall und antwortet auch auf die Frage Woher? Von wo aus gesehen?).

In unserem Beispielsatz finden sich zwei solcher adverbialen Bestimmungen:

Subjekt   Prädikat
Der hochmütige Konsul Cicero   *vertrieb*

Objekt   adverbiale Bestimmung der Zeit
Catilina   *schließlich*

adverbiale Bestimmung des Ortes
aus der Stadt Rom

Diese Orts- und Zeitangaben geben nähere Angaben zum Verb vertreiben an. *schließlich* antwortet auf die Frage: Wann? *aus der Stadt Rom* antwortet auf die Frage: Von wo?

Je nach Art der Frage unterscheiden wir verschiedene Arten der adverbialen Bestimmung:

Wie? Womit? Wodurch?	adverbiale Bestimmung der Art und Weise
Warum?	adverbiale Bestimmung des Grundes
Wann?	adverbiale Bestimmung der Zeit
Wo?	adverbiale Bestimmung des Ortes
Mit wem?	adverbiale Bestimmung der Begleitung
Von wo?	adverbiale Bestimmung der Trennung
Im Vergleich wozu?	adverbiale Bestimmung des Vergleichs

Die adverbiale Bestimmung beschreibt das Prädikat in mehreren Worten, das Adverb nur in einem. Was unterscheidet Adverb und adverbiale Bestimmung, was haben sie gemeinsam?

Beide, Adverb und adverbiale Bestimmung, antworten tatsächlich auf dieselben Fragen und die funktionale Nähe zwischen Wortart und Satzteil ist bei Adverb und adverbialer Bestimmung am größten.

Eine adverbiale Bestimmung ist ein Satzteil. Sie kann, muss aber nicht immer aus Adverbien bestehen. Sehr häufig besteht sie auch aus präpositionalen Ausdrücken.

Das Adverb ist eine Wortart, die – als Satzteil betrachtet – immer auch zugleich eine adverbiale Bestimmung ist. Es besteht jedoch immer nur aus einem Wort (*heute, morgen, vielleicht* usw.). Es ist damit die einzige Wortart, die zugleich auch Satzteil sein kann: Jedes Adverb als Satzteil betrachtet ist eine adverbiale Bestimmung. Umgekehrt ist das nicht möglich. Nicht jede adverbiale Bestimmung ist zugleich auch ein Adverb als Wortart. Denn als Wortart bezeichnen kann man immer nur einzelne Wörter für sich genommen.

Das Adverb ist jedoch immer auf einzeln stehende Worte begrenzt. In unserem ersten Beispielsatz ist zum Beispiel das Wort *schließlich* als Wortart ein Adverb, als Satzteil eine adverbiale Bestimmung. Weitere solcher Adverbien sind: *nicht, doch, wohl, bald, gewiss, dort.*

Die adverbiale Bestimmung dagegen besteht meist aus mehreren Wörtern und natürlich auch aus mehreren Wortarten. Wenn es sich bei einer adverbialen Bestimmung nicht gerade um ein Adverb handelt, ist sie meist aus präpositionalen Ausdrücken zusammengesetzt. In unserem Beispiel ist das bei dem präpositionalen Ausdruck *aus der Stadt Rom* der Fall.

Stellung von Satzteilen

Die adverbiale Bestimmung macht einen Großteil der Satzteile eines Satzes aus

Ganz gleich, was wir auch in unserem Satz finden – alles, was nicht Subjekt, Prädikat oder Objekt ist, gehört zur adverbialen Bestimmung. Da es in der Regel nur ein Subjekt, ein Prädikat und ein Objekt gibt, kann man sich denken, dass die adverbialen Bestimmungen in einem langen Satz einen Großteil der Satzteile ausmachen können. Mit Hilfe von adverbialen Bestimmungen, kann man einen Satz ins Unendliche erweitern:

1. Satzteil: Subjekt
Marcus Tullius Cicero

2. Satzteil: Prädikat
wurde verbannt

3. Satzteil: Adverbiale Bestimmung der Trennung
aus seiner Heimat

4. Satzteil: Adverbiale Bestimmung der Zeit
im Jahre 59 vor Christus

5. Satzteil: Adverbiale Bestimmung des Grundes
wegen der Behandlung Catilinas

6. Satzteil: Adverbiale Bestimmung der Art und Weise
zu seinem großen Kummer

7. Satzteil: Adverbiale Bestimmung der Art und Weise
durch einen Senatsbeschluss usw.

In Blöcken denken

Wenn zu Beginn eines Satzes mehrere adverbiale Bestimmungen hinteinanderstehen, so ist das keine Verletzung der Zweitstellung des Prädikates. Denn gleichartige Satzteile, die hintereinandergeschaltet sind, können wie ein Block zu einem Satzteil zusammengefasst werden. Solange es sich dabei nur um adverbiale Bestimmungen handelt, können mehr oder weniger viele Satzteile dieser einen Art vor dem Prädikat stehen, wie das folgende Beispiel zeigt:

adv. Best. der Zeit
An einem wunderschönen Tag

adv. Best. des Ortes
im Märchenland

adv. Best. des Ortes
auf dem Weg zu ihrer Großmutter

adv. Best. der Zeit
kurz vor Sonnenuntergang

adv. Best. d. Ortes
im Wald

Präd.   Subjekt
wurde   Rotkäppchen ...

Den Blick für solche Satzteilblöcke oder Textbausteine solltest du frühzeitig entwickeln. Das Denken in Versatzstücken macht die Übersetzung aus dem Lateinischen ins Deutsche effizienter und spart Zeit.

Es war viermal Rotkäppchen

An den folgenden vier Variationen eines Satzes kannst du erkennen, dass ein Satz nicht falsch werden muss, wenn man Satzteile umstellt. Im Deutschen gilt zwar die Regel: Das Prädikat stellt den zweiten Satzteil. Für die anderen Satzteile gibt es aber keine solche Regel und unterschiedliche Positionierungen geben den einzelnen Satzteilen unterschiedliches Gewicht. Die Wirkung und Betonung fällt zum Beispiel unterschiedlich aus, wenn du einen Satzteil an den Anfang oder an das Ende eines Satzes stellst.

Subjekt   Prädikat (1. Teil)   adv. Best.
Rotkäppchen   wurde   von einem Wolf

adv. Best.   Prädikat (2. Teil)
auf dem Weg zu ihrer Großmutter   gefressen.

Subjekt   Prädikat (1. Teil)
Rotkäppchen   wurde

adv. Best.
auf dem Weg zu ihrer Großmutter

adv. Best.   Prädikat (2. Teil)
von einem Wolf   gefressen.

Satzteile

Adv. Best.
Auf dem Weg zu ihrer Großmutter

Prädikat (1. Teil)   Subjekt   Adv. Best.
wurde   *Rotkäppchen* *von einem Wolf*

Prädikat (2. Teil)
gefressen.

Adv. Best.   Prädikat
Von einem Wolf   *wurde*

Subjekt   Adv. Best.
Rotkäppchen   *auf dem Weg zu ihrer Großmutter*

Prädikat (2. Teil)
gefressen.

Es war einmal Rotkäppchen

Wenn du dich über den «zweiten Teil» des Prädikates gewundert hast, musst du wissen, dass bei mehrteiligen Prädikaten die Zweitstellung nur für einen Teil des Prädikates gilt. Der Rest kann dann beliebig folgen. Es gibt auch Fälle, in denen im Deutschen das Prädikat eine Pseudo-Erststellung hat, z.B. in Sätzen, in denen das Prädikat mit «es» beginnt:

Es war einmal ...
Es klingen die Lieder, der Frühling kehrt wieder.
Es spielet der Hirte auf seiner Schalmei.

In solchen Sätzen scheint das Prädikat an erster Stelle zu stehen. Doch bei genauem Überlegen ist das vorausgeschickte *es* kein Prädikat, sondern eine Art Stellvertreter des Subjekts. Dieser Hinweis ist deshalb interessant für dich, weil im Lateinischen manche Sätze mit dem Prädikat beginnen. In solch einem Fall kann man auf diese Formulierung mit «es» zurückgreifen. Es ist ein hilfreicher Trick der Übersetzungstechnik. So kannst du bei deiner ersten Arbeitsübersetzung direkt mit dem «es-Prädikat» beginnen, ohne einen anderen Satzteil vor das Prädikat ziehen zu müssen.

Das Attribut, mit dem wir es im nächsten Kapitel zu tun bekommen, wird in manchen Grammatiken als eigener Satzteil behandelt. Wer es also hier vermisst, dem schulde ich eine Erklärung. Das Attribut ist eine nähere Beschreibung eines Substantives. Es kann also in allen nur erdenklichen Satzteilen vorkommen, denn Substantive sind an der Bildung von Subjekten, Objekten, präpositionalen Ausdrücken und sogar Prädikaten beteiligt. Da sich das Attribut von seinem Bezugssubstantiv niemals löslösen lässt, kann es kein eigener Satzteil sein. Ich betrachte das Attribut daher als Satzteilbeschreibung, Satzteilerweiterung oder Satzteilergänzung. Es besteht kein Anlass solche zusammengehörige Wortgruppen zu zerstückeln, nur weil das Attribut eine gewisse Sonderrolle einnimmt. Es genügt, wenn man es als Attribut erkennt und markiert. Das ändert nichts an seiner Wichtigkeit. Es bedarf eines eigenen Kapitels um das Attribut zu verstehen.

✸ Satzteile: Das solltest du auswendig gelernt haben

Die vier Satzteile, ihre Formen und Fälle und die zugehörigen Fragen:

Satzteil		Kasus/Form	Frage
1. Subjekt		Nominativ	Wer oder was tut oder wird getan?
2. Prädikat		finites Verb	Worin besteht dieses Tun oder Getanwerden?
3. Objekt	a) direktes Objekt	Akkusativ	Wen oder was? (z. B. mache ich, sehe ich)
	b) indirektes Objekt	Dativ	Wem oder für wen? (z. B. gebe ich, nützt etwas)
4. adverbiale Bestimmung		Ablativ	Wie? Warum? Wann? Wo?

- Jedes Adverb ist gleichzeitig adverbiale Bestimmung. Der Unterschied zwischen Adverb und adverbialer Bestimmung besteht darin, dass eine adverbiale Bestimmung
  - aus mehreren Wörtern
  - auch aus anderen Wortarten (im Deutschen meist präpositionalen Ausdrücken) bestehen kann
- Die adv. Bestimmung kann einen Großteil der Satzteile ausmachen.
- Das Prädikat steht im deutschen Satz immer an zweiter Stelle mit drei Ausnahmen:
  - Fragesatz
  - Befehlssatz
  - Nebensatz
- Bis auf das Prädikat können Satzteile relativ beliebig umgestellt werden.
- Mehrere Satzteile einer Art können, auch wenn sie vor dem Prädikat stehen, als ein Satzteil gezählt werden (Satzblock).
- In Sätzen, die mit *es* beginnen, hat das Prädikat eine Pseudo-Erststellung.
- Konjunktionen zählen nicht als Satzteile und werden bei der Bestimmung ausgelassen.

Attribut und Prädikativum

Themenüberblick

Das Attribut (Mehrzahl: Attribute) und das Prädikativum (Mehrzahl: Prädikative oder Prädikativa) sind bestimmte grammatische Formen, die ein anderes Substantiv näher beschreiben. Es handelt sich also um Ergänzungen von Substantiven. Formal gehören sie zu demjenigen Satzteil, den ein Substantiv bilden kann, also zum Subjekt, direkten oder indirekten Objekt oder zur adverbialen Bestimmung. Man könnte sie daher auch als **Satzteilergänzungen** bezeichnen.

Das Attribut gibt dauerhafte Eigenschaften von Substantiven an.

Das Prädikativum gibt vorrübergehende Zustände von Substantiven an, die in Verbindung mit dem Prädikat stehen oder durch das Prädikat bedingt sind. Anders als das Adverb oder die adverbiale Bestimmung beschreibt es dabei jedoch nicht ein Verb, also die Art und Weise, wie etwas geschieht, sondern ein Substantiv, während es handelt oder behandelt wird. Das Prädikativum hat also einen doppelten Bezug: auf das Bezugssubstantiv und indirekt auch auf das Prädikat.

Das Attribut wird auch als Attributivum bezeichnet. Manche Grammatiken unterscheiden deshalb zwischen attributiver und prädikativer Form, attributiver und prädikativer Stellung und attributiver und prädikativer Übersetzung einer Satzteilergänzung.

Grundsätzlich dienen die folgenden sechs sprachlichen Mittel zur Bildung von Satzteilergänzungen:

- Substantive
- Adjektive
- Pronomen
- Genitive
- präpositionale Ausdrücke
- Relativsätze

Attribute treten in allen sechs Formen auf. Dementsprechend spricht man vom:

- substantivischen Attribut
- adjektivischen Attribut
- pronominalen Attribut
- Genitivattribut
- Präpositionalattribut
- Relativsatzattribut oder Relativattribut

Prädikativa liegen in der Regel nur in Form von Substantiven, Adjektiven, Pronomen und gelegentlich präpositionalen Ausdrücken vor, sehr selten dagegen in Form von Genitiven oder Relativsätzen. Unterschiedliche Formen von Prädikativa werden jedoch nicht eigens unterschieden.

Im Deutschen unterscheiden sich Attribut und Prädikativum sowohl in der Form als auch in der Funktion, im Lateinischen hingegen nur in der Funktion, was die Unterscheidung erschwert. Doch auch im Deutschen ist es nicht immer einfach Prädikativum und adverbiale Bestimmung zu unterscheiden. Der Unterschied hängt vom Verb und vom Sinn eines Satzes ab.

6 Arten von Attributen

Attribute beschreiben dauerhafte Eigenschaften von Substantiven näher.

Lateinisch *attributum* heißt wörtlich «hinzugefügt».

Sie stehen also in der Nähe ihres Bezugswortes, im Deutschen meist hinter, im Lateinischen dagegen ebenso häufig vor ihrem Bezugswort.

Wenn man z.B. das Substantiv *Käse* durch das Wort *Schweiz* näher beschreiben möchte, kann man nicht schreiben:

Käse Schweiz oder *Schweiz Käse*

Hier liegt keine sinnvolle gedankliche oder sprachliche Verknüpfung vor. Man kann jedoch mit dem Wort *Schweiz* verschiedene Formen von Attributen bilden:

1. mit dem Substantiv *Schweizer* bildet man ein substantivisches Attribut:

der Käse «*Schweizer*»

2. mit dem Adjektiv *Schweizer* bildet man ein adjektivisches Attribut:

der *Schweizer* Käse

3. mit dem Pronomen *dieser* ersetzt man *Schweizer* und bildet ein pronominales Attribut:

dieser Käse

4. mit dem präpositionalen Ausdruck *aus der Schweiz* bildet man ein präpositionales Attribut:

der Käse *aus der Schweiz*

5. mit dem Genitiv *der Schweiz* bildet man ein Genitivattribut:

der Käse *der Schweiz*

6. mit dem Relativsatz *der aus der Schweiz kommt* bildet man ein Relativattribut oder Relativsatzattribut:

der Käse, *der aus der Schweiz kommt.*

Im Prinzip sind diese sprachlichen Mittel gegeneinander austauschbar. Doch nur selten sind alle Attributtypen auch tatsächlich möglich und üblich. Vor allem solltest du später in der Lage sein, bei der Übersetzung aus dem Lateinischen die eine Form von Attribut im Lateinischen gegen eine andere im Deutschen auszutauschen.

Attribut und Prädikativum

Nehmen wir uns nochmals jedes einzelne dieser Attribute vor.

Substantivisches Attribut

Ein substantivisches Attribut ist ein ergänzendes Substantiv, das ein anderes Substantiv näher beschreibt. Bei dieser Verbindung zweier Substantive präzisiert eines das andere näher:

der König Drosselbart, eine Tasse Nierentee, ein Haufen Mist, das Städtchen Osnabrück, eine Flasche Bier, König Friedrich II., Väterchen Frost, Gevatter Tod.

In der Schulgrammatik wird für das substantivische Attribut auch der lateinische Begriff Apposition (von *apposition*, wörtlich *Hinzustellung*) benutzt, wenn das substantivische Attribut in Kommata steht:

Sokrates, der Philosoph, Homer, der Sänger, Susanne, mein Liebling.

Diese Unterscheidung ist für das Lateinische jedoch weitgehend uninteressant. Daher brauchst du dir den Begriff Apposition nicht unbedingt zu merken.

Adjektivisches Attribut

Ein adjektivisches Attribut ist ein ergänzendes Adjektiv, das ein Substantiv näher beschreibt:

das schöne Mädchen, der gute Mensch, die kluge Frau, das schöne Land, das spannende Buch, der gestiefelte Kater, ein argentinisches Rumpsteak, der große Eisenbahnraub, der kategorische Imperativ, der Schweizer Käs.

Dies ist zugleich wohl die wichtigste, häufigste und einfachste Form des Attributs.

Pronominales Attribut

Ein pronominales Attribut ist ein ergänzendes Pronomen, das «für» ein nominales (also substantivisches oder adjektivisches) Attribut steht:

diese Straße, jenes Haus, welche Frau, kein Geld, mein Mann, dieses Auto, manche Leute, alle Menschen.

Das Pronominalattribut zeigt, dass Pronomen enge Verwandte der Adjektive sein können, weil sie sich ganz ähnlich wie adjektivische Attribute verhalten. Im Grunde ist auch ein pronominales Attribut nur eine Art von näherer Beschreibung oder Spezifizierung des Bezugswortes.

Die Grenzen zwischen nominalem und pronominalem Attribut sind fließend. So ist es schwer zu entscheiden, ob Wörter wie *mancher, keiner, irgendeiner, andere, alle* Pronomen oder Adjektive sind. Als Kompromiss spricht man auch von Pronominaladjektiven. Festhalten kannst du: Ein Pronomen kann als Attribut ein Adjektiv ersetzen. Vergiss nicht, dass Adjektive daneben auch substantiviert werden können. In diesem Fall sind sie keine Attribute, sondern Stellvertreter eines Substantivs und damit vollgültige Satzteile.

Genitivattribut

Der Genitiv ist ein Attributkasus, steht nie allein und antwortet auf die Frage: *Wessen?*

Man lernt den Genitiv in der Regel als «Wes-Fall» kennen, also als denjenigen Kasus, der auf die Frage *Wessen?* antwortet:

der Preis des Biers, die Regeln des Spiels, die Gunst des Schicksals, das Gesetz der Natur, das Recht des Stärkeren.

Ohne Ausnahme gilt dabei die Regel: Ein Genitiv kann nicht allein stehen. Er ist fast immer Attribut zu einem Substantiv, auf das er sich bezieht. Wir haben ihn deshalb bei der Behandlung der Satzteile ausgelassen. Wenn du also auf einen Genitiv triffst, suchst du reflexartig das Bezugswort auf. Der Genitiv gilt allgemein als «Attributkasus».

genitum heißt «entstanden, gezeugt»; der Genitiv ist also der Ursprungsfall, Herkunftsfall oder Zugehörigkeitsfall.

Das Genitivattribut steht vor oder hinter seinem Bezugswort

Im Deutschen stehen Genitivattribute nahezu immer hinter ihrem Bezugswort:

Nebel des Grauens
Tempel des Todes
der Duft der Frauen

Nur in seltenen Fällen, meist in altertümlicher Sprache, steht das Genitivattribut auch davor:

des Kaisers neue Kleider
Gottes Wille
der Welten Lohn

Das ist im Lateinischen anders. Hier steht der Genitiv genau so häufig vor seinem Bezugswort wie dahinter.

Der Genitiv wird im Lateinischen häufiger und anders verwendet als im Deutschen

Der Genitiv ist im Deutschen die Antwort auf die Frage *wessen?* Diese Frage ist jedoch nicht in allen Fällen auf das Lateinische übertragbar. Daher kann man nicht immer von einem lateinischen Genitiv auf einen deutschen Genitiv schließen. Ein lateinisches Genitiv-Attribut gibt uns zunächst einmal nur einen Hinweis, dass es mit dem Wort, auf das es sich bezieht, irgendetwas zu tun hat. Der lateinische Genitiv kann stehen für **jede** Form der:

- Herkunft
- Zusammengehörigkeit
- Beziehung
- näheren Beschreibung

Attribut und Prädikativum

Wir müssen ausgehen von Fragen wie:
- *Wessen?* oder *von wem?*
- *Worauf bezieht und richtet sich das?*
- *Womit hat das etwas zu tun?*

Achte also bei der Übersetzung auf Inhalt und Sinn.

Im Falle des Nomens *Auto* und des Genitivs *Eltern* ist klar, dass es das *Auto der Eltern* sein muss. Schwieriger wird es, wenn wir das Nomen *Liebe* und den Genitiv *Eltern* vorfinden. Die *Liebe «der Eltern»* kann nämlich von zwei Seiten kommen:

1. kann es die *Liebe der Eltern zu ihren Kindern* sein.
2. kann es die *Liebe der Eltern von ihren Kindern* sein, anders herum formuliert: *die Liebe der Kinder zu ihren Eltern*.

Vielfach treten für einen lateinischen Genitiv in der deutschen Übersetzung Ersatzformen ein, die gebräuchlicher sind, z.B. präpositionale Ausdrücke. Während der Römer z.B. von der «Hoffnung des Friedens» oder «der Furcht des Feindes» spricht, bilden wir eher präpositionale Ausdrücke wie «Hoffnung auf Frieden» und «Furcht vor dem Feind».

Die Frage nach der richtigen Bedeutung eines Genitivattributs kann also nur aus dem Textzusammenhang und dem deutschen Sprachgebrauch entschieden werden.

Präpositionalattribut

Den präpositionalen Ausdruck haben wir bislang nur als adverbiale Bestimmung kennengelernt.

Adv. Best. (des Ortes) Prädikat Subjekt
Auf dem Tisch steht *eine Flasche Bier.*

Er lässt sich aber auch als Attribut auffassen:

Prädikat indirektes Objekt adv. Best. (der Zeit)
Hol *mir* *mal*

direktes Objekt
die Flasche Bier auf dem Tisch!
Attribut (nähere Beschreibung der Flasche Bier)

Sähen wir im zweiten Beispielsatz den präpositionalen Ausdruck *auf dem Tisch* als adverbiale Bestimmung an, so hätte das gravierende Folgen. Der Angesprochene müsste nämlich auf dem Tisch die Flasche Bier holen gehen. Er müsste sich die Schuhe ausziehen und die Mühe machen auf den Tisch zu steigen, nur um die Flasche Bier nicht einfach so holen zu gehen, sondern auf dem Tisch holen zu gehen. Übrigens müsste er sie auch dann auf dem Tisch holen gehen, wenn sie gar nicht auf dem Tisch stünde. Denn als adverbiale Bestimmung würde sich *auf dem Tisch* nur auf den Akt des holen Gehens beziehen. Die Flasche Bier könnte dabei auch im Kühlschrank stehen. Unser Biersklave müsste also auf dem Tisch die Flasche Bier aus dem Kühlschrank holen. Aus diesem absurden Beispiel sollte eines deutlich werden: *auf dem Tisch* bezieht sich nicht als adverbiale Bestimmung auf das «holen Gehen», sondern als Attribut der räumlichen Eigenschaften auf die Flasche Bier.

Der präpositionale Ausdruck beschreibt hier die Flasche Bier näher. Nicht irgendeine Flasche Bier war es, sondern *die auf dem Tisch*. Ähnlich:

Der Wolf im Schafspelz, das Glas im Schrank, die Axt im Hause, der Hahn auf dem Mist, der Laden um die Ecke.

Nebeneinander finden sich präpositionale Ausdrücke sowohl als Attribute als auch als adverbiale Bestimmungen:

Subjekt Prädikat
Drei Chinesen mit dem Kontrabass *saßen*
Attribut (nähere Beschreibung der drei Chinesen)

Adv. Best. (des Ortes) Prädikat indir. Obj. dir. Obj.
auf der Straße und *erzählten* *sich* *was.*

Relativsatzattribut oder Relativattribut

Ein Relativsatz ist ein Nebensatz, der mit dem Pronomen *der, die, das* oder *welcher, welche, welches* eingeleitet wird. Dieses bezieht sich auf ein Wort im übergeordneten Satz. Da der Relativsatz also eine nähere Beschreibung eines anderen Satzteils bildet, ist er ein Attribut:

Objekt
Die Würstchen, die aus Frankfurt kommen,
Attribut (nähere Beschreibung der Würstchen)

Prädikat Subj. Adv. Best. (der Art und Weise)
mag *ich* *am liebsten.*

Durch einen Relativsatz kann das Bezugswort näher beschrieben und so von anderen unterschieden werden, selbst wenn es noch so vage ist: wie in dem Märchen

von *einem, der auszog das Fürchten zu lernen*.

Oder sogar, wenn es mehrere wortgleiche Bezugswörter gibt, wie in dem bekannten Refrain von den «Fantastischen Vier»:

Ist es die da,
die da am Eingang steht,
oder die da,
die dir den Kopf verdreht,
oder die da,
die mit dem dicken Pulli an?
Nein es ist die Frau, *die freitags nicht kann!*

Attribute können Bestandteile verschiedener Satzteile sein

Attribute bilden mit dem Substantiv, das sie näher beschreiben, eine Wortgruppe. Diese Wortgruppe wiederum bildet einen Satzteil, nämlich ein Subjekt oder Objekt oder Teil einer adverbialen Bestimmung oder sogar eines anderen Attributes selbst. Als Bestandteil einer Wortgruppe rechnen wir die Attribute jeweils demjenigen Satzteil zu,

Attribut und Prädikativum

den die Wortgruppe bildet. Ein eigener Satzteil ist das Attribut nicht, obwohl es in manchen Grammatiken auch als eigener Satzteil behandelt wird. Beispiele:

Subjektsattribut:
adv. Best. (des Ortes)
In St. Jago, der Hauptstadt des Königreichs Chili,

Prädikat
stand

Subjekt
ein junger, auf ein Verbrechen angeklagter Spanier
Attribut des Subjekts *Spanier*

Objektsattribut:
Subjekt   Prädikat   Objekt   adv. Best.
Franz   kaut   den Schweizer Käs ohne Gebiss.
Attribut des Objekts *Käse*

Attribut einer adverbialen Bestimmung:
Subjekt   Prädikat   adv. Best. (des Ortes)
Franz   jagt   im komplett verwahrlosten Taxi
Attribut der adverbialen Bestimmung *im Taxi*

adv. Best. (des Ortes)
quer durch Bayern.

Das Prädikativum

Ein Prädikativum oder auch prädikatives Zustandsattribut liegt wie auch das Attribut in Form eines Substantivs, Adjektivs, Pronomens oder auch eines präpositionalen Ausdrucks, selten in Form eines Genitivs oder Relativsatzes vor. Es beschreibt jedoch nicht wie das Attribut dauerhafte Eigenschaften oder einen bleibenden Wesenszug seines Bezugswortes, sondern vorrübergehende Zustände oder bedingte Eigenschaften, die mit dem Prädikat in engem Zusammenhang stehen.

praedicativum bedeutet «auf das Prädikat bezogen».

Das Prädikativum rückt dabei in die Nähe des Adverbs und die Unterscheidung fällt nicht immer leicht. Entscheidend ist immer der Sinn. Vergleichen wir dazu die folgenden drei Sätze:

Der kranke Mann lag im Bett.

Der Mann lag krank im Bett.

Der Mann lag wegen Krankheit im Bett.

Im ersten Satz ist die Krankheit eine dauerhafte Eigenschaft des Mannes, die nicht zwingend mit dem Liegen zusammenhängt. Vielleicht ist er liebeskrank oder geisteskrank, liegt aber nur im Bett, weil er müde ist. Es handelt sich bei der Ergänzung *kranke* also um ein Attribut zu *Mann*.
Im zweiten Satz scheint es zunächst zwei Möglichkeiten zu geben, wie man die Ergänzung *krank* auffassen kann: als Adverb und als Prädikativum. Entscheiden kann darüber nur der Sinn.

Ein Adverb beschreibt nur Verben und hat keinen Bezug mehr zu irgendeinem Substantiv. Wenn wir also *krank* als Adverb auffassen, würde der Sinn lauten: «*Der Mann lag auf kranke Weise im Bett. Sein Liegen sah krumm, schräg, irre und irgendwie krank aus.*» Bei dieser Deutung interessiert nicht, ob der Mann selber krank ist. Der Sinn besagt scheinbar nur, dass die Art des Liegens eine kranke ist. Der Mann könnte demnach völlig gesund sein und trotzdem «krank» im Bett liegen. Der gesunde Menschenverstand spricht dagegen.

Als Prädikativum beschreibt *krank* den Zustand eines Substantivs während der Verbalhandlung: *krank* beschreibt also nicht das Verb *Liegen*, sondern vielmehr den Zustand, während er liegt. Der Sinn muss lauten: «*Der Mann lag im Bett, weil er krank war.*» Dabei wird er sicherlich gut verpackt auf dem Rücken liegen, in ärztlich angeordneter Weise gelagert. Krank ist also nicht die Art des Liegens, sondern der Zustand des Mannes.

Im Deutschen (nicht im Lateinischen!) wird in manchen Fällen die Abgrenzung des prädikativen Zustandsattributes zur adverbialen Bestimmung schwierig, weil ja beide mit Verben zusammenhängen. Wie nah sich Prädikativum und Adverb auch funktional sind, erkennt man, wenn man *krank* durch den präpositionalen Ausdruck *wegen Krankheit* ersetzt, wie wir es im dritten Beispielsatz gemacht haben. Hier erhält man eine adverbiale Bestimmung.

Die Zustände oder vorrübergehenden Eigenschaften, die das Prädikativum angibt, sind zeitlich auf die Prädikatshandlung begrenzt und fallen gleichzeitig weg, wenn man das Prädikat wegfallen lässt. Immer ist für die Funktion eines Prädikativums also ein Verb erforderlich. Ich kann zwar sagen: *der kranke Mann.* Hier ist das Attribut *kranke* untrennbar mit dem Mann verknüpft. Ich kann aber nicht sagen: *der Mann krank.* Hier ist das Prädikativum *krank* untrennbar mit dem Liegen verbunden. Umgekehrt kommen viele Verben selten ohne Prädikativum aus.

Typische Verben in Verbindung mit dem Prädikativum

In der Schule hast du Verben wie *sein*, *werden* und *haben* als sogenannte Hilfsverben kennengelernt. Der lateinische Begriff lautet Kopula *(copula, Kopplung, Verbindung)*. Manche Grammatiken gehen davon aus, dass solche Hilfsverben nicht alleine stehen können, sondern erst in Verbindung mit einem Prädikativum Sinn ergeben, bzw. zu einem Sinn «verhelfen».

Attribut und Prädikativum

Bei dem Verb *sein* z.B. drängt sich fast immer die Frage danach auf, wer oder was jemand oder etwas ist:

Freundschaft ist.

Dieser Satz scheint unvollständig oder klingt nach existentialistischer Philosophie: Er besteht zwar aus einem Subjekt *(Freundschaft)* und einem Prädikat *(ist)*, sagt aber nichts anderes aus als: *Freundschaft ist da. Freundschaft existiert.*
Viel häufiger ist hier ein Prädikativum zu erwarten:

Freundschaft ist <u>eine Seele in zwei Körpern</u>.

Eine Seele in zwei Körpern beschreibt, was Freundschaft ist, in welchem «Zustand» Freundschaft existiert.
Bei *sein* ist das, was ich als Prädikativum bezeichne, als «Prädikatsnomen» bekannt, weil nach *sein* häufig Nomen das Prädikativum stellen. Das ist jedoch nicht immer der Fall, z.B. in dem Satz:

Cicero ist in Rom.

Hier wird das Prädikativum nach *sein* durch einen präpositionalen Ausdruck gebildet. Daher verzichte ich auf diesen Begriff und spreche nur von Prädikativum.
Auch ein Verb wie *werden* verlangt nach einem Prädikativum:

Caesar wird.

Was auch immer man sich darunter vorzustellen hat, wenn Caesar «wird», es klingt merkwürdig:

Caesar wird <u>Diktator</u>.

Dies ist dagegen ein Satz, unter dem wir uns etwas vorstellen können. *Diktator* beschreibt eine Art Zustand, in diesem Fall ein Amt, in das Caesar erhoben wird.
Auch auf den Begriff Hilfsverb wollen wir in Zukunft verzichten. Die sogenannten Hilfsverben sind im Grunde normale Verben, die lediglich häufiger in Verbindung mit Prädikativa auftreten. Solang man das weiß, besteht zu komplizierteren Erklärungen kein Anlass. Der Begriff *Kopula, Kopplung, Verbindung*, rührt daher, dass viele dieser Verben «in Verbindung» mit Prädikativa oder Infinitiven treten und so zur Zusammensetzung von mehrteiligen Prädikaten dienen. Man spricht auch von zusammengesetzten Prädikaten:

Der Konsul wird <u>gewählt</u>.
Sallust hat Monographien <u>geschrieben</u>.
Cicero und Caesar sind <u>ermordet worden</u>.

Im ersten Satz beschreibt das Verbaladjektiv *gewählt* eine Zustandsänderung, in die der Konsul versetzt wird. Es entsteht eine eigene Zeitform: das Präsens Passiv. Im zweiten Satz beschreibt das Verbaladjektiv *geschrieben* den zeitlichen Zustand in dem Sallust Monographien hat: er «hat» sie in «geschriebenem Zustand». Entstanden ist so ein Perfekt Aktiv. Der dritte Satz beschreibt, in welchem zeitlichen Zustand Cicero und Caesar sich befinden, nämlich im «ermordet wordenen» Zustand. Dabei ist *worden* eigentlich ein verkrüppeltes Verbaladjektiv von *werden* und lautete ursprünglich *geworden*. So bilden wir im Deutschen ein Perfekt Passiv. Prädikativa dienen funktional also auch zur Bildung zusammengesetzter, bzw. mehrteiliger Prädikate, obwohl sie formal eigentlich nur zu dem Satzteil gehören, der durch ihr Bezugssubstantiv gebildet wird.

Viele andere Verben können mit Prädikativa stehen. Dabei treten oft Präpositionen hinzu: halten <u>für</u>, gemacht werden <u>zu</u>, ernannt werden <u>zu</u>, arbeiten <u>als</u>, sich verwandeln <u>in</u>.

Caesar wurde <u>zum Statthalter von Gallien</u> gemacht.
Cicero hielt den Gangster Milo <u>für unschuldig</u>.
Viele verbrecherische Römer arbeiteten <u>als Beamte</u>.

Attribut und Prädikativum: Das solltest du auswendig gelernt haben

Attribut und Prädikativum sind nähere Beschreibungen von Substantiven und gehören formal demjenigen Satzteil an, den auch das Substantiv bildet.

Attribut

Ein Attribut gibt dauerhafte Eigenschaften und untrennbare Wesensbeschreibungen seines Bezugssubstantivs an. Attribute sind keine Satzteile. Es gibt sechs Attribute:

- substantivisches Attribut: ein Substantiv beschreibt ein Substantiv (_König Drosselbart_)
- adjektivisches Attribut: ein Adjektiv beschreibt ein Substantiv (der _gestiefelte_ Kater)

Substantivisches und adjektivisches Attribut kann man als nominales Attribut zusammenfassen.

- pronominales Attribut: ein Pronomen beschreibt ein Substantiv (_zu jener Zeit_)
- Genitivattribut: ein Genitiv beschreibt ein Substantiv (_Das Wasser des Lebens_)
- Präpositionalattribut: ein präpositionaler Ausdruck beschreibt ein Substantiv (Der Teufel _mit den drei goldenen Haaren_)
- Relativattribut: ein Relativsatz beschreibt ein Substantiv _(Von einem, der auszog das Fürchten zu lernen)_

Prädikativum

Ein Prädikativum gibt vorrübergehende Zustände oder zeitlich begrenzte Eigenschaften seines Bezugssubstantivs in Verbindung mit der Prädikatshandlung an _(krank im Bett liegen, fröhlich spazieren gehen, gespannt warten)_. Es wird nicht wie das Attribut nach verschiedenen Formen unterschieden. Typische Verben, die mit Prädikativa auftreten, sind _sein, werden, haben, halten für, machen zu_. Prädikativa dienen funktional auch zur Bildung zusammengesetzter, bzw. mehrteiliger Prädikate, obwohl sie formal eigentlich zu einem anderen Satzteil gehören _(gesehen haben, gemacht werden, gegangen sein)_.

Die Unterscheidung zwischen Prädikativum und Adverb ist nicht immer einfach. Entscheidend ist, ob die in Frage kommende Form ausschließlich das Verb beschreibt oder den Zustand eines Substantivs, bedingt durch ein Verb.

Satzteile, Attribute und Prädikativa

Übung: Satzteile, Attribute und Prädikativa

Bestimme die Satzteile des Textes, indem du sie (zunächst mit Bleistift) einrahmst und durch Darüberschreiben benennst. Unterstreiche anschließend alle Attribute.

Caesar

Der Patrizier Gaius Iulius Caesar konnte nur durch hohe Verschuldung seine politische Laufbahn finanzieren. Durch eine Kartellbildung mit dem Militär Pompeius und dem Finanzier Crassus, dem sogenannten ersten Triumvirat, arrangierte er sich mit den beiden mächtigsten Männern Roms. Im folgenden Jahr bekleidete er den Konsulat. Durch seine militärischen Erfolge in Gallien erreichte er drei Ziele:

- er sicherte sich eine Verlängerung seiner Statthalterschaft um seine langfristigen Pläne umzusetzen.

- durch Ausbeutung der (vor allem an Bodenschätzen reichen) Provinz konnte er sich sanieren.

- durch zunehmende Verstärkung und Ergebenheit der unter ihm dienenden Legionen gelangte er zu großer militärischer Macht.

Schließlich widersetzte er sich der Weisung des Senates sein Kommando niederzulegen. Mit der Überschreitung des Grenzflusses Rubikon löste er den römischen Bürgerkrieg aus. Im Kampf um den Anspruch auf die Republik standen sich nur noch die Legionen unter Caesar und das republikanische Heer unter Pompeius – Crassus war inzwischen gestorben – gegenüber. Caesar siegte in den Schlachten bei Pharsalos und Thapsos. Als «Diktator auf Lebenszeit» herrschte er, bis er am 15. März des Jahres 44 vor Christus von den republikanischen Senatoren Brutus und Cassius ermordet wurde.

Satzteile, Attribute und Prädikativa

Beantworte bitte die folgenden MC-Fragen. Es ist jeweils nur eine Antwort richtig. Wenn du eine Antwort nicht verstehst, lies zunächst die anderen durch und arbeite dann nach dem Ausschlussverfahren. Wenn du dir bei einer Frage nicht sicher bist, komm bloß nicht auf die Idee zu raten, sondern kreuze «weiß ich nicht genau» an und arbeite die Lücke später nach.

1. Was gehört nicht zu den Satzteilen?

   ☐ Prädikat
   ☐ Substantiv
   ☐ adverbiale Bestimmung
   ☐ direktes Objekt
   ☐ indirektes Objekt
   ☐ Weiß ich nicht genau.

2. Ordne die in Liste 1 stehenden Satzteile und Attribute jeweils den in Liste 2 stehenden lateinischen Kasus zu.

   Liste 1

   1. Subjekt
   2. direktes Objekt
   3. indirektes Objekt
   4. adverbiale Bestimmung
   5. Attribut

   Liste 2

   Genitiv: ___
   Dativ: ___
   Nominativ: ___
   Ablativ: ___
   Akkusativ: ___

3. Von den Satzteilen in dem Satz «Robbie Williams isst gerne Döner mit Knoblauchsoße.»

   1. ist «gerne» ein Adverb.
   2. ist «gerne» eine adverbiale Bestimmung.
   3. ist «gerne» ein prädikatives Attribut (Prädikativum).
   4. ist «mit Knoblauchsoße» ein Präpositionalattribut.
   5. ist «Knoblauchsoße» ein Objekt.

   ☐ Nur 1 ist richtig.
   ☐ Nur 2 und 4 sind richtig.
   ☐ Nur 3, 4 und 5 sind richtig.
   ☐ Nur 3 und 4 sind richtig.
   ☐ Nur 4 und 5 sind richtig.
   ☐ Weiß ich nicht genau.

4. Im folgenden Satz sind Satzteile bzw. Attribute unterstrichen und mit Buchstaben versehen. Ordne die Buchstaben der Liste 1 zu.

      A   B   C
   Mehr als 90% des Sauerstoffes der Erdatmosphäre wird erstaunlicherweise von bestimmten Algen

                       D   E
   produziert, die die Weltmeere bevölkern.

   Liste 1

   ___ → Attribut
   ___ → Subjekt
   ___ → Objekt
   ___ → adverbiale Bestimmung
   ___ → Prädikat

Satzteile, Attribute und Prädikativa

5. Welcher der folgenden Aussagen stimmst du zu?

1. Nomen ist im Grunde genommen nur ein anderes Wort für Substantiv.
2. Attribut ist im Grunde genommen nur ein anderes Wort für Adjektiv.
3. Subjekt ist im Grunde genommen nur ein anderes Wort für Substantiv.
4. Konnektor ist im Grunde genommen nur ein anderes Wort für Konjunktion.
5. Nominales Attribut ist im Grunde genommen nur ein anderes Wort für substantivisches Attribut.

- ☐ Nur 1 und 4 sind richtig.
- ☐ Nur 2 und 4 sind richtig.
- ☐ Nur 3, 4 und 5 sind richtig.
- ☐ Nur 4 ist richtig.
- ☐ Keine der Aussagen 1–5 ist richtig.
- ☐ Weiß ich nicht genau.

6. An welchen Satzteil ist in erster Linie zu denken, wenn du die Wörter «den Freund» liest?

- ☐ direktes Objekt
- ☐ indirektes Objekt
- ☐ adverbiale Bestimmung
- ☐ substantivisches Attribut
- ☐ Subjekt
- ☐ Weiß ich nicht genau.

7. Der Satz «Franz jagt im komplett verwahrlosten Taxi quer durch Bayern» besteht aus

- ☐ vier Satzteilen.
- ☐ fünf Satzteilen.
- ☐ sechs Satzteilen.
- ☐ sieben Satzteilen.
- ☐ acht Satzteilen.
- ☐ Weiß ich nicht genau.

8. In welchem Satzteil kann ein Substantiv nicht enthalten sein?

- ☐ Subjekt
- ☐ direktes Objekt
- ☐ adverbiale Bestimmung
- ☐ Prädikat
- ☐ indirektes Objekt
- ☐ Weiß ich nicht genau.

9. Wie ist die korrekte Abfolge der Satzteile in dem Satz «Auch Caesar war manchmal mit seinem Latein am Ende»?

- ☐ Subj., Präd., adv. Best., adv. Best., adv. Best.
- ☐ Adv. Best., Obj., Präd., adv. Best., Subj., Obj.
- ☐ Konj., Subj., Präd., Obj., adv. Best.
- ☐ Subj., adv. Best., Präd., adv. Best., adv. Best, Obj.
- ☐ Adv. Best., Subj., Präd., adv. Best., adv. Best., adv. Best.
- ☐ Weiß ich nicht genau.

10. Von den Satzteilen in Schillers «Die Axt im Hause erspart den Zimmermann.»

- ☐ ist «Axt» ein Objekt.
- ☐ ist «Hause» ein Objekt.
- ☐ ist «erspart» ein Verb.
- ☐ ist «Zimmermann» ein Subjekt.
- ☐ ist «Axt im Hause» ein Subjekt.
- ☐ Weiß ich nicht genau.

Satzteile, Attribute und Prädikativa

11. Welcher der folgenden Aussagen stimmst du zu?
    - ☐ Prädikate bestehen immer nur aus einem Wort.
    - ☐ Subjekte müssen immer mindestens aus einem Substantiv bestehen.
    - ☐ Ein Satzteil besteht immer nur aus einem Wort.
    - ☐ Ein Satzteil besteht immer nur aus einer Wortart.
    - ☐ Adverbien bestehen immer nur aus einem Wort.
    - ☐ Weiß ich nicht genau.

12. Welcher der folgenden Aussagen stimmst du zu?
    - ☐ Objekte stehen immer im Akkusativ.
    - ☐ Im Deutschen gibt es keinen eigenen Kasus der adverbialen Bestimmung.
    - ☐ Der Dativ ist das deutsche Pendant zum lateinischen Ablativ.
    - ☐ Der Genitiv dient zur Bildung von adverbialen Bestimmungen.
    - ☐ Der Akkusativ und der Dativ sind funktional austauschbar.
    - ☐ Weiß ich nicht genau.

13. Welche Aussage trifft zu? In dem Satz «Eines Tages geschah es Kant, dass er keine Worte fand.»
    - ☐ ist «Kant» ein Subjekt.
    - ☐ ist «Kant» ein indirektes Objekt.
    - ☐ ist «Kant» ein direktes Objekt.
    - ☐ ist «es» ein direktes Objekt.
    - ☐ ist «es» ein indirektes Objekt.
    - ☐ Weiß ich nicht genau.

14. Welche Aussage trifft nicht zu? In dem Satz «Stundenlang hielt er den Mund und er schwieg nicht ohne Grund.»
    - ☐ ist «Mund» ein Objekt.
    - ☐ ist «stundenlang» eine adverbiale Bestimmung.
    - ☐ ist «er» ein Subjekt.
    - ☐ ist «schwieg» ein intransitives Verb.
    - ☐ ist «ohne Grund» ein Objekt.
    - ☐ Weiß ich nicht genau.

15. Von den Satzteilen in dem Satz «Ihm fiel absolut nichts ein, drum ließ er das Sprechen sein.»

    1. ist «ihm» ein Objekt.
    2. ist «ihm» ein Dativobjekt.
    3. ist «ihm» ein indirektes Objekt.
    4. ist «Sprechen» ein Objekt.
    5. ist «nichts» ein Objekt.

    - ☐ Nur 1, 2, 3 und 4 sind richtig.
    - ☐ Nur 2 und 3 sind richtig.
    - ☐ Nur 5 ist richtig.
    - ☐ Alle Aussagen 1–5 sind richtig.
    - ☐ Keine der Aussagen 1–5 ist richtig.
    - ☐ Weiß ich nicht genau.

Satzteile, Attribute und Prädikativa

16. Von den Satzteilen und Attributen in dem Satz «Erst als man zum Essen rief, wurd er wieder kreativ.»

1. ist «zum Essen» ein Objekt.
2. ist «kreativ» ein adjektivisches Attribut.
3. ist «wurd» ein Prädikativum.
4. ist «man» eine adverbiale Bestimmung.
5. ist «wieder» ein pronominales Attribut.

☐ Nur 1 und 2 sind richtig.
☐ Nur 3 und 5 sind richtig.
☐ Nur 4 ist richtig.
☐ Alle Aussagen 1–5 sind richtig.
☐ Keine der Aussagen 1–5 ist richtig.
☐ Weiß ich nicht genau.

17. Im folgenden Satz sind Satzteile bzw. Attribute unterstrichen und mit Buchstaben versehen. Ordne die Buchstaben der Liste 1 zu.

      A   B   C   D   E
Und er sprach die schönen Worte: «Gibt es hinterher noch Torte?»

Liste 1

____ → Attribut
____ → Subjekt
____ → Objekt
____ → adverbiale Bestimmung
____ → Prädikat

☐ Weiß ich nicht genau.

18. Die Form «Menschen» kann vorkommen

1. als Subjekt.
2. als indirektes Objekt.
3. als direktes Objekt.
4. als Prädikativum.
5. als Genitivattribut.

☐ Nur 1 ist richtig.
☐ Nur 2 und 3 sind richtig.
☐ Nur 4 und 5 sind richtig
☐ Nur 1, 2, 3 und 5 sind richtig.
☐ Alle Aussagen 1–5 sind richtig.
☐ Weiß ich nicht genau.

19. Das Subjekt antwortet auf die Frage

☐ Wer
☐ Wen
☐ Wem
☐ Wessen
☐ Wie
☐ Weiß ich nicht genau.

Satzteile, Attribute und Prädikativa

20. Das Wort «ihnen» ist ein

- ☐ Subjekt
- ☐ Akkusativobjekt
- ☐ Dativobjekt
- ☐ Genitivattribut
- ☐ Pronominaladverb
- ☐ Weiß ich nicht genau.

21. Die Frage «wen» wird beantwortet durch das Wort

- ☐ ihm
- ☐ ihn
- ☐ ihr
- ☐ ihnen
- ☐ ich
- ☐ Weiß ich nicht genau.

22. Die Frage «wem» wird nicht beantwortet durch das Wort

- ☐ diesen
- ☐ diesem
- ☐ dieser
- ☐ diese
- ☐ dir
- ☐ Weiß ich nicht genau.

23. Von den folgenden aristotelischen Sätzen enthält ein direktes Objekt:

1. «Nicht dem Vergnügen, der Schmerzlosigkeit geht der Vernünftige nach.»
2. «Das Glück gehört denen, die sich selber genügen.»
3. «Ein Schmeichler ist ein Freund, der dir unterlegen ist, oder vorgibt es zu sein.»
4. «Auch das Denken schadet bisweilen der Gesundheit.»
5. «Der Gebildete treibt die Genauigkeit nicht weiter, als es der Natur der Sache entspricht.»

- ☐ Satz 1 und 2
- ☐ Satz 1, 2 und 4
- ☐ Satz 5
- ☐ Satz 1, 4 und 5
- ☐ Alle Sätze 1–5
- ☐ Weiß ich nicht genau.

24. Aristoteles verwendet **kein** Präpositionalattribut in Satz:

1. «Redekunst ist die Kunst Glauben zu erwecken.»
2. «Kluge Leute lernen auch von ihren Feinden.»
3. «Freude an der Arbeit lässt das Werk trefflich geraten.»
4. «Lachen ist eine körperliche Übung von großem Wert für die Gesundheit.»
5. «Der Weg vom Schlaf zum Tode ist ein kleiner.»

- ☐ Satz 1
- ☐ Satz 2
- ☐ Satz 3
- ☐ Satz 4
- ☐ Satz 5
- ☐ Weiß ich nicht genau.

Satzarten und Satzfunktionen

Themenüberblick
Es gibt zwei Arten von Sätzen:

- den Hauptsatz
- den Nebensatz

Im Folgenden lernst du, woran man einen Hauptsatz und einen Nebensatz erkennt und wie man sie unterscheidet.
Die Nebensätze werden uns außerdem etwas detaillierter beschäftigen. Zunächst unterscheiden wir zwischen drei verschiedenen Arten von Nebensätzen nach ihren Einleitern:

- Konjunktionalsätzen
- Relativsätzen
- indirekten Fragesätzen

Weiterhin unterscheiden wir zwischen drei unterschiedlichen Funktionen von Nebensätzen. Du wirst begreifen, dass Nebensätze ganze Satzteile vertreten können:

- Subjektsatz
- Objektsatz
- Adverbialsatz

Zwei Satzarten

Hauptsätze stehen für sich, das Prädikat steht regelmäßig an zweiter Stelle
Einen Hauptsatz erkennst du daran, dass er für sich stehen kann. Er klingt immer richtig, ohne dass du ein Wort hinzufügen oder herausnehmen musst. Weiteres Hauptmerkmal des Hauptsatzes ist die Zweitstellung des Prädikates.
Ein einfacher Hauptsatz ist z.B. der folgende Ausspruch von Karl Liebknecht:

Aufrichtigkeit ist die edelste Form der Dummheit.

Ein etwas längerer Hauptsatz, aber immer noch ein Hauptsatz, waren die berühmten «freundlichen» Worte Al Capones:

Mit einem freundlichen Wort und einer Waffe erreicht man mehr als mit einem freundlichen Wort allein.

In beiden Sätzen ist die Regel von der Zweitstellung des Prädikates nicht verletzt:

1. Subjekt: *Aufrichtigkeit*
2. Prädikat: *ist ...*

1. Adverbiale Bestimmung der Umstände: *Mit einem freundlichen Wort und einer Waffe*
2. Prädikat: *erreicht ...*

Denke daran, dass mit «Erst- und Zweitstellung» jeweils der erste und zweite Satzteil gemeint sind und dass ein Satzteil aus mehr als einem Wort bestehen kann. Und denke auch daran, dass im Fragesatz und Befehlssatz diese Regel nicht gilt.

Mehrere Hauptsätze können durch einen Punkt, aber auch durch ein Komma aneinandergereiht werden, wie bei Robert Gernhardt:

Dich will ich loben, Hässliches, du hast so was Verlässliches.

In so einem Fall spricht man von Parataxe oder parataktischem Satzbau.

Nebensätze können nicht allein stehen
Ohne Hauptsatz kann ein Nebensatz nicht existieren. Er muss sich «anlehnen» entweder an einen Hauptsatz oder an einen übergeordneten Nebensatz, der über kurz oder lang immer von einem Hauptsatz abhängt. Deshalb nennt man Nebensätze auch abhängige Sätze. Ein solcher abhängiger Satz steht immer durch ein Komma vom vorhergehenden Satz abgetrennt. Betrachte einmal folgendes Beispiel:

Manchmal klatschen die Leute, weil es endlich vorbei ist.

Der Satz ist durch ein Komma in Haupt- und Nebensatz unterteilt. Manchmal klatschen die Leute. Das ist der Hauptsatz. Davon abhängig ist der Nebensatz: weil es endlich vorbei ist. Als nächstes betrachten wir den Nebensatz für sich: ... weil es endlich vorbei ist. Dieser Nebensatz verfügt eigentlich über alles, was ein Satz braucht um selbstständig zu sein. Wie jeder Satz verfügt auch dieser über Satzteile, über Subjekt, Prädikat, adverbiale Bestimmung. Und doch ist es kein selbstständiger Satz. Wenn du nämlich versuchst daraus einen Hauptsatz zu bilden, so steht dir immer das Wörtchen *weil* im Weg: endlich ist es vorbei weil. weil endlich ist es vorbei. Deshalb kann ein solcher Satz nicht für sich alleine stehen bleiben. Er muss einem anderen «übergeordneten» Satz «untergeordnet» werden, damit die Konjunktion Sinn macht. Daher auch die Bezeichnung Nebensatz: ein Satz neben oder unter dem Hauptsatz. Das Fremdwort dafür lautet Hypotaxe oder hypotaktischer Satzbau.

Kein Nebensatz ohne Komma
Denke daran, dass jeder Nebensatz in Kommata steht, aber nicht jeder Satz in Kommata automatisch ein Nebensatz ist. Auch Hauptsätze können ja in Kommata nebeneinander stehen. In

Satzarten

Kommata heißt auch nicht, dass jeder Nebensatz immer nach seinem übergeordneten Satz stehen muss. Er kann auch davor stehen:

Wenn alle nur an sich denken, ist an alle gedacht.

Ein Nebensatz kann den Hauptsatz sogar in der Mitte unterbrechen:

Das einzige, das du auf der Welt verändern kannst, ist die Lage deines Kopfkissens.

Das Prädikat steht regelmäßig an letzter Stelle

Grundsätzlich ist aber auch eine Umstellung von Nebensatzprädikaten nicht zulässig. Im Gegenteil: Die Stellung des Prädikates ist ein sicheres Zeichen, um einen Nebensatz zu identifizieren. Und das Folgende ist nun wirklich wichtig und du solltest es dir gut einprägen:
Sowohl im Deutschen als auch häufig im lateinischen Nebensatz steht das Prädikat an letzter Stelle. Deshalb brauchen wir bei der Übersetzung lateinischer Nebensätze im Gegensatz zu den Hauptsätzen die Satzteile nicht umzustellen sondern können in der gleichen Wortabfolge auch übersetzen.

Drei Arten von Nebensätzen

Unter den Nebensätzen unterscheiden wir noch einmal drei Arten von Nebensätzen:

- den Konjunktionalsatz
- den Relativsatz
- den indirekten Fragesatz

Diese Unterscheidung ist wichtig, denn sie hilft dir bei der Unterscheidung zwischen Haupt- und Nebensatz. Sie hilft dir auch bei der Übersetzung.

Konjunktionalsätze werden durch eine Nebensatzkonjunktion eingeleitet

Nebensätze werden durch Kommata abgetrennt und in den allermeisten Fällen durch Konjunktionen eingeleitet. Wir erinnern uns, was eine Konjunktion ist: Eine Konjunktion ist ein Bindewort, also ein Wort, das zwei Wörter, zwei Satzteile oder in diesem Fall zwei Sätze miteinander verbindet. Konjunktionen, die Nebensätze einleiten, heißen auch Nebensatzkonjunktionen, Subjunktionen oder Nebensatzeinleiter.

Die lateinische *subiunctio* ist wörtlich eine *Unterverbindung,* oder eine *Verbindung nach unten.* Gemeint ist also die Verbindung zwischen *übergeordnetem* und *untergeordnetem* Satz.

Solche Nebensatzkonjunktionen sind z.B.: wenn, damit, als, nachdem, aber, damit, so dass etc. Das Wort, das in unserem ersten Beispielsatz die Verbindung zum Hauptsatz herstellt, ist die Konjunktion weil:

Manchmal klatschen die Leute, weil es endlich vorbei ist.

Nebensätze, die durch Nebensatzkonjunktionen eingeleitet werden, heißen Konjunktionalsätze. Damit sind aber nur die Nebensätze, nicht die Hauptsätze, die durch Konjunktionen verbunden werden, gemeint.

Relativsätze werden durch ein Relativpronomen eingeleitet

Die zweite Art des Nebensatzes ist der Relativsatz oder rückbezügliche Nebensatz:

Man beißt nicht in die Hand, die einen füttert.

Der Relativsatz wird durch ein Relativpronomen (der, die, das; welcher, welche, welches) eingeleitet, das sich auf ein Bezugswort im übergeordneten Satz (die Hand) bezieht.

relatum bedeutet *zurückgetragen, zurückgebracht* im Sinne von zurückbezogen, weil das Relativpronomen aus dem Nebensatz in den Hauptsatz zurück weist.

Beachte für die Übersetzung lateinischer Relativpronomen bereits jetzt zwei Grundregeln:
Das Relativpronomen stimmt im Numerus und Genus mit seinem Bezugswort im Hauptsatz überein (NG-Kongruenz), nicht im Kasus.
Übersetze jedes lateinische Relativpronomen ausschließlich mit Formen von welcher, welche, welches, nicht mit der, die, das.

Indirekte Fragesätze werden durch Fragewörter eingeleitet

Ein indirekter Fragesatz ist eine Frage, die von einem Verb des Fragens oder Wunderns im übergordneten Satz abhängig gemacht und durch ein Fragewort eingeleitet wird, z.B. in dem persischen Sprichwort:

Betrachte nicht müßig den Steinhaufen, sondern frage dich, wen du damit bewerfen kannst.

Statt einer direkten Frage: Wen kannst du damit bewerfen? sagt man indirekt: Frage dich, wen du damit bewerfen kannst. Nebensatzeinleiter ist in diesem Satz das Fragepronomen wen. Außer Fragepronomen können auch noch andere (eher adverbiale) Fragewörter eine indirekte Frage einleiten: warum? wann? wie? wo? ob? Zuweilen werden auch diese Fragewörter fälschlich als Fragepronomen bezeichnet.
Statt der direkten Frage:

Wollen wir in die Kneipe gehen oder ins Kino?

fragt man indirekt:

Ich weiß nicht, ob wir in die Kneipe gehen wollen oder ins Kino.

Übergeordnete Frage ist hier der Ausdruck: *Ich weiß nicht*, Nebensatzeinleiter ist hier die Doppelfrage *ob ... oder ...*

Statt:

Warum hat der Kaiser keine Kleider an?

kann man sagen:

Wundert sich denn niemand, warum der Kaiser keine Kleider anhat?

Nebensatzeinleiter ist hier das Fragepronomen *warum*, übergeordnete Frage der Ausdruck *wundert sich denn niemand*.

Nebensätze als Satzteile: Subjektsatz, Objektsatz, Adverbialsatz

Mit Satzteilen haben wir uns bereits beschäftigt. Dass Satzteile nicht nur aus einem Wort bestehen müssen, habe ich dir ja schon erklärt. Entscheidend für einen Satzteil ist, dass er eine sinnvolle Einheit ergibt, eine zusammengehörige Wortgruppe, die die Funktion eines Subjekts, Objekts, Adverbs oder Prädikats übernimmt. Eine solche Wortgruppe kann auch aus einem ganzen Nebensatz bestehen, das heißt: ein Nebensatz kann auch Satzteil des Hauptsatzes sein. Wir unterscheiden:

- einen Nebensatz, der für das Subjekt eines Hauptsatzes steht (Subjektsatz)
- einen Nebensatz, der für das Objekt eines Hauptsatzes steht (Objektsatz)
- einen Nebensatz, der eine adverbiale Bestimmung zum Hauptsatzprädikat liefert (Adverbialsatz)

Subjekt-, Objekt- und Adverbialsatz bestehen natürlich auch selbst wieder aus Satzteilen. Man kann einen Nebensatz also aus zwei Blickwinkeln betrachten: Erstens kann man ihn, wie wir das bisher getan haben, für sich betrachten. Dann besteht er wie jeder Satz aus kleineren Einheiten von Satzteilen. Zweitens kann man ihn als Teil eines größeren Ganzen, eines Gesamtsatzes betrachten. Dann kann der ganze Nebensatz auch seinerseits einen einzelnen Satzteil des gesamten Satzgefüges bilden. Wie für alles im Leben gibt es auch für solche Sätze Beispiele.

Der Subjektsatz antwortet auf die Frage *wer?*

Wer wagt, gewinnt. Der Hauptsatz besteht hier scheinbar nur aus dem Prädikat *gewinnt*, der Nebensatz aus dem Relativsatz *wer wagt*. Doch dieser Relativsatz lässt jeweils gedanklich auf ein Subjekt schließen: *Derjenige, der wagt, gewinnt*. In beiden Beispielen vertritt also ein ganzer Nebensatz das Subjekt des Hauptsatzes. Wir sprechen von einem Subjektsatz. Ein weiteres Beispiel ist der Spruch: *Wer andern eine Grube gräbt, fällt selbst hinein*.

Wir kennen außerdem noch Franz, der den Schweizer Käs ohne Gebiss kaut. Der Satz geht weiter: *Ob er aber auf dem Oberkiefer kaut oder aber auf dem Unterkiefer kaut, ist nicht gewiss*. Wie steht es mit dem Nebensatz in diesem Satz? Was für einen Satzteil vertritt er? Der Hauptsatz besteht nur aus dem Prädikat *ist nicht gewiss*. Was fehlt uns in diesem Hauptsatz? Das, was nicht gewiss ist, also das Subjekt. Denn wir können fragen: Wer oder was ist nicht gewiss? Der Ob-Satz ist also ein Subjektsatz. Er ist übrigens gleichzeitig ein indirekter Fragesatz! So weit kann das gehen.

Der Objektsatz antwortet auf die Frage *wen?*

Bei einem Objektsatz ist das Objekt durch einen Nebensatz vertreten:

Subjekt	Prädikat	Objekt
Ich	*werde erschießen,*	*wen ich vor die Flinte kriege.*

Hier besteht der Hauptsatz aus dem Satz Ich werde erschießen. Die Antwort auf die Frage wen? gibt der Objektsatz: denjenigen, den ich vor die Flinte kriege.

Der Adverbialsatz antwortet auf die Fragen *wann? wie? warum?*

Bleibt schließlich noch der **Adverbialsatz**. Hierbei muss es sich also um einen Satz handeln, der das Verb bzw. das Prädikat eines Satzes näher beschreibt. Adverbiale Bestimmungen geben ja an, wodurch, mit wem, wann, wo, wie und warum etwas geschieht. Ein Beispiel für einen Nebensatz, der eine solche Angabe beinhaltet wäre der Folgende:

Adv. Best. der Zeit	Prädikat	Subjekt
Als die Sonne unterging,	*war*	*ich*

Adv. Best. der Umstände	Prädikat	
mit der Arbeit	*fertig.*	

Der Nebensatz übernimmt in diesem Satz eine Zeitangabe. Er ließe sich austauschen etwa durch einen präpositionalen Ausdruck: *Bei Sonnenuntergang*. Die Frage, die ich stellen kann, lautet: Wann? Dann wird klar: Es handelt sich um eine adverbiale Bestimmung der Zeit des Hauptsatzes. Nächstes Beispiel:

Adv. Best. der Umstände		
Wenn Sie diesen Satz lesen können,		

Prädikat	Subjekt	Objekt
brauchen	*Sie*	*keine Brille.*

Satzarten

Der Nebensatz beschreibt hier die Bedingungen und Umstände zum Prädikat, nämlich, unter welchen näheren Umständen der Leser keine Brille braucht. Damit ist klar: Der Wenn-Satz ist ein Adverbialsatz. Adverbialsätze werden also durch Konjunktionen wie wenn, als, nachdem, weil eingeleitet, sind also zugleich Konjunktionalsätze.

Satzordnung (Syntax)

Im Deutschen sprechen wir von der Syntax oder dem syntaktischen Aufbau eines Satzes. Die Syntax beschreibt neben der Stellung von Wörtern und Satzteilen auch die Anordnung von Haupt- und Nebensätzen, also warum, wo, wieviele und welche Haupt- oder Nebensätze stehen.

Nebensätze können von Hauptsätzen abhängig sein, sie können aber auch von anderen Nebensätzen abhängig sein. Der folgende Nebensatz ist dabei stets von einem vorangegangenen, übergeordneten Nebensatz abhängig. Dabei kann man mehrere Satzschichten oder -ebenen herausarbeiten. Man spricht vom Hauptsatz (HS) und von Nebensätzen (NS) erster (1.), zweiter (2.), dritter (3.) Ordnung usw. Beispiel dazu nun eine Anekdote von Heinrich von Kleist:

HS   NS 1   HS
Bach, **als** *seine Frau starb*, *sollte zum Begräbnis*
                    HS
Anstalten machen. Der arme Mann war aber

gewohnt alles durch seine Frau besorgen zu lassen,
           NS 1   NS 2
dergestalt, **dass**, **da** *ein alter Bedienter kam*
                    NS 3   NS 2
und ihm für Trauerflor, **den** *er einkaufen wollte*, *Geld*
                NS 1
abforderte , *er unter stillen Tränen antwortete:*
HS
«Sagt's meiner Frau.»

Wichtig: Die Zahlen 1, 2, 3 beziehen sich nicht auf die Zahl der Nebensätze, sondern auf die Ordnung, also die Ebene, den Rang, die Schicht, auf der sie, vom Hauptsatz aus gesehen, vorkommen. Ein solcher Satz 1., 2. oder 3. Ordnung kann durch den Hauptsatz oder andere Nebensätze unterbrochen sein, die von ihm abhängen. Er kann auch selber den Hauptsatz oder andere Nebensätze unterbrechen. Jeder Nebensatz verfügt allerdings über ein eigenes Subjekt, Prädikat, Objekt etc. und kann durch adverbiale Bestimmungen erweitert werden. Er muss dementsprechend sinngemäß zu Ende geführt werden.

Das war der latinumsrelevante Stoff, den man zum Thema Haupt- und Nebensatz kennen muss.

Satzarten und Satzfunktionen: Das solltest du auswendig gelernt haben

Es gibt zwei Arten von Sätzen:

- Hauptsatz
- Nebensatz

Merkmale eines Hauptsatzes sind in der Regel:

- der Hauptsatz **kann alleine stehen**
- kein Wort muss weggelassen oder hinzugefügt werden
- das Prädikat stellt den **zweiten Satzteil** (Ausnahmen: Fragesatz, Befehlssatz)

Merkmale eines Nebensatzes sind die folgenden:

- ein Nebensatz **steht nie allein**, verfügt aber über **eigene Satzteile**
- ein Nebensatz ist stets **durch ein Komma vom Vorsatz abgetrennt**
- ein Nebensatz hat immer einen **Nebensatzeinleiter** und dieser Nebensatzeinleiter ist das **Haupterkennungsmerkmal**
- im Nebensatz steht das **Prädikat meist an letzter Stelle** und zwar im Deutschen wie im Lateinischen
- **Nebensatzeinleiter** sind: Nebensatzkonjunktion (weil, als, nachdem), **Relativpronomen** (welcher, welche, welches), **Fragepronomen** (wer, wie, was, wieso, weshalb, warum)

Man unterscheidet deshalb **drei Typen von Nebensätzen**:

- der **Konjunktionalsatz** wird durch eine Konjunktion eingeleitet (als, nachdem, weil, dass)
- der **Relativsatz** wird durch ein Relativpronomen eingeleitet (der, die, das, welcher, welche, welches)
- der **indirekte Fragesatz** wird durch ein vorgeschaltetes Verb des Fragens, Nichtwissens oder Wunderns und durch ein **Fragepronomen** (wann, wo, warum, wer, ob usw.) eingeleitet

Ganze **Nebensätze können Satzteile des Hauptsatzes sein**, wenn sie als einzige auf die Fragen nach dem Subjekt (wer?), Objekt (wen?) oder den Umständen (wann? wie? warum?) des Hauptsatzes antworten. Wir unterscheiden:

- Subjektsatz
- Objektsatz
- Adverbialsatz

Achtung: Lass dich durch die unterschiedlichen Bezeichnungen nicht in die Irre führen. Oft überschneiden sich die Begriffe, je nachdem welchen Aspekt eines Satzes du ins Auge fasst. So kann ein Nebensatz zugleich indirekter Fragesatz und Objektsatz sein.

Der Begriff **Syntax** bezeichnet die Anordnung und Abhängigkeiten von Haupt- und Nebensätzen in einem Satzganzen. Man spricht auch von Satzbau oder Satzgefüge und unterscheidet Nebensätze 1., 2., 3. Ordnung usw. je nach Abhängigkeitsstufe vom Hauptsatz in absteigender Reihenfolge.

Satzarten

Beantworte bitte die folgenden MC-Fragen. Es ist jeweils nur eine Antwort richtig. Wenn du eine Antwort nicht verstehst, lies zunächst die anderen durch und arbeite dann nach dem Ausschlussverfahren. Wenn du dir bei einer Frage nicht sicher bist, komm bloß nicht auf die Idee zu raten, sondern kreuze «weiß ich nicht genau» an und arbeite die Lücke später nach.

1. Der Satz von Joseph Conrad «Denken, was wahr ist, fühlen, was schön ist, wollen, was gut ist – und das Gegenteil von allem tun!»

   1. enthält drei Prädikate.
   2. enthält drei Objektsätze.
   3. enthält drei Relativsätze.
   4. enthält einen präpositionalen Ausdruck.
   5. enthält ein Attribut.

   ☐ Nur 4 ist richtig.
   ☐ Nur 1, 2, 3 und 4 sind richtig.
   ☐ Nur 1 und 3 sind richtig.
   ☐ Alle Aussagen 1–5 sind richtig.
   ☐ Keine der Aussagen 1–5 ist richtig.
   ☐ Weiß ich nicht genau.

2. Der Satz von Rosa Luxemburg «Wer die Wahrheit liebt, darf auf das Lügen nicht verzichten.»

   1. enthält einen Subjektsatz.
   2. enthält drei Prädikate.
   3. enthält ein Objekt.
   4. enthält ein Adverb.
   5. enthält zwei adverbiale Bestimmungen.

   ☐ Nur 2, 3 und 4 sind richtig.
   ☐ Nur 1, 2 und 5 sind richtig.
   ☐ Nur 1, 3, 4 und 5 sind richtig.
   ☐ Alle Aussagen 1–5 sind richtig.
   ☐ Keine der Aussagen 1–5 ist richtig.
   ☐ Weiß ich nicht genau.

3. Ernesto «Che» Guevaras Ausspruch «Wer herzhaft lacht, hat mich nicht richtig verstanden.»

   1. enthält einen Subjektsatz.
   2. enthält einen Attributsatz.
   3. hat Zweitstellung des Prädikates.
   4. enthält adverbiale Bestimmungen.
   5. enthält zwei prädikative Attribute.

   ☐ Nur 2 und 4 sind richtig.
   ☐ Nur 1, 4 und 5 sind richtig.
   ☐ Nur 1, 3 und 4 sind richtig.
   ☐ Alle Aussagen 1–5 sind richtig.
   ☐ Keine der Aussagen 1–5 ist richtig.
   ☐ Weiß ich nicht genau.

Satzarten

4. Der schwäbische Vers «Von langem Leid bist du genesen, zu früh schon sind wir froh gewesen.»

1. besteht aus Parataxen.
2. hat in beiden Parataxen Zweitstellung des Prädikates.
3. enthält Blockbildung mehrerer adverbialer Bestimmungen.
4. enthält ein Prädikativum.
5. enthält einen Subjektswechsel.

☐ Nur 1 und 2 sind richtig.
☐ Nur 3, 4 und 5 sind richtig.
☐ Nur 1, 3, 4 und 5 sind richtig.
☐ Alle Aussagen 1–5 sind richtig.
☐ Keine der Aussagen 1–5 ist richtig.
☐ Weiß ich nicht genau.

5. Was benutzt La Rochefoucauld in seinem Ausspruch «Wir müssten uns unserer guten Taten schämen, wenn die Beweggründe ans Licht kämen.» nicht?

☐ drei Subjekte
☐ ein direktes Objekt
☐ zwei Prädikate
☐ eine Konjunktion
☐ einen präpositionalen Ausdruck
☐ Weiß ich nicht genau.

6. Was ist nicht in dem Satz «Wer fromm handelt, ist nur zu schwach zum Sündigen.» enthalten?

☐ adverbiale Bestimmungen
☐ ein Prädikatsnomen
☐ ein Subjektsatz
☐ ein substantivierter Infinitiv
☐ ein Objekt
☐ Weiß ich nicht genau.

7. Welche Aussage über Lauren Bacalls Aussage «Menschen, die viel Gutes tun, erkenne ich am bitteren Zug um den Mund.» trifft nicht zu?

☐ ist hypotaktisch konstruiert
☐ enthält einen Objektsatz
☐ enthält ein Objekt
☐ enthält einen Attributsatz
☐ hat Zweitstellung des Prädikates
☐ Weiß ich nicht genau.

Satzarten

8. In Senecas Satz:

A B C
Wenn man nicht weiß, in welchen Hafen man steuert, ist kein Wind günstig.   ist

1. A ein Adverbialsatz.
2. B ein indirekter Fragesatz.
3. C ein Hauptsatz.
4. A ein Konjunktionalsatz.
5. B ein Objektsatz.

☐ Nur 2 ist richtig.
☐ Nur 1, 3, 4 und 5 sind richtig.
☐ Nur 3 und 4 sind richtig.
☐ Nur 2, 3 und 5 sind richtig.
☐ 1–5. Alle sind richtig.
☐ Weiß ich nicht genau.

9. Martials Beobachtung «Was du früher als Arzt getan hast, tust du heute als Bestatter.»

☐ ist parataktisch konstruiert.
☐ enthält keine Prädikativa.
☐ enthält keine Objektsätze.
☐ enthält keine Genitivattribute.
☐ enthält keine Objekte.
☐ Weiß ich nicht genau.

10. Der pommersche Segensspruch «Werde glücklich und sei zäh, nur bitte nicht in unsrer Näh!»

☐ ist hypotaktisch konstruiert.
☐ enthält keine prädikativen Attribute.
☐ weicht ausnahmsweise nicht von der regelkonformen Prädikatsrangierung ab.
☐ enthält ein Genitivattribut.
☐ hat ein «prädikatsinhärentes» Subjekt.
☐ Weiß ich nicht genau.

11. Der Satz von Ringelnatz «Die Welt wird schön an jenem Tag, da Mutter nicht mehr kommen mag.»

1. enthält einen Nebensatz.
2. enthält einen Konjunktionalsatz.
3. enthält ein pronominales Attribut.
4. enthält ein prädikatives Attribut.
5. enthält ein Objekt.

☐ Nur 3 und 4 sind richtig.
☐ Nur 1 und 2 sind richtig.
☐ Nur 1, 2, 3 und 4 sind richtig.
☐ Alle Aussagen 1–5 sind richtig.
☐ Keine der Aussagen 1–5 ist richtig.
☐ Weiß ich nicht genau.

Satzarten

12. Peter Ustinovs Feststellung «Frauen sind so unberechenbar, dass man sich nicht einmal auf das Gegenteil von dem, was sie sagen, verlassen kann.»

1. besteht aus einem Haupt-, einem Konjunktional- und einem Relativsatz.
2. enthält ein Relativattribut.
3. enthält ein Objekt.
4. enthält einen Objektsatz.
5. enthält ein Präpositionalattribut.

- ☐ Nur 1 ist richtig.
- ☐ Nur 2 und 5 ist richtig
- ☐ Nur 3 und 4 sind richtig.
- ☐ Nur 1, 2, 3 und 5 sind richtig.
- ☐ Alle Aussagen 1–5 sind richtig.
- ☐ Weiß ich nicht genau.

13. Welcher der folgenden Sätze beinhaltet einen Objektsatz?

1. Ich weiß nicht, wem ich trauen soll.
2. Ich weiß, dass ich nichts weiß.
3. Denn sie wissen nicht, was sie tun.
4. Weißt du, wieviel Sternlein stehen.
5. Ich frage mich, worüber wir eigentlich reden.

- ☐ Nur 1 und 3 sind richtig.
- ☐ Nur 4 und 5 sind richtig.
- ☐ Nur 2 ist richtig.
- ☐ Alle Aussagen 1–5 sind richtig.
- ☐ Keine der Aussagen 1–5 ist richtig.
- ☐ Weiß ich nicht genau.

14. Keinen Subjektsatz enthält

1. Jung stirbt, wen die Götter lieben.
2. Wer andern eine Grube gräbt, fällt selbst hinein.
3. Wer von euch ohne Schuld ist, werfe den ersten Stein.
4. Wer im Glashaus sitzt, sollte nicht mit Steinen werfen.
5. Wer a sagt, muss nicht immer b sagen.

- ☐ Nur 1 ist richtig.
- ☐ Nur 2, 3, 4 und 5 sind richtig.
- ☐ Nur 3 und 4 sind richtig.
- ☐ Alle Aussagen 1–5 sind richtig.
- ☐ Keine der Aussagen 1–5 ist richtig.
- ☐ Weiß ich nicht genau.

15. Ein indirekter Fragesatz ist enthalten in

1. Ich weiß nicht, wem ich trauen soll.
2. Ich weiß, dass ich nichts weiß.
3. Denn sie wissen nicht, was sie tun.
4. Weißt du, wie viel Sternlein stehen?
5. Ich frage mich, worüber wir eigentlich reden.

- ☐ Nur 4 ist richtig.
- ☐ Nur 1, 3, 4 und 5 sind richtig.
- ☐ Nur 2 ist richtig.
- ☐ Nur 1 und 3 sind richtig
- ☐ Nur 5 ist richtig.
- ☐ Weiß ich nicht genau.

Satzarten

16. In welchem Satz von Aristoteles ist kein Relativattribut enthalten?
    - ☐ «Immer sind es die Schwächeren, die nach Recht und Gleichheit suchen, die Stärkeren aber kümmern sich nicht darum.»
    - ☐ «Was es alles gibt, was ich nicht brauche!»
    - ☐ «Wer recht erkennen will, muss zuvor in richtiger Weise gezweifelt haben.»
    - ☐ «Es ist die Schlichtheit, die den Ungebildeten mehr Erfolg bei öffentlichen Reden haben lässt als den Gebildeten.»
    - ☐ «Was man lernen muss, um es zu tun, das lernt man, indem man es tut.»
    - ☐ Weiß ich nicht genau.

17. Welcher der folgenden Aristoteles zugeschriebenen Aussprüche enthält keinen Adverbialsatz?
    - ☐ «Mütter sind stolzer auf ihre Kinder als Väter, da sie sicherer sein können, dass es ihre eigenen sind.»
    - ☐ «Wenn nämlich die Ungerechtigkeit bewaffnet ist, so ist sie am allergefährlichsten.»
    - ☐ «In der Regel tun die meisten Menschen Unrecht, sobald sie in der Lage sind, es zu tun.»
    - ☐ «Denn das Recht ist nichts anderes als die in der staatlichen Gemeinschaft herrschende Ordnung, und eben dieses Recht ist es auch, das darüber entscheidet, was gerecht ist.»
    - ☐ «Der Mensch ist der Urheber seiner Handlungen, so gut wie er der Vater seiner Kinder ist.»
    - ☐ Weiß ich nicht genau.

Verben werden konjugiert

Themenüberblick

Verben kommen nicht immer in derselben Form vor. Sie können sich verändern, um sich flexibler an den Inhalt und die Aussage des Satzes anzupassen. Diese Veränderung von Verbformen bezeichnet man als Konjugation. Meist zeigen sich diese Veränderungen am Wortende, während der Anfangsteil des Wortes unverändert bleibt. Deshalb unterscheidet man zunächst:

Stamm und Endung

Zwischen Stamm und Endung können weitere Zeichen eintreten, sogenannte Suffixe. Mit ihrer Hilfe kann man noch mehr unterschiedliche Formen bilden. Man unterscheidet fünf Aspekte, in denen sich Suffix und Endung ändern können:

- die unterschiedlichen Personen, die handeln
- wie viele es sind
- wann sie handeln, ob sie jetzt handeln, morgen handeln werden, gestern handelten usw.
- ob sie handeln oder «gehandelt werden»
- ob sie wirklich handeln, handeln wollen, handeln sollen, handeln würden usw.

Bindevokale dienen der besseren Aussprache von Verben und treten ein, wenn bei Stamm, Suffix und Endung Konsonanten aufeinandertreffen.
Zu unterscheiden sind ferner finites Verb und Infinitiv. Erscheint eine Verbform als finites Verb, so erfahren wir über die Endung ganz genau, wann, welche und wie viele etwas tun, tun wollen, getan werden usw. Der Infinitiv hingegen verfügt nicht in vollem Umfang über solche Endungen. Eine Endung hat er trotzdem, er ist also eigentlich nicht infinit.

Bei der Konjugation verbinden sich Stamm und Endung zum finiten Verb

Betrachte folgende Formen des Wortes «lieben»:

ich	liebe
du	liebst
er/sie/es	liebt
wir	lieben
ihr	liebt
sie	lieben

Wenn man einen senkrechten Strich hinter dem b dieser Formen zieht, so fällt auf, dass der Wortteil «lieb» bei allen Formen gleich ist:

lieb|e
lieb|st
lieb|t
lieb|en
lieb|t
lieb|en

Diesen unveränderten Teil bezeichnen wir als Stamm, den Rest als Endung. Den letzten Buchstaben des Stammes bezeichnen wir als Stammauslaut. Hierbei ist es wichtig zwischen Vokalen, Konsonanten und Diphthongen zu unterscheiden.

Zur Erinnerung: Vokale (vocalis, vom lateinischen *vox*, die Stimme, heißt «eine Stimme habend») oder Stimmlaute sind a, e, i, o, u, Konsonanten (das lateinische *consonans* heißt wörtlich «mitlautend») oder Mitlaute sind alle anderen Buchstaben, Diphthonge sind Doppelvokale, also ae, au, ei, eu, ie, oe, ue. Die Umlaute (ä, ö, ü) können als Vokale oder Diphthonge gezählt werden. Da es sie im Lateinischen nicht gibt, sind sie für uns nicht interessant.

Die Zusammenfügung von Wortstamm und Endung bei den Verben bezeichnen wir als Konjugation, das Verb selbst, das bei Konjugation entsteht, als verbum finitum oder finites Verb.

Das lateinische Wort *coniugatio* heißt wörtlich übersetzt «Zusammenjochung»: con- heißt zusammen- und *iugum* ist das Joch. Ein Joch ist ursprünglich eine Vorrichtung um Zugtiere vor einen Wagen zu spannen. Stamm und Endung werden miteinander verbunden wie Zugtiere vor einen Wagen gespannt werden. Der Stamm ist gewissermaßen der Wagen, die Endungen sind die Zugtiere, dazwischen liegt das Joch. Nach diesem Bild aus der Bauernsprache ist die lateinische Bezeichnung für die Verbindung von Stamm und Endung gewählt. Das lateinische Wort für Endung oder Ende ist *finis*. *finire* heißt beenden, *finitum*, beendet oder mit einer Endung versehen. *infinitum* heißt dagegen unbeendet, nicht mit einer (bestimmten) Endung versehen. Daher leiten sich auch die Bezeichnungen finites Verb und Infinitiv ab. Ich gehe darauf gleich noch näher ein.

Der Stamm ist der wichtigste Teil eines Wortes, er trägt die Grundbedeutung. In unserem Fall z.B. lautet der Stamm *lieb*. Das sagt uns aber nur: Hier ist irgendwie von Liebe die Rede. Erst in Verbindung mit einer Endung wird dieser Stamm näher bestimmt oder be«endet».

Ein finites Verb kann mit vielen unterschiedlichen Endungen vorkommen, die jeweils den Stamm mit einer einzelnen Form enden lassen. Das Verb lieben erscheint z.B. in vielen veränderbaren Formen: ich liebe, er liebte, sie wurden geliebt usw. Durch diese Modifizierung wird die Funktion eines finiten Verbs auf einen ganz individuellen Bedarf zugeschnitten, z.B. um zwischen Personen, zwischen mir und dir, zu unterscheiden oder zwischen verschiedenen Zeiten, zwischen Gegenwart und Vergangenheit, zwischen *liebe* und *liebte*.

Gemeinsam ist jeder Form der Stamm, der die Bedeutung trägt. Doch die unterschiedlichen Formen und Endungen zeigen eine ganze Reihe von wichtigen Informationen an, die wir außer der Bedeutung eines Wortes noch benötigen.

Um diese verschiedenen Formen der Konjugation auseinanderzuhalten, musst Du nun einige Begriffe lernen, die mit diesen fünf näheren Bestimmungen zu tun haben, die uns die Endung angibt.

Verben werden konjugiert

- drei Personenarten
- zwei Numeri oder Personenzahlen
- sechs Tempora oder Zeiten
- drei Modi oder Realitätsgrade
- drei Diathesen oder Zustandsformen

Stamm und Endung können weitere Modifikationen erfahren durch Einfügungen und «Anhängsel». Dazu sind zwei Begriffe wichtig:

- das Tempus-Suffix oder Zeitzeichen
- der Binde- oder Sprechvokal

Drei Personen: Sprecher, Angesprochener und der, über den gesprochen wird

Als Erstes musst Du unterscheiden zwischen den verschiedenen Personen, die lieben, nämlich ich, du, er, sie oder es, wir, ihr und sie.

Wie kommt der Begriff *Person* zustande? Die Schauspieler im griechischen Theater trugen bekanntlich Masken. Diese Masken sollten den Charakter und das Aussehen desjenigen darstellen, in dessen Rolle der Schauspieler geschlüpft war. Mancher hat diese Masken vielleicht schon einmal gesehen mit ihren traurigen oder lachenden Gesichtsausdrücken. Auch die Römer übernahmen den Brauch für ihr Theater. Das lateinische Wort für Maske oder Rolle lautet: *persona*. In diesem Wort steckt auch der moderne Begriff der Person. Was haben nun diese Masken mit den drei Personen in der Grammatik zu tun? Zur Zeit des Sophokles, des größten aller Tragiker, herrschte der Brauch, dass nur höchstens drei Schauspieler zur gleichen Zeit auf dem Theaterplatz standen. Hinter dieser Anordnung steckte folgender Grundgedanke: Die erste Person, also die «erste Maske», trug immer jeweils derjenige, der auf der Bühne gerade redete und damit von sich selbst als «ich» sprach. Die zweite Person, die «zweite Maske», war stets der gerade Angesprochene, also derjenige, von dem der Schauspieler mit der ersten Maske als «du» sprach. Die dritte Person spielte folglich derjenige, über den sich erste und zweite Person als «er, sie, der Bote da» unterhielten. Daraus entwickelten die Grammatiker ein analoges Konzept von den drei Personen.

Ich oder *wir* sind die Sprechenden und man spricht von der ersten Person. *Du* oder *ihr* sind die Angesprochenen oder unser Gegenüber und wir sprechen von der zweiten Person. *Er, sie* oder *es* und *sie* sind diejenigen, über die man spricht, entfernter Stehende oder nicht Anwesende und wir sprechen von der dritten Person.

PN-Kongruenz

Die sogenannte PN-Kongruenz ist die Übereinstimmung der Endung des Verbs mit dem Subjekt in Person und Numerus. Das Subjekt eines Satzes bestimmt also die Endung des Verbs – nicht umgekehrt. In den lateinischen und deutschen Endungen eines Verbs sind also immer auch schon die Person und der Numerus des Subjekts mit enthalten.

Wenn das Subjekt nicht eigens betont werden soll, könnte man es beim Schreiben also auch weglassen, weil man jederzeit aus der Verbindung darauf schließen kann. Im Unterschied zum Lateinischen geben wir im Deutschen Person und Numerus in der Regel immer noch zusätzlich in Form eines Pronomens mit an. So brauchen wir sechs Worte, um die drei Worte von Caesar *veni, vidi, vici* zu übersetzen: ich kam, ich sah, ich siegte.

In der Umgangssprache findet sich jedoch auch im Deutschen zuweilen das Phänomen, dass eine eigene Nennung des Subjekts ganz weggelassen wird: *Geht so. Bin müde. Will schlafen.*

Zwei Numeri: Einzahl und Mehrzahl

Als Nächstes fragen wir nach der Anzahl – die lateinische Bezeichnung: Numerus (*numerus* heißt «Zahl, Anzahl»; Mehrzahl: Numeri), wie das deutsche Wort Nummer. Von den Personen sind *ich, du, er, sie* oder *es* jeweils einzelne Personen, *wir, ihr* und *sie* mehrere. Wir sprechen deshalb von Einzahl (lateinisch: Singular; *singularis* heißt «einzeln») und Mehrzahl (lateinisch: Plural; *pluralis* heißt «zu mehreren gehörig»).

es ist also z. B. die dritte Person Singular, *ihr* die zweite Person Plural und *ich* die erste Person Singular.

Sechs Tempora: eine Gegenwart, drei Vergangenheiten, zwei Zukünfte

Es gibt drei verschiedene Zeitstufen:

- Vergangenheit
- Gegenwart
- Zukunft

ich liebte ist **Vergangenheit**, *ich liebe* ist **Gegenwart**, *ich werde lieben* ist **Zukunft**.

Innerhalb dieser Zeitstufen unterscheiden wir zwischen sechs verschiedenen Zeiten, das lateinische Wort für Zeit ist Tempus (Plural: Tempora). Diese sind:

- die vollendete Vergangenheit oder das Perfekt
- die einfache Vergangenheit oder das Präteritum
- die Vorvergangenheit oder das Plusquamperfekt
- die Gegenwart oder das Präsens
- die einfache Zukunft oder das Futur 1
- die vollendete Zukunft oder das Perfekt Futur oder das Futur 2

Drei dieser Tempora liegen in der Vergangenheit: *ich liebte* ist Präteritum, *ich habe geliebt* ist Perfekt und *ich hatte geliebt* ist Plusquamperfekt. An Stelle des deutschen Präteritums steht im Lateinischen das Imperfekt, obwohl diese Tempora nur wenig miteinander zu tun haben.

Die Bezeichnungen für die lateinischen und deutschen Vergangenheitstempora sind leider nicht nur konfus, sondern zum Teil nachgerade falsch. Eingebürgert hat sich z. B. der Begriff Perfekt für ein Tempus, das unserem Präteritum entspricht, während es den Begriff Präteritum als Tempus in der lateinischen Grammatik nicht gibt. Umgekehrt gibt es kein Tempus, das dem deutschen Perfekt in der Bildung gleicht.

Verben werden konjugiert

Du darfst die Begriffe deutsches Perfekt und lateinisches Perfekt, deutsches Präteritum und lateinisches Imperfekt auf keinen Fall synonym gebrauchen! Wenn ich im Folgenden «Präteritum/Imperfekt» schreibe, meine ich nicht, dass diese Tempora identisch oder synonym sind. Ich meine lediglich, dass an der jeweiligen Stelle im Deutschen das Präteritum, im Lateinischen aber das Imperfekt verwendet wird.

Auch wenn beide in der Vergangenheit liegen, es handelt sich um grundverschiedene Tempora mit grundverschiedenen Funktionen und Verwendungen. Völlig fehl am Platz taucht auch im Deutschen immer wieder der Begriff Imperfekt auf. Das Imperfekt ist ein lateinisches Tempus, für das im Deutschen das Präteritum als Ersatzform eintritt. Diese Konvention führte dazu, dass man auch das deutsche Präteritum als Imperfekt bezeichnete. Das Deutsche kann die spezifische Funktion und Bedeutung des lateinischen Imperfekts nur unzulänglich oder gar nicht wiedergeben. Aus diesem Grund ist die Bezeichnung Imperfekt für das deutsche Präteritum unzulässig und falsch.

In der Gegenwart gibt es nur ein Tempus: *ich liebe* ist Präsens.

Um ein Gegenbeispiel zu nennen: Im Englischen gibt es neben dem einfachen Präsens oder Gewohnheitspräsens (simple present) noch das Vorgangspräsens (present progressive), das sich auf die unmittelbare Gegenwart bezieht.

Innerhalb der Zukunft gibt es zwei verschiedene Zukünfte: *ich werde lieben* bezeichnen wir als Futur 1, *ich werde geliebt haben* als Futur 2 oder Futur Perfekt.

Tempus-Suffixe zeigen Zeiten an

Das Erlernen lateinischer Verben kannst du dir erheblich vereinfachen, wenn du verstanden hast, wie Verben gebildet werden bzw. wie sie zusammengesetzt sind. Ein Bildungsprinzip habe ich dir schon beigebracht: die Konjugation von Stamm und Endung. Nicht immer reichen Stamm und Endung aus um eine Verbform von der anderen zu unterscheiden. Durch Einfügung eines weiteren Bauelementes können wir Funktion und Bedeutung eines Verbs weiter diversifizieren, also unterscheidbar machen. Dieses Bauelement ist das sogenannte Suffix.

suffixum ist lateinisch und heißt: «unten oder hinten dran befestigt». Gemeint ist, dass hinten an den Stamm ein zusätzliches bedeutungstragendes Zeichen «befestigt» oder angebaut wird, bevor die unterschiedlichen Endungen an dieses Konstrukt aus Stamm und Suffix tritt.
Während das Suffix im Lateinischen eine dominante Rolle spielt, ist es im Deutschen meist kaum noch auszumachen. Regelmäßig und eindeutig erscheint es nur noch in einem Tempus, dem Präteritum. Bevorzugt bedient sich der Deutsche des Mittels der Umschreibung durch mehrteilige Prädikate, die aus bereits bekannten Formen zusammengesetzt sind.

Beginnen wir einmal damit, dass wir die Formen von *lieben* im Präteritum bilden:

ich	liebte
du	liebtest
er/sie/es	liebte
wir	liebten
ihr	liebtet
sie	liebten

Der Stamm *lieb* steht auch hier am Anfang und bleibt in allen Formen unverändert. Auch die Endungen sind denen aus unserem ersten Beispiel noch ziemlich ähnlich. Wenn du aber genau hinschaust, kannst du feststellen, dass hinter dem Stamm und vor der Endung noch ein Buchstabe steht: ein t. Wenn wir ihn isolieren, wird der Unterschied zum Präsens deutlicher. Wir ziehen diesmal also zwei senkrechte Linien:

lieb|t|e
lieb|t|est
lieb|t|e
lieb|t|en
lieb|t|et
lieb|t|en

Was hat es mit diesem t auf sich, wenn es nicht zur Endung gehört? Es ist das einzige Merkmal, das Präsens und Präteritum unterscheidet. Bei diesem Anhängsel sprechen wir deshalb nicht vom Stamm und auch nicht von der Endung, sondern von einem Zeitzeichen. Das lateinische Wort für dieses Zeitzeichen ist Tempus-Suffix. Tempus-Suffixen werden wir im Lateinischen noch oft begegnen und in weitaus größerer Zahl als im Deutschen. Als Suffixe können dort Vokale, Konsonanten und sogar ganze Silben zwischen Stamm und Endung treten. Im Prinzip unterscheiden sich aber das Deutsche und das Lateinische nicht.

Der Binde- oder Sprechvokal ist das «Schmieröl» der Konsonanten

In einem bekannten Weihnachtslied heißt es: *«Ihr Kinderlein, kommet, oh kommet doch all!»* In einem anderen: *«Wachet auf, wachet auf, es krähet der Hahn.»* Und in einem Frühlingslied *«spielet der Hirte auf seiner Schalmei»*. Und Luther fragt: *«Warum rülpset und furzet ihr nicht, hat es euch nicht geschmecket?»* Bestimmte Verbformen in all diesen Sätzen haben einen Buchstaben zu viel, genaugenommen: Sie alle haben ein e zu viel. Dieses kleine e lässt sie für unsere Ohren altertümlich und pathetisch klingen. Wenn wir zu den Kindern sagen: *«kommt!»* und zu den Langschläfern: *«wacht auf!»*, wenn der Hirte auf seiner Schalmei *«spielt»* und Luther einfach sagt: *«rülpst und furzt!»* Dann klingt das Ganze bereits weit weniger erhaben und nachgerade schnodderig. Umgekehrt gibt es dieses Phänomen auch: Goethes König von Thule *«warf den heil'gen Becher hinunter in die Flut»*. Reichte noch die Braut von Korinth

Verben werden konjugiert

dem Geliebten die Kette «*golden*» dar, will sein Sänger die «*goldne*» Kette nicht. Schillers Kraniche des Ibykus sind «*befreund'te Scharen*». Bald heißt es bei ihm: «*Frei ist dem Wanderer der Weg*», bald «*Wand'rer, kommst du nach Sparta ...*». Was ist das Besondere an diesen Beispielen? Für *heilg* erwarten wir *heilig*, für *goldn* steht sonst *golden*, für *befreundt* müsste stehen *befreundet* und für *Wandrer* finden wir auch *Wanderer*. Ein solches *e* oder *i* zu viel oder zu wenig hat nicht nur dichterische Gründe, es kann auch einen sprachwissenschaftlichen Grund haben. Dazu trennen wir bei allen eben genannten Beispielen den Stamm und die Endung ab:

komm	e	t
wach	e	t
spiel	e	t
rülps	e	t
furz	e	t
befreund		t
heil		g
gold		n
Wand		rer

Und jetzt nehmen wir bei den einen Formen das weg, was uns stört, und fügen bei den anderen hinzu, was wir vermissen:

komm		t
wach		t
spiel		t
rülps		t
furz		t
heil	i	g
gold	e	n
befreund	e	t
Wand	e	rer

Wir stellen fest: Einen gleichbleibenden Stamm haben alle Formen, sie unterscheiden sich aber darin, dass bei der einen zwischen Stamm und Endung ein Vokal eintritt, bei der anderen dieser Vokal ausfällt. Nehmen wir einmal an, Goethe und Schiller und Luther und alle anderen Dichter und Sänger hätten diese Regel ganz streng beherzigt und auch wirklich nur Stamm und Endung hingeschrieben. Dann wären die Vokale in den anderen Formen eigentlich fehl am Platz und wir müssten sagen: diese Einschiebsel gehören weder zum Wort noch ändern sie etwas an Bedeutung und Endung. Was ist also ihre Funktion? An den dichterischen oder altertümlichen Formen fällt auf, dass sowohl Stammauslaut als auch Endung reine Konsonanten sind. Diese Konsonanten «reiben» aufeinander wie Gelenke ohne Knorpel oder wie Zylinder und Kolben ohne Öl. Das «knirschende» Geräusch, das sie beim Ausspre-

chen von sich geben, befremdet in unseren Ohren. Wir würden die Worte gerne flüssiger, weicher aussprechen. Das ist auch beim Singen der Fall: Konsonanten kann man nicht singen. Mach dir einmal die Mühe, zum Beispiel das Schillersche «befreundt» einige Male hintereinander schnell, aber deutlich auszusprechen. Aber such dir dafür einen stillen Winkel, wo dich keiner hört. Sonst hält man dich für schwachsinnig: *befreundt, befreundt, befreundt, befreundt, befreundt ...*
Wie von Geisterhand rutscht bei der Aussprache ein leises e- zwischen d und t. Der Sinn dieser Übung besteht darin, gewissermaßen im Zeitraffer nachzuvollziehen, wie sich Wörter im Laufe der Zeit verändern und der Aussprache anpassen. Sprachgeschichtlich entwickelt sich die ursprüngliche Form «befreundt» zu «befreund-e-t», schlicht und einfach, weil unsere Zunge es so will. Die Zunge «schmiert» zwischen so hart aufeinander reibenden Konsonanten wie *d* und *t* eine Art «Schmieröl». Dieses Schmieröl bezeichnet man als **Bindevokal** oder **Sprechvokal**. Im Lateinischen ist dieser Bindevokal sehr häufig.
Aber aufgepasst: Nicht jeder Vokal zwischen Stamm und Endung ist immer ein Bindevokal. Erstens kann ein Vokal bei vokalisch auslautenden Stämmen ja auch immer Stammauslaut sein. Zweitens können Vokale ja auch noch die Funktion eines Suffixes haben.

Drei Modi drücken Wirklichkeit, Vorstellung und Befehl aus

Wenn wir sprechen, gibt es drei «Realitätsgrade» einer Aussage. Entweder das, was ich sage, ist wirklich, real. Oder es ist nur eine Vorstellung, ein Wunsch, eine Möglichkeit. Oder es ist ein Befehl. Bei dieser Unterscheidung sprechen wir – etwas schwammig – von Aussageweise, lateinisch: Modus (Mehrzahl Modi).

modus ist das lateinische Wort für «Maß, Art und Weise», also das Maß, die Art der Realisierung. Ich selbst bevorzuge Begriffe wie Realitätsgrad, Wirklichkeitsstufe o. ä.

Entsprechend den drei Realitätsgraden gibt es drei Modi:

- die Wirklichkeitsform oder den Indikativ
- die Vorstellungsform oder den Konjunktiv
- die Befehlsform oder den Imperativ

Wenn ich sage: *Der Hund hat nicht geschissen*, so nennt man das Wirklichkeitsform (lateinisch: Indikativ). Wenn ich dagegen ausrufe: *Wenn der Hund doch nicht geschissen hätte!*, so führt das die Bezeichnung Vorstellungsform, auch Möglichkeits- oder Wunschform (lateinisch: Konjunktiv). Und wenn ich sage: *Hund, scheiß hier nicht hin!*, so ist das ein Befehl und Befehle stehen in der Befehlsform oder dem Imperativ.

Zum Indikativ: *indicatum* von *indicare* heißt in etwa «angesagt, ausgesprochen»; das ist so erstmal keine echte Merkhilfe; der Indikativ bezeichnet Realitäten, vollendete Tatsachen, «ausgesprochene» Tatbestände.

Konjunktiv kommt wie *coniunctio*, Verbindung, von dem lateinischen Wort *coniunctum* und das heißt «verbunden». Die Bezeichnung hat vor allem damit zu tun, dass im Lateinischen der Konjunktiv sehr häufig in Verbindung mit Nebensatzkonjunktionen steht. Das ist eine pragmatische und einfach zu merkende Erklärung.

Imperare heißt *befehlen*. Imperativ kommt von *imperatum*, «befohlen».

Populär dargestellt gibt es auch die Theorie, dass die Menschen in grauer Vorzeit nur in Hauptsätzen geredet haben. Damals verwendeten sie immer nur den Indikativ für den Hauptsatz. Ein Beispiel für einen solchen «primitiven» Sprachstil, in dem es nur Indikativ und nahezu keine Nebensätze gibt, ist ausgerechnet das Buch der Bücher, die Bibel:

«Und sie kamen an die Stätte, die ihm Gott gesagt hatte, und Abraham baute dort einen Altar und legte das Holz darauf und band seinen Sohn Isaak, legte ihn auf den Altar oben auf das Holz und reckte seine Hand aus und fasste das Messer, dass er seinen Sohn schlachtete.»

Unpraktisch und kompliziert wurde diese Art der Sprache, als die Menschen immer häufiger Wünsche, Vorstellungen und Befehle in Worte fassen wollten. Sie mussten dann immer sehr umständlich formulieren:

Ich wünsche folgendes: Es wird jetzt Licht!

oder

Ich befehle: Du lässt mein Volk ziehen.

Durch die Einführung neuer Modi konnte man sich den Vorsatz sparen, der den Wunsch oder Befehl ausdrückte:

Es werde Licht (Konjunktiv)
Lass mein Volk ziehen (Befehl)

Das war die Geburtsstunde des Konjunktivs und des Imperativs. Als man begann Wirklichkeits- und Vorstellungsaussagen zu «verbinden», entstand der Nebensatz, genauer der Konjunktionalsatz. Aus Adverbien, die ursprünglich Vorstellungsaussagen in Hauptsätzen einleiteten, entstanden Nebensatzkonjunktionen und der Vorstellungsmodus fand dabei seinen Platz im Konjunktionalsatz. Daher rührt die Bezeichnung Konjunktiv. Das Aufkommen des Konjunktionalsatzes machte es möglich Wirklichkeit und Vorstellung passend in einen komplexen Satz zu integrieren. Man brauchte nicht immer wieder von neuem mit einem Hauptsatz zu beginnen. So konnte man beim Lesen Zeit, beim Schreiben Platz sparen und sich präziser, detaillierter und filigraner ausdrücken.

Indikativ

Der Indikativ ist ein Sprech- und Erzählmodus. Er wird verwendet in allen Texten, in denen der Sprecher oder Schreiber wörtliche Rede (oder direkte Rede) und (aus seiner Sicht) tatsächliches Geschehen oder Wirklichkeit berichtet.

Erinnere dich: Bei der Bildung des Perfekts und Plusquamperfekts mit *sein* und *haben*, stehen nur Verben der Bewegung, Zustandsänderung und die Verben *sein* und *bleiben* mit *sein*. Bsp.: *bin gegangen, bin gefallen, bin gewachsen, bin entstanden, bin vergangen, bin gewesen, bin geblieben*. Aber: *habe gehört, habe gemacht, habe gewollt, habe gesagt*. Übersichtstabellen zum deutschen Indikativ findest du im Anhang auf S. 242 u. 243.

Konjunktiv

Der Konjunktiv spielt im Lateinischen anders als im heute gebräuchlichen Deutsch eine prominente Rolle. Der lateinische Konjunktiv hat teilweise auch ganz andere Aufgaben als der deutsche. Dazu ein einführendes Beispiel: Im Lateinischen dient der Konjunktiv vor allem der Unterscheidung von konjunktionalen Nebensätzen. Im Deutschen dagegen ist die Funktion des Konjunktivs als «Erkennungsmodus» von Konjunktionalsätzen nicht mehr erhalten geblieben.

Statt:

<u>Wenn</u> *du einen Blinden mit ins Kino nehmest, achte darauf, dass es ein Stummfilm sei.*

hat Buster Keaton in Wahrheit gesagt:

<u>Wenn</u> *du einen Blinden mit ins Kino <u>nimmst</u>, achte darauf, <u>dass</u> es ein Stummfilm ist.*

In deutschen Konjunktionalsätzen tritt hier in den meisten Fällen der Indikativ ein. Merken solltest du dir also, dass der lateinische Konjunktiv in Konjunktionalsätzen mit dem deutschen Indikativ übersetzt wird. In diesen Fällen ist der (lateinische) Konjunktiv einerseits ein sicherer Hinweis zur Erkennung eines (lateinischen) Nebensatzes. Andererseits brauchst du dir über die Übersetzung in den meisten Fällen keine Gedanken zu machen.

Auch aus deutschen Wunschsätzen wurde der Konjunktiv durch Umschreibungen weitgehend verdrängt. Wir kennen ihn noch aus Wendungen wie:

gesegnet sei ..., gebe Gott ..., komme, was wolle.

Niemand dagegen würde den segensreichen jiddischen Zuspruch heute noch so zusprechen:

Habest du immer ausreichend Grund zum Klagen!

Vielmehr neigen wir zur Umschreibung:

Du sollst immer ausreichend Grund zum Klagen haben.

Zum Bestehen des Latinums musst du jedoch beide beherrschen, den lateinischen und den deutschen Konjunktiv.

Zunächst einmal musst du dir Folgendes klarmachen: Der deutsche Konjunktiv und der lateinische Konjunktiv sind nicht dasselbe! Sie sind nicht analog verwendbar. Sie erfüllen nur zum Teil gleiche, größtenteils aber unterschiedliche Funktionen. Dazu dient der lateinische Konjunktiv:

- Kennzeichnung von konjunktionalen Nebensätzen
- Ausdruck von Gebot, Verbot, Vorstellung, Möglichkeit, Unwirklichkeit
- Ausdruck von erfüllbaren und unerfüllbaren Wünschen

Verben werden konjugiert

- Verdeutlichung der Absicht des Sprechers durch «Untertöne» oder «Färbungen»

Dazu dient der deutsche Konjunktiv:

- als Modus der indirekten Rede
- Ausdruck von Vorstellung, Möglichkeit, Unwirklichkeit
- Ausdruck von erfüllbaren und unerfüllbaren Wünschen

Einen Konjunktiv gibt es im Deutschen in allen sechs Tempora:

- Konjunktiv Perfekt
- Konjunktiv Präsens
- Konjunktiv Futur 1
- Konjunktiv Futur 2
- Konjunktiv Präteritum
- Konjunktiv Plusquamperfekt

Der Konjunktiv Futur 2 ist wie auch der Indikativ Futur 2 eine sehr seltene Form, selten sowohl im Deutschen als auch im Lateinischen (wo es ja nicht einmal einen Konjunktiv Futur gibt). Zum Bestehen des Latinums ist er vollkommen unwichtig. Ich nehme ihn hier nur der Vollständigkeit halber auf.

Im Lateinischen dagegen gibt es einen Konjunktiv nur in vier Tempora:

- Konjunktiv Präsens
- Konjunktiv Perfekt
- Konjunktiv Imperfekt
- Konjunktiv Plusquamperfekt

Diese Bezeichnungen sind in den Grammatiken unüblich. Gemäß ihrer funktionellen Zusammengehörigkeit fasst man die Konjunktive Perfekt, Präsens, Futur 1 und 2 unter dem Begriff Konjunktiv 1 zusammen, die beiden Konjunktive Präteritum und Plusquamperfekt unter dem Begriff Konjunktiv 2. Mit funktioneller Zusammengehörigkeit meine ich die grammatische Funktion, in der diese Konjunktive im Deutschen zum Einsatz kommen.
Der Konjunktiv 1 dient zur Bildung der indirekten Rede oder auch fremden Meinung. Er wird deshalb auch Konjunktiv der indirekten Rede oder Konjunktiv der fremden Meinung genannt.
Der Konjunktiv 2 dient zur Bildung von unwirklichen Aussagen und Wünschen der Gegenwart und Vergangenheit (Irrealis).

Konjunktiv Präsens		
Konjunktiv Futur 1	Konjunktiv 1	indirekte Rede
Konjunktiv Perfekt		
Konjunktiv Futur 2		
Konjunktiv Präteritum	Konjunktiv 2	Irrealis
Konjunktiv Plusquamperfekt		

Als erster Überblick sollte das reichen. Was das alles im Einzelnen bedeutet, werden wir gleich im Detail noch durchgehen.

So wird der deutsche Konjunktiv gebildet

Endungen

Die Endungen des deutschen Konjunktivs sind in allen sechs Tempora gleich. Diese sind:

-e (Ausnahme: sei; siehe Tabelle S. 53)
-est
-e (Ausnahme: sei; siehe Tabelle S. 53)
-en
-et
-en

Zur Unterscheidung unterschiedlicher Formen dienen lediglich verschiedene Stämme oder einfache und zusammengesetzte Verben. An dem Prinzip der Konjugation von Stamm und Endung ändert sich also nichts. Die Konjugation des Konjunktivs Präsens von *lieben* müsste also folgendermaßen aussehen:

ich	lieb e
du	lieb est
er/sie/es	lieb e
wir	lieb en
ihr	lieb et
sie	lieb en

Ersatzformen

Nun fällt dir vielleicht auf, dass hier einige Formen mit denen des Indikativs identisch sind. Zum Vergleich hier nochmal der Indikativ:

ich	lieb e
du	lieb st
er/sie/es	lieb t
wir	lieb en
ihr	lieb t
sie	lieb en

Identisch sind die Formen: *ich liebe, wir lieben, sie lieben*. Damit es nicht zu Verwechslungen mit dem Indikativ kommt, werden sie durch den Konjunktiv Präteritum ersetzt. Wenn dieser wiederum mit dem Indikativ Präteritum identisch ist, kann, muss aber nicht, durch *würde* mit Infinitiv umschrieben werden. Die korrekte Konjugation des Konjunktivs Präsens von *lieben*, sieht also folgendermaßen aus:

ich	lieb t e	oder würde lieben
du	lieb est	
er/sie/es	lieb e	
wir	lieb t en	oder würden lieben
ihr	lieb et	
sie	lieb t en	oder würden lieben

Das ist das Grundprinzip. Wie im Indikativ sind auch die im Konjunktiv am häufigsten verwendeten Verben *sein*, *haben* und *werden*. Viele Formen werden mit diesen sogenannten Hilfsverben gebildet. Der Konjunktiv Präsens dieser Verben lautet:

Person	sein	haben	werden
ich	sei	hätt e	würd e
du	sei (e)st	hab est	werd est
er/sie/es	sei	hab e	werd e
wir	sei en	hätt en	würd en
ihr	sei et	hab et	würd et
sie	sei en	hätt en	würd en

Auch hier haben wir das Problem gleichlautender Formen: *ich habe, wir haben, sie haben* und *ich werde, wir werden, ihr werdet, sie werden* wären mit dem Indikativ identisch. Deshalb tritt Ersatz aus dem Präteritum ein. So kommt es, dass bei *haben* und *werden* je nach Person zwei Stämme vorliegen, entweder der Präsens- oder der Präteritum-Stamm: *hab-* oder *hätt-* und *werd-* oder *würd-*.

Umlaut

Eine letzte wichtige Regel müssen wir noch besprechen: Im Konjunktiv Präteritum finden sich nicht selten Stämme, die leichte Veränderungen gegenüber dem Indikativstamm aufweisen. Das kannst du zum Beispiel an Formen wie *hätt-* und *würd-* beobachten, wenn du sie mit den entsprechenden Indikativen des Präteritums *hatt-* und *wurd-* vergleichst. Die Veränderung ist ein Umlaut des Stammvokals.

Zur Erinnerung: Ein Umlaut ist die Veränderung von a zu ä, von o zu ö und von u zu ü, indem du zwei vertikale Parallelstriche über dem Vokal ziehst.

Dieser Umlaut liegt vielen Stämmen des Konjunktivs Präteritum zugrunde. Die folgende Tabelle zeigt am Beispiel der 1. und 3. Person Singular die Formen im Vergleich:

Indikativ ohne Umlaut	Umlaut	Konjunktiv mit Umlaut
war	a ▶ ä	wäre
hatte		hätte
tat		täte
kam		käme
konnte	o ▶ ö	könnte
soff		söffe
zog		zöge
log		löge
wurde	u ▶ ü	würde
musste		müsste
durfte		dürfte
trug		trüge

Diese Umlautregel gilt natürlich nicht bei Diphthongen und all den Vokalen, von denen sich kein Umlaut bilden lässt. Aus *ging* wird *ginge*, die Formen *liebte*, *legte* und *eilte* bleiben gleich oder werden mit *würde* umschrieben.

Die Umlautregel gilt leider auch nicht ohne Ausnahmen. Die unregelmäßigen Formen im Deutschen hier mit aufzunehmen, würde allerdings den Rahmen sprengen. Du musst hier ein bisschen auf deine muttersprachliche Intuition vertrauen. Als kleiner Denkanstoß kannst du ja mal über die Konjunktive zu den folgenden Formen nachdenken: *plante, fragte, sorgte, wollte, sollte, machte, schwor, ächzte, röchelte, kannte*.

Damit du den Überblick nicht verlierst, findest du im Anhang (S. 244 u. 245) eine komplette Konjugationstabelle einiger wichtiger und repräsentativer Verben.

Direkte und indirekte Rede

Zunächst einmal sollte man sich klarmachen: Die indirekte Rede im Lateinunterricht ist ein Problem des Deutschen – nicht des Lateinischen. Denn viele Schüler glauben, die lateinische indirekte Rede habe etwas mit dem lateinischen Konjunktiv zu tun, nur weil die deutsche indirekte Rede etwas mit dem deutschen Konjunktiv zu tun hat. Quatsch! Entscheidend ist vielmehr Folgendes: Zur Bildung der indirekten Rede im Deutschen, muss ich nicht den lateinischen Konjunktiv, sondern den deutschen Konjunktiv beherrschen, ungeachtet des lateinischen Textes. Alles, was im Lateinischen indirekte Rede ist, muss im Deutschen mit dem Konjunktiv der indirekten Rede wiedergegeben werden.

Die direkte Rede gibt eine Aussage wörtlich wieder

Die direkte Rede gibt eine Aussage wortwörtlich und unverändert wieder. Ein Satz in direkter Rede weist drei Kennzeichen auf: Er

- wird durch ein Prädikat des Sprechens eingeleitet
- steht im Indikativ
- steht in Anführungszeichen

Kennzeichen der direkten Rede ist ein Einleitungssatz, in dem der Sprecher und die Art des Sprechens genannt werden: *er sagte, das Amt teilte mit, die Presse berichtet* usw. Der Einleitungssatz schließt meist mit einem Doppelpunkt.

Die direkte Rede ist gewissermaßen wie ein schriftliches Protokoll einer Tonbandaufnahme und steht im Aussprachemodus, im Indikativ.

Drittes Kennzeichen der direkten Rede sind die Anführungsstriche: «...» oder „...".

Nicht selten erscheinen in der direkten Rede auch die Namen der Angesprochenen in Kommata.

Cicero beispielsweise richtet sich in nahezu allen seinen Reden an drei Adressaten: entweder die «Quirites», also seine römischen Mitbürger, oder an die «Senatores», also den römischen Senat, oder an die «iudices», die Richter und Geschworenen in Gerichtsprozessen. Manchmal spricht er Angeklagte wie Catilina, Verres oder Antonius auch persönlich an. Solche namentlichen Anreden oder Einschübe

Verben werden konjugiert

dürfen in der indirekten Rede nicht wörtlich übernommen werden. Sie können umschrieben oder weggelassen werden. Stattdessen nennt man den Adressaten bereits vorher: «Cicero wandte sich an das Volk».

Ein einfaches Beispiel:

Galileo sagte: «Die Erde bewegt sich um die Sonne, du dämlicher Papst.»

Ein längeres Beispiel aus dem Handbuch des nutzlosen Wissens:

«Der statistische Durchschnittsdeutsche küsst 3,2 mal pro Tag. Jeder Kuss kostet ihn 12 Kalorien. Bei jedem Kuss tauscht er 250 Bakterien aus. Beim Lippenkuss werden die 12 Lippenmuskeln in Bewegung gesetzt, beim Zungenkuss zusätzlich die 17 Zungenmuskeln. Zusammen macht das 29 Muskeln. Die Lippen sind nächst der Zunge der empfindlichste Körperteil. Die Lippen weisen für taktile Reize gegenüber der Haut des Unterarms das 10fache Auslösungvermögen auf. Neurophysiologisch kann der Kuss als positiver Stress aus dem limbischen System definiert werden.» (aus Hanswilhelm Haefs: Das dritte Handbuch des nutzlosen Wissens. München 1994. S. 10)

Die indirekte Rede kennzeichnet eine Aussage als fremd

Die indirekte Rede gibt eine fremde Meinungsäußerung in eigenen Worten wieder. Der Konjunktiv der indirekten Rede heißt daher auch Konjunktiv der fremden Meinung. Der Wiedergebende macht sich die fremde Aussage nicht zu eigen, er glaubt nicht daran. Der Berichterstatter muss die fremde Aussage auch nicht wortwörtlich wiedergeben, sondern darf seine eigenen Worte benutzen. Dazu verwendet er einen Einleitungssatz mit Verben des Sagens. Wenn vorhanden, fallen Anführungsstriche und Doppelpunkte weg und werden durch ein schlichtes Komma oder einen *dass*-Satz ersetzt. Das sieht dann in unserem ersten Beispielsatz so aus:

Galileo sagte, dass die Erde sich um die Sonne bewege. Dabei tadelte er den Unverstand des Papstes.

Bei längeren Texten muss etwas zurückhaltender formuliert werden, sonst klingt es nach einem atemlosen Stil:

Im dritten Handbuch des nutzlosen Wissens steht, dass der statistische Durchschnittsdeutsche 3,2 mal pro Tag küsse. Da steht, dass jeder Kuss ihn 12 Kalorien koste. Und da steht, dass beim Lippenkuss die 12 Lippenmuskeln in Bewegung gesetzt würden, beim Zungenkuss zusätzlich die 17 Zungenmuskeln. Und da steht, dass das zusammen 29 Muskeln mache. Im dritten Handbuch des nutzlosen Wissens wird berichtet, dass die Lippen nächst der Zunge der empfindlichste Körperteil seien. Und es wird berichtet, dass die Lippen für taktile Reize gegenüber der Haut des Unterarms das 10fache Auslösungsvermögen aufwiesen. Und es wird berichtet, dass neurophysiologisch der Kuss als positiver Stress aus dem limbischen System definiert werden könne.

Und dass ... und dass ... und dass ... grausam! Kein Mensch würde so einen Bericht abfassen, geschweige denn lesen. Man kann es sich einfacher machen durch zwei Schritte:

1. Man lässt alle Einleiter bis auf einen ersten Einleitungssatz weg.
2. Man verzichtet auf *dass*-Sätze.

Indem der Sprecher den Konjunktiv 1 oder Konjunktiv der indirekten Rede verwendet, kennzeichnet er eine Aussage bereits als fremd, auch wenn sie nicht eingeleitet wird, wie die nun folgende, elegantere Version des Textes zeigt:

Im dritten Handbuch des nutzlosen Wissens steht, der statistische Durchschnittsdeutsche küsse 3,2 mal pro Tag. Jeder Kuss koste ihn 12 Kalorien. Beim Lippenkuss würden die 12 Lippenmuskeln in Bewegung gesetzt, beim Zungenkuss zusätzlich die 17 Zungenmuskeln. Das mache zusammen 29 Muskeln. Ferner wird berichtet, dass die Lippen nächst der Zunge der empfindlichste Körperteil seien. Die Lippen weisen für taktile Reize gegenüber der Haut des Unterarms das 10fache Auslösungsvermögen auf. Neurophysiologisch könne der Kuss als positiver Stress aus dem limbischen System definiert werden.

Die indirekte Rede sollte also folgende Merkmale aufweisen: Sie

- sollte nicht zu oft eingeleitet werden
- wird vom Einleiter durch Kommata, bei einzelnen Sätzen auch durch *dass* abgetrennt
- steht immer und grundsätzlich im Konjunktiv 1 oder den entsprechenden Ersatzformen.

Verwendung der Tempora in der indirekten Rede

Wenn in der direkten Rede unterschiedliche Tempora gebraucht werden, so muss das auch in der indirekten Rede deutlich werden. Dass der Indikativ Futur durch den Konjunktiv Futur und der Indikativ Präsens durch den Konjunktiv Präsens ersetzt werden, ist unschwer zu erraten. Fehlerquelle Nummer 1 beim Konjunktiv der indirekten Rede sind die Vergangenheitsformen, obwohl die Regel dazu sehr einfach ist:

Jeder Indikativ eines Vergangenheitstempus (also egal ob Präteritum, Perfekt oder Plusquamperfekt) wird grundsätzlich durch den Konjunktiv Perfekt

Verben werden konjugiert

wiedergegeben. Zur Übersicht auch dazu noch einmal eine Tabelle mit Beispielen:

Tempus	Indikativ	Konjunktiv
Präsens	ich komme er kommt	ich käme er komme
Futur 1	ich werde kommen er wird kommen	ich würde kommen er werde kommen
Futur 2	ich werde gekommen sein er wird gekommen sein	ich würde gekommen sein er werde gekommen sein
Präteritum	ich kam er kam	
Perfekt	ich bin gekommen er ist gekommen	ich sei gekommen er sei gekommen
Plusquamperfekt	ich war gekommen er war gekommen	

Irrealis

Der Irrealis gibt unwirkliche Aussagen wieder

Wenn du etwas wünschst oder fürchtest, dir etwas vorstellst oder dich etwas fragst, das noch nicht geschehen ist, also noch nicht wirklich, nicht real ist, sprechen wir vom Irrealis.

realis ist lateinisch und heißt *dinglich, sächlich*. Es handelt sich also um etwas, das man anfassen kann, etwas, das wirklich ist, die Verneinung dazu lautet *in-realis* oder *ir-realis*, also *nicht-dinglich, nicht-sächlich, unwirklich*.

Hierbei unterscheiden wir zwischen zwei Stufen der Unwirklichkeit oder Irrealität:

- erfüllbare Unwirklichkeit
- unerfüllbare Unwirklichkeit

Bei der erfüllbaren Unwirklichkeit handelt es sich um einen Wunsch, eine Vorstellung etc., die noch in Erfüllung gehen, noch Wirklichkeit werden kann. Die Chance dazu liegt in der Gegenwart oder Zukunft. Sie kann also noch «realisiert» werden. Dazu einige Beispiele:

Hätten Sie die Güte mir Zigaretten zu holen?
(Hier sind 4 €.)

Würdest du mir einen Gefallen tun?
(Hol mir bitte eine Currywurst.)

Das müsste klappen.
(Wir werden es gleich sehen.)

Kämest du doch nur einmal pünktlich!
(Zum Beispiel morgen.)

Sie müsste längst hier sein.
(Vielleicht kommt sie noch.)

Wären unsere Politiker nur nicht so korrupt!
(Ein Politikwechsel muss her.)

Bei der unerfüllbaren Wirklichkeit handelt es sich um Wünsche, Vorstellungen etc., die nicht mehr in Erfüllung gehen, nicht mehr «realisiert» werden können, z. B.:

Gestern, das wäre dein Leben gewesen.
(Heute ist jemand anderes dran.) – Kalif Omar

Das wäre Ihr Preis gewesen.
(Sie haben aber verloren.)

Beinahe wäre ich gefallen.
(Ich stehe aber noch.)

Ich wäre ja gern gekommen.
(Aber ich war krank.)

Wenn der Sommer doch nicht so verregnet gewesen wäre!
(Jetzt ist es leider schon Herbst.)

Nachgedacht hätt was gebracht.
(Da wir nicht nachgedacht haben, hat es auch nichts gebracht.)

Einen Konjunktiv der Unwirklichkeit gibt es im Deutschen wie im Lateinischen nur in zwei Tempora, nämlich im Präteritum/Imperfekt und im Plusquamperfekt. Beide zusammen genommen führen im Deutschen die Bezeichnung Konjunktiv 2. Hierbei steht der Konjunktiv Präteritum/Imperfekt für die erfüllbare Unwirklichkeit. Da in der Gegenwart noch eine Chance zur Verwirklichung besteht, heißt der Konjunktiv Präteritum/Imperfekt auch Irrealis der Gegenwart. Dagegen sind irreale Aussagen im Konjunktiv Plusquamperfekt nicht mehr verwirklichbar, die Chance dazu liegt in der Vergangenheit. Wir sprechen deshalb vom Irrealis der Vergangenheit.

Irreale Perioden

Eine irreale Periode ist ein Satz, der aus einem Nebensatz mit *wenn* und einem Hauptsatz besteht, die beide im Irrealis formuliert sind. Der *wenn*-Satz enthält eine Bedingung, die erst erfüllt werden muss, bevor der Hauptsatz Wirklichkeit werden kann. Wir nennen den Bedingungssatz deshalb auch **Vorsatz** und den Hauptsatz **Nachsatz**. Auch hier unterscheiden wir zwischen:

- erfüllbarem Bedingungssatz (Irrealis der Gegenwart)
- nicht mehr erfüllbarem Bedingungssatz (Irrealis der Vergangenheit)

In einem erfüllbaren Bedingungssatz ist die Chance zur Erfüllung der Bedingung und damit des Nachsatzes noch gegeben:

Verben werden konjugiert

Wenn ich ein Vöglein wär, flög ich zu dir.
(Vielleicht werde ich ja noch ein Vöglein, dann kann ich zu dir fliegen.)

Wenn heute die Sonne schiene, ginge ich spazieren.
(Vielleicht wird das Wetter ja noch gut.)

Wenn das Wörtchen «wenn» nicht wär, dann wär mein Vater Millionär.
(Vielleicht wird das Wörtchen wenn ja noch abgeschafft und mein Vater wird Millionär.)

Wenn wir jetzt die Melodie könnten, bräuchten wir nur noch den Text auswendig zu lernen.
(Beides lässt sich ja noch lernen.)

Ich wollt' ich wär ein Huhn, dann hätt' ich was zu tun, ich legte jeden Tag ein Ei und sonntags auch mal zwei.
(Vielleicht werde ich ja noch ein Huhn, dann ...)

In einem unerfüllbaren Bedingungssatz ist es für die Erfüllung des Nachsatzes schon zu spät:

Wenn heute die Sonne geschienen hätte, wäre ich spazieren gegangen.
(Leider ist es schon Abend.)

Wenn das Wörtchen «wenn» nicht gewesen wäre, wäre mein Vater Millionär gewesen.
(Mein Vater ist heute zwar nicht Millionär, dafür aber tot.)

Wenn wir jetzt die Melodie gekonnt hätten, hätten wir nur noch den Text auswendig zu lernen gebraucht.
(Für den Recall hat es trotzdem nicht gereicht.)

Ich hätte gewollt ich wäre ein Huhn gewesen, dann hätte ich was zu tun gehabt, ich hätte jeden Tag ein Ei gelegt und sonntags auch mal zwei.
(Ich bin leider ein Mensch geworden.)

Wenn du geschwiegen hättest, wärest du Philosoph geblieben.
(Du hast aber gesprochen und dich desavouiert.)

Ist Deutsch eine würde-lose Sprache?

Das ist wieder so ein Quatsch! Vielmehr müsste es lauten: Wenn die Deutschen die Regeln beherrschten, würden sie *würde* mit Würde gebrauchen. Möglich ist eine Umschreibung mit *würde* nämlich sehr wohl, wenn man die Regel beherrscht. Und diese Regel lautet:

W ü r d e nie im W e n n -Satz!

Oder meinetwegen auch:

Der Wenn-Satz ist würde-los!

Andererseits musst du daran denken, dass bei Formengleichheit zwischen Indikativ und Konjunktiv Präteritum natürlich immer mit *würde* umschrieben werden kann.

Zum Abschluss dazu noch eine berühmte Anekdote:
Lady Astor sagte einmal zu Winston Churchill: «Sie sind so unausstehlich – wenn ich ihre Frau wäre, würde ich Ihnen Gift geben.»
Darauf antwortete Churchill: «Und Sie sind so hässlich – wenn ich ihr Mann wäre, würde ich das Gift nehmen.»

Der Imperativ gibt Befehle wieder

Nach dem Indikativ und dem Konjunktiv gibt es noch eine dritte Aussageweise, nämlich die **Befehlsform**, auch Befehlsmodus, lateinisch **Imperativ**:

«Pflücke die Nacht!»
«Liebe deinen Nächsten wie dich selbst!»
«Geh mal Bier holen!»
«Stirb langsam!»

Ich muss ihn, glaube ich, nicht weiter erklären. Er ist aus dem Zusammenhang leicht zu erkennen und bietet auch im Lateinischen keine Schwierigkeiten bei der Übersetzung. Im Deutschen ist vor allem die Erststellung des Prädikats zu beachten.

Drei Diathesen

Eine Diathese ist eine Zustandsform. Die Diathese bezeichnet den Aktivitätsgrad eines Verbs, also ob jemand oder etwas handelt oder ob jemand oder etwas gehandelt wird. Im Deutschen gibt es zwei, im Lateinischen drei Zustandsformen:

- das Aktiv
- das Passiv
- das Deponent und Semideponent

Das Aktiv, von *actum* «gehandelt», ist die Tatform, in dem Beispiel *ich liebe* ist *liebe* eine aktive Form.
Das Passiv, von *passum* «gelitten», ist die «Leideform». Der Begriff «Leiden» ist natürlich nicht wörtlich zu nehmen, sondern bedeutet lediglich, dass jemand etwas erfährt, zulässt, erduldet oder erleidet, ohne im Verb selbst aktiv zu sein. *Ich werde geliebt* ist also eine passive Form.
Deponentien und Semideponentien kommen nur im Lateinischen vor. Deponentien oder deponente Verben sind Verben, die eine passive Form, aber eine aktive Bedeutung haben. Der Begriff Deponentien leitet sich von dem Plural *verba deponentia passiva* her, wörtlich «ablegende passive Verben». Die Einzahl ist *Deponens*, die Mehrzahl *Deponentia* oder *Deponentien*. *Deponentien* haben ihre passive Bedeutung oder Funktion «abgelegt», sind also nur der Form nach passiv. Bei der Bestimmung der Diathese sprechen wir deshalb weder von Aktiv noch von Passiv, sondern von Deponent. Ein Deponens muss aber immer aktiv übersetzt werden, auch wenn es nicht als Aktiv bezeichnet wird und noch so sehr aussieht wie eine passive Form!

Daneben gibt es noch die Semideponentien. Die Vorsilbe *semi-* kennt man aus jedem Kreuzworträtsel: *semi-* heißt bekanntlich *halb-*. Semideponentien sind folglich Verben, die nur zur Hälfte eine deponente Form haben, entweder im Präsensstamm oder im Perfektstamm. Die jeweils aktive Hälfte ist völlig normal geblieben, hat also aktive Form und aktive Bedeutung. Die deponente Hälfte hat wieder nur passiv-deponente Formen, wird aber auch weiterhin aktiv übersetzt.

Transitive und intransitive Verben

Transitiv kommt vom lateinischen *transitum, hinübergetreten*. Ein transitives Verb ist ein Verb, dass vom Aktiv ins Passiv übertreten kann. Ein in-transitives Verb ist ein Verb, das nicht vom Aktiv ins Passiv übertreten kann. Ein intransitives Verb liegt nur im Aktiv vor.

Transitiv bedeutet zugleich, dass ein Verb im Aktiv ein Akkusativobjekt haben kann. Ein intransitives Verb kann auch im Aktiv kein Akkusativobjekt haben. Dazu ein Beispiel: Das Verb *lieben* ist ein transitives Verb, erstens weil du es auch im Passiv bilden kannst: *du wirst geliebt*. Zweitens weil es über ein Akkusativobjekt verfügen kann: *ich liebe dich*.

Das Verb *schnarchen* ist ein intransitives Verb. Erstens kannst du davon kein Passiv bilden, du kannst nicht «geschnarcht werden». Zweitens hat *schnarchen* kein Akkusativobjekt. Man kann nicht fragen: *Wen oder was schnarche ich?* Hast du den Unterschied verstanden? Dann mach dir mal Gedanken über die folgenden Verben. Sind sie transitiv oder intransitiv: *gehen, wollen, treiben, schlagen, herrschen, beherrschen, denken, aussprechen, erzählen, anklagen, verurteilen, leben, sterben, töten, arbeiten, schicken?*

Im Wörterbuch wird transitiv mit «tr» oder «trans» abgekürzt, intransitiv mit «itr» oder «intr». Das ist insofern eine Übersetzungshilfe, als du bei einem rein intransitiven Verb nicht nach einem Akkusativobjekt zu suchen brauchst.

Der Infinitiv ist infinit und hat doch eine eigene Endung

Worin besteht nun der Unterschied zwischen einem finiten Verb und einem Infinitiv? Naheliegend scheint die folgende Erklärung: Wenn das finite Verb eine Verbform mit Endung ist, dann muss das infinite Verb, also der Infinitiv, eine Verbform ohne Endung sein. Leider ist diese Erklärung nicht zutreffend, so logisch sie auch klingt.

Angenommen, die Erklärung stimmte, dann wäre der Infinitiv von *lieben* mit dem Stamm von *lieben* identisch, weil ja der Stamm als reiner Bedeutungsträger die einzige Verbform ohne Endung ist. Der Stamm von *lieben* ist *lieb*, der Infinitiv lautet dagegen *lieben*.

Streng genommen verfügt er also doch über eine eigene Endung, nämlich die Silbe *-en*. Worin besteht nun also der Unterschied und wie kann man sich die Bezeichnung infinit oder «endungslos» erklären? Meine einfache und pragmatische Erklärung lautet:

Der Infinitiv ist endungslos in Bezug auf drei der oben genannten fünf Konjugationsformen. Er hat:

- keine Personalendung
- keine Modus-«Endung»
- keine Numerus-Endung

Der Hauptunterschied ist vor allem das Fehlen einer Personalendung. Im Gegensatz zum finiten Verb gibt es nicht sechs verschiedene Personalformen eines Infinitivs, sondern immer nur eine. Der Infinitiv hat im Gegensatz zum finiten Verb nicht mehrere «bestimmte», sondern eine «offene», «allgemeine» Endung. Er lässt sich nicht weiter auf ein bestimmtes Format, eine bestimmte Person zurechtschneiden. Wir sprechen im Deutschen deshalb auch von Grundform. Anders formuliert: Der Infinitiv enthält nur Informationen über Tempus und Diathese. Er hat:

- eine Tempus-«Endung»
- eine Diathesen-«Endung»

Dass ich den Begriff Endung hier in Anführungszeichen setze, hat folgenden Grund: Im Deutschen sind viele Verben nicht mehr reine finite Verben, also Endungsverben, sondern zusammengesetzte Prädikate. Das gilt auch für die meisten Infinitive. Nur der Infinitiv Präsens Aktiv ist ein einfaches «teilfinites» Verb: *lieben*. Der Infinitiv Präsens Passiv dagegen ist bereits zusammengesetzt: *geliebt werden*. Das Gleiche gilt für den Infinitiv Futur Aktiv: *lieben werden*, den Infinitiv Futur Passiv: *geliebt werden werden*, den Infinitiv Perfekt Aktiv: *geliebt haben* und den Infinitiv Perfekt Passiv: *geliebt worden sein*.

Im Lateinischen dagegen sind fast alle Infinitive reine Endungsverben, also einzelne unterschiedliche Wörter, die man nur anhand der Endung unterscheiden kann. Korrekterweise müsste man im Deutschen also von Tempus-Formen und Diathesen-Formen sprechen, während der Ausdruck Tempus-Endung und Diathesen-Endung im Lateinischen voll zutrifft.

Übrigens können all diese Infinitive auch in Form eines präpositionalen Ausdrucks vorkommen: *zu lieben, geliebt zu werden, geliebt zu haben* usw. Der

Verben werden konjugiert

Infinitiv Präsens Aktiv kann zudem auch substantiviert werden: *das Lieben*. Man spricht dann von einem **substantivierten Infinitiv** oder **Verbalsubstantiv**. Auch eine Übersicht über die Infinitive findet sich auf den Tabellen im Anhang (S. 242 u. 243).

Konjugation von Verben: Das solltest du auswendig gelernt haben

Bei der Konjugation werden die Grundbausteine eines Verbs zu einer finiten Form zusammengesetzt. Diese Grundbausteine sind **Stamm und Endung**. Zuweilen treten **Tempus- und Modus-Suffixe** hinzu. Zwischen Stammauslaut, Suffix und Endung können jeweils **Bindevokale** eintreten, damit man aufeinandertreffende Konsonanten zwischen Stammauslaut und Endung besser aussprechen kann. Wir erhalten die Formel:

Stamm (+ Bindevokal) (+ Suffix) (+ Bindevokal) + Endung = Konjugation

Bindevokale und Suffixe müssen nicht in jedem Verb enthalten sein. Je nach Form und Stammauslaut kommt ein Verb ohne sie aus. Bindevokale haben keine eigene Bedeutung!

Suffixe und Endungen geben uns fünf Informationen über ein Verb:
- die **Person** (1., 2., 3. Person)
- den **Numerus** (Singular oder Plural)
- das **Tempus** (Präsens, Präteritum/Imperfekt, Perfekt, Plusquamperfekt, Futur 1 und 2)
- den **Modus** (Indikativ, Konjunktiv, Imperativ)
- die **Diathese** (Aktiv, Passiv oder Deponent)

Der deutsche Konjunktiv spielt nur noch bei zwei grammatischen Themen eine entscheidende Rolle:
- bei der **indirekten Rede**
- beim **Irrealis**

Bei der **indirekten Rede** verwenden wir den **Konjunktiv 1**.
- Die indirekte Rede sollte durch möglichst wenige Verben des Sagens eingeleitet werden.
- Bei kurzen Sätzen kann ein dass-Satz folgen. Bei längeren Passagen sollte man Einleitungsverben und dass-Sätze meiden.
- Je nach Tempus der direkten Rede stehen drei gebräuchliche Tempora zur Verfügung:
    - Konjunktiv **Präsens** (alle Gegenwartsformen)
    - Konjunktiv **Perfekt** (alle Vergangenheitsformen)
    - Konjunktiv **Futur** (alle Zukunftsformen; den Konjunktiv Futur 2 kannst du außer Acht lassen)
- **Bei Formengleichheit** des Indikativs und des Konjunktivs tritt als **Ersatz der Konjunktiv Präteritum**, bzw. Plusquamperfekt ein. Bei erneuter Formengleichheit kann, muss aber nicht mit *würde* umschrieben werden.

Beim **Irrealis** verwenden wir den **Konjunktiv 2**. Dieser besteht aus zwei Tempora:
- Konjunktiv **Präteritum/Imperfekt**
- Konjunktiv **Plusquamperfekt**
- Bei einem **erfüllbaren Irrealis** verwenden wir den **Konjunktiv Präteritum/Imperfekt** (auch Irrealis der Gegenwart).
- Bei einem **unerfüllbaren Irrealis** verwenden wir den **Konjunktiv Plusquamperfekt** (auch Irrealis der Vergangenheit).
- Für die irreale Periode (irreale Bedingungssätze, wenn-Sätze) gilt: *Würde* nie im wenn-Satz.

Der **Infinitiv** oder das infinite Verb ist **keine endungslose Form**. Er verfügt allerdings nicht in allen fünf Aspekten über eine Endung, sondern nur in zweien, nämlich:
- Tempus
- Diathese

Regeln
Person und Numerus eines Verbs stimmen immer mit dem Subjekt überein (PN-Kongruenz). Selbst wenn kein eigenes Subjekt genannt wird, kann ich aus der Endung des Verbs auf Person und Numerus des Subjekts schließen. Unterscheide transitive und intransitive Verben:
- transitive Verben können
    - Passivformen bilden
    - Akkusativobjekte haben
- intransitive Verben können
    - keine Passivformen bilden
    - keine Akkusativobjekte haben

Verben werden konjugiert

Übung: Indirekte Rede

Forme die folgenden Texte in die indirekte Rede um, indem du sie von folgendem Einleitungssatz abhängig machst: *Im ultimativen Handbuch des Nutzlosen Wissens steht ...*[1]

«Die Römer und die Ägypter hatten Kotgötter, deren besondere Verrichtungen in der Fürsorge für die Latrinen und für diejenigen bestanden, die diese aufsuchten.»

«Der Mensch blinzelt normalerweise 25.000 mal pro Tag.»

«Dugongs decken ihren Bedarf an Eiweiß mit Seescheiden. Warum begnügen sie sich nicht mit einer vegetarischen Diät wie die anderen Seekühe?»

«Die 45er Automatik wurde nach einem Filipino-Aufstand entwickelt. Die Aufständischen hatten sich die Genitalien mit Lederriemen zusammengeschnürt und brachten sich so dermaßen wahnsinnige Schmerzen bei, dass sie die Stellungen der US-Truppen einfach überrannten, während die Kugeln derer Springfields und 30–40 Kraigs in ihren Körpern kaum mehr Wirkung zeigten als heiße Nadeln. Die neue 45er jedoch riss Löcher, die so groß waren wie Crocket-Kugeln und sie auf der Stelle stoppten.»

«Der Bonner Moses Hess ‹erfand› den Kommunismus; deshalb veröffentlichte die Akademie der Wissenschaften der DDR nur diejenigen seiner Schriften, die sich mit dem Zionismus beschäftigten. Der Bonner Moses Hess ‹erfand› den Zionismus; deshalb veröffentlichte ein Professor der Universität Tel Aviv nur diejenigen seiner Schriften, die sich mit dem Kommunismus beschäftigten.

Moses Hess bekehrte in Bonn den Trierer Hegelianer Karl Marx zum Kommunismus und machte ihn zum Redakteur der ‹Rheinischen Zeitung›.

Moses Hess bekehrte in Elberfeld den Industriellensohn Friedrich Engels zum Kommunismus. Moses Hess übersetzte in Paris Marx´ ‹Das Kapital› ins Französische, schrieb danach die grundlegende Kritik am ‹Kapital›, und Marx sprach nie mehr ein Wort mit ihm.»

---

[1] Hanswilhelm Haefs. Das ultimative Handbuch des nutzlosen Wissens. München 1998.

Verben werden konjugiert

Übung: Irrealis

Forme die folgenden Sätze in den Irrealis um, indem du sie von folgendem Einleitungssatz abhängig machst: *Wenn wirklich alles stimmte, was im ultimativen Handbuch des nutzlosen Wissens steht, dann ...*

«Das Symphonieorchester von Monaco hat mehr Mitglieder als die Armee.»

«Zu den Hauptexportgütern Liechtensteins gehören falsche Zähne.»

«Ein Australier hasste es, dass Katzen in seinen Garten kamen. Also baute er aus einer Sardinenbüchse mit elektrischem Anschluss eine Falle. Als er versehentlich hineintrat, starb er.»

«Auf Korfu heißen über 50% aller Männer Spiro.»

«In Ägypten grüßt man einander ‹Wie schwitzest du?›».

«Der verbreitetste Vorname auf Erden ist Mohammed.»

«Die alten Römer verwendeten Schwämme an Stöcken anstelle von Klopapier.»

«Der Panamahut stammt aus Ecuador.»

«Die Römer erfanden das türkische Bad.»

«Wer dreimal lügt, der ist guter Dinge. Denn aller guten Dinge sind drei.»

«Chop Suey ist kein chinesisches Gericht, sondern wurde von chinesischen Einwanderern in Kalifornien erfunden.»

«Die Weibchen des orange und schwarz gemusterten Scheckenfalters Euphydras editha legen in Nevada ihre Eier gerne an den Blättern des Spitzwegerichs Plantago lanceolata ab.»

«Löffelhunde gehen vorzugsweise in der Dämmerung auf Nahrungssuche.»

«Erdmännchen sind Schleichkatzen, die nur in der Kalahari leben.»

«Statistisch gesehen kommen Todesfälle durch Flugzeugabstürze seltener vor als duch Eselstritte.»

«Ungarn exportiert mehr Nilpferde als jedes andere Land auf der Welt.»

«Im Durchschnitt enthält jeder Mensch zwei Moleküle des letzten Atems von Julius Caesar.»

«Die Puritaner sind nicht deswegen gegen das Vorführen von Tanzbären, weil das die Bären schmerzt, sondern weil es die Zuschauer erfreut.»

«Das älteste bisher bekannte gedruckte Buch der Welt entstand 868 p.C.n. in der Druckerei der Mogao-Höhlen bei Dunhuang in Gansu, die Diamantensutra. Sie steht seit 1961 unter dem offiziellen Schutz der Volksregierung Chinas.»

«Für den Grundsatz Auge um Auge, Zahn um Zahn spricht immerhin, dass er der einzige nicht völlig willkürliche Maßstab für die Strafzumessung ist und sich jeder ideologischen Verzerrung entzieht.»

«1567 stolperte der Mann mit dem längsten Bart Europas über ihn, stürzte die Treppe hinab und brach sich das Genick.»

Nomen werden dekliniert

Themenüberblick
Bei der Deklination von Nomen gelten die gleichen Grundprinzipien wie bei der Konjugation von Verben. Auch hier entstehen unterschiedliche Formen von Substantiven, Adjektiven (und Pronomen) aus der Verbindung von

Stamm und Endung
Bei Konjugation kannst du an der Endung fünf Informationen über ein Verb ablesen: Person, Numerus, Tempus, Modus und Diathese. An der Deklination kannst du dagegen drei Dinge erkennen:

- den Fall oder den Kasus
- die Anzahl oder den Numerus
- das Geschlecht oder das Genus

Die beiden Numeri sind dir ja schon bekannt, Singular und Plural. An Fällen unterscheiden wir im Deutschen vier. Im Lateinischen kommen noch zwei hinzu, insgesamt also sechs:

- den Nennfall oder Nominativ
- den Herkunftsfall oder Genitiv
- den Gebefall oder Dativ
- den Richtungsfall oder Akkusativ
- den Ruffall oder Vokativ
- den Entfernungs-, Orts-, Zeit- und Umstandsfall oder den Ablativ

Schließlich noch drei Geschlechter:

- das männliche Geschlecht oder Maskulinum
- das weibliche Geschlecht oder Femininum
- das sächliche Geschlecht oder Neutrum

Wenn zwei Wörter (z.B. Attribut und Bezugswort) in Kasus, Numerus und Genus übereinstimmen, spricht man von KNG-Kongruenz.

Stamm und Endung treten bei der Deklination zur Angabe von Kasus, Numerus und Genus zusammen

Beginnen wir mit Altbekanntem: Was wir soeben über das Verb gelernt haben, gilt in ganz ähnlicher Weise auch für Nomen, also Substantive und Adjektive. Betrachten wir einmal folgende Formen des Wortes «König»:

der	König
des	Königs
dem	Könige
den	König
die	Könige
der	Könige
den	Königen
die	Könige

Wieder einmal haben wir es mit Stamm und Endung zu tun. Ziehen wir nämlich wieder unseren Strich, fällt auf, dass auch bei diesen Formen ein Teil in allen Fällen gleich ist, nämlich die Buchstaben König:

der	König|
des	König|s
dem	König|e
den	König|
die	König|e
der	König|e
den	König|en
die	König|e

Betrachten wir ein weiteres Beispiel: «Geist»

der	Geist
des	Geistes
dem	Geiste
den	Geist
die	Geister
der	Geister
den	Geistern
die	Geister

Werden Stamm und Endung getrennt, erhalten wir:

der	Geist|
des	Geist|es
dem	Geist|e
den	Geist|
die	Geist|er
der	Geist|er
den	Geist|ern
die	Geist|er

Auch hier haben wir einen Stamm Geist, an den unterschiedliche Endungen (-es, -e, -er, -ern) herantreten. Zuweilen fehlt die Endung ganz. Aber aller guten Dinge sind drei: «Sache»

die	Sache
der	Sache
der	Sache
die	Sache
die	Sachen
der	Sachen
den	Sachen
die	Sachen

Ein glatter Schnitt am Stamm ergibt:

die	Sache|
der	Sache|
der	Sache|
die	Sache|
die	Sache|n
der	Sache|n

Nomen werden dekliniert

den Sache|n
die Sache|n

Hier ist es noch viel simpler. Erst gibt es keine Endungen (oder Endung und Stamm fallen zusammen). Dann gibt es nur eine Endung: -n.

Unsere drei Beispielwörter *König*, *Geist* und *Sache* weisen jeweils einen gleichbleibenden Stamm auf, kommen aber mit unterschiedlichen Formen von Endungen vor. Diese verschiedenen Formen, die vom Stamm ausgehen, bezeichnen wir im Deutschen als **Beugung**, der lateinische Ausdruck für Beugung ist **Flexion**, gängiger ist noch das gleichbedeutende Wort **Deklination**.

Für die Begriffe Deklination und Flexion gibt es zwei Erklärungen. Die erste besagt: Die Begriffe Deklination und Flexion entstammen der antiken Philosophie. Der Grieche Demokrit entwickelte die erste Atomtheorie. Die ganze Welt besteht aus kleinsten unteilbaren Teilchen. Ein anderer Philosoph namens Epikur stellte sich nun die Frage: Wie können denn dann unterschiedliche Körper und Formen entstehen, wenn alles eigentlich nur eine Art feiner Staub ist? Um dieses Problem zu lösen, nahm er an, dass die Teilchen sich in einem immerwährenden Fall in einen unendlichen Abgrund befinden. Dabei fallen die meisten Teilchen geradlinig in die Tiefe. Nur einige wenige weichen durch Zufall von ihrer geraden Flugbahn ab, etwa so wie Licht an der Wasseroberfläche gebeugt wird. Dadurch kollidieren sie mit benachbarten Teilchen und ballen sich mit ihnen zusammen. So entsteht unterschiedlich geformte Materie. Die antiken Grammatiker haben dieses Bild aus der Philosophie auf die Grammatik übertragen: Der Wortstamm, gewissermaßen als Elementarteilchen, befindet sich in einem freien, geraden Fall. Der «gerade Fall», *casus rectus*, ist der Nominativ. Der «schräge Fall», *casus obliquus*, in unterschiedliche Richtungen lässt Genitiv, Dativ, Akkusativ, Ablativ und Vokativ entstehen. Daher stammt auch die Bezeichnung «Kasus» (Plural: die Kasūs). Das lateinische Wort *casus* bedeutet nämlich nichts anderes als Fall. Das Verb *declinare* heißt wörtlich *abbiegen*, *declinatio*, ist *die Abbiegung*, auch *flectere* heißt *beugen*, *flexio*, *die Beugung*. Durch *declinatio*, Abbiegung, bzw. *flexio*, Beugung, vom Nominativ, entstehen unterschiedliche Fallrichtungen und unterschiedliche Formen.

Die zweite Erklärung des Begriffes Deklination klingt weitaus profaner. Der Begriff *coniugatio* entstammte, wie wir gesehen haben, der Bauernsprache. Der Begriff *declinatio* dagegen ist auch aus der Winzersprache bekannt, entspricht aber in vielem der Konjugation bei den Verben. Die Winzer setzten neue Reben an, indem sie die Triebe nahe am Wurzelstock der Mutterpflanze umbogen und daneben in den Boden pflanzten. Sie bildeten dann neue Wurzeln aus und es entstanden rund um den geraden Stamm herum Triebe, die in unterschiedliche Richtungen umgebogen waren. Dieses Bild wurde dann von Grammatikern auf die Sprache übertragen. Im Grunde kann man sich also Wörter auch als Rebstämme vorstellen, von denen aus unterschiedliche Triebe abgebogen werden. Auch so entstehen neue Formen.

Vier Kasus im Deutschen, sechs Kasus im Lateinischen

Wir unterscheiden bei der Deklination im Deutschen vier Fälle:

- Nominativ
- Genitiv
- Dativ
- Akkusativ

Im Lateinischen unterscheiden wir sechs Fälle:

- Nominativ
- Genitiv
- Dativ
- Akkusativ
- Ablativ
- Vokativ

Nominativ

Der Nominativ, oder Subjektskasus, antwortet auf die Frage: Wer oder was? Er vertritt das Subjekt und alle attributiven Nomen, die zum Subjekt gehören.

Genitiv

Der Genitiv drückt eine Zugehörigkeit oder Beziehung zu seinem Bezugswort aus. Also:

- Wessen?
- Von wem?
- In Beziehung auf wen?

Wörter im Genitiv sind fast immer Attribute. Wir sprechen daher auch vom Attributkasus.

Dativ

Der Dativ oder der indirekte Objektkasus zeigt an:

- wem etwas nützt
- für wen etwas gut ist
- wozu es dient

Akkusativ

Der Akkusativ oder der direkte Objektskasus antwortet auf die Frage: Wen oder was? also in welche Richtung das Prädikat verläuft: Wen oder was sehe ich? = in Richtung auf/gegen wen oder was richtet sich mein Blick?

Soweit im Deutschen. Im Lateinischen kommen noch zwei Kasus hinzu:

Ablativ

Der Ablativ ist der Kasus der adverbialen Bestimmung. Er antwortet auf die Fragen: *Durch was? Mit wem? Wann? Wo? Wie? Warum? Von wo? Im Vergleich wozu?* Am besten merkt man sich das mit der sogenannten Ablativ-Hand (siehe S. 207). Formen im Ablativ repräsentieren immer den Satzteil der adverbialen Bestimmung. Das heißt allerdings nicht, dass jede adverbiale Bestimmung im Lateinischen notwendigerweise auch ein Ablativ sein muss.

Vokativ

Der Vokativ ist der Anredefall. Im Deutschen und in den meisten Fällen auch im Lateinischen ist er mit dem Nominativ identisch:

«Spiel's noch einmal, Sam»

«Schau mir in die Augen, Kleines»

Nomen werden dekliniert

Da eine gewisse Verwechslungsgefahr mit dem Nominativ besteht, muss man die typischen Kennzeichen eines Vokativs beachten. Erstens steht er grundsätzlich immer in Kommata:

«Sieh da, sieh da, Timotheus, die Kraniche des Ibykus.»

Zweitens wird der Vokativ häufig durch das Bitt- und Anredewort «o» gekennzeichnet.

«O du fröhliche, o du selige, gnadenbringende Weihnachtszeit!»

Das gilt auch für das Lateinische. Das Bittwort kann unübersetzt bleiben:

o iudices, o senatores
(o/ihr) Richter, (o/ihr) Senatoren

Grundsätzlich können auch Dinge angesprochen werden:

o tempora, o mores!
O ihr Zeiten, o ihr Sitten!

Abweichungen vom Nominativ finden sich im Lateinischen nur in drei Fällen:

- der Vokativ bei Nominativen auf *-us* lautet **-e**:
  *o Mar**ce** – o Mar**cus***
- der Vokativ bei Namen auf *-ius* lautet **-i**:
  *o Luc**i** – o Luc**ius***
  *O Quintili Vare, redde legiones! – O Quintili**us** Var**us**, gib die Legionen zurück.*
- Der Vokativ des Possessivpronomens *meus, mein* lautet **mi**: *mi Lucili! – **mein** Lucilius!*

Merksatz: Es gibt ein sehr berühmtes lateinisches Zitat, mit dem du alle diese drei Regeln wie drei Fliegen mit einer Klappe schlagen kannst: Dieses Zitat sind die berühmten letzten Worte Caesars:
Et tu, Brute, mi fili.
Auch du, Brutus, mein Sohn.

Zwei Numeri

Genau wie bei der Konjugation haben wir auch bei der Deklination den Numerus, also die Unterscheidung zwischen Singular und Plural: *der König, die Könige.*

Drei Genera

Schließlich ist für die Bestimmung von Nomen und Pronomen wichtig, welches Geschlecht sie haben. Im Lateinischen sprechen wir von Genus (Plural: Genera). Es gibt drei Genera: weiblich, männlich und sächlich: *die Frau, der Mann, das Kind, der Mond, die Sonne, das Wesen.* Die lateinischen Bezeichnungen dafür lauten Maskulinum, Femininum und Neutrum.

KNG-Kongruenz

«... der Rednerin Cicero, der wunderschönes Göttin, die Geschichtsschreiberin Sallust, das Philosoph Platon, die siegreicher Caesar, der römisches Reich, dieser Senatssitzung, jenes Krieg ...»

Moment mal – bei diesen Wörtern stimmt irgendwas nicht. Die Attribute – Adjektive, Pronomen und Substantive –, die hier andere Substantive beschreiben, stimmen irgendwie nicht mit ihnen überein. Korrekt muss es lauten:

«... der Redner Cicero, die wunderschöne Göttin, der Geschichtsschreiber Sallust, der Philosoph Platon, der siegreiche Caesar, das römische Reich, diese Senatssitzung, jener Krieg ...»

Fall, Anzahl und Geschlecht des Attributes oder Prädikativums müssen sich dem Substantiv anpassen. Daraus können wir eine Regel ableiten:

Ein Attribut oder Prädikativum zu einem Substantiv, also ein Nomen oder Pronomen, das die Eigenschaft eines Substantives näher beschreibt, richtet sich in Kasus, Numerus und Genus stets nach diesem Bezugswort.

Statt Kasus, Numerus, Genus kürzen wir ab mit: **KNG**. Diese Übereinstimmung zwischen Adjektiv und Substantiv heißt **KNG-Kongruenz**. Man sagt auch, ein Adjektiv ist kongruent mit seinem Bezugssubstantiv.

Nomen werden dekliniert

✎ Deklination von Nomen: Das solltest du auswendig gelernt haben

Bei der Deklination werden die Grundbausteine eines Nomens oder Pronomens zu einer Nominalform oder Pronominalform zusammengesetzt. Diese Grundbausteine sind – wie bei der Konjugation – **Stamm und Endung**. Wir erhalten drei Informationen über ein Substantiv, Adjektiv oder Pronomen:
- den Fall oder den Kasus
- die Anzahl oder den Numerus (Singular oder Plural)
- das Geschlecht oder das Genus (sächlich, weiblich, männlich)

Wir unterscheiden sechs Fälle mit charakteristischen Fragen:
- Nominativ (Wer?)
- Genitiv (Wessen? Von wem? In Beziehung auf wen?)
- Dativ (Wem? Für wen? Wozu?)
- Akkusativ (Wen?)
- Ablativ (Wodurch? Mit wem? Wann? Wo? Von wo? Von welcher Art? Im Vergleich wozu?)
- Vokativ (O du ..., o ihr ...)

Zum Vokativ merke bereits jetzt die letzten Worte Caesars. Sie enthalten sämtliche Regeln:

Et tu, Brute, mi fili. – Auch du, Brutus, mein Sohn.

- Substantive der o-Deklination auf *-us (Brutus)* haben die Endung *-e*.
- Substantive der o-Deklination auf *-ius (filius)* haben die Endung *-i*.
- Das Possessivpronomen der o-Deklination *(meus)* wird zu *mi*.

Wir unterscheiden zwei Numeri:
- die Einzahl oder den Singular
- die Mehrzahl oder den Plural

Wir unterscheiden drei Genera:
- das männliche Geschlecht oder Maskulinum
- das weibliche Geschlecht oder Femininum
- das sächliche Geschlecht oder Neutrum

Ein adjektivisches, substantivisches oder pronominales Attribut oder Prädikativum zu einem Substantiv richtet sich in Kasus, Numerus und Genus stets nach diesem Bezugswort. Das heißt: Fall, Anzahl und Geschlecht des Attributes müssen sich dem Substantiv anpassen. Diese Übereinstimmung zwischen Adjektiv und Substantiv heißt **KNG-Kongruenz**.

Lateinischer Teil

Aussprache

Von einem sprachlich Unbegabten ist einerseits eine korrekte Aussprache des Lateinischen im Rahmen des Latinums meistens zu viel verlangt. Zumal über die Frage, wie das Latein der klassischen Zeit wirklich geklungen hat, immer noch gestritten werden kann. Andererseits hinterlässt langsames, konsequent und richtig betontes Vorlesen vor allem in der mündlichen Prüfung einen bestechenden Eindruck beim Prüfer.

Mein alter Lateinlehrer pflegte einem Prüfling, der gut gelesen hatte, die Prüfung sogar zu schenken. Natürlich gehört mehr dazu als nur ein paar Wörter richtig auszusprechen, um wirklich zu brillieren. Wenn du aber nur eine Hand voll Regeln beherzigst, kannst du die schlimmsten Anfängerfehler vermeiden, selbst wenn du noch so unbegabt bist.

Achte beim Lesen darauf, dass du langsam, tief und ruhig sprichst, nach Kommata und Fragezeichen die Stimme deutlich hebst, nach Punkten und Semikola die Stimme deutlich senkst.

Konsonanten

c	wie deutsches k (Ausnahmen aus Konventionsgründen Cicero = Zizero, Caesar = Zäsar)
i	steht zuweilen für j und wird auch so gesprochen. Es zählt dann als Konsonant, nicht als Vokal.
u	steht zuweilen für v. Es zählt dann als Konsonant und nicht als Vokal.
ti	wird gesprochen wie geschrieben, nicht wie in modernen lateinischen Fremdwörtern wie *zi* gesprochen (z.B. Tradition, sprich: Tradizion).

Diphthonge (Doppellaute)

ei	wie in *Hey, okay* etc. nicht wie das deutsche *Frühstücksei*!
ae	Aussprache wie deutsches *ä* in *mäh* oder wie das deutsche *ei* in *Frühstücksei*.
eu	getrennt, ähnlich dem deutschen *Umgehung*, nicht wie im deutschen *Freude* o.ä.
au eu	wie im deutschen *Sau, faul* etc.
oe	wie im deutschen *öde* oder wie *oi* oder *eu* in *Freude*.

... eeeeerunt!!!

Die Endung der dritten Person Plural Perfekt Aktiv auf *-erunt* wird grundsätzlich auf dem e lang gelesen, also: *-ērunt*. Bei dieser Form zu schlampen gilt – auch im Latinum – als unverzeihlicher Kunstfehler.

Römische Abkürzungen

In den Latinumstexten kommen vor allem die Abkürzungen römischer Vornamen vor. Ein römischer Eigenname besteht aus

- Vorname *(nomen)*
- Familienname *(nomen gentile)*
- Beiname *(cognomen)*

Vorname	Familienname	Beiname
Marcus	Tullius	Cicero
Gaius	Iulius	Caesar
Gaius	Sallustius	Crispus

Die wichtigsten Vornamen haben folgende Abkürzungen:

A.	*Aulus*
App.	*Appius*
C.	*Gaius*
Cn.	*Gnaeus*
D.	*Decimus*
L.	*Lucius*
M.	*Marcus*
P.	*Publius*
Q.	*Quintus*
Ser.	*Servius*
Sex.	*Sextus*
T.	*Titus*

In der Übersetzung kann die Abkürzung stehen gelassen werden. Beim Vorlesen solltest du allerdings nicht stocken. Ich persönlich finde es eleganter die Abkürzung im Deutschen auszuschreiben.

Wichtige Abkürzungen

Außerdem solltest du dir für die Übersetzung die folgenden Abkürzungen merken:

Id.	die Iden (Mitte des Monats)
HS	der Sesterz (die Sesterzen), römische Währung
Kal.	die Kalenden (Anfang des Monats)
Non.	die Nonen (Mitte zwischen Kalenden und Iden)
s.d.	salutem dicit = grüßt

Verben

Themenüberblick

Zunächst wirst du begreifen, dass auch die lateinischen Verben nach denselben Bildungsprinzipien entstehen wie die deutschen, nämlich aus:

Stamm, Suffix, Bindevokal und Endung

Um ein Wort bilden zu können, brauchst du zunächst einen Stamm. Beim Stamm unterscheiden wir zwischen zwei unterschiedlichen Systemen zur Klassifizierung von Verben:

- dem Präsensstammsystem
- dem Perfektstammsystem

Nahezu alle lateinischen Verbstämme kommen aus einem dieser beiden Systeme. Innerhalb dieser beiden Stammsysteme unterscheiden wir noch einmal:

- fünf Konjugationen im Präsens
- sieben Stämme im Perfekt

Da der Stamm nicht in allen Formen gleich bleibt, ist es wichtig, wenigstens die wichtigsten Stammformen zu lernen, vor allem Präsens- und Perfektstamm. Das erleichtert das Lernen sehr. Hinzu kommen

- 29 Endungen
- 11 Suffixe
- 3 Bindevokale
- mehrere wichtige Regeln

Wichtig: Erst zum Schluss geht es ans Auswendiglernen!

Noch einmal Stamm und Endung, Suffix und Bindevokal

Wir haben im deutschen Teil die Konjugation von Stamm und Endung kennengelernt. Die selben Prinzipien herrschen auch im Lateinischen. Bleiben wir bei unserem Beispiel: *lieben* heißt auf Lateinisch *amare*. Gehen wir nun einmal dieselbe Konjugationstabelle wie zuvor im Deutschen auf Lateinisch für den Indikativ Präsens Aktiv durch:

1. Person Singular	am|o
2. Person Singular	ama|s
3. Person Singular	ama|t
1. Person Plural	ama|mus
2. Person Plural	ama|tis
3. Person Plural	ama|nt
Infinitiv	ama|re

Trennen wir erneut Stamm und Endung und ziehen wir unsere Linie:

am\|o
ama\|s
ama\|t
ama\|mus
ama\|tis
ama\|nt
ama\|re

Wir haben einen Stamm *ama* und die Aktiv-Endungen *o, s, t, mus, tis, nt* und für den Infinitiv die Endung *re*. In anderen Tempora treten zusätzlich Bindevokale hinzu. Mit all diesen Phänomenen werden wir uns jetzt detailliert befassen, beginnend mit dem Stamm, über Endung und Suffix bis zum Bindevokal.

Stamm

Um Verben in verschiedenen Formen zu unterscheiden, gibt es nicht nur die Möglichkeit unterschiedliche Suffixe und Endungen an den Stamm zu hängen. Man kann auch den Stamm selbst verändern. Verschiedene Tempora können neben unterschiedlichen Suffixen und Endungen auch unterschiedliche Stämme aufweisen. Das gilt im Deutschen und Englischen vor allem zur Unterscheidung des Präsens, des Präteritum und des Perfekt:

gehen, ging, gegangen
sprechen, sprach, gesprochen
singen, sang, gesungen

go, went, gone
speak, spoke, spoken
sing, sang, sung

Die Unterscheidung verschiedener Stämme ein und desselben Verbs ist auch für das Lateinische sehr wichtig. Wir unterscheiden zunächst zwischen zwei Stämmen:

- einem Präsensstamm
- einem Perfektstamm

Ein dritter Stamm, der Partizipstamm, kommt noch hinzu. Er hat jedoch nichts mit der Konjugation finiter Verben, sondern mit der Konjugation zusammengesetzter Prädikate zu tun. Doch für diesen Partizipstamm ist es jetzt noch zu früh.

Präsensstamm und Perfektstamm – von diesen beiden Stämmen wird ein Großteil der finiten lateinischen Verbformen durch Anfügung von unterschiedlichen Suffixen und Endungen gebildet. Vom Präsensstamm wird z.B. nicht nur das Präsens, sondern auch das lateinische Imperfekt und das Futur 1 gebildet. Vom Perfektstamm wird dementsprechend auch nicht nur das Perfekt, sondern auch das Plusquamperfekt und das Futur 2

Verben

jeweils mit eigenen Suffixen oder Endungen gebildet. Wir sprechen daher bei den vom Präsensstamm gebildeten Tempora vom **Präsensstammsystem**, bei den vom Perfektstamm gebildeten Tempora vom **Perfektstammsystem**.

Die folgende Tabelle gibt darüber eine Übersicht:

Präsensstammsystem	Perfektstammsystem
Präsens	Perfekt
Imperfekt (Latein)	Plusquamperfekt
Futur 1	Futur 2 (Perfekt Futur)

Gemäß diesen beiden Stammsystemen gibt es auch zwei Möglichkeiten lateinische Verben zu ordnen oder zu klassifizieren:

- in fünf Konjugationsklassen oder Konjugationen nach dem Präsensstamm
- in sieben Arten von Stämmen nach dem Perfektstamm

Beide Stammsysteme, Präsens- und Perfektstammsystem, gehen wir jetzt einzeln durch.

5 Stammauslaute, 5 Präsensstämme, 5 Konjugationen im Präsensstammsystem

Die lateinischen Verben lassen sich zunächst einmal alle nach dem Präsensstamm ordnen. Dabei unterscheiden die lateinischen Grammatiker in ihrem Ordnungsdrang fünf Arten von Stämmen. Sie werden auch als die fünf Konjugationsklassen bezeichnet. Mit den fünf Konjugationsklassen sind eigentlich nur fünf Buchstaben gemeint. Denn die fünf Konjugationsklassen sind benannt nach dem letzten Buchstaben des Stammes, dem sogenannten Stammauslaut, genauer gesagt: nach dem letzten Buchstaben des Präsensstammes, dem Präsensstammauslaut.

Dieser Präsensstammauslaut lateinischer Verben kann entweder auf einen der Vokale e, a, langes i (wie im deutschen Wort wir oder Bier) oder i (wie im deutschen Wort wirr oder Geschirr) oder auf einen Konsonanten auslauten. Dazu ein paar Beispiele:

Präsensstamm	Stammauslaut	Bedeutung
proba-	a	prüfen
da-	a	geben
vide-	e	sehen
habe-	e	haben
audī-	langes i	hören
venī-	langes i	kommen
faci-	kurzes i	tun, machen
capi-	kurzes i	nehmen
ag-	g	handeln, treiben
dic-	c	sagen

Nach diesen Stammauslauten unterscheiden wir fünf **Konjugationen**, die wir gleich miteinander durchgehen:

- die a-Konjugation
- die e-Konjugation
- die langvokalische i-Konjugation
- die konsonantische Konjugation
- die kurzvokalische i-Konjugation

Die a-Konjugation

ama, den Stamm für *amare, lieben*, hast du schon kennengelernt. Stammauslaut ist -a. Er gehört folglich zur a-Konjugation. Ein weiteres typisches Beispiel für die a-Konjugation ist auch *laudare, loben*, mit dem Stamm *lauda*-. In der Tabelle im Anhang wird *servare, retten*, mit dem Stamm *serva*- verwendet.

Die e-Konjugation

Andere Stämme lauten auf -e aus, die Stämme der e-Konjugation: z. B. *videre, sehen*, mit dem Stamm *vide-*. Hängen wir die Endung der ersten Person Singular Präsens Aktiv an diesen Stamm, kommt ein bekanntes deutsches Wort heraus: *video*. Verstehst du jetzt, was es heißt? Lieblingsbeispiel der meisten Grammatiken ist *monere, ermahnen*. Es hat den Stamm *mone-*.

Die langvokalische i-Konjugation

Langvokalische i-Konjugation ist z. B. *audire, hören*, mit dem Stamm *audi-*. Langvokalisch heißt sie, weil hier das i- lang gesprochen wird. Auch hier kennen wir die erste Person Singular Präsens Aktiv aus einem bekannten deutschen Wort *audio*.

Die konsonantische Konjugation

Zur konsonantischen Konjugation gehört zum Beispiel der Stamm *ag-* von *agere, tun, handeln*. Nun fragst du dich sicherlich, warum es sich bei *ag-e-re* um einen konsonantischen Stamm handelt, obwohl zwischen der Infinitivendung -re und dem letzten Konsonanten -g noch ein Vokal -e steht. Eigentlich müsste es doch *ag-re* lauten! Und du hast völlig recht – sprachgeschichtlich und logisch müsste es *ag-re* heißen. Aber machen wir noch einmal ein kleines Experiment. Mache dir nochmals die Mühe, dieses *ag-re* zehn Mal schnell hintereinander aufzusagen. Wenn du Zeit hast, auch tausend mal. – Dann kannst du ungefähr nachvollziehen, was in tausend Jahren Sprachgeschichte mit einem Wort passieren kann: *agre, agre, agre, agre, agre ... ag-e-re.* Irgendwann schleicht sich unwillkürlich beim Sprechen ein kleines -e ein, damit die zwei Konsonanten g und r nicht mehr so hart aufeinanderreiben, ein Bindevokal.

Die kurzvokalische i-Konjugation

Mit der kurzvokalischen i-Konjugation ist es so eine Sache. Man möchte meinen: einmal kurzes i – immer kurzes i. Leider muss ich dich enttäuschen. Das kurze i ist nämlich ursprünglich ein j. Ein j ist bekanntlich ein Konsonant. Aus diesem Grund kann man die kurzvokalische i-Konjugation auch zur konsonantischen Konjugation zählen, weil sie ursprünglich ein j als Stammauslaut hatte. Aufgrund dieses Mischcharakters zwischen vokalischem und konsonantischem Stammauslaut hat sie Merkmale der i- und der konsonantischen Konjugation und heißt auch Mischkonjugation oder Mischklasse. So neigt das kurze i dazu manchmal zu verschwinden oder sich in ein e zu verwandeln, ähnlich einem Bindevokal. Zur kurzvokalischen i-Konjugation gehört zum Beispiel der Stamm *capi-, nehmen*. Die 1. Person Singular Präsens Aktiv lautet folglich *capio, ich nehme*. Als Infinitiv würdest du dementsprechend auch *capi-re, nehmen*, erwarten. Sprachgeschichtlich und logisch ist das völlig richtig. Doch wenn du tausend Mal hintereinander (oder auch nur zehn Mal schnell hintereinander) *capi-re* ausprichst, kannst du ein Stück lateinischer Sprachentwicklung im Zeitraffer nachvollziehen: Das kurze i (wie in Geschirr) von *capi-re* lässt sich nur schwer aussprechen und wird zu einem e. So entsteht die Form *cape-re* ganz einfach deshalb, weil es sich leichter aussprechen lässt und unsere Zunge automatisch aus einem kurzen i ein e werden lässt. Also: Hast du bis jetzt alles capirrt?

Die Benennung der Konjugationen nach den fünf möglichen Stammauslauten des Präsensstammes ist etwas willkürlich. Man hätte die Konjugationen auch nach den Perfektstämmen benennen können. Oder man hätte diese Klassifizierung gleich lassen können, weil man bei einem Verb ja ohnehin sowohl Präsens- als auch Perfektstämme und manchmal sogar noch ganz unterschiedliche Stämme innerhalb eines Tempus lernen muss – also viel mehr als fünf. Der Vorteil dieser Klassifizierung liegt allerdings darin, dass sich alle lateinischen Verben in ihren Präsensstämmen absolut regelmäßig und ohne Ausnahme in diese fünf Klassen einteilen lassen – bis auf die Verben mit Stammwechsel.

Bevor wir zu den Perfektstämmen kommen, zur abschließenden Übersicht noch einmal die Tabelle:

Präsens-stamm	Stamm-auslaut	Konjugationsklasse	Bedeutung
proba-	a	a-Konjugation	prüfen
da-	a		geben
vide-	e	e-Konjugation	sehen
habe-	e		haben
audī-	langes i	lang-i-Konjugation	hören
venī-	langes i		kommen
faci-	kurzes i	kurz-i-Konjugation	tun, machen
capi-	kurzes i		nehmen
ag-	g	konsonantische Konjugation	handeln, treiben
dic-	c		sagen

7 Perfektstammtypen im Perfektstammsystem

Es gibt insgesamt sieben unterschiedliche Typen von Perfektstämmen mit teilweise äußerst kompliziert klingenden Namen:

- das v-Perfekt
- das s-Perfekt
- das u-Perfekt
- das Ablaut- und Dehnungsperfekt
- das Reduplikationsperfekt
- das Stammperfekt
- das Perfekt mit Stammwechsel

Sie sind nur teilweise nach dem Stammauslaut, in diesem Fall dem Perfektstammauslaut, benannt, teilweise aber auch nach anderen Bildungsprinzipien. Manche Perfektstämme sind auch Kombinationen von mehreren Bildungsprinzipien.

Man kann von der Konjugationsklasse im Präsensstamm nicht auf die Perfektstammbildung schließen. Hier besteht nur in wenigen Fällen ein regelmäßiger Zusammenhang. An den Beispielen in der folgenden Tabelle kannst du das gut erkennen – die verschiedenen Perfektstämme gehen quer durch alle Konjugationsklassen.

Eines der Hauptprobleme bei den Perfektstämmen besteht darin, dass viele von ihnen nicht so regelmäßig gebildet werden wie die Präsensstämme. Aus diesem Grund gehören die Stammformen zu den auch für das Latinum wirklich wichtigen Vokabeln. Am Auswendiglernen zumindest der häufigsten führt auf Dauer kein Weg vorbei. Du findest sie im Grundwortschatz. Die Verben mit Stammwechsel (vor allem esse, ire, ferre und fieri) lernst du am besten komplett auswendig.

Verben

Perfekt-stamm	Stammtyp	Präsens-stamm	Konjugations-klasse	Bedeutung
probav-	v-Perfekt	proba-	a-Konjugation	prüfen, beweisen, billigen
audiv-	v-Perfekt	audi-	lang-i-Konjugation	hören
habu-	u-Perfekt	habe-	e-Konjugation	haben, halten für
dix-	s-Perfekt	dic-	konsonantische Konjugation	sagen
ded-	Reduplikationsperfekt	da-	a-Konjugation	geben
eg-	Ablaut- und Dehnungsperfekt	ag-	konsonantische Konjugation	handeln, treiben
fec-	Ablaut- und Dehnungsperfekt	faci-	kurz-i-Konjugation	tun, machen
ven-	Dehnungs- und Stammperfekt	venī-	lang-i-Konjugation	kommen
vid-	Stammperfekt	vide-	e-Konjugation	sehen
cep-	Dehnungs- und Ablautperfekt	capi-	kurz-i-Konjugation	nehmen

Das v-Perfekt

Beim v-Perfekt geschieht etwas sehr Einfaches: Wie der Name schon sagt, hat es irgendwie mit dem Buchstaben v zu tun. Dieses v tritt beim v-Perfekt zusätzlich an den Präsensstamm. Dafür ein Beispiel: *proba- prüfen* ist ein Präsensstamm (a-Konjugation). Um nun zum Perfektstamm zu werden, fügen wir einfach ein v an den Stamm und schon ist das Rätsel gelüftet:
probav-
Ein weiteres Beispiel:
audi- hören ist ein Präsensstamm (Lang-i-Konjugation). Tritt ein v an diesen Präsensstamm, entsteht ein v-Perfekt: *audiv-*
Dass das eigentlich sehr simpel ist, hat auch die Redaktion des Pons erkannt. Deshalb machen sie es sich bei allen Formen, die ein v-Perfekt haben, recht einfach. Sie lassen es einfach aus. Ist also im Pons keine Perfektform angegeben, so musst du davon ausgehen, dass es sich um ein v-Perfekt handelt (Vgl. dazu: Pons, Seite VII).

Wichtige Regel: Die allermeisten Verben der a-Konjugation bilden ein v-Perfekt, indem v als Suffix an den Präsenzstamm tritt.

Das u-Perfekt

u und v waren im klassischen Latein ursprünglich ein und derselbe Buchstabe. Deshalb besteht eigentlich kein Unterschied zwischen dem u-Perfekt und dem v-Perfekt. Die Bildungsprinzipien sind dieselben. Ein u tritt an den Stamm und es entsteht ein Perfektstamm. Ganz so einfach wie beim v-Perfekt ist es mit dem u-Perfekt aber nicht. Beim v-Perfekt tritt das v ganz sauber an den Präsensstamm, ohne diesen zu verändern. Beim u-Perfekt sieht das schon anders aus.

Hier ein Beispiel: *mone- mahnen* ist ein Präsensstamm (e-Konjugation). Leider tritt das u nicht, wie zu erwarten, an das e, sondern bereits hinter das n, so dass das e wegfällt:
monu-
Ganz ähnlich ist es mit dem Präsensstamm *habe- haben* (ebenfalls e-Konjugation). Auch hier bleibt der Präsensstamm nicht vollständig erhalten:
habu-
Deshalb gibt der Pons die Formen im u-Perfekt auch nicht an.

Wichtige Regel: Die meisten Verben der e-Konjugation bilden ein u-Perfekt, indem u den Präsensstammauslaut e ersetzt.

Das s-Perfekt

Das s-Perfekt ist eine Präsensstammerweiterung durch ein s. Dabei kann es zu unterschiedlichen Stammveränderungen kommen.
Hier das erste Beispiel:
mitt- schicken ist ein Präsensstamm (konsonantische Konjugation). Das s-Perfekt dazu lautet: *mis-*
Ein zweites Beispiel:
dic- sagen ist ein Präsensstamm (konsonantische Konjugation). Tritt ein s hinter den Stammauslaut c, so erwartet man die Form dics. Nun wurde das c im Lateinischen wie k ausgesprochen. Das hat zur Folge, dass hier ein k auf ein s trifft: ks. Zusammen ausgesprochen klingen k und s wie x. Und genau das tritt an die Stelle von c und s im Perfekt. Der s-Perfektstamm zum Präsensstamm *dic* lautet also *dix*.

Man könnte soweit gehen zu behaupten: Eigentlich sind v-, u- und s-Perfekt gar kein Stammwechsel, sondern Suffixe, die an den Präsensstamm treten. Falsch wäre diese Behauptung nicht. Trotzdem bleiben wir dabei, *proba* und *probav*, *audi* und *audiv* als unterschiedliche Stämme anzusehen, weil es das Verständnis erleichtert und benutzerfreundlicher ist.

Das Ablaut- und Dehnungsperfekt

Bisher haben wir gelernt, dass Tempus, Person, Diathese usw. allein durch Suffixe geändert und angegeben werden:

Präsens: ich lieb|e
du lieb|st
usw.

Präteritum: ich lieb|t|e
du lieb|t|est
usw.

Es gibt aber auch noch eine andere Möglichkeit anzuzeigen, in welcher Zeit, Person, Diathese usw. wir uns befinden: durch kleine Veränderungen des Stammvokals. Nehmen wir ein anderes Beispiel zur Hand, das deutsche Wort *tun*:

Verben

Präsens:　ich　tu|e
　　　　　du　tu|st
　　　　　er　tu|t
　　　　　wir　tu|n
　　　　　ihr　tu|t
　　　　　sie　tu|n

Präteritum:　ich　ta|t|
　　　　　　du　ta|t|est
　　　　　　er　ta|t|
　　　　　　wir　ta|t|en
　　　　　　ihr　ta|t|et
　　　　　　sie　ta|t|en

Vorhin sagte ich, der Stamm eines Wortes bleibe stets gleich. Bei vielen Wörtern ist das auch der Fall, sie sind in allen Formen leicht zu erkennen. Doch *tun* ist im Präteritum für einen Fremdsprachler nicht so leicht an seinem Stamm zu erkennen. Aus dem u ist ein a geworden. Der Präsensstamm lautet also *tu*, der Präteritumstamm *ta*. Bei dieser Änderung des Stammvokals sprechen wir von Ablaut.

Eine weitere Möglichkeit, einen Perfektstamm kenntlich zu machen, ist neben dem Ablaut die Dehnung. Bei der Dehnung wird entweder der Vokal des Präsensstammauslautes oder auch zusätzlich des Ablautes lang ausgesprochen, also gewissermaßen gedehnt. Man könnte jetzt auf die Idee kommen, dass es sich um ein ganz anderes Wort mit anderer Bedeutung und nicht um eine Form von *tun* handelt. Im Lateinischen kommt solch eine Stammveränderung durch Ablaut oder Dehnung häufig im Perfekt vor. Wir sprechen dann von Ablaut- oder Dehnungsperfekt. Bleiben wir bei unserem Beispiel: *tun* heißt auf lateinisch *facere*. Der Präsensstamm lautet *faci-*, der Perfektstamm dagegen *fec-*.

Wundere dich im Perfekt nicht über die neuen Endungen, sie spielen jetzt keine Rolle. Wundere dich bitte auch nicht darüber, dass ich das Perfekt mit dem deutschen Präteritum übersetze – auch das ist eine kleine Besonderheit, die jetzt nicht so wichtig ist:

Präsens:　faci|o　　tu|e
　　　　　faci|s　　tu|st
　　　　　faci|t　　tu|t
　　　　　faci|mus　tu|n
　　　　　faci|tis　　tu|t
　　　　　faci|u|nt [1]　tu|n

Perfekt:　fec|i　　ta|t
　　　　　fec|isti　ta|t|est
　　　　　fec|it　　ta|t|
　　　　　fec|imus　ta|t|en
　　　　　fec|istis　ta|t|et
　　　　　fec|erunt　ta|t|en

Präsens und Perfekt bzw. Imperfekt unterscheiden sich hier nicht nur durch Suffixe und Endungen, sondern sie unterscheiden sich auch durch Ablaut des Stammvokals.

Damit nicht genug, gibt es Ablaute nicht nur zur Unterscheidung zwischen Tempora, es gibt sie sogar innerhalb eines Tempus, z.B. des Präsens zur Unterscheidung des Numerus oder der Person. Ein schönes Beispiel sind die deutschen und lateinischen Formen des Wortes *wollen*:

ich　will|
du　will|st
er　will|
wir　woll|en
ihr　woll|t
sie　woll|en

Vergleiche auch *sprechen*: *ich spreche, du sprichst* etc.

Hier finden wir innerhalb eines Tempus sowohl Endungen als auch Ablaut des Stammes (*woll* und *will*) zur Unterscheidung der einzelnen Formen. Ganz ähnlich ist es mit dem lateinischen Wort für *wollen*. Das fängt mit dem Infinitiv Präsens an: *velle*. Der Stamm lautet hier also *vel*. Nun schau dir bitte einmal die Konjugation des Präsens dazu an:

vol|o
vi|s [2]
vul|t
vol|u|mus
vul|tis
vol|u|nt [3]

Zusammen mit dem Infinitiv bekommen wir gleich die volle Dröhnung an Ablautvokalen. Bis auf a sind sie alle vertreten: *vel, vil, vol* und *vul*. Aber keine Sorge: solche Formen sind im Lateinischen selten. Du findest alle Ausnahmen in den Konjugationstabellen.

Reduplikationsperfekt

Jeder Mensch weiß, was ein Duplikat ist. Ein Duplikat ist eine zweite, identische Anfertigung eines Gegenstandes, z.B. eines Picasso, aber auch des Hochzeitsfotos meiner Großtante. Das Wort kommt vom lateinischen *duplicare, duplizieren* oder *verdoppeln* oder *verzweifachen*. Bilder werden dupliziert. Dupliziert werden auch Silben von Wortstämmen. Diese Duplikation ist im Grunde eine der primitivsten und einfallslosesten Arten Wörter zu bilden oder zu kon-

---

1　u ist Bindevokal zwischen i, das als j empfunden wurde, und nt.
2　*vis* ist entstanden aus der Form *vil-s*.
3　u ist Bindevokal zwischen l und nt.

Verben

jugieren: Tiere konjugieren so: «*kuckuck, wauwau, mähmäh*». Babys konjugieren so: «*Mama, Papa, Hamham* und *Gluckgluck, Kaka* und *Pipi.*» Bei all diesen Urlauten handelt es sich um syllabische Duplikationen, zu deutsch Verdopplungen von Silben. Auch die Römer haben sich bei einigen Verben nicht vom Stand der Altsteinzeit weiterentwickelt und eine Form der syllabischen Duplikation beibehalten, die der Kennzeichnung des Perfektstammes dient: die Reduplikation, zu deutsch Rückverdoppelung. Rückverdoppelt wird hier die erste Silbe des Perfektstammes, das heißt, die Verdopplung läuft in Richtung des Wortanfanges zurück: Nehmen wir an, wir haben einen Stamm aus zwei Silben S_1 und S_2 und eine Endung E, dann lautet unsere einfache Form:

S_1–S_2 | E

Wenn wir die Silbe S_1 des Stammes reduplizieren, also zurück zum Wortanfang gehen und sie nochmal hinschreiben, sähe unsere Form so aus:

$S_1 \leftarrow S_1$–S_2 | E

Im Deutschen gibt es leider außer den genannten keine entsprechenden Beispiele, aber da diese Verben aus dem Mund eines Einjährigen stammen könnten, sind sie für uns kinderleicht zu erkennen und zu lernen: *laufen* heißt auf lateinisch *currere*, die Präsensformen, aufgespalten in Stamm, Bindevokal und Endung, lauten:

curr	o	ich laufe
curr	i|s	du läufst
curr	i|t	er läuft
curr	i|mus	wir laufen
curr	i|tis	ihr lauft
curr	u|nt	sie laufen

Die reduplizierten Perfektformen sehen nun folgendermaßen aus:

cu-curr	i	ich lief
cu-curr	isti	du liefst
cu-curr	it	er lief
cu-curr	imus	wir liefen
cu-curr	istis	ihr lieft
cu-curr	erunt	sie liefen

Reduplikation kommt selten vor. Du solltest aber das Prinzip verstanden haben, weil du es vor allem für eine Form brauchst: dem lateinischen Wort für *geben: dare. dare* tritt nicht nur redupliziert, sondern auch noch abgelautet auf. Die Präsensformen sehen noch ganz normal aus:

d	o	ich gebe
da	s	du gibst
da	t	er gibt
da	mus	wir geben
da	tis	ihr gebt
da	nt	sie geben

Der Perfektstamm dagegen lautet auf e ab:

de-d	i	ich gab
de-d	isti	du gabst
de-d	it	er gab
de-d	imus	wir gaben
de-d	istis	ihr gabt
de-d	erunt	sie gaben

Das Stammperfekt

Stammperfekt ist eigentlich ein Quatschname, weil Stamm und Perfekt tautologisch sind, also sich gegenseitig enthalten. Ein Stamm stellt das Perfekt und das Perfekt besteht immer aus einem Stamm. Trotzdem hat sich die Bezeichnung eingebürgert. Die Sache selbst ist ziemlich simpel. Der Präsensstamm wird beim Stammperfekt nicht erweitert, sondern er bleibt gleich oder wird sogar verkürzt, gewissermaßen auf seine wesentlichsten und notwendigsten Bestandteile reduziert. Ein berühmtes Beispiel dafür ist Caesars berühmter Spruch nach der Schlacht von Zela 47 v. Chr.:

veni, vidi, vici – ich kam, ich sah, ich siegte.

Reduziert auf den Perfektstamm lauten die drei Formen *ven-, vid-, vic-.* Der Vergleich mit den zugehörigen Präsensstämmen macht die Verkürzung deutlich: *veni-* kommen, *vide-* sehen, *vinc-* siegen. Das Stammperfekt ist also durch eine gewisse Ähnlichkeit mit dem Präsensstamm gekennzeichnet. Es zeigt entweder keine Veränderung oder eine Verkürzung des Präsensstammes. Den Unterschied kann man im Zweifelsfall nur aus dem Zusammenhang erschließen.

Der Stammwechsel und die sogenannten «unregelmäßigen Verben»

Bisher hatten wir es mit Stämmen zu tun, die sich zwar leicht verändern konnten, aber mit etwas Phantasie und meinen phantastischen Erklärungen noch immer als ähnlich oder zumindest verwandt identifiziert werden konnten. Schließlich ändert sich zwischen dem Stamm *will* und *woll* nur ein Vokal und dass *Geld, Gold, Gilde* und *Gulden* irgendwie zusammenhängen, ist auch nicht schwer zu erkennen.

Nun gibt es aber Stämme, die sich nicht einmal im Entferntesten ähnlich sind, trotzdem aber das Gleiche bedeuten, ungefähr so, als würde jemand für ein und dasselbe Verb der Fortbewegung die Stämme von *gehen* und *laufen* verwenden oder im Präsens Formen von *weinen*, im Imperfekt von *heulen* und im Perfekt von *flennen* verwenden. Bei

Verben

diesen Verben spricht man von Verben mit Stammwechsel.

Unter Stammwechsel fasse ich hier alle Phänomene zusammen, bei denen der Stamm eines Verbs bis zur Unkenntlichkeit verändert wird. Sprachwissenschaftlich kann man viele dieser Stämme immer noch auf eine gemeinsame Wurzel zurückführen, aber das interessiert hier aus pragmatischen Gründen nicht.

Im Deutschen gibt es eigentlich nur ein Beispiel, an dem man das Prinzip des Stammwechsels erklären kann: das Verb *sein*. Schauen wir uns einmal die Konjugation des Präsens an:

>ich bin
>du bist
>er ist
>wir sind
>ihr seid
>sie sind

Abgesehen davon, dass es nicht ganz leicht ist, bei all diesen Formen Stamm und Endung zu trennen (und auch nicht so wichtig: deshalb lasse ich es auch bleiben), sieht man schon, wie unterschiedlich sie sind: *bin, ist, seid* – diese Stämme haben auf den ersten Blick wenig oder gar nichts miteinander zu tun, bedeuten aber alle das Gleiche, nämlich ungefähr so etwas wie *existieren*. Noch fremdartiger wird es, wenn wir den Imperfekt- und Perfektstamm von *sein* hinzunehmen: *war* (war, warst, war usw.) und *gewesen*.

Im Lateinischen kommt ein solcher Stammwechsel bei mehr als nur einem Verb vor. Fangen wir mit dem Verb für *sein* an. Das lateinische Wort für *sein* lautet *esse*. Zum Vergleich schreibe ich dir im Folgenden einmal die Präsens-, die Perfekt- und die Imperfektkonjugation auf:

Präsens   su | m
            e | s
            es | t
            su | mus
            es | tis
            su | nt

Imperfekt   era | m
            era | s
            era | t
            era | mus
            era | tis
            era | nt

Perfekt   fu | i
            fu | isti
            fu | it
            fu | imus
            fu | istis
            fu | erunt

Wie man sieht, sind die Endungen im Lateinischen deutlich vom Stamm zu trennen und erfreulicherweise unterscheiden sie sich nicht von den Endungen anderer Verben. Die Endungen sind aber so ziemlich das Einzige, was gleich bleibt. Wenn ich richtig gezählt habe, hat das Verb *esse, sein* fünf unterschiedliche Stämme, davon einige in verschiedenen Tempora, andere aber sogar innerhalb des Präsens: *su, e, es, era, fu*.

Andere Verben mit Stammwechsel haben unterschiedliche Präsens- und Perfektstämme. So lautet der Stamm des Verbs *tragen* auf Lateinisch im Präsens zum Beispiel *fer*, im Perfekt aber *tul*, der Stamm des Verbs für *tun, machen, facere* im Präsens Aktiv *faci*, im Passiv aber *fi*. An alle diese Stämme treten zum Glück die gewohnten Endungen, so dass wir nur die Stämme, nicht aber die Endungen zu lernen brauchen. Vollständige Tabellen findest du am Ende des Kapitels.

Endung

Die 29 wichtigsten Endungen

Für alle finiten lateinischen Verben stehen nur insgesamt 26 Endungen zur Verfügung, von denen 24 in Latinumstexten vorkommen. Diese lauten:

Person/ Numerus	Aktiv			Passiv/Deponent[2]	
	Indikativ und Konjunktiv außer Indikativ Perfekt	nur Indikativ Perfekt	Imperativ	Indikativ und Konjunktiv	Imperativ
1. Sing.	-o/-m[1]	-i	-	-r	-
2. Sing.	-s	-isti	Stamm/-e	-ris	-re
3. Sing.	-t	-it	-to	-tur	-
1. Plur.	-mus	-imus	-	-mur	-
2. Plur.	-tis	-istis	-te	-mini	-mini
3. Plur.	-nt	-ērunt/-ēre	-nto	-ntur	-

[1] -o ist die Endung im Präsens, b-Futur und Futur 2 Aktiv; -m ist die Endung in allen anderen Tempora und im Konjunktiv. Ursprünglich war -m die Endung in allen Tempora. Das -o ist eigentlich keine Endung, sondern ein stehengebliebener Bindevokal, hinter dem das -m weggefallen ist.

[2] Vergiss nicht, dass sich die Deponentien in der Form nicht vom Passiv unterscheiden. Sie haben lediglich eigene Stämme.

Genau genommen sind Stamm und Endung in der ersten Person Indikativ Präsens Singular etwas verkürzt. In dem -o kann man einen stehengebliebenen Bindevokal sehen, der ursprünglich zwischen Stammauslaut -a (ausnahmsweise kein Konsonant!) und Endung stand und gewissermaßen zur Endung mutiert ist. In den anderen Tempora lautet nämlich die Endung für die erste Person Singular -m. Die Ursprungsform lautete etwa: *amaom*. Dieses -m aber ist ausgerechnet im Präsens weggefallen. Wahrscheinlich wurde das -m nicht gesprochen (oder es wurde genäselt). Das dunkler und tiefer klingende o als Rest eines Wortauslautes dominiert über das a und überdeckt es schließlich ganz. Da in nahezu allen anderen Tempora die Endung der ersten Person -m ist, ist das o keine richtige Endung. Aus pragmatischen

Verben

Gründen werden wir es aber von nun an als Endung der ersten Person Singular Präsens Aktiv (und teilweise des Futur) behandeln.

Hinzu kommen noch einmal drei Infinitivendungen:

Infinitiv	Aktiv	Passiv/Deponent
Präsens	-re	-ri/ -i[1]
Perfekt	-isse	-[2]

[1] -i ist die Infinitiv-Passiv-Endung bei der konsonantischen und kurzvokalischen i-Konjugation (Merksatz: «i bei kurz und kons»); -ri ist die Infinitiv-Passiv-Endung bei der a-, e- und langvokalischen i-Konjugation.

[2] Die Infinitive Perfekt Passiv/Deponent und Futur kannst du jetzt noch nicht verstehen. Erklären werde ich sie an anderer Stelle.

Wichtig: In der konsonantischen und kurzvokalischen i-Konjugation des Imperativs der 2. Person Singular ist der Stamm häufig durch ein -e erweitert:

accipe! (aus accipi-)   Nimm auf!
age!   Mach!

Die zweite Person Plural hat hingegen eine eigene Endung: -te.

audite!   Hört! (Höret!)
laudate!   Lobt! (Lobet!)
venite!   Kommt! (Kommet!)

Über den lateinischen Imperativ gibt es noch anzumerken, dass er auch in der dritten Person vorkommt. Das kennen wir im Deutschen nicht. Dort kann ich nur einem, einer zweiten Person, etwas befehlen, entweder im Singular:

Hol mir mal ne Flasche Bier.

Oder im Plural:

Holt mir mal ne Flasche Bier.

Im Lateinischen kann ich durch eine eigene Endung auch einer dritten Person einen Befehl erteilen. Das hat dann meistens einen sehr förmlich-feierlichen, verbindlichen und nachgerade gesetzlichen Unterton, zum Beispiel in dem berühmten Satz:

Memento mori!

Im Deutschen müssen wir hier umschreiben:

Er soll daran denken, dass er sterblich ist.

Oder auch in dem berühmten Zwölftafelgesetz:

Si in ius vocat, ito! – Wenn [ein Kläger] vor Gericht ruft, soll [der Angeklagte] hingehen!

Diese -to-Endung kann nochmals erweitert werden durch die Endung der zweiten Person Plural -te. So entsteht die Endung -to-te. Diese -tote-Endung verbindet den gesetzlichen Charakter von -to mit dem an die zweite Person Plural gerichteten Appell -te. Die Übersetzung lautet folglich: *Ihr sollt ...!*

Beispiel:

scitote!   *Ihr sollt wissen!*

Suffix

Auch die Funktion der Suffixe habe ich dir zunächst an einem deutschen Beispiel erklärt, damit dir jetzt das Lateinische leichter fällt, nämlich am deutschen Präteritum. Als Beispiel wähle ich nun das lateinische Pendant zum deutschen Präteritum, das Imperfekt. Genau so einprägsam wie am deutschen Präteritum lässt sich nämlich die Funktion von Suffixen am lateinischen Imperfekt demonstrieren. Im Vergleich mit dem Deutschen wird die Ähnlichkeit des Prinzips noch deutlicher:

amabam	liebte
amabas	liebtest
amabat	liebte
amabamus	liebten
amabatis	liebtet
amabant	liebten

Erkennst du schon, was Stamm, was Suffix, was Endung ist? Hier die «anatomische» Aufgliederung im Vergleich:

ama|ba|m	lieb|t|e
ama|ba|s	lieb|t|est
ama|ba|t	lieb|t|e
ama|ba|mus	lieb|t|en
ama|ba|tis	lieb|t|et
ama|ba|nt	lieb|t|en

Zeitzeichen für das lateinische Imperfekt ist also das Suffix -ba-. Anstelle des -o im Präsens steht nun -m für die erste Person Singular. Ansonsten ist alles gleich geblieben.

11 wichtige Suffixe

Im Lateinischen gibt es 11 verschiedene Suffixe, die du auswendig lernen musst. Diese sind:

Tempus	Indikativ	Konjunktiv
Präsens	Endung (und Bindevokal) treten direkt an den Präsensstamm	-e- oder -a-[1]
Imperfekt	-ba-[2]	-re-
Futur 1	-b- oder -a-/ -e-[3]	Konjunktiv Futur gibt es nicht!
Perfekt	Endung tritt direkt an den Perfektstamm	-eri-
Plusquamperfekt	-era-[4]	-isse-
Futur 2 oder Futur Perfekt	-er-[5]	Konjunktiv Futur gibt es nicht!

[1] Paradoxerweise tritt in der a-Konjugation e als Konjunktivzeichen hinter den Stamm und verschmilzt mit dem Auslaut a zu e: *lauda-e-m → laudem*. e steht also in der a-Konjugation, während in allen anderen Konjugationen a hinter den Stamm tritt: *vide-a-m, audi-a-m, capi-a-m, ag-a-m*.

Verben

[2] Das lateinische Perfekt geben wir als Erzähltempus in der Regel mit dem deutschen Präteritum wieder. Es gibt aber auch Fälle, in denen wir lateinisches Perfekt mit deutschem Perfekt wiedergeben müssen. Das lateinische Imperfekt kann mit dem deutschen Präteritum wiedergegeben werden, sollte aber unter dem Aspekt des Versuchs (konativ: versuchte zu), der Wiederholung (iterativ: tat immer wieder) oder Dauer (durativ: tat dauernd) aufgefasst werden (vergleiche S. 83).

[3] Noch ein Paradoxon: b als Futurzeichen («b-Futur» oder «bo-bi-bu-Futur») steht in der a- und e-Konjugation: *lauda-b-o*, ich werde loben; *vide-b-o*, ich werde sehen. a und e als Futurzeichen («a-e-Futur») stehen dagegen in allen anderen Konjugationen, wobei a nur in der 1. Person Singular, e in allen anderen Personen als Suffix an den Stamm tritt: *audi-a-m, audi-e-s, audi-e-t*, ich werde, du wirst, er wird hören usw. Zu beachten ist hier ferner, dass in der 1. Person a-/e-Futur Verwechslungsgefahr mit der 1. Person Konjunktiv Präsens bestehen kann (wenn der Stammauslaut nicht a ist).

[4] In beiden Sprachen dient das Plusquamperfekt zur Bezeichnung der Vorvergangenheit.

[5] Die Suffixe -er- und -eri- können in manchen Formen leicht zu Verwechslungen führen. Es unterscheiden sich nur die 1. Person Singular und die 3. Person Plural: -er-o neben *eri-m* und *er-u-nt* neben *eri-nt*

Zum Überblick auch hier bitte zu den Tabellen der regelmäßigen Konjugationen (S. 246–249) greifen!

Bindevokal

Bleiben noch die Bindevokale. Auch ihre Funktion hätte ich nicht so eindringlich betont, wenn sie nicht eine wichtige Rolle im Lateinischen spielten, hier aber vor allem bei der Bildung von lateinischen Verben.

Die Beispiele, die ich im deutschen Teil herangezogen habe, sind meist Substantive oder Adjektive und entstammen eher dem älteren Deutsch. Verben, die sich für einen Vergleich eignen, wollen mir nicht einfallen. Deshalb musst du dich mit dem wenigen Material begnügen, das wir im Deutschen zur Verfügung haben, um das Prinzip zu begreifen, wenn ich jetzt Beispiele aus dem Lateinischen durchgehe.

Ich wiederhole noch einmal, wofür Bindevokale da sind: Der Binde- oder Sprechvokal tritt zwischen Stammauslaut und Endung ein, damit man aufeinandertreffende Konsonanten besser aussprechen kann. Er hat keine eigene Bedeutung und keine semantische Funktion. Der Bindevokal tritt vor allem dann ein, wenn der Stammauslaut, also der letzte Buchstabe des Stammes, und der Endungsanlaut, also der erste Buchstabe der Endung, Konsonanten sind.

Das ist zum Beispiel der Fall bei dem lateinischen Verb *agere*, handeln. *agere* hat den Stamm *ag* mit dem Konsonanten *g* als Stammauslaut. Die sechs Personalendungen im Indikativ Präsens Aktiv sind *o, s, t, mus, tis, nt*, so dass die Endung außer bei der ersten Person Singular ebenfalls mit einem Konsonant anlautet. Bei der Konjugation von Stamm und Endung würden also ab der zweiten Person Singular Konsonanten aufeinandertreffen. Ohne Bindevokale würde das etwa so aussehen:

ag|o
ag|s
ag|t
ag|mus
ag|tis
ag|nt
ag|re

Schon bei dem Versuch diese Formen auszusprechen, lässt sich das natürliche Eindringen von Sprechvokalen beobachten. Spezifisch für den jeweils folgenden Konsonanten treten vor allem die Vokale i, e und u ein. Im Laufe der Sprachgeschichte haben sich diese Sprechvokale auch in den geschriebenen Formen manifestiert und es entstehen schließlich:

ag|o
ag|i|s
ag|i|t
ag|i|mus
ag|i|tis
ag|u|nt
ag|e|re

Statt der Vertikalstriche findet sich auch die Schreibweise mit Bindestrichen:

ag-o
ag-i-s
ag-i-t
ag-i-mus
ag-i-tis
ag-u-nt

Wenn man von dem -o der 1. Person Singular Indikativ Präsens Aktiv absieht (Ausnahme!), gibt es drei Bindevokale. Diese sind e, i und u. Welcher dieser drei Bindevokale jeweils zwischen Endung und Stammauslaut eintritt, richtet sich nach dem Konsonanten, vor dem sie stehen. Wenn du dir die möglichen Endungen betrachtest, kannst du beobachten, dass als Konsonanten nur m, n, s, t und r in Frage kommen. Aus diesen Konsonanten und den drei jeweils zugehörigen Bindevokalen hat ein von mir sehr bewunderter Lateinlehrer sich mit seinen Schülern einen Merkspruch ausgedacht, mit dem man sich die Regel zu den Bindevokalen leicht merken kann.

Die Unser-Mist-Regel

Es gibt drei Sprechvokale: e, i und u. Sie haben keinerlei eigene Bedeutung und stehen nur der besseren Aussprache wegen (als «Schmieröl» zwischen hart klingenden Konsonantenverbindungen). i und u tauchen nur als Sprechvokale auf und bedeuten nie etwas anderes. e kann als Suffix eine Bedeutung haben (siehe unten bei den Suffixen). Hier heißt es

Verben

also: genau hingucken! Zu diesen drei Sprech- oder Bindevokalen gibt es einen Merksatz: «Unser Mist». Er besagt: u steht als Bindevokal vor n (U n), e vor r (E r) und i vor m, s und t (m I st). Zusätzlich zu dieser Regel gilt noch, dass e vor b eintritt.

Die 5-Vokale-Regel

Dass die Bindevokale keine eigene Bedeutung haben, außer als «Schmieröl», weißt du schon. Andere Vokale, darunter auch das e in anderer Funktion, können sehr wohl Bedeutung haben und zwar als Tempus oder Modus-Suffixe oder auch als Stammauslaute bei der a-, e- und i-Konjugation. Da alle diese Vokale als Suffixe oder als Bindevokale zwischen Stammauslaut und Endung auftreten oder sogar selbst Stammauslaut sein können, besteht Verwechslungsgefahr: Wann ist ein e Stammauslaut, wann ist es Suffix, wann ist es Bindevokal? Aus diesem Grund musst du wissen, wie man die einzelnen, von Verb zu Verb verschiedenen Funktionen ein und desselben Vokals auseinanderhält. Auch dazu gibt es eine Regel, die AEIOU- oder 5-Vokale-Regel. Sie besagt:

- a und e vor der Endung können eine Bedeutung haben und zwar:
  - a als Zeichen für den Konjunktiv, außer in der a-Konjugation (a ≠ a). Dort ist es Stammauslaut.
  - a und e als Zeichen für das Futur 1, außer in der a- und e-Konjugation (a-e ≠ a-e). Dort sind sie Stammauslaute.
- i, o und u vor der Endung haben niemals eine Bedeutung. Dabei kann i entweder Bindevokal, in den beiden i-Konjugationen aber auch Stammauslaut sein.

Der besseren Übersicht halber kannst du dir jetzt noch einmal alle lateinischen Konjugationstabellen in der Übersicht auf den Seiten S. 246–249 anschauen und die gelernten Regeln und Prinzipien daran überprüfen. Ausnahmen gibt es praktisch keine. Alle Formen bis zur Erschöpfung auswendig zu lernen ist dagegen langwierig und völlig ineffizient. Ein Großteil der Formen ist künstlich gebildet und kommt in der lateinischen Literatursprache so gut wie nie vor. Deshalb ist die systematische Methode viel ökonomischer. Die Verben mit Stammwechsel musst du allerdings zumindest zum Teil auswendig lernen.

Verben: Das solltest du auswendig gelernt haben

Genau wie deutsche Verben setzen sich auch lateinische Verben aus den vier Grundelementen zusammen: Stamm und Endung sind bei jedem Verb vorhanden, fakultativ können Suffixe und Bindevokale eintreten. Im Lateinischen gibt es zwei Stammsysteme, aus denen ein finites Verb gebildet sein kann:

- den Präsensstamm
- den Perfektstamm

Unter den Präsensstämmen unterscheidet man fünf Konjugationen nach den Stammauslauten:

- die a-Konjugation
- die e-Konjugation
- die lang-i-Konjugation
- die kurz-i-Konjugation
- die konsonantische Konjugation

Die Perfektstämme weisen Veränderungen gegenüber dem Präsensstamm auf. Entweder werden Konsonanten oder Vokale hinzugefügt (v, u, s), verdoppelt (Reduplikation), Vokale verändert (Ablaut) oder verkürzt (Stammperfekt). Die Perfektstammveränderungen lassen sich nicht auf die Konjugationsklasse zurückführen. Es gibt gewisse Regelmäßigkeiten. So haben Verben der a-Konjugation regelmäßig ein v-Perfekt und Verben der e-Konjugation regelmäßig ein u-Perfekt. Alle weiteren Perfektstämme lassen sich nicht schlüssig oder nach einfachen, bestimmten Regeln vom Präsensstamm her bilden. Man unterscheidet folgende sieben Stammklassen:

- das v-Perfekt bei den meisten Verben der a-Konjugation und manchen Verben der lang-i-Konjugation (v als «Suffix» am Präsensstammauslaut a oder i)
- das u-Perfekt bei vielen Verben der e-Konjugation (u ersetzt den Präsensstammauslaut e)
- das s-Perfekt bei vielen konsonantischen Stämmen (s als «Suffix» am Präsensstamm, führt häufig zu Veränderungen am Auslaut)
- das Ablaut- und Dehnungsperfekt (z. B. a wird zu e)
- das Stammperfekt (Perfektstamm ist mit dem Präsensstamm identisch oder wird sogar verkürzt)
- das Reduplikationsperfekt (erste Silbe wird verdoppelt)
- das Perfekt mit Stammwechsel bei den sogenannten unregelmäßigen Verben

Verben

Die Personalendungen

Person/Numerus	Aktiv			Passiv/Deponent[2]	
	Indikativ und Konjunktiv, außer Indikativ Perfekt	nur Indikativ Perfekt	Imperativ	Indikativ und Konjunktiv	Imperativ
1. Sing.	-o/-m[1]	-i	-	-r	-
2. Sing.	-s	-isti	Stamm/-e	-ris	-re
3. Sing.	-t	-it	-to	-tur	-
1. Plur.	-mus	-imus	-	-mur	-
2. Plur.	-tis	-istis	-te	-mini	-mini
3. Plur.	-nt	-erunt/-ere	-nto	-ntur	-

[1] -o ist die Endung im Präsens, b-Futur und Futur 2 Aktiv; -m ist die Endung in allen anderen Tempora und im Konjunktiv. Ursprünglich war -m die Endung in allen Tempora. Das -o ist eigentlich keine Endung, sondern ein stehengebliebener Bindevokal, hinter dem das -m weggefallen ist.

[2] Vergiss nicht, dass sich die Deponentien in der Form nicht vom Passiv unterscheiden. Sie haben lediglich eigene Stämme.

Die Infinitivendungen

Infinitiv	Aktiv	Passiv/Deponent
Präsens	-re	-ri/ -i[1]
Perfekt	-isse	[2]

[1] -i ist die Infinitiv-Passiv-Endung bei der konsonantischen und kurzvokalischen i-Konjugation (Merksatz: «i bei kurz und kons»); -ri ist die Infinitiv-Passiv-Endung bei der a-, e- und langvokalischen i-Konjugation.

[2] Die Infinitive Perfekt Passiv/Deponent und Futur kannst du jetzt noch nicht verstehen. Erklären werde ich sie an anderer Stelle.

Die Tempus- und Modus-Suffixe

Tempus	Indikativ	Konjunktiv
Präsens	Endung (und Bindevokal) treten direkt an den Präsensstamm	-e- oder -a-[1]
Imperfekt	-ba-[2]	-re-
Futur 1	-b- oder -a-/-e-[3]	Konjunktiv Futur gibt es nicht!
Perfekt	Endung tritt direkt an den Perfektstamm	-eri-
Plusquamperfekt	-era-[4]	-isse-
Futur 2 oder Futur Perfekt	-er-[5]	Konjunktiv Futur gibt es nicht!

[1] Paradoxerweise tritt in der a-Konjugation e als Konjunktivzeichen hinter den Stamm und verschmilzt mit dem Auslaut a zu e: *lauda-e-m* → laudem. e steht also in der a-Konjugation, während in allen anderen Konjugationen a hinter den Stamm tritt: *vide-a-m, audi-a-m, capi-a-m, ag-a-m*.

[2] Das lateinische Perfekt geben wir als Erzähltempus in der Regel mit dem deutschen Präteritum wieder. Es gibt aber auch Fälle, in denen wir lateinisches Perfekt mit deutschem Perfekt wiedergeben müssen. Das lateinische Imperfekt kann mit dem deutschen Präteritum wiedergegeben werden, sollte aber unter dem Aspekt des Versuchs (konativ: *versuchte zu*), der Wiederholung (iterativ: *tat immer wieder*) oder Dauer (durativ: *tat dauernd*) aufgefasst werden.

[3] Noch ein Paradoxon: b als Futurzeichen («b-Futur» oder «bo-bi-bu-Futur») steht in der a- und e-Konjugation: *lauda-b-o*, ich werde loben; *vide-b-o*, ich werde sehen.
a und e als Futurzeichen («a-e-Futur») stehen dagegen in allen anderen Konjugationen, wobei a nur in der 1. Person Singular, e in allen anderen Personen als Suffix an den Stamm tritt: *audi-a-m, audi-e-s, audi-e-t*, ich werde, du wirst, er wird hören usw. Zu beachten ist hier ferner, dass in der 1. Person a-/e-Futur Verwechslungsgefahr mit der 1. Person Konjunktiv Präsens bestehen kann (wenn der Stammauslaut nicht a ist).

[4] In beiden Sprachen dient das Plusquamperfekt zur Bezeichnung der Vorvergangenheit.

[5] Die Suffixe -er- und -eri- können in manchen Formen leicht zu Verwechslungen führen. Es unterscheidet sich nur die 1. Person Singular: ero gegenüber erim.

Verben

Die Bindevokale

Die Unser Mist-Regel
Der Merkspruch lautet: «Unser Mist». Er bedeutet, dass

- u vor n
- e vor r
- i vor m, s und t

als Bindevokale eintreten.

Zusätzlich zu dieser Regel gilt noch, dass

- e vor b

eintritt.

5-Vokale-Regel
a und e vor der Endung können eine Bedeutung haben und zwar: a als Zeichen für den Konjunktiv außer in der a-Konjugation (a ≠ a). a und e als Zeichen für das Futur 1 außer in der a- und e-Konjugation (a-e ≠ a-e). i, o und u vor der Endung haben keine Bedeutung und sind bloße Sprechvokale. o tritt als Endung der 1. Person im Präsens und b-Futur Aktiv auf.

Vokabular: Verben

Regelmäßige Stämme und Konjugationen

v-Perfekt a-Stämme

agita-, agitav-, agitat-	aufbringen, aufwiegeln, hin- und herwälzen
cura-, curav-, curat-	dafür sorgen
para-. parav-, parat-	bereiten
serva-, servav-, servat-	bewahren
voca-, vocav-, vocat-	rufen, provozieren

v-Perfekt andere Stämme

cresc-, crev-, -	wachsen
cupi-, cupiv-, cupit-	wünschen, begehren
pet-, petiv-, petit-	anstreben
quaer-, quaesiv-, quaesit-	1. suchen
	2. ex mit Ablativ: fragen

u-Perfekt

debe-, debu-, debit-	1. müssen
	2. (selten!) schulden
habe-, habu-, habit-	haben, mit doppeltem Akkusativ: halten für
pon-, posu-, posit-	setzen, stellen, legen
stude-, studu-, -	sich bemühen, streben, versuchen
tene-, tenu-, tent-	(im Griff) halten, festhalten
vale-, valu-, -	Bedeutung haben

s-Perfekt

acced-, access-, -	herantreten, hinzukommen
deced-, decess-, -	weggehen, abreisen
duc-, dux-, duct-	führen; mit doppeltem Akkusativ: für etw. halten
ger-, gess-, gest-	tun, machen, (Krieg) führen
mane-, mans-, -	bleiben
mitt-, mīs-, miss-	1. schicken
	2. lassen
viv-, vix-, vict-	leben

Stammperfekt

constitu-, constitu-, constitut-	festsetzen, beschließen
contend-, contend-, content-	1. kämpfen
	2. sich abmühen, sich einsetzen für
	3. (bei Richtungsangaben): eilen
defend-, defend-, defens-	verteidigen
institu-, institu-, institut-	einrichten, beschließen
statu-, statu-, statut-	festsetzen, beschließen

Reduplikationsperfekt

da-, ded-, dat-	geben
desist-, destit-, -	aufhören
exsist-, exstit-, -	existieren, entstehen
reperi-, repper-, repert-	finden
resist-, restit-, -	Widerstand leisten, sich widersetzen
trad-, tradid-, tradit-	überliefern, übergeben

Verben

Dehnungs- und Ablautperfekt

accipi-, accep-, accept-	annehmen, empfangen
ag-, eg-, act-	1. treiben
	2. handeln
	3. verhandeln
capi-, cep-, capt-	nehmen, fassen, ergreifen
deici, deiec-, deiect-	herauswerfen
effici-, effec-, effect-	bewirken, schaffen
eici-, eiec-, eiect-	herauswerfen
faci-, fec-, fact-	tun, machen, schaffen
move-, mov-, mot-	bewegen
perfici-, perfec-, perfect-	schaffen, erreichen
relinqu-, reliqu-, relict-	zurücklassen, verlassen
suscipi-, suscep-, suscept-	1. unternehmen
	2. auf sich nehmen
veni-, ven-, vent-	kommen
vinc-, vic-, vict-	besiegen

Deponentien

Bei den Deponentien gebe ich nicht die Stämme an, sondern 1. den Infinitiv Präsens, 2. die 1. Person Präsens, 3. die 1. Person Perfekt. Anhand der deponenten Endungen kannst du sie so jederzeit als Deponentien identifizieren.

a-Konjugation

conari, conor, conatus sum	versuchen
versari, versor, versatus sum	sich befinden

e-Konjugation

tueri, tueor, tuitus sum	beachten, bewahren

kurz-i-Konjugation

mori, morior, mortuus sum	sterben

lang-i-Konjugation

largiri, largior, largitus sum	schenken
oriri, orior, ortus sum	sich erheben

konsonantische Konjugation

adipisci, adipiscor, adeptus sum	erreichen
adsequi, adsequor, adsecutus sum	erreichen
nasci, nascor, natus sum	geboren werden
nancisci, nanciscor, nanctus sum	erreichen
proficisci, proficiscor, profectus sum	aufbrechen, abreisen
loqui, loquor, locutus sum	sprechen
egredi, egredior, egressus sum	herausgehen

Semideponentien

Auch bei den Semideponentien gebe ich nicht die Stämme, sondern 1. den Infinitiv Präsens, 2. die 1. Person Präsens, 3. die 1. Person Perfekt an, damit du siehst, wo die passive, wo die aktive Form vorliegt. Bei dem einen hat nämlich das Präsens, bei der anderen Form das Perfekt eine passive Form. Es ist also genau umgekehrt:

audere, aude-o, aus-us sum	wagen
reverti, revert-o-r, revert-i	zurückkehren
solere, soleo, solitus sum (+ Infinitiv)	(zu tun) pflegen, gewohnt sein (zu tun)

Verben

Idiomatische Ausdrücke

fateor	ich gebe es zu
inquam	ich sagte
inquit	er sagte
ut opinor	wie ich meine
ut aiunt	wie man sagt
decet	es ist/wäre richtig, es ist/wäre anständig
oportet	es ist angebracht, es ist sinnvoll
perditum ire	zugrunde gehen
pessum dare	zugrunde richten

Präsentisches Perfekt

Die folgenden vier Verben existieren nur im Perfekt, werden aber wie ein Präsens übersetzt. Das Plusquamperfekt dieser Verben steht für jede Vergangenheitsform.

novisse, novi, notum	kennen
coepisse, coepi, coeptum	anfangen
meminisse, memini, -	sich erinnern
odisse, odi, -	hassen

Verben

Zusammengesetzte Verben

Sobald du all diese Regeln auswendig gelernt hast, kannst du fast jede lateinische Verbform bestimmen! Fast – denn es gibt noch zwei Formen von Verben, die wir noch gar nicht behandelt haben: das Perfekt und Plusquamperfekt Passiv. Wenn du sie schon gesucht hast, wirst du gemerkt haben, dass sie nicht wie die anderen finiten Verben gebildet werden. Sie bestehen nämlich nicht wie alle anderen Verben aus einem einzigen Wort, das man an Stamm, Suffix und Endung eindeutig als Perfekt oder Plusquamperfekt Passiv erkennen könnte. Vielmehr sind sie zusammengesetzt aus mehreren Wörtern. Solche «zusammengesetzten Verben» kommen im Deutschen und Englischen in noch viel mehr Formen vor als nur im Perfekt und Plusquamperfekt Passiv: *ich habe getan, ich werde unterrichtet, ich werde geliebt werden, you have been looking, I am doing, he is going to go*. Alle bestehen nicht aus einem Wort, sie bestehen nicht einmal nur aus einer Wortart, sondern sind gleich aus mehreren Wortarten zusammengesetzt, im Deutschen z. B. aus finiten Verbformen von *sein*, *haben*, *werden*, Verbaladjektiven und Infinitiven.

Zum Beispiel im Futur 1: Während wir im Lateinischen ein Futur 1 aus nur einem Wort haben, müssen wir im Deutschen gleich mit finitem Verb, Verbaladjektiv und Infinitiv umschreiben. *ich werde geliebt werden* heißt auf Lateinisch *amabor* – Ein Mann, ein Wort. Die Wortanalyse ergibt: Stamm *ama-* für *lieben*, Futursuffix -b-, Bindevokal -o-, Endung -r für die erste Person. Im Deutschen dagegen heißen diese drei Buchstaben umständlich: *ich werde geliebt werden*. Drei Wörter, bestehend aus Subjekt *ich*, finitem Verb *werde*, Verbaladjektiv *geliebt*, Infinitiv *werden*. Bereits jetzt solltest du dir also merken, dass nicht alle Verben aus nur einem Wort, aus einer finiten Form bestehen, sondern dass es zusammengesetzte Verben gibt, und zwar im Deutschen noch mehr als im Lateinischen.

Im Lateinischen sind glücklicherweise nur das Perfekt und Plusquamperfekt Passiv (und eigentlich auch noch das seltene Futur 2 Passiv) zusammengesetzt. Sie bestehen immer aus einer finiten Form von *esse* und einem Verbaladjektiv. Konsequenzen hat das vor allem für die Übersetzungstechnik. Wenn du im lateinischen Text auf eine finite Form von *esse* stößt, musst du immer daran denken nach einem Verbaladjektiv zur Bildung eines Perfekt oder Plusquamperfekt Passiv zu suchen. Die Formen von *esse* solltest du auswendig können, aber das Verbaladjektiv wird dir Schwierigkeiten bereiten. Aus diesem Grund beschäftigen wir uns mit den lateinischen zusammengesetzten Verben etwas später, wenn wir auch die Verbaladjektive behandeln.

📖 So bestimmst du Verben mit Hilfe eines Wörterbuches

Das Wörterbuch bleibt zunächst geschlossen. Versuche die Form, die im Text steht, zu analysieren, indem du sie in ihre Wortbestandteile, Stamm, Suffix, Bindevokal, Endung zerlegst. Erst dann folgt der Griff zum Wörterbuch mit einer ersten Vorstellung dessen, was du suchst oder erwartest zu finden.

In allen lateinischen Wörterbüchern findest du den Eintrag des gesuchten Verbs

- entweder unter der 1. Person Singular Indikativ
- oder unter dem Infinitiv Präsens

Die 1. Person Singular Indikativ umfasst natürlich alle drei Diathesen: Aktiv, Passiv und Deponent. Ähnliches gilt für den Infinitiv Präsens. Auch er kommt in allen drei Diathesen vor.

Den Eintrag eines aktiven Verbs der a-Konjugation, z. B. *amare*, *lieben*, findest du unter der Form *amo*, *ich liebe* oder unter dem Infinitiv *amare*.

Den Eintrag eines passiven oder deponenten Verbs findest du unter der entsprechenden passiven Form. Das deponente Verb *sequi*, *folgen* z. B. findest du entweder unter dem 1. Person Singular Indikativ Deponent *sequor* oder unter dem Infintiv Deponent *sequi*.

Führe dir nochmals die Passivendungen vor Augen, vor allem in der 1. Person Singular (-r) und im Infinitiv (-i bei kurz und kons, -ri bei allen anderen). Die erste Person Singular Indikativ Präsens Passiv/Deponent hat die Endung -r und den Bindevokal o: *sequ-o-r – ich folge*. *sequ-* ist also ein konsonantischer Stamm eines *Verbum deponens*. Denke daran, dass u als Konsonant zählt. Infinitiv Präsens Passiv der konsonantischen und kurzvokalischen i-Konjugation hat bekanntlich die Endung -i. Der Infinitiv lautet also *sequ-i*.

Nach der ersten Form findest du bei allen unregelmäßigen Verben die Stammformen. Als unregelmäßig werden alle Verben betrachtet, deren Perfektstamm nicht auf v oder u auslautet. Bei den Verben der a- und e-Konjugation, deren Perfektstamm ja fast immer auf v oder u auslautet, finden sich daher keine Stammformen.

Die Stammformen eines konsonantischen Verbs wie *agere* lauten also entweder

ago, agere, egi, actum beginnend mit der 1. Person

oder

agere, ago, egi, actum beginnend mit dem Infinitiv.

Die dritte Form ist in jedem Falle der unregelmäßige Perfekt-Aktiv-Stamm (Dehnungs- und Ablautperfekt).

Die vierte Stammform *actum*, den sogenannte Partizipstamm, wirst du noch nicht verstehen und sie ist zu diesem Zeitpunkt auch nicht so wichtig. Sie dient zur Bildung zusammengesetzter Verben, aber ich erwähne sie nur der Vollständigkeit halber. Kümmere dich bei der Bearbeitung der Übungen zu Beginn dieses Lehrgangs nicht darum.

Denke bei den Deponentien auch daran, dass sie nur passive Formen aufweisen. Dementsprechend haben sie auch keinen Perfekt-Aktiv-Stamm. Die Stammformen des Verbs *sequi, folgen,* sehen deshalb entweder so aus:

sequor, sequi, secutus sum, beginnend mit der 1. Person

oder so:

sequi, sequor, secutus sum, beginnend mit dem Infinitiv Präsens.

Auch hier spielt die dritte Stammform noch keine Rolle. Es handelt sich um ein zusammengesetztes Verb aus Partizip und der 1. Person von *esse,* die hier zur Abgrenzung gegenüber dem Partizip von normalen Verben dient. Nur so viel ist wichtig für dich: Wenn die dritte Stammform mit der 1. Person Präsens von *esse, sum,* steht, handelt es sich todsicher um ein Deponens.

Nun zur weiteren Vorgehensweise. Anhand des Vergleichs zwischen 1. Person Singular und Infinitiv Präsens kannst du den Stammauslaut bestimmen. Dazu gehst du in zwei Schritten vor:

1. Denke oder streiche die Endung der 1. Person (-o oder -r) der Lexikonform weg.

2. Denke oder streiche die Endung des Infinitivs (-i, -ri oder -re) weg.

3. Vergleiche nun die beiden Formen und schließe auf den Stammauslaut, bzw. die Konjugationsklasse. Von diesem ausgehend kannst du die restliche Verbform erschließen, also was Suffix, Bindevokal und Endung ist.

Schritt 1: Stammauslaut nach Wegstreichen der Personalendung (-o oder -r)	Schritt 2: Stammauslaut nach Wegstreichen der Infinitivendung (-re, -i oder -ri)	Erschließung der Konjugationsklasse
konsonantisch (Beispiel prob- oder ag-) →	-a- (Beispiel: proba-) →	a-Konjugation
	-e- (Beispiel age-) →	konsonantische Konjugation
-i- (Beispiel: faci- oder audi-) →	-i- (Beispiel audi-) →	lang-i-Konjugation
	-e- (Beispiel face-) →	kurz-i-Konjugation
-e- (Beispiel vide-) →	-e- (Beispiel vide-) →	e-Konjugation
-o- (gilt nur für deponente Verben, dort aber immer) →	-a- (Beispiel arbitra-) →	a-Konjugation
	-e- (Beispiel vere-) →	e-Konjugation
	-i- Beispiel (ori-) →	lang-i-Konjugation
	konsonantisch (Beispiel pat- oder sequ-) →	entweder kurz-i-Konjugation (pati-) oder konsonantische Konjugation (sequ-)

Zur Übersetzung des lateinischen Perfekts und Imperfekts

Ein verbreitetes Problem aller Grammatiken besteht in der Bezeichnung der Tempora. Der Grund: Das lateinische Perfekt ist mit dem deutschen Perfekt nicht identisch, noch weniger das lateinische Imperfekt mit dem deutschen Präteritum. Trotzdem neigen die meisten dazu, das lateinische Perfekt mit dem deutschen Perfekt gleichzusetzen und das lateinische Imperfekt mit dem deutschen Präteritum. Das geht sogar so weit, dass das deutsche Präteritum als Imperfekt bezeichnet wird. Vordergründig scheint diese Gleichsetzung zu funktionieren, d.h. man bekommt immer irgendeinen Sinn in den Text, wenn man stur Perfekt als Perfekt und Imperfekt als Präteritum übersetzt. Korrekt ist das trotzdem nicht. Warum, das werde ich dir jetzt erklären.

Wenn wir im Deutschen eine Geschichte erzählen, verwenden wir das Präteritum, also die einfache Vergangenheit. Wir sprechen dabei vom Erzähltempus. Märchen, Romane, Kurzgeschichten – sie alle sind im Präteritum verfasst:

In einem Museum für Ägyptologie saßen der Museumsdirektor und sein Assistent an der Bestimmung neu erworbener Funde. Der Assistent zeigte ein Papyrus vor, das so unleserlich war, dass es nicht entziffert werden konnte. «Bezeichnen Sie es», sagte der Museumsdirektor, «als Arztrezept aus der Zeit Ramses des Zweiten.»

Wenn wir uns dagegen über Alltagsangelegenheiten unterhalten, die in der Vergangenheit liegen, aber noch bis in die Gegenwart fortwirken, so verwenden wir das Perfekt.

Verben

«Herr Meier, wie <u>sind</u> Sie eigentlich so reich <u>geworden</u>?»
«Durch Fußballwetten.»
«<u>Haben</u> Sie oft <u>gewettet</u>?»
«Nicht ein einziges Mal. Ich <u>habe</u> neben dem Stadion ein Pfandleihhaus <u>eröffnet</u>.»

Wenn der Römer etwas Vergangenes erzählt, ist das anders. Der Römer verwendet immer das Perfekt – also sowohl als Erzähltempus als auch in den Fällen, in dem wir im Deutschen das Perfekt verwenden. Das heißt: Das lateinische Perfekt muss im einen Fall mit dem deutschen Erzähltempus, dem Präteritum, im anderen Fall mit dem deutschen Perfekt wiedergegeben werden. Über die richtige Wahl entscheidet einzig der Kontext und das Sprachgefühl.

Für das Imperfekt dagegen gibt es streng genommen kein deutsches Äquivalent. Das lateinische Imperfekt dient nämlich der Bezeichnung bestimmter Aspekte einer Handlung, die wir im Deutschen nicht durch ein eigenes Tempus, sondern nur durch Umschreibung wiedergeben können:

- Versuch (konativ)
- Wiederholung (iterativ)
- Dauer (durativ)

Deshalb heißen diese Handlungen auch imperfekt, also unvollendet. Sie bleiben im Versuch stecken, wiederholen sich oder dauern an. Das Perfekt, die vollendete Vergangenheit, bezeichnet dagegen vollendete, abgeschlossene, in der Vergangenheit liegende Handlungen. Dem Römer war diese Unterscheidung wichtig. Wenn wir also ein Imperfekt übersetzen, müssten wir eigentlich mit der Formulierung beginnen: *versuchte zu, tat immer wieder, tat dauernd.*

Wie bereits erwähnt besteht die Möglichkeit das Imperfekt mit dem deutschen Präteritum wiederzugeben. Ganz falsch wird eine Übersetzung dadurch nicht. Das liegt aber nur daran, dass wir im Deutschen die feine Unterscheidung nicht kennen, die das Imperfekt für den Römer ausmacht, also dass eine Handlung nur versucht, wiederholt oder andauernd getan wird.

Zur Bezeichnung der Vorvergangenheit verwenden sowohl Römer als auch Deutscher in allen Fällen das Plusquamperfekt. Hier brauchen wir also nicht aufzupassen.

Verben

Übung: Verben

Trenne die folgenden Formen in Stamm, ggf. Suffix und/oder Bindevokal und Endung auf. Bestimme dann Person, Numerus, Modus, Tempus und Diathese und übersetze. Übersetze Konjunktive vorerst wie Indikative und jede 3. Person Singular neutral mit *es* (stellvertretend für *er/sie/es*). Einige Formen haben mehrere Bedeutungen. Die Anzahl der möglichen Formen steht in Klammern, z.B.: (2). Die mit einem Ausrufezeichen (!) versehenen Formen haben Tücken! Hier ist also besondere Sorgfalt bei der Analyse und im Umgang mit dem Wörterbuch geboten!

Beispiele

Form	Auftrennung	Person	Numerus	Modus/Infinitiv	Tempus	Diathese	Übersetzung
probabunt	proba-b-u-nt	3	Plural	Indikativ	Futur 1	Aktiv	sie werden gut finden
tenuisti	tenu-isti	2	Singular	Indikativ	Perfekt	Aktiv	du hieltest
ostendit (2)	ostend-i-t ostend-it	3	Singular	Indikativ	Präsens Perfekt	Aktiv	er legt dar er legte dar
proficisceretur	proficisc-e-re-tur	3	Singular	Konjunktiv	Imperfekt	Deponent	er brach auf
laudastis (!)	Kurzform für laudav-istis	2	Plural	Indikativ	Perfekt	Aktiv	ihr habt gelobt

Form	Auftrennung	Person	Numerus	Modus/Infinitiv	Tempus	Diathese	Übersetzung
venit (2) (Achtung: nicht von *venire, verkauft werden*)							
videt							
vincit (2)							
vivit							
vide							
vixi							
accipi							
dici							
audi							
egi							
agi							
eget							
egit							
vivet							
amavi							
habui							
suscipiet							
putet (2)							
habeo							
offendi (2)							
senserim							
audivi							
vale							
quaeritur							

Verben

sperabant							
vocantur							
deiecit							
dantur							
servare							
accusatur							
superabant							
damnaretur							
demoveretur							
probaverant							
iubebatis							
habebitis							
deterreor							
restitui (2)							
relinquemus							
reperiatur							
numeremus							
videor							
interficiet							
videantur							
capis							
agetur							
viximus							
videbuntur							
continet							
statuetur							
facit							
fecit							
aequari							
teneri							
servat							
repudiari							
parabat							
ages							
dabant							
debent							
statuit (2)							
tribuit (2)							
vident							
ducunt							
aget							
dixit							
ago							
paraverunt							
egit							

Verben

putavistis							
veniet							
vincam (2)							
vivam (2)							
discebat							
faceret							
memoravi							
constituisset							
egisset							
geremus							
emisimus							
reliquit							
iacet							
erupit							
putatis							
vicimus							
comparabitur							
excessit							
evasit							
pollicerentur							
distribuisti							
confirmasti (!)							
liberarent							
exclusi							
firmavi							
comperi (2)							
viverem							
dixisti							
pugnaverint (2)							
pugnaverat							
dedistis							
habebant							
pugnant							
habebit							
efficiebatur							
parabatur							
nuntiarentur							
sperabat							
regatur							
regerentur (2)							
manebunt							
habetur							

Verben

facient							
datur							
conaberis							
opinor							
fateor							
audes							
audeat							
tuetur							
moliris							
videbatur							
arbitrarentur							
proficisci							
videtur							
dicetur							
invenitur							
revocari							
traditur							
aluntur							
percipiuntur							
audiant							
observantur							
nominabantur							
appellari							
traderetur							
coluntur							
loqui							
vereor							
versabitur							
consequatur							
hortari							
patior							
complector							
tuebitur							
arbitrabuntur							
utimur							
consequi							
conloquimur							
nasci							
mediteris							
consectabitur							
utamur							
audieris							
capior							
capiar (2)							
amaris							
timetur							
inveniunt							

Verben

✓	vinceris							
	capiuntur							
	timeor							
	capimur							
	dari							
	probari							
	probabamur							
	capiebaris							
✓	vincentur							
✓	dicitur							
	fecistis							
	capientur							
	retineor							
	superabuntur							
	relinquor							
	retinetur							
⤴	agebar							
	servabimini							
	superaberis							
✗	adducemur							
	ponuntur							
	ponentur							
	valebat							
	existumarent (!)							
	praebere							
	adpetebat							
	inciderat							
	exagitabat							
	carebat							
	egeris (2)							
	egerit (2)							
	defecerant							
	properabant							
	eripiebant							
	fecere (!)							
	cupere							
	invasere (!)							
	crevit							
	crescere							
	coepit							
	cedere							
	putabant							
	parare							
	invasit							
	lubet (!)							
	lugent							

Verben

venisset							
reticuisset							
exercebant							
exquirere							
proiecerit (2)							
contendit (2)							
incesserat							
accesserat							
excesserant							
abdiderunt							
prospiciant							
habuere (!)							
convenere (!)							
coaluerint (2)							
certabant							
evenerat							
reliquerunt							
coniecimus							
appellasti (!)							
existumem (!)							
vixisse							
vidisse							
vinxisse							
vicisse							
audet (!)							
convocasti (!)							
quaesisset (!)							
conquisierit (2!)							
reddiderunt							
appellem							
dicam (2)							
suscenseat							

Nomen und Pronomen

Themenüberblick

Als Nomen bezeichnen wir Substantive und Adjektive zusammengenommen. Als Pronomen bezeichnen wir Wörter, die Substantive oder Adjektive vertreten können. Das Zusammentreten von Stamm und Endung bezeichnen wir bei den Nomen (und Pronomen) als Deklination. All das haben wir bereits im deutschen Teil gelernt. Im Lateinischen herrschen die gleichen Grundprinzipien wie im Deutschen. Ein Nomen (oder Pronomen) entsteht, wenn Stamm und Endung sich zu einer Nominalform (oder Pronominalform) verbinden. Anders als bei den Verben kann es dabei jedoch zu starken Veränderungen zwischen Stammauslaut und Endung kommen, so dass sie sich nicht bei jeder Form so eindeutig trennen und analysieren lassen. Teilweise verschmelzen sie bis zur Unkenntlichkeit. Trotzdem sind die Deklinationen meist nach dem Stammauslaut benannt. Die fünf wichtigsten Deklinationen für Substantive sind:

- die a-Deklination
- die e-Deklination
- die o-Deklination
- die u-Deklination
- die sogenannte 3. Deklination

Adjektive kommen nur in drei der genannten Deklinationen vor:

- in der a-Deklination
- in der o-Deklination
- in der 3. Deklination

Es gibt also vokalische und konsonantische Stammauslaute. Aufgrund der Verwandtschaft und Ähnlichkeit ihrer Formen werden drei Deklinationen mit teils konsonantischen (konsonantische Deklination), teils vokalischen (i-Deklination), teils konsonantisch-vokalischen Stammauslauten («gemischte» Deklination) zur 3. Deklination zusammengefasst.

Die rund 70 Endungen der Substantive und etwa 30 Endungen der Adjektive sind meist regelmäßig, selten unregelmäßig und oft ähnlich oder gleich. Einige unregelmäßige Substantive und Adjektive müssen gesondert gelernt werden.

Die Pronomen folgen eigenen Deklinationen mit unregelmäßigem Mischcharakter und müssen daher komplett auswendig gelernt werden. Die lateinischen Adjektive und Pronomen richten sich immer in Kasus, Numerus und Genus nach dem Substantiv, auf das sie sich beziehen (KNG-Kongruenz).

Wir sprechen je nach Zahl der Endungen im Nominativ Singular von:

- einendigen Adjektiven
- zweiendigen Adjektiven
- dreiendigen Adjektiven

Die lateinischen Adjektive haben wie im Deutschen grundsätzlich drei Funktionen. Sie können:

- als Eigenschaftsattribute dauerhafte Eigenschaften eines Substantivs angeben
- als prädikative Zustandsattribute den Zustand eines Substantivs während der Prädikatshandlung angeben
- substantiviert werden und dann selbst die Funktion eines beschreibenden Substantivs einnehmen

Über diese Funktionen entscheidet meist der Zusammenhang und manchmal auch nur das Sprachgefühl.

Nomen und Pronomen setzen sich aus Stamm und Endung zusammen

Nomen und Pronomen gehören zu den veränderbaren Wortarten. Sie kommen nicht immer in der selben Form vor, sondern können in Kasus, Numerus und Genus unterschiedliche Formen bilden. Das habe ich bereits anhand der deutschen Substantive *König*, *Geist* und *Sache* beschrieben. Zum Vergleich nehme ich deshalb auch bei den folgenden lateinischen Beispielen zu Demonstrationszwecken den *König*, den *Geist* und die *Sache*, so dass du die vergleichsweise ähnlichen Prinzipien der Nominalbildung aus Stamm und Endung begreifst. Den fünften Kasus, den Ablativ, schreibe ich jetzt bereits dazu. Die Funktion und Übersetzung des Ablativs erkläre ich später, aber schon jetzt verweise ich auf die Ablativhand (S. 207), die eine exzellente und anschauliche Merkhilfe zum Ablativ ist. Den sechsten Kasus, den Vokativ, lasse ich hier und auch im Folgenden weg. Das ist in den meisten Grammatiken so üblich, weil er, von wenigen Ausnahmen abgesehen, immer mit dem Nominativ identisch ist.

Zuerst also wieder das Wort *König*:

Singular

Nominativ		rex	der König
Genitiv		regis	des Königs
Dativ		regi	dem Könige
Akkusativ		regem	den König
Ablativ	a/cum[1]	rege	vom/mit dem König

---

[1] Im Lateinischen gilt die Regel: Ablativ der Person – nie ohne Präposition. Deshalb schreibe ich hier die häufigsten und passendsten Präpositionen hinzu, die mit Personen stehen.

Nomen und Pronomen

Plural

Nominativ	reges	die Könige
Genitiv	regum	der Könige
Dativ	regibus	den Königen
Akkusativ	reges	die Könige
Ablativ	a/cum regibus	von/mit den Königen

Stamm und Endung der lateinischen Formen sehen getrennt so aus:

```
rex |[1]
reg | is
reg | i
reg | em
reg | e
reg | es
reg | um
reg | ibus
reg | es
reg | ibus
```

Nun zum lateinischen Wort für *Geist*:

Singular

Nominativ	animus	der Geist
Genitiv	animi	des Geistes
Dativ	animo	dem Geiste
Akkusativ	animum	den Geist
Ablativ	animo	im Geiste

Plural

Nominativ	animi	die Geister
Genitiv	animorum	der Geister
Dativ	animis	den Geistern
Akkusativ	animos	die Geister
Ablativ	animis	in den Geistern

Wieder isolieren wir die Endung vom Stamm[2] und erhalten:

```
anim | us
anim | i
anim | o
anim | um
anim | o
anim | i
anim | orum
anim | is
anim | os
anim | is
```

Schließlich noch die *Sache*:

Singular

Nominativ	res	die Sache
Genitiv	rei	der Sache
Dativ	rei	der Sache
Akkusativ	rem	die Sache
Ablativ	re	durch die Sache

Plural

Nominativ	res	die Sachen
Genitiv	rerum	der Sachen
Dativ	rebus	den Sachen
Akkusativ	res	die Sachen
Ablativ	rebus	durch die Sachen

Stamm und Endung ergeben nach Zerlegung:

```
re | s
re | i
re | i
re | m
re |
re | s
re | rum
re | bus
re | s
re | bus
```

Wir haben also sowohl im Deutschen als auch im Lateinischen verschiedene Deklinationen mit verschiedenen Stämmen und Endungen.

Auch die Deklinationen sind nach ihren Stammauslauten benannt

Im Lateinischen gibt es genau genommen sieben Deklinationen, für das Latinum kann man sie aber zu fünf zusammenfassen:

- die a-Deklination
- die e-Deklination
- die o-Deklination
- die u-Deklination
- die sogenannte 3. Deklination

Auch sie sind, wie die Konjugationen, jeweils nach dem letzten Buchstaben des Wortstammes benannt, dem Stammauslaut. Das erklärt den Namen der vier vokalischen Deklinationen. Substantive gibt es in allen diesen Deklinationen, Adjektive nur in der a-, o- und 3. Deklination. Pronomen fol-

---

[1] Diese Form ist aus dem Stamm *reg* + *s* entstanden. g gefolgt von s (gs) ergibt gesprochen x.

[2] Von Stamm spreche ich bei diesem Beispiel nur zu Demonstrations- und Vereinfachungszwecken. Genau genommen handelt es sich bei der hier vorgenommenen Trennung nicht um einen Schnitt durch Stamm und Endung, denn der Stamm von *animus* ist eigentlich *animo-*. Es ist unschwer zu erkennen, dass dieser Stamm nicht mehr in allen Formen eindeutig erhalten ist. Bei *anim-* handelt es sich vielmehr um den Wortstock. Der Wortstock ist derjenige Teil eines Wortes, den alle seine Formen gemeinsam haben. Er ist gewissermaßen der «kleinste gemeinsame Nenner», wenn der Stammauslaut selbst (hier o) starken Veränderungen unterworfen und nicht mehr in allen Formen eindeutig von der Endung trennbar ist. Diesen rechts abgesetzten Teil bezeichnet man auch nicht mehr als Endung, sondern als Ausgang.

Nomen und Pronomen

gen eigenen Deklinationen und müssen komplett auswendig gelernt werden.

Die vier vokalischen Deklinationen haben Vokale als Stammauslaute

Wörter, die zu einer der vokalischen Deklinationen gehören, haben als letzten Buchstaben des Stammes den Vokal a, e, o oder u. Hier ein paar Beispiele von solchen vokalisch auslautenden Stämmen:

caus**a**-	Grund
r**e**-	Sache
anim**o**-	Geist
senat**u**-	Senat

Die sogenannte 3. Deklination umfasst eigentlich drei Deklinationen

Die sogenannte 3. Deklination ist ein Überbegriff für drei Deklinationen, die in ihren Endungen so viele Gemeinsamkeiten haben, dass man sie unter der Bezeichnung 3. Deklination zusammenfassen kann. Dabei handelt es sich um die:

- i-Deklination
- die konsonantische Deklination
- die gemischte Deklination

Auch hier ist unschwer zu erraten, dass es sich bei der i-Deklination um eine Deklination mit dem Stammauslaut i handelt, bei der konsonantischen mit einem konsonantischen Stammauslaut und bei der gemischten Deklination um eine Mischung beider.

Die Bezeichnung 3. Deklination selbst rührt daher, dass manche Grammatiken die Deklinationen statt nach ihren Stammauslauten auch nach Zahlen benennen. Die a-Deklination ist die 1., die o-Deklination die 2., die i-konsonantisch-gemischte die 3., die u-Deklination die 4. und die e-Deklination schließlich die 5. Deklination. Die Wörter der i-Deklination sind bei Cicero, Caesar und Sallust, den für das Latinum maßgeblichen Autoren, so selten, dass du sie nicht zu lernen brauchst. Sie treten vermehrt in der römischen Dichtung auf. Wirklich latinumsrelevant sind in der dritten Deklination nur die konsonantische und die gemischte Deklination.

Substantive haben konsonantische, Adjektive gemischte Stammauslaute

Als Regel solltest du wissen, dass die Substantive der 3. Deklination nahezu alle konsonantische Stammauslaute haben, während die Adjektive in manchen Kasūs ein i als Stammauslaut haben, also der gemischten Deklination angehören. Hier eine Reihe von Beispielen von Stämmen aus der 3. Deklination (also konsonantische und gemischte Stämme):

Substantive (konsonantisch)

homin-	Mensch
reg-	König
senator-	Senator
oration-	Rede
virtut-	Tüchtigkeit

Adjektive (gemischt mit Konsonant und/oder i als Stammauslaut)

om**ni**-	jeder, ganz
commu**ni**-	gemeinsam
for**ti**-	tapfer
nobi**li**-	bekannt

Vokabelbedeutung und Formenbestimmung

Für die Übersetzung lateinischer Substantive und Adjektive sind grundsätzlich zwei Dinge wichtig:

- die Wortbedeutung
- die Formenbestimmung

Die Wortbedeutung oder Über Vokabellernen, Wörterbücher und die hohe Kunst des Übersetzens

Was Vokabellernen von Substantiven und Adjektiven angeht, kann ich dich jeweils ein, zwei allgemeine Grundbedeutungen von vielleicht 500 Substantiven und Adjektiven lernen lassen und dich anweisen damit die genaue Bedeutung an einer bestimmten Stelle aus dem jeweiligen Sinnzusammenhang zu erschließen. Bei dieser Anweisung beißt sich jedoch leider die Katze in den Schwanz. Denn um eine genauere Bedeutung zu ermitteln, muss man erstmal den Sinnzusammenhang verstehen und um den Sinnzusammenhang zu verstehen, muss man eine genauere Bedeutung ermitteln.

Das Ganze ist also viel einfacher gesagt als getan. Nach der Erfahrung, die ich selbst an mir gemacht habe, braucht man Jahre um überhaupt so viele Vokabeln zu lernen, und nochmals Jahre, um in der Fähigkeit mit Grundbedeutungen auszukommen allmählich eine gewisse Sicherheit und Urteilsfähigkeit zu entwickeln. Im Grunde braucht man dafür ein ganzes Philologiestudium. Nachholer des Latinums haben selten die Lust, die Zeit oder das Geld, um sich zwei Jahre (denn die wären mindestens nötig) auf die staatliche Ergänzungsprüfung vorzubereiten, und ich finde das auch unsinnig. Die in den Rahmenrichtlinien für das Latinum formulierte idealtypische «Fähigkeit lateinische Originaltexte im sprachlichen Schwierigkeitsgrad inhaltlich anspruchsvollerer Stellen [...] ggf. [!] mit Hilfe eines zweisprachigen Wörterbuches in Inhalt, Aufbau und Aussage zu erfassen und dieses Verständnis durch eine sachlich richtige und treffende Übersetzung ins Deutsche nachzuweisen» ist sicher nicht überzogen. Aber ich glaube auch noch nicht an den Untergang des Abendlandes, wenn der durchschnittliche Ergänzungsprüfling teilweise unter diesem Niveau bleibt, von den Zuständen an den Gymnasien ganz zu schweigen! Das Niveau wird ja teilweise erst im Staatsexamen erreicht (dort allerdings ohne Wörterbuch!). Mit Fug und Recht kann man bei einer im Sinne dieser Formulierung gelungenen Übersetzung von einer hohen Kunst sprechen.

Aus diesen Gründen verzichte ich schon seit Langem in meinem didaktischen Konzept weitgehend darauf, dich lange Listen von Substantiven und Adjektiven lernen zu lassen. Um andere wichtigere Prioritäten des Vokabulars (zum Beispiel Adverbien, Konjunktionen und Phraseologie) zu sichern und meine Studenten nicht zeitlich zu überfordern, op-

Nomen und Pronomen

fere ich also diesen Teil (Substantive und Adjektive) des Grundwortschatzes bis auf wenige Ausnahmen einer sehr rationalen Einsparungsmaßnahme. Erstens deckt kein noch so guter Grundwortschatz alle Bedeutungen eines Wortes ab, so dass du ohnehin gezwungen bist, immer wieder nachzuschlagen. Zweitens ersetzt keine noch so gute Vokabelkenntnis das Erfahrungs- und Intuitionsdefizit eines durchschnittlich sprachbegabten Anfängers. Sobald die gelernte Bedeutung nicht wie die Faust aufs Auge passt, greift er mit zittriger Hand zum Wörterbuch um sich rückzuversichern, als ob dieses eine magische Anziehungskraft auf ihn ausübte. Als Anfänger bist und bleibst du also auf das Wörterbuch angewiesen.

Die meisten Vokabelbedeutungen kannst du in ihrem jeweiligen Zusammenhang in einem Wörterbuch nachschlagen. Aber auch das erfordert viel Übung. Denn bei der Wörterbucharbeit trifft man auf zwei Schwierigkeiten: Entweder man findet eine Form überhaupt nicht oder man findet zu viele in Frage kommende Formen und Bedeutungen. Jene Einträge, die man aus bestimmten Gründen nicht findet, lasse ich lernen (siehe Vokabular S. 105/106 u. S. 252–254). Die richtige Auswahl und Eingrenzung der richtigen Bedeutung aus dem Überangebot des Wörterbuchs folgt einigen Regeln (siehe S. 236). Mit fortschreitender Lektüre schleifen sich die häufigsten Bedeutungen ohnehin ein und du bekommst ein Gefühl für Wortfelder im Latinum.

Die Formenbestimmung oder Über die einzig wahre Ursache, warum man durchfällt

Sichere Formenkenntnis und disziplinierte Formenbestimmung sind die Herzstücke der Übersetzungstechnik. Wie ein Arzt ohne Kenntnis der Anatomie keine Krankheit diagnostizieren kann, wie der Lachsfischer ohne Kenntnis der Laichplätze immer im Trüben fischt, so wird der Latinumsprüfling ohne sichere Beherrschung der elementaren Formenlehre nur Schwachsinn zu Papier bringen. Ratlos sucht er die Ursache überall, nur nicht bei der Formenlehre, ist sie doch schon solange her, müsste er sie doch schon längst beherrschen. Die Wahrheit ist: Wer bei der elementaren Formenlehre schlampt, braucht gar nicht weiterzumachen. Mit ihr steht und fällt das Latinum. Alles andere beruht auf Übung, auf Verständnis, auf Logik, aber die Formenlehre muss man einfach nur stumpf und perfekt auswendig lernen. Und für eine sichere Beherrschung der Formenlehre reicht es nicht, dass du in einem Kurs anwesend bist oder dieses Buch besitzt. Es reicht auch nicht, dass du dieses Buch nur liest. Du musst das Folgende diszipliniertestens auswendig lernen!

Die wahre Ursache des Misserfolgs im Latinum ist nicht Mangel an Sprachbegabung oder weil du den *Ablativus absolutus* nicht verstanden hast. Die wahre Ursache ist Disziplinlosigkeit bei der Formenlehre und Formenbestimmung.

Anhand der Endungen kannst du eine Form analysieren, bestimmen und übersetzen. Deshalb gehen wir nun alle drei deklinierten Wortarten, Substantive, Adjektive und Pronomen, einzeln durch.

Substantive

Fünf Deklinationen mit rund 70 Endungen

Alle fünf substantivischen Deklinationen haben etwa 70 teils unterschiedliche, teils gleiche Endungen, die sorgfältig und gründlich gelernt und perfekt beherrscht werden müssen.

Die Endungen der vokalischen Deklinationen

Die Endungen der vier vokalischen Deklinationen sind schnell gelernt. Der Grund: Sie sind alle so regelmäßig wie Straßenlaternen in Belgien.

Numerus	Kasus	a-Deklination	e-Deklination	o-Deklination		u-Deklination
		♀	♀	♂	n	♂
Singular	Nom	-a	-ēs	-us oder -er	-um	-us
	Gen	-ae	-ei	-ī	-ī	-ūs
	Dat	-ae	-ei	-o	-o	-ui
	Akk	-am	-em	-um	-um	-um
	Abl	-ā	-ē	-o	-o	-ū
Plural	Nom	-ae	-ēs	-ī	-a	-ūs
	Gen	-ārum	-ērum	-ōrum	-ōrum	-uum
	Dat	-īs	-ēbus	-īs	-īs	-ibus
	Akk	-ās	-ēs	-ōs	-a	-ūs
	Abl	-īs	-ēbus	-īs	-īs	-ibus

Einige Substantive, die Abweichungen von diesen Deklinationen aufweisen, musst du gesondert lernen. Du findest sie im Anhang (S. 252–254).

Nix is' mit Nominativ – die Endungen der 3. Deklination

Auch die Endungen der 3. Deklination sind eigentlich alle ziemlich regelmäßig bis auf einen einzigen Fall: den Nominativ Singular. Wenn man sich die Endungen des Nominativs Singular der Wörter der 3. Deklination anschaut, stellt man fest, dass sie katastrophal unregelmäßig sind. Weder gibt es eine einheitliche Endung noch kann man den Stamm so einfach am Nominativ erkennen wie in den anderen Deklinationen. Deshalb mussten frü-

Nomen und Pronomen

here Lateinschüler immer Nominativ und Genitiv der 3. Deklination zusammen lernen, weil man einen regelmäßigen und unveränderten Stamm immer erst ab dem Genitiv Singular erkennt. In der folgenden Tabelle sind der unregelmäßige Nominativ mit dem regelmäßigen Genitiv und dem konsonantischen Stamm einiger Substantive der 3. Deklination nebeneinandergestellt. So kannst du dir selbst ein Bild von dem Durcheinander im Nominativ Singular machen:

Nominativ	Genitiv	Stamm	Bedeutung
homo	hominis	homin-	Mensch
rex	regis	reg-	König
oratio	orationis	oration-	Rede
fortitudo	fortitudinis	fortitudin-	Tapferkeit
auctoritas	auctoritatis	auctoritat-	Einfluss
iudex	iudicis	iudic-	Richter
ius	iuris	iur-	Recht
iter	itineris	itiner-	Weg

Man braucht also nur die Genitivendung wegzustreichen und erhält den Stamm. Die Gründe, warum der Stamm im Nominativ Singular sich so stark von den anderen Fällen unterscheidet, folgen komplizierten Gesetzen der Sprachwissenschaft.

Die häufigste noch regelhafte Veränderung entsteht durch Anfügung eines s als Nominativendung an den Stamm. Dabei entstehen Verschleifungen mit dem Stammauslaut wie zum Beispiel rex aus *regs, auctoritas aus *auctoritats und ius aus *iurs (bei den Sternchen handelt es sich um Markierungen rekonstruierter Formen). Doch selbst diese Regel ist nicht konsistent genug, um für die pragmatische und anwendungsorientierte Didaktik dieses Latinumskurses implementiert zu werden.

Deshalb sagte sich ein praktisch denkender Mann eines Tages: «Warum machen wir uns eigentlich die Mühe so viele verschiedene Nominativendungen mit zig Ausnahmen und Regeln zu lernen? Wir lassen den Nominativ Singular beim Lernen einfach aus. Stattdessen besetzen wir die Stelle mit dem Wörtchen *nix* und lernen erst ab dem Genitiv. Das macht vieles viel einfacher.» Daher erspare auch ich dir an dieser Stelle lange Erklärungen. Viel einfacher und pragmatischer kannst du es dir machen, wenn du eine Endung für den Nominativ Singular in der dritten Deklination gar nicht erst lernst. Anstelle der unzähligen möglichen Nominativendungen setzt du einfach das Wörtchen «Nix» ein. Dann gilt die Regel: «Nix is' mit Nominativ.»

Numerus	Kasus	3. Deklination	
		♀ und ♂	n
Singular	Nom	«Nix»	«Nix»
	Gen	-is	-is
	Dat	-ī	-ī
	Akk	-em	«Nix»
	Abl	-e oder -ī	-e oder -ī
Plural	Nom	-ēs	-a oder -ia
	Gen	-um oder -ium	-um oder -ium
	Dat	-ibus	-ibus
	Akk	-ēs oder -īs	-a oder -ia
	Abl	-ibus	-ibus

Noch eine Bemerkung zu den Tabellen: Dir wird aufgefallen sein, dass ich zwar die ganze Zeit von Endungen gesprochen habe, dass aber manche Formen in der Tabelle genau genommen mehr als nur Endungen sind. Ich habe nämlich bei einigen Formen (z. B. der e-Deklination) den Stammauslaut mit zur eigentlichen Endung dazugerechnet, bei anderen nicht. Man spricht in einem solchen Fall nicht von Endung, sondern von Ausgang. Der vor dem Stammauslaut amputierte Stamm wird nicht mehr als Stamm, sondern als Wortstock oder Wortstumpf behandelt. Sprachwissenschaftlich ist es nicht korrekt, Endung und Ausgang, Stamm und Stumpf, zu vermischen oder als dasselbe zu behandeln. In der Anwendung kommt es aber auf diesen Unterschied nicht an, weil du intuitiv Endung und Ausgang richtig unterscheidest. Wenn ich also der Einfachheit halber von Endung spreche, meine ich praktisch alles, was entweder Endung oder Ausgang ist, wenn ich von Stamm spreche, schließe ich auch die Wortstümpfe mit ein. Praktisch funktioniert es so einfach besser.

Die Genera der substantivischen Deklinationen

Substantive der a-Deklination sind fast alle feminin. Substantive der e-Deklination sind alle feminin, bis auf *dies, Tag.* Substantive der o-Deklination sind entweder maskulin oder neutral. Substantive der u-Deklination sind alle maskulin. Substantive der 3. Deklination können sowohl feminin als auch maskulin als auch neutral sein. Beachte bei der Bestimmung der KNG-Kongruenz die Abkürzungen m, f und n im Wörterbuch!

Deklination	♂	♀	neutral
a	✗	✓	✗
e	✗	✓	✗
o	✓	✗	✓
u	✓	✗	✗
3.	✓	✓	✓

Nomen und Pronomen

Substantive: Das solltest du auswendig gelernt haben

Die Deklinationen und ihre Genera
Ein Substantiv setzt sich zusammen aus Stamm und Endung. Diese Verbindung bezeichnet man als Deklination. Je nach Stammauslaut unterscheiden wir fünf Deklinationen:

- die a-Deklination. Substantive der a-Deklination sind meistens feminin.
- die e-Deklination. Substantive der e-Deklination sind feminin, bis auf *dies, Tag*.
- die o-Deklination. Substantive der o-Deklination sind entweder maskulin oder neutral.
- die u-Deklination. Substantive der u-Deklination sind alle maskulin.
- die 3. Deklination, in der konsonantische Stämme, i-Stämme und gemischte (i-konsonantische) Stämme zusammengefasst sind. Substantive der 3. Deklination sind maskulin, feminin oder neutral.

Die Endungen der Substantive

Numerus	Kasus	a-Deklination ♀	e-Deklination ♀	o-Deklination ♂	o-Deklination n	u-Deklination ♂	3. Deklination ♂ und ♀	3. Deklination n
Singular	Nominativ	-a	-ēs	-us oder -er	-um	-us	«Nix»	«Nix»
	Genitiv	-ae	-ei	-ī	-ī	-ūs	-is	-is
	Dativ	-ae	-ei	-o	-o	-ui	-ī	-ī
	Akkusativ	-am	-em	-um	-um	-um	-em	«Nix»
	Ablativ	-ā	-ē	-o	-o	-ū	-e oder -ī	-e oder -ī
Plural	Nominativ	-ae	-ēs	-ī	-a	-ūs	-ēs	-a oder -ia
	Genitiv	-ārum	-ērum	-ōrum	-ōrum	-uum	-um oder -ium	-um oder -ium
	Dativ	-īs	-ēbus	-īs	-īs	-ibus	-ibus	-ibus
	Akkusativ	-ās	-ēs	-ōs	-a	-ūs	-ēs oder -īs	-a oder -ia
	Ablativ	-īs	-ēbus	-īs	-īs	-ibus	-ibus	-ibus

Beachte die Längenstriche! Du musst die Formen der Reihe nach aufsagen können. Wenn ich frage: «Wie lauten die Endungen der o-Deklination Maskulinum?» Dann hat deine Antwort zu lauten: «*us oder er, i, o, um, o, i, orum, is, os, is!*» Und wenn ich sage: «*Schneller!*» Dann musst du das runterleiern: «*Usodererioumoiorumisosis!*» Alle Deklinationen unter zwei Minuten!

Zu den Deklinationen gelten weiterhin folgende Regeln:
- Im Nominativ Singular der 3. Deklination sind die Endungen und Stammformen so vielfältig und verschieden, dass es sich nicht lohnt die Regeln dazu zu lernen – «*Nix*». Erst ab dem Genitiv Singular wird der Stamm erkennbar.
- Die Endung des Neutrum Plural Nominativ und Akkusativ hat immer ein a.
- Für das Neutrum gilt immer die Regel: 1 = 4 (Nominativ = Akkusativ).
- Für alle Deklinationen gilt im Plural die Regel: 3 = 5 (Dativ = Ablativ), für manche auch 1 = 4.
- Personen und Substantive im Ablativ, die Personen umfassen (Gruppen, Völker, Körperschaften) stehen immer mit einer Präposition (*cum, a/ab, de* und *in* sind am häufigsten). Hier gilt der Merkspruch: *Ablativ der Person – nie ohne Präposition!*
- Gegenstände, Zeitangaben, Orte, die der Form nach Dativ oder Ablativ sein können, sind wesentlich häufiger Ablativ.
- Der Genitiv kann im Deutschen immer mit «*von* + Dativ» übersetzt werden.
- Im Wörterbuch findet man ein Wort immer nur unter dem Nominativ Singular Maskulinum. Absolut obligat ist der Blick auf den Genitiv und das Genus zur Bestimmung der Deklinationsklasse.
- Die teilweise unregelmäßig deklinierten Substantive *domus, Haus, vir, Mann,* und *vis, Gewalt,* müssen gesondert gelernt werden. Für Caesar und Sallust kommen noch *iter, Marschroute,* und *turris, Belagerungsturm,* nur für Caesar *cornu, Heeresflügel, Signalhorn,* dazu.

Nomen und Pronomen

Adjektive

Adjektive gehören zu den anpassungsfähigsten und vielseitigsten Wortarten. Ebenso vielfältig sind die Bedeutungen und Funktionen, die ein Adjektiv übernehmen kann. So bietet ein einziges lateinisches Adjektiv vielfältige Übersetzungsmöglichkeiten. Die Übersetzung lateinischer Adjektive ist dabei vor allem ein Problem des Deutschen.

Die drei Deklinationen der Adjektive haben rund 30 Endungen

Im Gegensatz zu den Substantiven gibt es Adjektive im Lateinischen nur in drei Deklinationen. Es gibt:

- Adjektive der a-Deklination
- Adjektive der o-Deklination
- Adjektive der 3. Deklination

Das bedeutet: Adjektive haben entweder die Endungen der a-Deklination oder der o-Deklination oder der 3. Deklination, wobei auch hier gilt: Nix is' mit Nominativ. Wie bei den Substantiven der 3. Deklination, kannst du auch bei den Adjektiven am Nominativ nicht immer die Deklinationsklasse erkennen, obwohl es weniger Unregelmäßigkeiten gibt. Der Nominativ Singular der meisten Adjektive hat die Endungen

is, is, e.

In der 3. Deklination weichen die Adjektive außerdem im Ablativ Singular, Nominativ und Akkusativ Neutrum Plural und Genitiv Plural von den Substantiven ab. Die Endungen lauten in diesen Fällen regelmäßig:

-ī, -ia, -ium

Von dieser Regel ausgenommen sind die Komparative und substantivierten Verbaladjektive.

Von weiteren, sehr wenigen und im Latinum seltenen Ausnahmen sehe ich hier ab. Wen es interessiert: Die Adjektive *pauper, arm, vetus, alt, dives, reich* und *princeps, fürstlich, erstrangig* (und einige noch seltenere Adjektive) werden genauso wie konsonantische Substantive dekliniert. Daraus wurde der Merkspruch vom «armen, alten, reichen Fürst» geprägt. Die Adjektive können kaum falsch übersetzt werden, wenn man den Unterschied zwischen Adjektiv und Substantiv noch kennt. Man darf sich nur nicht wundern, wenn plötzlich ein Adjektiv die Ablativendung -e hat.

KNG-Kongruenz – drei-, zwei- und einendige Adjektive

Adjektive beschreiben Substantive. Da sie kein eigenes Genus haben, müssen sie sich in ihrer Endung nach Kasus, Numerus und Genus der Substantive richten, auf die sie sich beziehen. Substantive können in allen drei Genera, maskulin, feminin und neutral, auftreten. Deshalb sollten Adjektive möglichst über Endungen in allen drei Genera und dann in möglichst allen Kasūs und beiden Numeri verfügen, damit eindeutig ist, auf welche Form des betreffenden Substantives sie sich beziehen, anders ausgedrückt:

- zu welchem Kasus
- zu welchem Numerus
- zu welchem Genus

sie kongruent sind. Bei idealer Anpassungsfähigkeit müsste ein Adjektiv in allen drei möglichen Genera eines Substantivs für alle Kasūs und Numeri jeweils unterschiedliche Endungen haben. In der Realität trifft das nicht für alle Adjektive und schon gar nicht für alle Kasūs und Numeri zu. Im Lateinischen unterscheiden wir nach den Nominativendungen:

- dreiendige Adjektive
- zweiendige Adjektive
- einendige Adjektive

Dreiendige Adjektive

Ein dreiendiges Adjektiv verfügt mindestens im Nominativ für jedes Geschlecht über drei Endungen.

Im Deutschen wird ein ähnliches Phänomen bei der Deklination mit dem unbestimmten Artikel deutlich:

ein kluger Mann, eine kluge Frau, ein kluges Kind

Untereinander geschrieben erkennst du, dass das Adjektiv mit dem Stamm *klug* sich allen drei Genera, dem des Mannes, der Frau und des Kindes in der Endung anpasst.

ein	klug|er	Mann
eine	klug|e	Frau
ein	klug|es	Kind

Im Lateinischen sind die Adjektive der a- und o-Deklination immer dreiendig:

clarus	berühmter ♂
clara	berühmte ♀
clarum	berühmtes

Auch einige wenige Adjektive der 3. Deklination verfügen über drei Endungen:

acer	harter ♂
acris	harte ♀
acre	hartes n

Nomen und Pronomen

Dreiendige Adjektive am Beispiel von *praeclarus*, hochberühmt:

Numerus	Kasus	♂	♀	n
Singular	Nominativ	praeclarus	praeclara	praeclarum
	Genitiv	praeclari	praeclarae	praeclari
	Dativ	praeclaro	praeclarae	praeclaro
	Akkusativ	praeclarum	praeclaram	praeclarum
	Ablativ	praeclaro	praeclara	praeclaro
Plural	Nominativ	praeclari	praeclarae	praeclara
	Genitiv	praeclarorum	praeclararum	praeclarorum
	Dativ	praeclaris	praeclaris	praeclaris
	Akkusativ	praeclaros	praeclaras	praeclara
	Ablativ	praeclaris	praeclaris	praeclaris

Nicht alle Adjektive sind im Lateinischen so anpassungsfähig und auch die dreiendigen sind, wie gesagt, nicht in allen Kasus dreiendig. So gibt es neben den dreiendigen auch zweiendige Adjektive.

Zweiendige Adjektive

Ein zweiendiges Adjektiv verfügt mindestens im Nominativ über zwei Endungen, eine für das Femininum und Maskulinum und eine für das Neutrum. Hierzu gibt es im Deutschen kein geeignetes Beispiel. Im Lateinischen haben zweiendige Adjektive im Maskulinum und Femininum die gleiche Endung, im Neutrum eine eigene Endung. Die meisten Adjektive der dritten Deklination sind zweiendig, haben also für männliches und weibliches Geschlecht eine gemeinsame, für das sächliche eine andere Endung:

omnis	ganzer ♂
omnis	ganze ♀
omne	ganzes n

Und ein weiteres Beispiel:

gravis	schwerer ♂
gravis	schwere ♀
grave	schweres n

Die Endungen *-is, -is, -e* sind bei den Adjektiven der 3. Deklination am häufigsten.

Zweiendige Adjektive am Beispiel von *nobilis*, bekannt:

Numerus	Kasus	♂	♀	n
Singular	Nominativ	nobilis	nobilis	nobile
	Genitiv	nobilis	nobilis	nobilis
	Dativ	nobili	nobili	nobili
	Akkusativ	nobilem	nobilem	nobile
	Ablativ	nobili	nobili	nobili
Plural	Nominativ	nobiles	nobiles	nobilia
	Genitiv	nobilium	nobilium	nobilium
	Dativ	nobilibus	nobilibus	nobilibus
	Akkusativ	nobiles	nobiles	nobilia
	Ablativ	nobilibus	nobilibus	nobilibus

📖 Zweiendige Adjektive auf *-is, -is, -e*

Der Wörterbucheintrag solcher Adjektive lautet meistens:

«***omnis***, *e, is* ...»

omnis bedeutet: Das Adjektiv ist zweiendig und hat im Nominativ Singular Femininum und Maskulinum die Form mit dem Stamm *omn-* und der Endung *-is*, also *omnis*. Die Endung im Nominativ Singular Neutrum lautet *-e* mit dem gemeinsamen Stamm *omn-* und der spezifischen Endung *-e*. *omnis, e* ist also zu lesen wie *omnis, omnis, omne*. Die folgende Endung *-is* wiederum zeigt den Genitiv Singular an. Sie bedeutet, dass alle drei Genera im Genitiv Singular die Endung *-is* haben. Sie tritt in allen drei Fällen an den unveränderten Stamm *omn-*, also *omnis, omnis, omnis*. Der gesamte Eintrag müsste ausgeschrieben also lauten:

«Nominativ Singular aller Genera: *omnis, omnis, omne*; Genitiv Singular aller Genera: *omnis, omnis, omnis*.»

Einendige Adjektive

Ein einendiges Adjektiv verfügt in nahezu allen Kasūs und Numeri jeweils nur über eine Endung in allen drei Genera. Hier ist die Anpassungsfähigkeit nicht sehr groß.

Im Deutschen wird ein ähnliches Phänomen deutlich bei der Deklination mit dem bestimmten Artikel:

der	klug	e	Mann
die	klug	e	Frau
das	klug	e	Kind

Die Endung am Stamm *klug-* bleibt in allen drei Genera gleich.

Im Lateinischen gibt es einige einendige Adjektive. Sie gehören immer zur 3. Deklination. Die häufigsten sind:

vetus	alter ♂
vetus	alte ♀
vetus	altes n

atrox	abscheulicher ♂
atrox	abscheuliche ♀
atrox	abscheuliches n

Nomen und Pronomen

Einendige Adjektive am Beispiel von *vetus, alt:*

Numerus	Kasus	♂	♀	n
Singular	Nominativ	vetus	vetus	vetus
	Genitiv	veteris	veteris	veteris
	Dativ	veteri	veteri	veteri
	Akkusativ	veterem	veterem	vetus
	Ablativ	vetere[1]	vetere[1]	vetere[1]
Plural	Nominativ	veteres	veteres	vetera[1]
	Genitiv	veterum[1]	veterum[1]	veterum[1]
	Dativ	veteribus	veteribus	veteribus
	Akkusativ	veteres	veteres	vetera[1]
	Ablativ	veteribus	veteribus	veteribus

[1] Ausnahmeformen nach der konsonantischen Deklination!

Einendige Adjektive

Auch hier kann der Wörterbucheintrag in die Irre führen: eine Form wie *vetus* steht folgendermaßen im Wörterbuch:

«**vetus, eris** ...»

Dabei geht der Redakteur des Wörterbuches stillschweigend davon aus, dass du bereits weißt, dass *vetus* ein einendiges Adjektiv ist. Folglich schreibt er die identische Nominativform für Maskulinum, Femininum und Neutrum nur einmal hin: *vetus*. Anschließend folgt bereits der Genitiv. Die Genitivform von *vetus* lautet nun keineswegs *eris*, sondern *veteris*. Hier muss man genau hinschauen. Als Genitivendung ist uns nur die Endung *-is* bekannt. An dem Wortausgang *-eris* hängt also noch ein Stück des (ab dem Genitiv regelmäßigen) Stammes *veter-*, nämlich der Stammauslaut *-er-*. Hinzu tritt die Genitivendung *-is* und die endgültige Genitivform lautet: *veter-is*. Der Eintrag müsste also lauten:

«Nominativ aller Genera: vetus; Genitiv aller Genera: veteris.»

Noch einmal: Diese Eigenschaft von Adjektiven, die sie zu einer KNG-Kongruenz mit Substantiven befähigt, bezeichnen wir als Endigkeit. Ein-, Zwei-, Dreiendigkeit heißt nicht, dass es von einer Form nur eine, zwei oder drei Endungen insgesamt gibt, sondern dass sie im Nominativ Singular drei eigene Endungen aufweist. Wenn sie daneben auch in anderen Kasus zwei oder drei Endungen aufweist (häufig im Akkusativ Singular, sowie Nominativ und Akkusativ Plural), so ist das für die Klassifizierung nach der Endigkeit irrelevant. Hier zählt nur die Zahl unterschiedlicher Endungen im Nominativ Singular.

Substantivierung von lateinischen Adjektiven

Steht ein Adjektiv alleine, also ohne Bezugswort, so kann es als Substantiv aufgefasst werden. Wir sprechen dann von der Substantivierung, z.B. *das Gute, das Schlimme, der Beste, die Besitzenden, die Armen, die Großen, die Kleinen* usw. Auch im Lateinischen ist die Substantivierung von Adjektiven häufig.

Substantivierung von Adjektiven

Grundsätzlich gilt: Ein Adjektiv muss substantiviert werden, wenn es alleine steht, also wenn sich keine anderen kongruenten Substantive finden, auf die es sich beziehen könnte. Man substantiviert ein Adjektiv, indem man es artikuliert (mit einem Artikel versieht) und groß schreibt.

Substantivierte Adjektive sind im Lateinischen nicht immer leicht zu erkennen und zu übersetzen. Das gilt vor allem für:

- das Neutrum Plural
- das Neutrum Singular
- das Maskulinum Plural

Substantivierung im Neutrum Plural

Die wohl häufigste und auch schwierigste Form der Substantivierung ist die Substantivierung im Neutrum Plural. Deshalb erkläre ich sie hier gleich zu Beginn. Es zeigen sich in der Regel zwei Probleme:

- Wie erkennt man eine Substantivierung im Neutrum Plural?
- Wie übersetzt man eine Substantivierung im Neutrum Plural?

Dazu ein Beispiel: ein typisches substantiviertes Adjektiv im Neutrum Plural ist *omnia, alle.* Man sollte meinen, dass es nicht allzu schwer sein kann die Form *omnia* als Neutrum Plural zu erkennen. Verwechslungsmöglichkeiten gibt es keine. Nun stellt sich aber die Frage: «Alle was? Alle Spinatwachteln, alle Fischstäbchen, alle Saftköpfe?» Was dir als Anfänger fehlt, ist ein Bezugswort. Stillschweigend gehst du von der falschen Annahme aus: Ein alleinstehendes Adjektiv im Neutrum Plural kann es nicht geben, also muss es Attribut zu einem anderen Wort sein. Doch die Suche nach einem kongruenten Bezugssubstantiv wird vergeblich bleiben.

An dieser Stelle reagierst du unsicher und machst Fehler, weil du einfach nicht weißt, wie du ein alleinstehendes Adjektiv im Neutrum Plural ohne Bezugswort unterbringen und übersetzen sollst. Manche lassen die Form auch einfach so stehen: *alle.* Dabei denkt der Leser aber an Personen, nicht an Gegenstände im Neutrum. Genau das muss aber in deiner Übersetzung deutlich werden.

Besonders fatal sind auch doppeldeutige Formen, die z.B. gleichzeitig Femininum Singular (Endung a) und Neutrum Plural (Endung a) sein können, wie die Form *vera*, von *verus* wahr. *vera* kann sich sowohl auf ein Bezugswort im Feminum Singular beziehen (etwa *vera historia, wahre Geschichte*), als

Nomen und Pronomen

auch substantiviertes Neutrum Plural sein («wahre»). Leider ist vom zweiten Fall weitaus häufiger auszugehen (die Damen mögen es um der statistischen Pragmatik willen an dieser Stelle verzeihen!). Auch darauf musst du achten. Deshalb hier eine kleine Lektion in Übersetzungstechnik.
Bei Neutrum-Plural-Formen gilt die Regel:

- alleinstehendes substantiviertes Adjektiv geht vor kongruentem Attribut oder Prädikativum

Bei doppeldeutigen Formen gelten zudem die Regeln:

- Neutrum geht vor Femininum
- Plural geht vor Singular

Im Deutschen können wir ein Adjektiv Neutrum Plural trotzdem nicht einfach so stehen lassen. Zur Übersetzung bieten sich dir zwei Möglichkeiten:

- die Hinzufügung von «Dinge»
- die Singularisierung

Im Beispiel *omnia* übersetzt du also entweder «alle Dinge» oder «alles», im Beispiel *vera* entweder «wahre Dinge» oder «Wahres». Auch «Wahrheit» geht. Die häufigsten Formen lohnen sich zum Auswendiglernen.

Latein	Hinzufügung von «Dinge»	Singularisierung
pauca	wenige Dinge	Weniges
multa	viele Dinge	Vieles
omnia	alle Dinge	alles
parva	kleine Dinge	Kleines
magna	große Dinge	Großes
bona	gute Dinge	Gutes, das Gut
mala	schlechte Dinge	Schlechtes, das Übel
vera	wahre Dinge	Wahres, die Wahrheit
nonnulla	einige Dinge	einiges
plura	mehr Dinge	mehr
alia	andere Dinge	anderes
ea	diese Dinge	das
ea, quae	die Dinge, welche	das, was
haec	diese Dinge	dies
mea	meine Dinge	meines, das Meine, mein Besitz
quaecumque	welche Dinge auch immer	was auch immer

Substantivierung im Neutrum Singular

Steht ein Adjektiv substantivisch im Neutrum Singular, so ist auch in der Übersetzung nur der Singular möglich. Die Übersetzung lautet dann genau wie bei der Singularisierung eines substantivierten Neutrum Plural:

multum
viel, vieles
verum
Wahres, die Wahrheit

bonum
Gutes, das Gute, die Güte

Auch hierzu findest du weitere Formen in den Kästen am Abschnittsende.

Substantivierung im Maskulinum Plural

Substantivierung findet sich bei Adjektiven, die eine bestimmte Personengruppe besonders treffend charakterisieren oder die im lateinischen Sprachgebrauch fast immer in der gleichen Bedeutung verwendet werden, so dass kein eigenes Substantiv gebraucht wird, um diese näher zu erläutern. Auch hier stellt sich das Problem einer übereifrigen und falschen Suche nach Bezugssubstantiven. Die wichtigsten und häufigsten substantivierten Adjektive solltest du daher auswendig lernen.

So bezeichnet das Adjektiv *liber, frei,* im Maskulinum Plural *liberi,* wörtlich *die Freien,* nur eine Gruppe von männlichen freien Menschen. Jeder wusste aber, wer damit gemeint war, nämlich fast immer «Kinder». Streng genommen handelte es sich bei diesen Kindern um frei geborene Söhne römischer Bürger. Die waren zwar genau wie Frauen, Nichtrömer und Sklaven selbst keine römischen Bürger, konnten aber als einzige mit Beginn des Erwachsenenalters das römische Bürgerrecht und damit das Wahlrecht erwerben. Die ergänzende Angabe «Söhne» oder «Kinder» erübrigte sich also, weil *liberi* selten in einer anderen Bedeutung als *Kinder* gebraucht wurde. Auch wir übersetzen daher *liberi* bevorzugt mit *Kinder*.

Ein weiteres klassisches Beispiel sind die *maiores*. *maior, größer* ist der Komparativ des Adjektivs *magnus, groß*. Mit *maiores,* wörtlich *die Größeren,* sind fast immer nur die von Geburt, vom Alter her Größeren, also die Vorfahren, gemeint. Auch hier erübrigt sich also eine Präzisierung wie etwa *Familienmitglieder* oder *Verwandte*.

Nomen und Pronomen

Adjektive: Das solltest du auswendig gelernt haben

Adjektive kommen nur in drei Deklinationen vor:
- der a-Deklination
- der o-Deklination
- der 3. Deklination (hier der Mischcharakter)

Die Endungen der Adjektive

Numerus	Kasus	a-Deklination ♀	o-Deklination ♂	o-Deklination n	3. Deklination ♂ und ♀	3. Deklination n
Singular	Nominativ	-a	-us oder -er	-um	«Nix» (häufig -is)	«Nix» (häufig -e)
	Genitiv	-ae	-ī	-ī	-is	-is
	Dativ	-ae	-o	-o	-ī	-ī
	Akkusativ	-am	-um	-um	-em	«Nix» (häufig -e)
	Ablativ	-ā	-o	-o	-ī	-ī
Plural	Nominativ	-ae	-ī	-a	-ēs	-ia
	Genitiv	-ārum	-ōrum	-ōrum	-ium	-ium
	Dativ	-īs	-īs	-īs	-ibus	-ibus
	Akkusativ	-ās	-ōs	-a	-ēs oder -īs	-ia
	Ablativ	-īs	-īs	-īs	-ibus	-ibus

Regeln

Unterschiede zur Deklination der Substantive bestehen vor allem in der 3. Deklination:
- Im **Nominativ Singular** finden sich häufig zweiendige Formen auf *-is, -is, -e.*
- Der **Ablativ Singular** der Adjektive ist immer *-i* (und nicht auch *-e*)
- Der **Nominativ Neutrum Plural** ist *-ia* (und nicht auch *-a*)
- Der **Genitiv Plural** aller Genera ist *-ium* (und nicht auch *-um*)

Ausnahmen

Von diesen Regeln weichen ab:
- die Komparative
- wenige seltene Adjektive (v.a. *vetus, alt*)

Sie werden wie die Substantive (Ablativ *-e*, Nominativ-Akkusativ-Neutrum *-a*, Genitiv Plural *-um*) dekliniert.

Endigkeit

Sowohl für die KNG-Kongruenz als auch für die Lexikonsuche spielt die Zahl der Endungen im Nominativ Singular eine Rolle:
- dreiendige Adjektive (alle Adjektive der a- und o-Deklination und ganz wenige der 3. Deklination) weisen mindestens im Nominativ Singular für alle drei Genera unterschiedliche Endungen auf.
- zweiendige Adjektive (nur Adjektive der 3. Deklination) haben im Nominativ Singular eine gemeinsame Endung für Maskulinum und Femininum und eine eigene für das Neutrum
- einendige Adjektive (nur Adjektive der 3. Deklination) haben im Nominativ Singular nur eine Endung für alle drei Genera

Substantivierung

Adjektive können substantiviert werden. Sie haben dann nicht die Aufgabe ein anderes Bezugssubstantiv zu beschreiben, sondern vereinen in sich die Eigenschaften eines Substantivs und eines Adjektivs. Man substantiviert in der Regel, indem man das Adjektiv mit einem Artikel versieht (Artikulierung) und groß schreibt. Besonderheiten gelten für:
- das Neutrum Plural
- das Neutrum Singular
- das Maskulinum Plural

Nomen und Pronomen

📖 So findest du Substantive und Adjektive

Generell gilt: Nomen aller Deklinationen stehen unter dem jeweiligen Nominativ Singular, Adjektive unter dem Nominativ Singular Maskulinum im Wörterbuch.

Substantive

Nehmen wir uns zunächst die Substantive vor. Mit den Adjektiven beschäftigen wir uns gleich noch ausführlicher.
Betrachten wir einmal den Wörterbucheintrag eines Substantives, z. B. des Substantivs *philosophia* – *Philosophie*. Der Pons fängt mit dem Eintrag folgendermaßen an:

«**philosophia, ae** *f* ...»

Zuerst steht das gesuchte Wort im Nominativ Singular. Hinter dem Komma folgt die Endung des Genitivs Singular: *ae* für *philosophiae*. Sie dient vor allem der eindeutigen Bestimmung der Deklinationsklasse. Das f steht für das Geschlecht unseres Wortes: Femininum.
Ein weiteres Beispiel: *vitium* – *Fehler*.
Der Pons schreibt:

«**vitium, ī** *n* ...»

Nach dem Nominativ folgt der Genitiv Singular der o-Deklination: -ī für vitiī. Schließlich das Geschlecht: n für Neutrum.
Schließlich ein drittes Beispiel: *virtus* – *Tüchtigkeit*
Der Wörterbucheintrag:

«**virtus, ūtis** *f* ...»

An diesem Beispiel wird deutlich, warum die Kenntnis von Stamm und Endung so wichtig ist. Dem Nominativ Singular nach könnte dieses Wort zur o-Deklination gehören: es endet auf *-us*. Erst der Genitiv schafft Klarheit über die Deklinationsklasse: *ūtis* für *virtūtis*. Das sollte man zum Beispiel ausschreiben. Hier wird noch ein Teil des Stammes mit zur Endung hinzugenommen. *virt*-**ut-is**. Es muss in jedem Fall dritte Deklination sein. *-us* ist also eine «Nix-Endung». Schließlich noch das Geschlecht: f für Femininum. Auch daran wird deutlich, dass es sich nicht um ein Wort der o-Deklination handeln kann bzw. die Endung *-us* nicht unbedingt auf ein Maskulinum verweisen muss.

Ein letztes Beispiel: *dux* – *Führer/Führerin*
Dazu schreibt der Pons:

«**dux, ducis,** *m u f* ...»

Dieses Substantiv gehört eindeutig der 3. Deklination an. Sein Genitiv endet auf *-is*. Wegen des deutlich veränderten Nominativstamms schreibt das Buch den Genitiv aus, damit man nicht auf die Idee kommt, es könnte *dux, duxis* heißen. Wegen des Nix-Nominativs der 3. Deklination mussten Schüler früherer Generationen all diese Substantive samt ihres Genitivs als Vokabeln lernen. Aber warum schreibt unser Wörterbuch gleich zwei Geschlechter dazu? «*m u f*» stehen für «Maskulinum und Femininum». Der Grund ist einfach: Je nachdem, ob von einem Mann, der führt, oder einer Frau, die führt, die Rede ist, kann das Wort in der deutschen Übersetzung entweder *Führer* oder *Führerin* heißen.

Nominative der 3. Deklination

Der Pons und auch alle anderen Wörterbücher lösen das Problem leider wenig benutzerfreundlich. Den Eintrag eines Nomens der 3. Deklination findest du, wie alle Nomen, nur unter dem schrägen Nominativ (dem Nix-Nominativ), also ausgerechnet unter der Form, die sich von allen anderen, insgesamt häufiger vorkommenden Formen, so stark unterscheidet. Ich muss also den Nominativ kennen, um die Bedeutung eines Wortes nachschlagen zu können, ausgerechnet der aber lässt sich nicht ohne weiteres vom Stamm herleiten, den wir aus der gegebenen Form isolieren. Treffe ich also auf eine Form der 3. Deklination in einem anderen Kasus als dem Nominativ, kann ich sie trotzdem nicht nachschlagen, weil ich den unregelmäßigen Nominativ nicht kenne, unter dem die Form im Wörterbuch steht.[1] Sinnvoll wäre es daher auch die Genitive oder gleich die Stämme mit als Wörterbucheinträge aufzunehmen. Denn erst ab dem Genitiv Singular kann ich jede Form problemlos bestimmen, weil sie einen regelmäßigen Stamm und eine regelmäßige Endung aufweist.

Um es kurz zu machen: Du magst den Stamm noch so gut kennen, am Anfang bleibt dir nicht mehr übrig als ein Versuch auf gut Glück. Du kannst vom regelmäßigen Stamm nicht unmittelbar auf den Nominativ schließen. Ohne Raterei und Sucherei geht es zunächst nicht. Meistens stößt man bei der Suche auf Wörter die «Pi mal Daumen» passen. Erst wenn wir eine solche möglicherweise passende Form gefunden haben, gibt uns der Pons einen Hinweis, um unsere Vermutung abzusichern: nicht den Stamm, aber den regelmäßigen Genitiv, von dem aus wir auf den Stamm schließen können. Mit der Zeit festigt sich ein gewisser Grundwortschatz und man gewinnt Übung.

---

[1] Aus genau diesem Grund fordere ich schon lange ein Wörterbuch, das neben den unregelmäßigen Nominativen auch die regelmäßigen Stämme der 3. Deklination in einem eigenen Eintrag aufführt. So könnte man in allen Fällen, in denen eine Form im Text nicht Nominativ ist, die Bedeutung leichter nachschlagen. Leider führen sowohl Pons als auch Stowasser jedes Nomen der dritten Deklination nur unter dem Nominativ auf. Für dieses Problem gibt es keine befriedigende Lösung – außer Vokabellernen.

Nomen und Pronomen

Adjektive

Wie die Substantive sind auch alle Adjektive im Pons unter dem Nominativ Singular aufgeführt, genauer unter dem Nominativ Singular der männlichen Form des Adjektivs. Beim Nachschlagen muss ich also wieder einmal den Nominativ Singular Maskulinum bilden können – was in der 3. Deklination bekanntlich ein Problem sein kann. Ansonsten bin ich aufs Raten und Suchen angewiesen. Wichtig ist außerdem beim Nachschlagen zu unterscheiden zwischen Adjektiven der a- und o-Deklination und Adjektiven der 3. Deklination. Die Angaben hinter den Einträgen können nämlich sonst in die Irre führen. Deshalb entschlüsseln wir nun gemeinsam die Wörterbuchkürzel.

Adjektive der a- und o-Deklination
Beispiel: *clarus – berühmt*
Im Pons stehen zur Formbestimmung folgende Angaben

«clārus, a, um ...»

clarus bezeichnet wie gesagt den Nominativ Singular Maskulinum des Adjektivs. Das *a* und das *um* bezeichnen dementsprechend die Endungen für den Nominativ Singular Femininum und Neutrum. Damit sind alle möglichen Nominativendungen der a- und o-Deklination erfasst – eine für jedes Genus: *clar-us, clar-a, clar-um*.

Adjektive der 3. Deklination

Dreiendige Adjektive

Beispiel: *ācer, ācris, ācre – scharf*
Eintrag im Pons:

«ācer[2], ācris, ācre ...»

Dreiendig bedeutet schlicht und einfach: Maskulinum, Femininum und Neutrum haben im Nominativ Singular drei unterschiedliche Endungen. *ācer* bezeichnet wie immer den Nominativ Singular Maskulinum. Die hochgestellte 2 verweist auf ein anderes gleichlautendes Wort mit anderer Bedeutung, das unter der Hochzahl 1 im Pons zu finden ist. Da es sich bei *ācer* offenbar um ein Adjektiv der 3. Deklination handelt, könnte man das folgende Wort *acris* als Genitiv interpretieren wie bei den Substantiven. Dort wird ja bekanntlich immer der Genitiv Singular angegeben zur eindeutigen Bezeichnung der Deklinationsklasse. Dieser Schluss ist ganz falsch! Die beiden anderen Formen *ācris* und *ācre* bezeichnen, wie schon bei der a-/o-Deklination die beiden fehlenden Endungen für den Nominativ Femininum und Neutrum. Genitiv ist bei zwei- und dreiendigen Adjektiven nicht angegeben.

Zweiendige Adjektive

Beispiel: *gravis – schwerwiegend*
Im Pons stehen folgende Angaben:

«gravis, grave ...»

Auch hier heißt es genau hinschauen: Bei *gravis* handelt es sich um ein zweiendiges Adjektiv. Zweiendige Adjektive weisen regelmäßig im Nominativ Maskulinum und Femininum dieselbe Endung auf. Deshalb erachten es die Redakteure der meisten Wörterbücher nicht mehr für notwendig zweimal dieselbe Endung hinzuschreiben: also «gravis, gravis, grave». Sie schreiben stattdessen nur noch die andere Endung im Neutrum dazu.

Einendige Adjektive

Beispiel: *atrox – abscheulich*
Der Pons schreibt:

«atrōx, Gen. ōcis ...»

Die Endung *ōcis* steht für *atrōcis*. Als kleine Hilfe gibt uns der Pons hier an, dass es sich dabei um den Genitiv handelt. Wenn Maskulinum, Femininum und Neutrum im Nominativ gleich lauten, also *atrōx*, kann diese Form auch nur der Genitiv Singular sein, wie bei den Substantiven. Dass die Angabe des Genitivs bei den mehrendigen Adjektiven fehlt, bei den einendigen dagegen vorkommt, gehört zu den größten Uneinheitlichkeiten. Leider müssen wir uns in dieses schwachsinnige System eindenken, um damit arbeiten zu können. Hier hilft nur Übung.

Es gibt kaum eine Produktpalette, deren Mindesthaltbarkeitsdatum schon länger abgelaufen ist, als die der altsprachlichen Schul- und Handwörterbücher. Stowasser, Langenscheidt, Pons und wie sie alle heißen: Sie alle sind so veraltet wie Großmutters Porzellangeschirr – und ungefähr so praktisch! Hier werden dröge Schinken an Ahnungslose für einen Haufen Geld verhökert, die schon lange das Papier nicht mehr wert sind, auf dem sie stehen. Und im Falle des Stowasser ist auch das Papier nicht besonders viel wert, beim Pons ist es die Bindung, die nach dreimal Umblättern aus allen Nähten platzt. Und das alles, ohne dass die Verlage seit Anno Tobak mehr als ein paar Praktikantengehälter investiert hätten um die alten Schmöker dem Grundverständnis eines Normalsterblichen anzupassen und in ein benutzerfreundliches Format zu bringen.

Unterdessen streiten sich die Bürokraten des Föderalismus mit fadenscheinigen Argumenten, ob sie nun Stowasser, Langenscheidt oder Pons für die Latinumsprüfung in ihrem Bundesland zulassen sollen.

Was her muss, ist ein Wörterbuch, das
- keine Abkürzungen verwendet
- in kurzen Artikeln verfasst ist
- mit wenigen Grundbedeutungen auskommt
- sämtliche Stämme mit eigenen Einträgen angibt
- keine komplizierten Instruktionen in eine obsolete, idiosynkratische Systematik erfordert
- auf philologischen und sprachwissenschaftlichen Schnickschnack verzichtet
- nur die latinumsrelevanten Autoren der staatlichen Ergänzungsprüfungen (Cicero, Caesar, Sallust, meinetwegen Livius und Seneca) abdeckt

Nomen und Pronomen

Kurz, ein Wörterbuch, das schnell, einfach und benutzerfreundlich zu handhaben ist. Es gibt zwar eines, das diese Kriterien weitgehend erfüllt: das «Wörterbuch Latein» von Alfred Urban. Leider ist es in den meisten Prüfungen jedoch nicht zugelassen und außerdem etwas zu kurz geraten.

Nomen und Pronomen

Vokabular: Substantive und Adjektive

Schwer zu findende oder leicht zu verwechselnde Substantive (jeweils Nominativ und Stamm)

fax, fac-	Fackel, Brandsatz
genus, gener-	Art Achtung: Nicht verwechseln mit *gener, Schwiegersohn!*
iter, itiner-	Weg, Marschroute
latus, later-	Seite Achtung: Nicht verwechseln mit *later, Ziegel!*
lux, luc-	Licht
lex-, leg-	Gesetz
merx-, merc-	Ware Achtung: Nicht verwechseln mit *merces, Lohn!*
mors, mort-	Tod
mos, mor-	Sitte, Charakter
nox, noct-	Nacht
ops, op-	Hilfsmittel
opus, oper-	Arbeit
os, or-	Mund, Gesicht Achtung: Nicht verwechseln mit *os, oss-, Knochen, Gebein!*

Merkspruch:
os, oris, Mund, os, ossis, Gebein
müssen beide Neutra sein
os, oris, das Mündchen
os, ossis, frisst's Hündchen.

pax, pac-	Friede
rex, reg-	König
vox, voc-	Stimme

Substantivierte Adjektive im Neutrum Singular

multum	viel
verum	Wahres, die Wahrheit
id	das
hoc	dies

Substantivierte Adjektive im Maskulinum Plural

liberi	«die Freien» = Kinder (freier römischer Bürger)
posteri	die Nachfahren
maiores	die Vorfahren
omnes	alle
nulli	keine
nonnulli	manche
ceteri	die Übrigen
reliqui	die Verbliebenen
nostri	die Unsrigen
sui	die Ihrigen
hi ... illi	diese ... jene

Spezialausdrücke

Die folgenden Vokabeln haben feststehende Bedeutungen:

aes alienum	«fremdes Erz» = einem anderen gehörendes Geld aus Bronze: Schulden
agri, agrorum (Plural!)	«Äcker» = Land (Singular)
capitis periculum	«des Kopfes Gefahr»: Lebensgefahr
castra, castrorum (Plural)	Lager (Singular)
fines, finium (Plural)	«Grenzen» = Gebiet
impedimenta, impedimentorum (Plural)	«behindernde Gegenstände»: Tross, Gepäck
insidiae, insidiarum (Plural)	1. Hinterhalt (Singular); 2. Bedrohung (Singular)
ius iurandum	«zu schwörendes Recht» = Schwur, Eid

Nomen und Pronomen

litterae, litterarum (Plural)	«Buchstaben» = 1. Schrift (Singular)
	2. Brief (Singular)
	3. Literatur (Singular)
	4. Wissenschaft (Singular)
mos maiorum	«die Sitte der Älteren» = Gesetz der Vorfahren, Tradition
orbis terrae oder orbis terrarum	«Kreis der Erde», «Kreis der Länder» = Welt
patres oder patres conscripti	«Väter» (nur als Vokativ) = ihr Senatoren
Quirites	«Quiriten» (nur als Vokativ) = meine römischen Mitbürger
res gestae	«getane Dinge» = vollbrachte Taten, Taten
res frumentaria	«die getreidebezogene Sache» = Getreideversorgung
res publica	«die öffentliche Sache» = 1. der Staat
	2. die (römische!) Republik
	3. die Verfassung

Verben mit doppeltem Kasus

Sie stehen im Aktiv mit direktem Objekt (Akkusativ) und prädikativem Attribut, im Passiv mit Subjekt (Nominativ) und prädikativem Attribut:

appella-, appellav-, appellat-	bezeichnen als, nennen
crea-, creav-, creat-	wählen zu
duc-, dux-, duct-	halten für
faci-, fec-, fact-	machen zu
fieri	gemacht werden zu
habe-, habu-, habit-	halten für
iudica-, iudicav-, iudicat-	halten für
puta-, putav-, putat-	halten für
voca-, vocav-, vocat-	nennen

Idiomatische Ausdrücke mit Substantiven und Adjektiven

gratias agere	Dank abstatten, danken
vitam agere	das Leben verbringen
causam agere	einen Prozess führen
consilium capere	einen Plan fassen
oppidum capere	eine Stadt einnehmen
hostem capere	einen Feind gefangen nehmen
operam dare	sich Mühe geben
se dare	sich widmen
se in fugam dare	sich auf die Flucht begeben
homines bonos ducere	Menschen für gut halten
auxilium ferre	Hilfe leisten
laborem ferre	Mühe ertragen
legem ferre	ein Gesetz einbringen
se conferre	sich begeben
se gerere	sich verhalten
bellum gerere	Krieg führen
rem gerere	eine Tat vollbringen
gratiam habere	dankbar sein («Dank haben»)
fidem habere	Glauben schenken
homines bonos habere	Menschen für gut halten
orationem habere	eine Rede halten
rationem habere	Rücksicht nehmen
se habere	sich verhalten
consilium inire	einen Plan fassen
clamorem tollere	Geschrei erheben
vocem tollere	die Stimme heben (lauter werden)
signum tollere	das Standbild wegnehmen

Nomen und Pronomen

Pronomen

Pronomen richten sich meist wie Adjektive nach Kasus, Numerus und Genus ihres Bezugswortes. Sie können mit diesem Bezugswort als pronominale Attribute zusammenstehen, sie können es aber auch vollständig ersetzen und damit selbst substantivische Funktion annehmen. Identische Formen, die entweder feminin oder neutral sein können und kein kongruentes Bezugswort haben, sind statistisch gesehen (leider!!!) wesentlich häufiger neutral. Unter den Formen der Pronomina wirst du manche entdecken, deren Bildung dir bekannt vorkommt, daneben aber auch viele ungewöhnliche Deklinationen. Da heißt es einfach nur: Auswendig lernen!

Personalpronomen

Personalpronomen stehen «für» die drei Personen in Singular und Plural, wenn diese nicht durch Eigennamen oder Substantive benannt sind, also *ich, du, er/sie/es, wir, ihr, sie* allen Kasus (Tabelle auf S. 254).

Demonstrativpronomen

Demonstrativpronomen haben einen unterstreichenden und hinweisenden Charakter. Das Verb *demonstrare* heißt wörtlich *hinzeigen, hinweisen*. Die deutsche Bezeichnung lautet folglich hinweisende Fürwörter. Wenn ich mit dem Finger auf das zeige, was ich meine, mache ich es deutlicher. Zeigen kann ich in drei verschiedene Richtungen.

Diese drei Richtungen haben viel zu tun mit jenen Masken des griechischen Theaters. Wir erinnern uns: Der Begriff Person entstammt einer Bühnenkonstellation von drei Maskenträgern, die in die Rolle des Sprechers schlüpfen, des Angesprochenen und dessen, über den gesprochen wird – die 1., 2. und 3. Person. Ebenso wie ein *Ich* mit einem *Du* über ein *Er/Sie/Es sprechen* kann, also die erste Person mit der zweiten über die dritte Person, ebenso kann die erste Person auf sich selbst, auf ihr Gegenüber oder auf einen Dritten mit dem Finger *zeigen*. Dementsprechend gibt es drei Demonstrativpronomen: ein Demonstrativpronomen der ersten Person *(dieser hier bei mir)*, der zweiten Person *(dieser dort bei dir)* und der dritten Person *(jener in der Ferne bei ihm)*. Im Deutschen unterscheiden wir nur zwischen «diesem» und «jenem», also dem Demonstrativpronomen der ersten und der dritten Person. Ein Demonstrativpronomen der zweiten Person gibt es nicht. Deshalb müssen wir uns zur gedanklichen Verdeutlichung mit Orts- und Richtungsadverbien helfen: 1. hier, 2. dort, 3. da hinten in der Ferne.

Demonstrativpronomen können dauerhafte Eigenschaftsattribute zu einem anderen Bezugssubstantiv sein:

dieser Ohrring (der Ohrring wird näher bestimmt)
diese Frau (die Frau wird näher bestimmt)
in jenen Zeiten (die Zeiten werden näher bestimmt)

Demonstrativpronomen können aber auch substantivisch gebraucht werden, also ohne das Bezugswort noch einmal aufzunehmen – meist kann aus dem Zusammenhang darauf geschlossen werden, für was ein substantivisches Pronomen steht:

Ich wünsche mir einen Ohrring. Diesen nehme ich. («diesen» steht allein)
Ich liebe meine Frau. Diese ist schön. («diese» steht allein)
Das Leben ist in heutigen Zeiten einfach. In jenen war es schwer. («jenen» steht allein)

Die Pronomen der 1. Person lauten *hic, haec, hoc* (*hic* wie *hier*), der 2. Person *iste, ista, istud*, der 3. Person *ille, illa, illud* (Tabelle auf S. 255).

Relativpronomen und Fragepronomen

Relativpronomen sind Nebensatzeinleiter und stehen nur in NG-Kongruenz mit ihrem Bezugswort

Relativpronomen leiten Relativsätze ein. Relativsätze zählen zu den Nebensätzen und somit sind Relativpronomen immer auch ein Indiz für einen Nebensatz. Dabei beziehen sie sich meistens auf ein Bezugswort im übergeordneten Satz. Mit diesem Bezugswort stimmen sie immer in Numerus und Genus, aber nicht unbedingt im Kasus überein (**NG-Kongruenz**).

Ista, quae vos dicitis, sunt tota commenticia.
Diese Dinge, welche ihr sagt, sind ganz erlogen.
Das, was ihr sagt, ist ganz erlogen.

Das Relativpronomen *quae, welche* ist Akkusativobjekt des Nebensatzprädikates *dicitis*. Das Demonstrativpronomen *ista, diese Dinge,* hingegen ist Subjekt des Hauptsatzes im Nominativ. Es besteht also nur NG-Kongruenz. Beide liegen in Form eines substantivierten Neutrum Plural vor. Daher übersetze ich einmal durch Hinzufügung von *Dinge*, ein andermal durch Singularisierung.

Fragepronomen unterscheiden sich im Nominativ Singular von den Relativpronomen und haben kein NG-kongruentes Bezugswort

Die Fragepronomen gleichen den Relativpronomen außer im Nominativ Singular. Dieser lautet nicht *qui, quae, quod*, sondern *quis, quis, quid*. Maskulinum und Femininum sind hier gleich (Tabelle auf S. 255). Fragepronomen stehen in direkten und indirekten Fragen. Indirekte Fragen sind abhängige Nebensätze und stehen grundsätzlich mit dem Konjunktiv. Dieser Konjunktiv wird nicht übersetzt. Sie werden eingeleitet durch ein übergeordnetes Verb des Fragens, sich Wunderns, Wissens oder Nichtwissens und haben im Gegensatz zu den Relativpronomen nie ein Bezugswort im übergeordneten Satz:

Quae gesta sint, accipies ex nuntio.
Was getan worden ist, wirst du vom Boten erfahren.

Nomen und Pronomen

Relativ- und Fragepronomen

Damit du gar nicht erst Gefahr läufst, Relativ- und Fragepronomen zu verwechseln, empfehle ich dir eine einfache Übersetzungsregel zu beherzigen: Übersetze jedes lateinische Relativ- bzw. Fragepronomen immer mit *welcher, welche, welches!* Übersetze also vor allem die Relativpronomen nicht mit *der, die, das,* auch wenn das als stilistisch eleganteres Deutsch gilt.

Von dieser Regel gibt es allerdings einige Ausnahmen bzw. Besonderheiten:

- Das Pronomen *quod*
- Das Pronomen *quam*
- den relativischen Satzanschluss
- den kombinierten relativen und konjunktionalen Satzanschluss
- die (im Latinum seltene) Wiederholung oder Umschreibung des Bezugswortes im Relativsatz
- Relativsätze in Klammerstellung zwischen Pronomen und Bezugswort
- die relativische Verschränkung

quod

Das Wort *quod* hat neben seiner Funktion als Relativpronomen auch noch die Funktion als kausales *quod* (weil) und als faktisches *quod* (dass). Damit du immer an alle drei Möglichkeiten denkst, solltest du dir als Übersetzungsraster merken:

quod = dass, weil, welch- (er/e/es)

welch steht dabei nicht nur für die Grundbedeutung *welches*, sondern für alle drei Genera. Denn wenn das Genus des Bezugswortes von *quod* im Deutschen vom Lateinischen abweicht, kann *quod* auch die Bedeutung *welcher* und *welche* haben.

quam

Das Wort *quam kann neben seiner Funktion als Relativ- und Fragepronomen noch drei weitere Bedeutungen annehmen, insgesamt also vier:*

1. als Relativpronomen *(welche)*
2. als Frageadverb *(wie)*
3. als Komparationskonjunktion *(als)* (siehe Komparation)
4. als Adverb mit dem Superlativ *(möglichst)* (siehe Komparation)

Deshalb präge dir auch hier einen Übersetzungsraster ein:

quam = welch, wie, als, möglichst

Auch hier gilt: *welch* steht wieder nicht nur für die Grundbedeutung *welche*, sondern für alle drei Genera. Denn wenn das Genus des Bezugswortes von *quam* im Deutschen vom Lateinischen abweicht, kann *quam* auch die Bedeutung *welcher* und *welches* haben.

Der relative Satzanschluss

Ein relativischer Satzanschluss oder kurz relativer Anschluss ist ein Relativpronomen, das nicht durch ein Komma von dem übergeordneten Satz abgetrennt ist, auf den es sich bezieht, sondern durch einen Punkt. Der Relativsatz hat dann praktisch den Charakter eines Hauptsatzes, nur dass er mit einem Relativpronomen beginnt. Es darf also keinen übergeordneten Satz hinter dem relativischen Anschluss geben, auf den sich das Relativpronomen inhaltlich und grammatisch beziehen könnte. Der Relativsatz hängt grammatisch einzig und allein vom vorangegangenen Satz ab. An diesen zwei wichtigen Hinweisen erkennst du einen relativen Anschluss:

1. Das Relativpronomen steht am Anfang eines Satzes. Davor steht immer ein Punkt oder Semikolon.

2. Es folgt kein übergeordneter Satz mehr, auf den sich der Relativsatz beziehen kann.

Dazu ein Beispiel:

Reprehendistis, a patre quod semigrarit. Quod quidem in hac aetate minime reprendendum est.
Getadelt habt ihr, dass er vom Vater weggezogen ist. Was jedoch in diesem Alter keineswegs zu tadeln ist.

Grammatisch hängt der Relativsatz untrennbar vom vorangegangenen Satz ab. Das Pronomen *quod* bezieht sich auf die Tatsache des Auszugs von Zuhause. Zwischen *semigrarit* und *quod* könnte also auch ein Komma stehen. Inhaltlich ist die Aussage des Relativsatzes jedoch sehr eigenständig. Der Relativsatz drückt eine Art gedanklichen Nachtrag oder argumentativen Kommentar Ciceros aus. Um diesem besonderes Gewicht zu verleihen, grenzt er ihn durch einen Punkt ab.

Was ich im vorangegangenen Beispiel übersetzt habe, dient nur zu Demonstrationszwecken. Ein relativer Anschluss sollte nach Möglichkeit eher nicht mit *wer, was* oder *welcher, welche, welches* übersetzt werden. Er sollte gar nicht als Relativpronomen übersetzt werden. Der relative Anschluss wird durch ein Demonstrativpronomen mit *dieser, diese, dieses* übersetzt.

In eadem causa fuerunt Usipetes et Tenctheri, quos supra diximus. Qui complures annos Sueborum vim sustinuerunt.
In derselben Lage befanden sich die Usipeter und Tenctherer, welche wir oben erwähnten. Diese ertrugen mehrere Jahre die Gewalt der Sueben.

Im zweiten Relativsatz verwendet Caesar einen relativen Anschluss offenbar deswegen, weil er be-

Nomen und Pronomen

reits einen normalen Relativsatz angehängt hat *(quos supra diximus)*. Eine ganze Salve von hintereinandergeschalteten Relativsätzen wirkt einerseits atemlos. Andererseits möchte er sich immer noch auf die Usipeter und Tenctherer beziehen. Er umgeht das Problem durch einen Punkt, an den er einen weiteren Relativsatz «in Ruhe» anschließen kann.

Auch wenn ein relativer Anschluss in der deutschen Übersetzung nicht mehr in seiner Erststellung am Satzanfang belassen werden kann, sondern umgestellt werden muss, funktioniert die Übersetzung als Relativpronomen nicht mehr. Dazu weitere Beispiele aus der Feder Caesars:

Celeriter haec fama ac nuntiis ad Vercingetorigem perferuntur. Quem perterriti omnes Arverni circumsistunt atque obsecrant, ut suis fortunis consulat. Quorum ille precibus permotus castra ex Biturigibus movet in Arvernos versus.
Schnell werden diese Dinge durch Gerücht und Nachrichten an Vercingetorix gemeldet. An diesen treten alle Arverner heran, nachdem sie erschreckt worden waren, und bitten ihn, dass er für ihre Besitztümer sorgen solle. Nachdem er durch die Bitten von diesen bewegt worden war, rückt er das Lager aus dem Biturigengebiet in Richtung auf die Arverner.

Wenn das Relativpronomen im Dativ oder, wie hier, im Genitiv erscheint, wird eine wörtliche Übersetzung unmöglich. Vor allem der zweite relative Anschluss ist so mit dem PPP verflochten, dass man mit *nachdem* beginnen muss. Zudem ist das Partizip *permotus* erweitert durch den Ablativ *precibus*, der zweite Priorität hat. Erst jetzt lässt sich das Relativpronomen *quorum* einschalten, weil es lediglich ein Genitivattribut zu *precibus* ist. Mit einem Demonstrativpronomen geht das recht einfach wie auch im folgenden Beispiel:

Nutu vocibusque hostes, si introire vellent, vocare coeperunt. Quorum progredi ausus est nemo.
Durch Kopfnicken und Zurufe begannen sie die Feinde zu provozieren, ob sie hereinkommen wollten. Von diesen wagte niemand vorzutreten.

Noch vertrackter wird die Übersetzung bei einem kombinierten konjunktional-relativen Anschluss.

✎ Der kombinierte konjunktional-relative Anschluss

Häufig tritt ein relativer Anschluss in Kombination mit einer Konjunktion auf wie *si, wenn, ubi, sobald, cum, als*. Diese muss, ungeachtet ihrer lateinischen Stellung immer ganz an den Anfang, also noch vor das Relativpronomen gezogen werden. Auch bei der Übersetzung des Relativpronomens kann man sich wieder nur mit einem Demonstrativpronomen behelfen. Dazu ein erstes Beispiel von Sallust:

Sed dux atque imperator vitae mortalium animus est. Qui ubi ad gloriam virtutis via grassatur, abunde pollens potensque et clarus est neque fortuna eget.
Doch Führer und Herrscher des Lebens der Menschen ist der Geist. Sobald dieser zum Ruhm auf dem Weg der Tugend schreitet, ist er im Übermaß stark und mächtig und berühmt und bedarf nicht des Glücks.

Auch bei Cicero tritt diese Kombination häufig auf:

«Renuntio», inquit, «tibi te hodiernis comitiis esse absolutum.» Quod cum tam multi homines honestissimi audissent, statim ad me defertur.
«Ich verkündige», sprach er, «dir, dass du an den heutigen Comitien freigesprochen worden bist.» Als dieses so viele höchst aufrichtige Menschen gehört hatten, wurde es sofort an mich berichtet.

Nobis reliquere pericula, repulsas, iudicia, egestatem. Quae quo usque tandem patiemini, o fortissumi viri?
Uns hinterließen sie Gefahren, Zurückweisungen, Prozesse, Armut. Wie lange noch werden wir diese Dinge ertragen, o ihr überaus tapferen Männer?

Häufig steht der relativische Anschluss auch in den folgenden einleitenden, präpositionalen Ausdrücken:

Qua re	durch diese Sache, deshalb
Quam ob rem	wegen dieser Sache, deshalb
Qua de causa	aus diesem Grund, deshalb
Quem ad modum	auf diese Weise
Quae cum ita sint, ...	Wenn das so ist, ...

Quam ob rem multa praetermittam.
Deshalb werde ich vieles übergehen.

✎ Relativsätze in Klammerstellung zwischen Pronomen und Bezugswort

Attribut und Bezugswort klammern oder rahmen einen kurzen Relativsatz ein, der sich attributiv darauf bezieht, das eine von vorn, das andere von hinten:

Nostri ex eo, quo stabant, loco discesserunt.

Bei der Übersetzung müssen wir den Relativsatz aus der Umklammerung lösen und das Attribut wieder vor sein Bezugswort stellen:

Unsere Leute wichen von diesem Ort, an dem sie standen, zurück.

... pro iis, quas acceperint, iniuriis...
... für die(jenigen) Ungerechtigkeiten, die sie erlitten hätten, ...

Nomen und Pronomen

Die relative Verschränkung

Als relative Verschränkung bezeichnen wir, einfach ausgedrückt, die Verwicklung eines Relativpronomens in Konstruktionen, die wir im Deutschen wörtlich nicht nachbilden können. Diese Konstruktionen sind vor allem:

- der AcI
- der Ablativus Absolutus

Als Hinweis kann folgender Befund dienen: Wenn du einen Relativsatz erkannt hast, alle Formen richtig bestimmt hast, alle Regeln beachtet hast und kannst ihn trotzdem nicht übersetzen, dann hast du es aller Wahrscheinlichkeit nach mit einer relativen (oder relativischen) Verschränkung zu tun. Nun musst du an den AcI oder Absolutus denken! Da die relative Verschränkung beim AcI und beim *Ablativus Absolutus* jeweils eine spezifische Übersetzung erfordert, besprechen wir sie erst im Zusammenhang mit diesen Themen.

Zusammengesetzte Pronomen

Aus Frage- und Relativpronomen werden mit Hilfe von unveränderlichen Suffixen eine Reihe von zusammengesetzten Pronomen gebildet. Der veränderbare Teil der Pronomen wird dabei genau wie die Frage- und Relativpronomen dekliniert.
Achtung: Die Form des **Femininum Singular** lautet bei der mit dem Suffix *ali-* zusammengesetzten Form des Relativpronomens *qui, quae, quod* **nicht aliquae** (wie man in Analogie zu *quae* erwarten würde), sondern ausnahmsweise **aliqua** (Tabelle auf S. 256).

Relativsätze mit Nebensinn

Zuweilen kommt es vor, dass auch Relativsätze mit dem Konjunktiv stehen. Sie haben dann einen sogenannten konjunktivischen oder konjunktionalen Nebensinn. Dabei erhält der Relativsatz den Charakter eines Konjunktionalsatzes, so dass das Relativpronomen durch eine Konjunktion ersetzt werden kann, aber nicht unbedingt muss. Die wichtigsten drei Formen, die der konjunktionale Nebensinn annehmen kann, sind:

- der finale Nebensinn
- der kausale Nebensinn
- der konsekutive Nebensinn

Der finale Nebensinn vertritt einen Finalsatz *(finis, Ende, Ziel)*. Die Konjunktion ist *damit*.
Der kausale Nebensinn vertritt einen Kausalsatz *(causa, Grund)*. Die Konjunktion ist *weil*.
Der konsekutive Nebensinn vertritt einen Konsekutivsatz *(consecutum, gefolgt)*. Die Konjunktion ist *so dass*.
Dieser Nebensinn ist nur selten wirklich ausschlaggebend für den Sinn eines Satzes und die Übersetzung kommt meistens auch ohne Berücksichtigung des relativen Nebensinns aus. Meist genügt es, auch Relativsätze mit Nebensinn wie normale Relativsätze zu übersetzen. Im Rahmen von Latinumsprüfungen wird jedoch zuweilen nach dem relativen Nebensinn gefragt.

idem, eadem, idem

Dieses Pronomen entsteht aus dem Demonstrativpronomen **is, ea, id** und dem Suffix

-dem

Daraus entsteht ein zusammengesetztes Pronomen zur Bezeichnung **der-, die-, das- selbe**.

is-dem ▶ **idem,** *derselbe*
ea-dem ▶ **eadem,** *dieselbe*
id-dem ▶ **idem,** *dasselbe*

(Tabelle auf S. 256)

ipse, ipsa, ipsum

Dieses Pronomen hat oft eine verstärkende oder unterstreichende Wirkung. Es ist ein Unterschied, ob ich sage:

Cato wird kommen.

Oder:

Cato selbst wird kommen.

In diesem Sinne können Formen von *ipse, ipsa, ipsum* auch die Bedeutung von Adverbien wie *sogar* oder *persönlich* annehmen (Tabelle auf S. 256).

ipse und *idem*

ipse, ipsa, ipsum wird permanent und penetrant mit *idem, eadem, idem* verwechselt, weil beide im Deutschen etwas mit dem Stamm *selb-* zu tun haben. Mach dir bloß den Unterschied klar:

- *idem* heißt *derselbe* und ist im Deutschen vorangestellt!
- *ipse* heißt *er selbst* und ist im Deutschen nachgestellt!
- als Merkmotto ist dieses Stellungsverhältnis ausgedrückt in dem Spruch: **Derselbe selbst!**

Pronominaladjektive

Pronominaladjektive sind Zwitterwörter, die teils pronominalen, teils adjektivischen Charakter haben. Vielleicht könnte man auch sagen, dass sich kein Grammatiker so richtig für eins von beiden entscheiden kann. Zu den Pronominaladjektiven gehören vor allem folgende Wörter:

Nomen und Pronomen

unus	1. einer; 2. ein einziger
solus	1. einzig; 2. allein
totus	ganz
ullus	irgendein
uter	welcher von beiden (im direkten und indirekten Fragesatz)
alter	ein anderer
neuter	keiner von beiden
nullus	kein, keiner
uterque	jeder von beiden
alius	ein anderer

Sie werden in allen Kasus nach der a- und o-Deklination dekliniert mit zwei Ausnahmen:

- der Genitiv Singular hat die Endung *-īus* (langes i! außer *alius*, das im Genitiv wie *alter* dekliniert wird)
- der Dativ Singular hat die Endung *-ī* (langes i).

Bekannt und bis heute nützlich ist der alte Merkspruch:

unus, solus, totus, ullus,
uter, alter, neuter, nullus
und uterque haben alle
-ius in dem zweiten Falle,
und im Dativ enden sie
wie alius auf langes i.

Die Pronominalsubstantive *nemo* und *nihil*

Die Formen *nemo, niemand,* und *nihil, nichts,* treten nur als Substantive auf. Man kann sie daher als Pronominalsubstantive bezeichnen. In seltenen Fällen scheint *nemo* auch die Bedeutung *kein* zu haben, z.B. *nemo vir, kein Mann, nemo civis, kein Bürger*. Sie kommen nur in folgenden Formen vor:

Numerus	Kasus	♂	n
Singular	Nominativ	nemo niemand, kein	nihil nichts
	Genitiv	-	-
	Dativ	nemini niemandem, keinem	-
	Akkusativ	neminem niemanden, keinen	nihil nichts
	Ablativ	-	nihilo durch nichts

Possessivpronomen

Possessivpronomen sind besitzanzeigende Fürwörter. *possedere* heißt wörtlich *besitzen, innehaben*. Die Possessivpronomen zählen ebenfalls zu den Pronominaladjektiven. Anders als diese richten sie sich jedoch in allen Kasus nach der a-/o-Deklination – ohne Ausnahmen im Genitiv und Dativ Singular. Die Endungen der Possessivpronomen stehen in KNG-Kongruenz zu ihrem Bezugswort, je nach dem, ob dieses männlich, weiblich oder sächlich ist. Das hat mit dem Geschlecht des Besitzers oder der Besitzerin nichts zu tun! Es gilt also die Regel:

Die Endung des Possessivpronomens richtet sich nach dem Substantiv, das besessen wird, nicht nach der Person, die besitzt.

Die dritte Person Singular

Die Übersetzung des Possessivpronomens der dritten Person Singular bereitet im Deutschen Schwierigkeiten. In der dritten Person teilen sich nämlich alle drei Genera und beide Numeri gemeinsam nur ein Possessivpronomen. Anders als im Deutschen, das zumindest zwischen *sein* und *ihr* unterscheidet, gibt es für Maskulinum, Femininum und Neutrum Singular und Plural nur den Stamm *su-*. Welches Genus also der jeweilige Besitzer in der 3. Person hat, kann man nicht unterscheiden. Beispiel:

*Cicero **suam** filiam salutat.*
*Cicero (m) grüßt **seine** Tochter.*

*Terentia **suam** filiam salutat.*
*Terentia (f) grüßt **ihre** Tochter.*

Ob in der deutschen Übersetzung eine Form von *sein* oder *ihr* stehen muss, wird im Lateinischen nur aus dem Textzusammenhang klar.
Dagegen wird im Deutschen genau unterschieden zwischen maskulinem *(sein)*, femininem *(ihr)* und neutralem *(sein)* Possessivpronomen. Also nicht:

Zeus rasiert ihren Bart.

Sondern:
Zeus rasiert seinen Bart.

Und auch nicht:
Aphrodite betrachtet seine Brüste.

Sondern:
Aphrodite betrachtet ihre Brüste.

Im Lateinischen hingegen gäbe es bei diesen Possessivpronomen keinen Unterschied (Tabellen auf S. 257).

Nomen und Pronomen

🗣 Pronomen: Das solltest du auswendig gelernt haben

- sämtliche Formentabellen auf den Seiten 254–256, einschließlich der Pronominaladjektive und zusammengesetzten Pronomen. Beachte dabei die Längenstriche!

Außerdem sämtliche nachfolgenden Regeln:
- Identische Formen, die entweder feminin oder neutral sein können, sind statistisch gesehen (leider!!!) wesentlich häufiger sächlich.
- Bei allen Pronomen der Neutra im Plural gilt wie auch bei den Adjektiven die Regel: Ergänze «Dinge», wenn kein anderes kongruentes Bezugswort vorliegt!
- Ablativ der Person – nie ohne Präposition! Keines der Personalpronomina kommt im Ablativ ohne *a* oder *cum* (oder *de*) aus.
- Übersetze *is, ea, id* mit *dieser, diese, dieses*!
- Auch reflexive Formen werden statistisch häufiger nicht reflexiv übersetzt.
- Übersetze *qui, quae, quod* immer mit *welcher, welche, welches*! Von dieser Regel gelten folgende Ausnahmen:
  1. *quod* = *dass, weil, welch* (*quod*-Satz-Probe)
  2. *quam* = *welch, wie, als, möglichst* (*quam*-Satz-Probe)
  3. Der relative Anschluss: Ein relativer Anschluss liegt vor, wenn ein Satz mit einem Relativpronomen beginnt, das sich grammatisch noch auf den Vorsatz bezieht. Das Relativpronomen darf sich nicht auf einen nachfolgenden Hauptsatz beziehen. Es wird als Demonstrativpronomen übersetzt.
  4. Beim kombinierten relativen und konjunktionalen Anschluss muss die Konjunktion ganz an den Anfang.
  5. Bei Wiederholung oder Umschreibung des Bezugswortes im Relativsatz: Mit Demonstrativpronomen übersetzen (wie beim relativen Anschluss).
  6. Relativsätze in Klammerstellung zwischen Pronomen und Bezugswort: Umstellen!
  7. Relative Verschränkung: Eine relative Verschränkung liegt vor, wenn du einen Relativsatz logisch nicht übersetzen kannst. (weitere Regeln dazu unter den Themen AcI und Ablativus Absolutus)
- Ein Relativsatz, der mit Konjunktiv steht, hat einen konjunktionalen Nebensinn. Wichtig sind:
  1. der finale Nebensinn *(damit)*
  2. der kausale Nebensinn *(weil)*
  3. der konsekutive Nebensinn *(dass, so dass)*
- Verwechsele nicht *idem* und *ipse*: *idem* heißt *derselbe* und ist im Deutschen vorangestellt! *ipse* heißt *er selbst* und ist im Deutschen nachgestellt! Als Merkmotto ist dieses Stellungsverhältnis ausgedrückt in dem Spruch: *Derselbe selbst!*
- Pronominaladjektive deklinieren nach der a- und o-Deklination. Im Genitiv Singular haben sie jedoch die Endung *-ius* (außer *alius*, das wie *alter* im Genitiv dekliniert wird), im Dativ Singular die Endung *-i*.
- Merkspruch zu den Pronominaladjektiven:
  unus, solus, totus, ullus,
  uter, alter, neuter, nullus
  und uterque haben alle
  -īus in dem zweiten Falle,
  und im Dativ enden sie
  wie alius auf langes ī.
  Bedeutungen mitlernen!
- Die Possessivpronomen deklinieren nach der a- und o-Deklination. Für die dritte Person gibt es im Lateinischen anders als im Deutschen nur einen Stamm *(su-)*, so dass nicht zwischen maskulinem Besitzer und femininer Besitzerin bzw. Singular und Plural *(sein, ihr)* unterschieden werden kann. Die Endung des Possessivpronomens richtet sich nach dem Substantiv, das besessen wird, nicht nach der Person, die besitzt.

Nomen und Pronomen

Vokabular: Pronomen

ea, quae	das, was
cuius modi = cuiusmodi	von welcher Art
eius modi = eiusmodi	von dieser Art
haec	diese Dinge
nostri	die Unsrigen, unsere Leute
nullo modo	auf keine Weise
plerique	die meisten
qua de causa	aus diesem Grund
qua re	durch diese Sache, deshalb
quae cum ita sint, …	wenn das so ist, …
quam ob rem = quamobrem	wegen dieser Sache, deshalb
quem ad modum = quemadmodum	auf welche Weise
quantus	wie groß, wie viel
quis nostrum	wer von uns?
quo	wohin
quo pacto = quopacto	wie
quo modo = quomodo	wie
quotus quisque (Singular!)	wie wenige (Plural!)
sua	das Seine, seine Dinge, sein Besitz
talis … qualis	solch … wie
tantus	so groß, so viel
tantus … quantus	so groß … wie
tot … quot	so viele … wie
vestri	die Eurigen, eure Leute

Nomen und Pronomen

Funktionen von Nomen und Pronomen
Substantive, Adjektive, und Pronomen können drei Funktionen haben:

- als Bezugssubstantiv
- als Attribut
- als Prädikativum

Das Bezugssubstantiv
In nicht attributiver und nicht prädikativer Form nehmen Nomen und Pronomen selbst die Funktion eines Bezugssubstantivs an. Bezugssubstantiv können also Substantive, substantivierte Adjektive und substantivierte Pronomen sein. Bezugssubstantive bilden alle Satzteile, an denen sie nicht in attributiver oder prädikativer Funktion beteiligt sind, sondern selbst von Attributen oder Prädikativa näher beschrieben werden können:

- Subjekte
- direkte und indirekte Objekte
- adverbiale Bestimmungen (in Form von präpositionalen Ausdrücken und Ablativen)

In Frage kommen Substantive, substantivierte Adjektive oder substantivierte Pronomen. Beispiele:

Silent enim leges inter arma.
Denn *Gesetze* schweigen inmitten von *Waffen*.

Das Substantiv *leges*, *Gesetze*, steht im Nominativ Plural und bildet in diesem Satz das Subjekt. Das Substantiv *arma* steht im Akkusativ Plural und bildet mit der Präposition *inter, inmitten von,* eine adverbiale Bestimmung.

Omnia mecum porto mea.
Alle meine Dinge trage ich mit mir.
Alles Meinige trage ich mit mir.

Hier liegt das Possessivpronomen *mea* in substantivierter Form im Akkusativ Plural Neutrum vor und bildet das direkte Objekt zum Prädikat *porto, ich trage*. Im Deutschen substantiviert man, indem man *Dinge* ergänzt oder singularisiert. Seinerseits wird *mea* näher beschrieben durch das Adjektiv *omnia*.

Pares cum paribus facillime congregantur.
Gleiche werden mit *Gleichen* sehr leicht zusammengebracht.

In diesem Satz wird das Subjekt durch ein substantiviertes Adjektiv im Nominativ gestellt: *pares*. Im Deutschen übersetzen wir durch Großschreibung (*Gleiche*). Auch das Bezugswort der Präposition *cum* ist dasselbe substantivierte Adjektiv (*paribus*).

Das Attribut
Als Attribut beschreibt ein Nomen oder Pronomen bleibende oder wesenhafte Eigenschaften eines Bezugssubstantivs. Zu diesem Bezugssubstantiv muss es in KNG-Kongruenz stehen:

omnes homines
alle Menschen
Pompeius imperator
der Oberbefehlshaber Pompeius

o philosophia vitae dux
Oh Philosophie, Führerin des Lebens

rex ille
jener König

Die Funktion des Attributes zur Beschreibung dauerhafter Eigenschaften wird oft deutlich durch seine Nähe zum Bezugssubstantiv. Im Lateinischen steht ein Attribut häufig, im Deutschen immer, vor seinem Bezugswort:

vera virtus
wahre Tugend

bonus homo
ein *guter* Mensch

mulier digna
die *würdevolle* Frau

hostis publicus
der *staatliche* Feind (der Staatsfeind)

In den beiden letzten Fällen müssen wir das Attribut im Deutschen vor sein Bezugswort umstellen.

Denke daran, dass nicht nur Nomen und Pronomen, sondern auch andere Wortarten und Formen als Attribute in Frage kommen.

Genitive:
ius populi
Das Recht *des Volkes*

präpositionale Ausdrücke:
liber de oratore
das Buch *über den Redner*

Relativsätze:
ea, quae gesta sunt ...
die Dinge, *welche getan worden sind*

Das attributive Adjektiv ist auch bekannt unter der Bezeichnung *Attributivum*.

Das Prädikativum
Das Prädikativum beschreibt einen vorübergehenden Zustand oder eine zeitlich begrenzte Bedingung eines Substantivs während der Prädikatshandlung.

Das Prädikativum ist auch bekannt unter dem Begriff prädikatives Zustandsattribut, weil es im Grunde auch eine Art von Attribut ist.

Aus drei Gründen ist das Prädikativum im Lateinischen nur schwer vom Attribut zu unterscheiden:

- In der Form unterscheidet sich das prädikative Adjektiv nicht vom attributiven Adjektiv. Beide stehen in KNG-Kongruenz! Sie unterscheiden sich also nur funktional, nicht formal.
- Auch in der Stellung unterscheidet es sich nicht immer eindeutig vom Eigenschaftsattribut.

Nomen und Pronomen

- Nicht selten gibt es mehrere Übersetzungsmöglichkeiten (als Attribut und als Prädikativum).

Nicht immer ist also ganz eindeutig, ob ein Adjektiv eher als Eigenschaftsbeschreibung oder eher als Zustandsbeschreibung übersetzt werden muss. Grammatisch richtig ist meistens beides «irgendwie». Sinngemäß richtig ist dagegen meist nur eines von beiden. Dazu ein einfaches Beispiel von Sallust:

Cato clarus atque magnus habetur.

Wenn man in diesem Satz die Adjektive *clarus, berühmt,* und *magnus, groß,* als Attribute zu Cato übersetzt, also als dauerhafte Eigenschaftsangaben, lautet der Satz:

Der berühmte und große Cato wird gehalten.

In dieser Fassung ist Cato immer berühmt und groß, ob er nun gehalten wird oder nicht. Richtig wird der Sinn jedoch erst, wenn man *clarus* und *magnus* im Deutschen als prädikative Attribute mit der Präposition *für* und nicht in KNG-Kongruenz (undekliniert) zu Cato übersetzt:

Cato wird für berühmt und groß gehalten.

So wird eher der Zustand betont, in dem sich Cato befindet, wenn er gehalten wird: nämlich in einem berühmten und großen «Zustand».

Ein zweites Beispiel, um das Problem noch deutlicher werden zu lassen:

Hoc primus frater meus in Asia fecit.

Damit dieser Satz Sinn macht, muss der Übersetzer auch sehr genau überlegen, wie das Wort *primus, erster,* zu übersetzen ist. Zunächst bieten sich verschiedene Varianten an:

1. als Attribut mit Artikel (artikuliert) in wörtlich-deklinierter Form:

Dies hat mein erster Bruder in Asien getan.

2. als Attribut zu *frater meus, mein Bruder,* in substantivierter Form artikuliert und großgeschrieben:

Dies hat mein Bruder, der Erste, in Asien getan.

3. als Prädikativum in wörtlich-undeklinierter Form:

Dies hat erst mein Bruder in Asien getan.

4. als Prädikativum mit der Präposition *als*:

Dies hat mein Bruder als Erster in Asien getan.

In den ersten beiden Fällen könnte man meinen, dass es mehrere Brüder gegeben hat. Im ersten Satz scheinen sich mehrere Brüder zur gleichen Zeit in Asien zu befinden, von denen dann der erste etwas tut. Der zweite Satz klingt, als ob der Bruder der erste oder älteste oder erstklassigste von vielen Brüdern wäre. Beides klingt nicht sehr überzeugend. Der dritte und vierte Satz kommen dem Sinn schon näher, faktisch richtig, sinnvoll und dem deutschen Stil gemäß ist nur die letzte, prädikative und präpositionalisierte Variante: *Dies hat mein Bruder als Erster in Asien getan.*

Die Beispiele sollten gezeigt haben, dass anders als im Deutschen kein formaler, sondern nur ein funktionaler Unterschied zwischen Attribut und Prädikativum besteht. Der Römer konnte also nicht wie wir durch unterschiedliche Formen *(erster, der Erste, erst, als Erster)* unterscheiden, ob eine Form attributiv oder prädikativ aufzufassen war – er hat sie eher «empfunden». Die Schwierigkeit besteht im Deutschen also darin zu begreifen, dass ein und dieselbe Form, ein und dasselbe mit einem Substantiv kongruente Nomen oder Pronomen im einen Fall ein Attribut und im anderen ein Prädikativum sein kann. Sie unterscheiden sich nur in ihrer Funktion: im einen Fall beschreiben sie dauerhafte Eigenschaften, im anderen prädikative Zustände. Diese Funktion ist im Lateinischen nur aus dem Kontext zu erkennen. Im Deutschen dagegen gibt es unterschiedliche sprachliche Mittel um den Sinn unterscheidbar zu machen. Und genau das ist deine Aufgabe als Übersetzer.

Für die korrekte Übersetzung ist eine genaue Unterscheidung zwischen Attribut und Prädikativum sehr wichtig. Diese Entscheidung darfst du niemals dem Zufall überlassen. Die Beispiele haben gezeigt, dass eine Übersetzung zwar grammatisch möglich, inhaltlich aber falsch sein kann, wenn sie auf Gutglück angefertigt wird. Bei jedem KNG-kongruenten Adjektiv musst du dich fragen, ob es in diesem Zusammenhang eher eine dauerhafte Eigenschaft oder einen durch das Prädikat bedingten, vorübergehenden Zustand angibt. Wir können den Unterschied nicht an der Form erkennen, sondern müssen bei der Übersetzung aus dem Zusammenhang entscheiden oder durch Ausprobieren – oder mit Sprachgefühl, mit dem leider nicht jeder gesegnet ist. Ohne viel Lektüreerfahrung ist das nicht immer eine leichte Aufgabe. Es gibt allerdings einige, teils sichere, teils unsichere Hinweise auf die Funktion eines Prädikativums:

- das Verb *esse*
- andere Verben, die typischerweise mit Prädikativum auftreten (vor allem die Verben mit doppeltem Kasus!)
- Kongruenzenhäufung (doppelte Nominative, doppelte Akkusative)
- Sperrung und prädikative (prädikatsnahe) Stellung

Nomen und Pronomen

Das Verb *esse*

Der sicherste Indikator für die prädikative Funktion einer kongruenten Form oder eines präpositionalen Ausdrucks ist das Verb *esse*. In nahezu allen Fällen und Formen benötigt es ein Prädikativum. In vielen Grammatiken bezeichnet man dieses Prädikativum bei *esse* als Prädikatsnomen.

Der Begriff Prädikatsnomen ist solange zutreffend, wie es sich bei der Wortart auch wirklich um ein Nomen (also ein Substantiv oder Adjektiv) handelt. Sobald aber ein Pronomen, ein Genitivattribut, ein präpositionaler Ausdruck die Funktion eines Prädikativums übernehmen (was gar nicht so selten vorkommt), ist die Bezeichnung zuweilen ungenau und außerdem überflüssig, z. B. in dem Satz:

Est oppidum in Hellesponto.
Eine Stadt ist auf dem Hellespont.

Hier besteht das Prädikativum zum Subjekt *oppidum*, Stadt, nicht durch ein kongruentes Nomen, sondern durch einen präpositionalen Ausdruck (*in Hellesponto*).

Beim Vorfinden einer Form von *esse* musst du augenblicklich Bezugssubstantiv (also das Subjekt) und ein in Frage kommendes Prädikativum aufsuchen, bei deklinierbaren Formen die Kongruenzen prüfen! Dazu ein Beispiel:

Omnes optimates sunt.

Die beiden Nominative *omnes*, alle, und *optimates*, Optimaten (aristokratische Partei in Rom), kongruieren. Zunächst liegt deshalb nahe *optimates* zum Subjekt zu machen und *omnes* als Attribut zu *optimates* aufzufassen. Die Übersetzung würde lauten:

Alle Optimaten sind.

Dieser Satz gibt wenig Sinn. Er besagt nur, dass alle Optimaten existieren. Da ich nun weiß, dass *esse* ein Prädikativum verlangt, fasse ich *omnes* als Subjekt auf *(alle)* und mache *optimates* zum Prädikativum:

Alle sind Optimaten.

Ein weiteres Beispiel:

Res ipsa parva, sed animi mei dolor magnus est.

Hier kongruieren die Nominative *res*, Sache, *ipsa*, selbst, und *parva*, klein, sowie *dolor*, Schmerz, und *magnus*, groß. *est* bezieht sich dabei auf die beiden Subjekte (*res* und *dolor*) gemeinsam. *animi mei*, meiner Seele, ist ein Genitivattribut zu *dolor*. Fasse ich das Adjektiv *parva* als dauerhaftes Attribut des Subjekts *res* auf (*die kleine Sache selbst*), bzw. *magnus* als dauerhaftes Attribut des Subjekts *dolor* (*der große Schmerz*), so entsteht ein Satz, der kein Prädikativum enthält:

Die kleine Sache selbst ist, aber der große Schmerz meiner Seele (ist).

Um passende Prädikativa zu erhalten, genügt eine kleine Umstellung. Ich stelle die beiden Adjektive *parva* und *magnus* im Deutschen hinter die Form von *esse* und übersetze beide im Deutschen undekliniert (nicht KNG-kongruent):

Die Sache selbst ist klein, aber der Schmerz meiner Seele (ist) groß.

Fällt dir der Unterschied im Vergleich der beiden Übersetzungen auf?

Andere Verben mit Prädikativum

Verben, die selten oder nie ohne Prädikativum erscheinen, muss man in erster Linie lernen (siehe Vokabeln). Wenn man weiß, dass in ihrer Umgebung häufig ein Prädikativum anzutreffen ist, weiß man auch ihre Signalfunktion zu deuten.

Als Beispiel soll uns zunächst das Verb *fieri, werden, entstehen*, dienen:

Ambitio multos mortalis falsos fieri subegit.

Subjekt dieses Satzes ist *ambitio*, Ehrgeiz, *subegit* (von *subigere*, zwingen) ist das Prädikat. Akkusativobjekt ist *mortalis*, Menschen. Mit diesem kongruieren nun die Adjektive *multos*, viele, und *falsos*, verlogene. Wenn ich nun beide als dauerhafte Eigenschaftsattribute zu *mortalis* auffasse (*viele verlogene Menschen*), geht der Infinitiv *fieri* leer aus (bleibt also ohne Prädikativum stehen):

Der Ehrgeiz zwingt viele verlogene Menschen zu «werden».

Der Satz klingt zumindest missverständlich in dem Sinne:

Der Ehrgeiz zwingt viele verlogene Menschen zu «entstehen».

Wenn ich hingegen *falsos* als Prädikativum umstelle und undekliniert (*verlogen*) auf *fieri* beziehe, wird der Sinn deutlicher:

Der Ehrgeiz zwingt viele Menschen verlogen zu werden.

Bei Verben mit doppeltem Kasus (vor allem doppeltem Akkusativ oder Nominativ) vertritt immer eine Form das Bezugssubstantiv (Subjekt, direktes Objekt), die zweite das zugehörige Prädikativum.
Ein typisches Verb mit doppeltem Akkusativ ist das Verb *appellare*, nennen, z. B. in folgendem Satz:

Ille Ennius sanctos appellat poetas.

Dabei ist *ille Ennius*, jener Ennius, das Subjekt, *appellat* das Prädikat und *poetas*, Dichter, das Objekt. Wenn man nun nicht weiß, dass *appellare* mit Prädikativum steht, neigt man dazu das Adjektiv *sanctos*, heilige, als Attribut zu *poetas* zu deklinieren:

Jener Ennius nennt die heiligen Dichter.

Dieser Satz mag auf den ersten Blick Sinn machen, gemeint ist aber etwas anderes. Das wird nur deutlich, wenn ich *sanctos* umstelle und undekliniert lasse:

Jener Ennius nennt die Dichter heilig.

Nomen und Pronomen

Kongruenzenhäufung

Findet sich eine große Zahl kongruenter Adjektive und Substantive in einem Satz, steigt die Wahrscheinlichkeit, dass eine oder mehrere der Formen prädikativ zu übersetzen sind. Dazu ein Beispiel: Neben den Verben, die im Aktiv mit doppeltem Akkusativ stehen, stehen viele Verben im Passiv mit doppeltem Nominativ, z.B. das Verb *numerari, gezählt werden (als)*. Auch dazu noch ein abschließendes Beispiel:

Optimates gravissimi et clarissimi cives numerantur et principes civitatis.

In diesem Satz kongruieren drei Substantive im Nominativ (*optimates*, Optimaten, *cives*, Bürger und *principes civitatis*, Anführer der Bürgerschaft) und zwei Adjektive *gravissimi*, bedeutendste, und *clarissimi*, bekannteste. Nehme ich nun *gravissimi* als Eigenschaftsattribut zu *optimates* und *clarissimi* als Eigenschaftsattribut zu *cives* und mache die drei Substantive zu Subjekten, stehen alle Formen nur im Dienste der Subjekte, indem sie deren dauerhafte Eigenschaften beschreiben:

Die <u>bedeutendsten Optimaten</u> und <u>berühmtesten Bürger</u> und die <u>Anführer der Bürgerschaft</u> werden gezählt.

Wenn ich hingegen *optimates* allein zum Subjekt mache, *gravissimi* und *clarissimi* beide auf *cives* beziehe und zusammen mit *principes civitatis* als substantivische Prädikativa zu *numerantur* erkläre, lautet der Sinn völlig anders:

Die <u>Optimaten</u> werden gezählt <u>als bedeutendste und berühmteste Bürger</u> und <u>als Anführer der Bürgerschaft</u>.

Bei dieser Übersetzung mache ich die prädikative Funktion deutlich, indem ich mit *als* präpositionalisiere (also einen präpositionalen Ausdruck bilde).

Sperrung und Prädikatsnähe

Ein Prädikativum steht häufig gesperrt von seinem Bezugssubstantiv. Sperrung bedeutet, dass zwischen Attribut und Bezugssubstantiv ein großer Abstand besteht, der durch andere Satzteile versperrt ist. In prädikativer Stellung steht das Prädikativum in unmittelbarer Nähe zum Prädikat. Sperrung und prädikative Stellung treten oft gepaart auf:

Etiam principes eius ordinis <u>partem illam</u> subselliorum, ad quam ille accesserat, <u>nudam atque inanem</u> reliquerunt.

Subjekt ist *principes eius ordinis*, die Anführer dieses Standes. Gesperrt stehen hier das Akkusativobjekt *partem illam*, jenen Teil, von den beiden kongruenten Attributen *nudam*, nackt, und *inanem*, leer, durch ein Genitivattribut (*subselliorum*, der Sitze) und einen ganzen Relativsatz (*ad quam ille accesserat*, zu welchem jener herangetreten war). Daher erscheint es unökonomisch zwei so weit entfernte kongruente Adjektive im Deutschen als deklinierte Eigenschaftsattribute *(jenen nackten und leeren Teil)* vorzuziehen, wie ich es in diesem Demo-Beispiel mache:

Sogar die Anführer dieses Standes ließen <u>jenen nackten und leeren Teil</u> der Sitze, zu welchem jener herangetreten war, zurück.

Vielmehr belässt man sie in ihrer prädikatsnahen Stellung zu *reliquerunt*, sie ließen zurück (von *relinquere*, zurücklassen) und übersetzt in undeklinierter Form:

Sogar die Anführer dieses Standes <u>ließen jenen Teil</u> der Sitze, zu welchem jener herangetreten war, <u>nackt und leer zurück</u>.

Allerdings sind Sperrung und Prädikatsnähe unsichere Zeichen für ein Prädikativum.

Attribut und Prädikativum

In dem lateinischen Satz

Caesar victor rediit.

kann das Adjektiv *victor*, siegreich, im Deutschen auf vier Arten wiedergegeben werden.

1. als adjektivisches Attribut:

Der <u>siegreiche</u> Caesar kehrte zurück.

2. als substantivisches Attribut:

Caesar <u>der Sieger</u> kehrte zurück.

3. als adjektivisches Prädikativum:

Caesar kehrte <u>siegreich</u> zurück.

4. als substantivisches Prädikativum:

Caesar kehrte <u>als Sieger</u> zurück.

Eine einzige, KNG-kongruente lateinische Form kann in verschiedene deutsche Formen übersetzt werden:

victor =

mit kongruenter Endung:	siegreich**e**
substantiviert und mit Artikel:	**der** Sieger
ohne kongruente Endung:	siegreich__
substantiviert mit *als*:	**als** Sieger

Aus diesen vier Varianten lassen sich vier Standard-Übersetzungstechniken ableiten, die du automatisiert und reflexartig abrufen und beherrschen musst.

Diese sind für das Attribut:

- die wörtlich-deklinierte Übersetzung
- die Substantivierung

Für das Prädikativum:

- die wörtlich-undeklinierte Übersetzung
- die Präpositionalisierung

Die wörtlich-deklinierte Übersetzung

In unserem ersten Beispiel *(Caesar victor rediit.)* wird *victor* in der ersten Übersetzung durch die Form «siegreiche» wiedergegeben. Mach dir klar, dass sich die deutsche Form aus dem Stamm *siegreich* und der Endung *e* zusammensetzt, also auch im Deutschen mit *Caesar* KNG-kongruent ist. Man spricht von der **wörtlich-deklinierten Übersetzung**. In der deutschen Übersetzung steht das wörtlich-deklinierte Attribut immer nur **vor** seinem Bezugswort!

Die Substantivierung

In der zweiten Übersetzung wird das lateinische Adjektiv *victor* als substantivisches Attribut aufgefasst, mit einem Artikel versehen (artikuliert) und groß geschrieben: *der Sieger*. Man spricht von der **Substantivierung durch Großschreibung und Artikulierung**.

Die wörtlich-undeklinierte Übersetzung

In der dritten Übersetzungsvariante wird *victor* als adjektivisches Prädikativum aufgefasst. Dabei steht die deutsche Form <u>nicht</u> wie im Lateinischen KNG-kongruent! Es steht der bloße Stamm: *siegreich*. Das ist der typische und entscheidende Unterschied zwischen dem Deutschen und Lateinischen.

Präge es dir gut ein! Man spricht von der **wörtlich-undeklinierten Übersetzung**.

Man kann kongruente lateinische Adjektive durch einen **Stamm-Test** auf ihre Funktion als Prädikativa überprüfen. Beim Stammtest übersetzt du sie im Deutschen probeweise mit der undeklinierten (also endungslosen) Stammform des jeweiligen Adjektivs. Wenn diese Übersetzung Sinn macht, kann das Adjektiv in prädikativer Form stehenbleiben.

Präpositionalisierung

Auch die vierte Variante zeigt eine Standardübersetzung prädikativer Formen: die Einfügung einer Präposition, meistens «als». Man spricht von der **Präpositionalisierung**. Für diesen Fall gibt es ebenfalls einen Test, mit dem du die prädikative Funktion eines Adjektivs überprüfen kannst: den **Präpositionen-Test**. Beim Präpositionen-Test übersetzt du wie im Beispiel die betreffenden Formen versuchsweise mit einer der Präpositionen «als», «für» oder «zu». Wenn diese Übersetzung Sinn macht, liegt ein Prädikativum vor. Viele Verben mit doppeltem Kasus stehen mit einer dieser drei Präpositionen.

Nomen und Pronomen

Funktionen von Nomen und Pronomen: Das solltest du auswendig gelernt haben

Nomen und Pronomen haben drei Funktionen:
- als nicht-attributives und nicht-prädikatives Bezugssubstantiv
- als Attribut
- als Prädikativum

Beispiel 1: *bonus – gut*

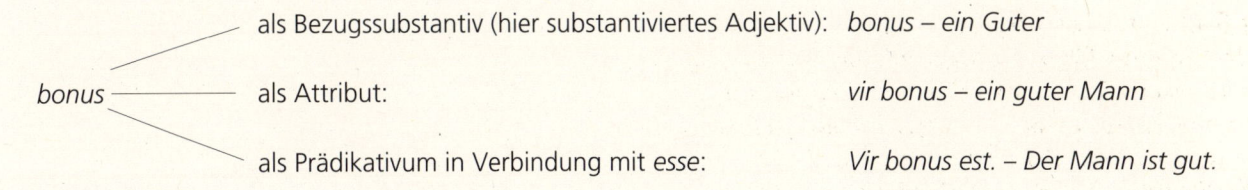

bonus
- als Bezugssubstantiv (hier substantiviertes Adjektiv): *bonus – ein Guter*
- als Attribut: *vir bonus – ein guter Mann*
- als Prädikativum in Verbindung mit *esse*: *Vir bonus est. – Der Mann ist gut.*

Beispiel 2: *adulescens – heranwachsend*

adulescens
- als Bezugssubstantiv: *adulescens – der Heranwachsende*
- adjektivisches Eigenschaftsattribut: *homo adulescens – der heranwachsende Mensch*
- als Prädikativum: *Homo adulescens moritur. Der Mensch stirbt heranwachsend / als Heranwachsender.*

Sowohl Attribut als auch Prädikativum stehen im Lateinischen in KNG-Kongruenz zu ihrem Bezugssubstantiv und lassen sich formal nicht unterscheiden. Um den Unterschied zu erkennen, gibt es verschiedene Hinweise und Tests.

Auf ein Attribut deutet hin:
- unmittelbare Nähe zum Bezugssubstantiv davor oder dahinter

Auf ein Prädikativum deuten hin:
- das Verb *esse*
- typische Signalverben (oft mit doppeltem Nominativ oder Akkusativ)
- Kongruenzenhäufung (doppelte Nominative, doppelte Akkusative)
- Sperrung und prädikative (prädikatsnahe) Stellung

In der deutschen Übersetzung dagegen dienen unterschiedliche Varianten dazu den Unterschied deutlich zu machen:

Für das Eigenschaftsattribut:
- die wörtlich-deklinierte (= im Deutschen KNG-kongruente) Übersetzung
- die Substantivierung durch Artikulierung und Großschreibung

Für das prädikative Attribut:
- die wörtlich-undeklinierte (= im Deutschen endungslose) Übersetzung (Stammtest)
- die Präpositionalisierung mit «als», «für» und «zu» (Präpositionentest)

Nomen und Pronomen

Dekliniere und übersetze

Kasus	Singular	Übersetzung
Nom.	auctoritas magna	der große Einfluss
Gen.		
Dat.		
Akk.		
Abl.		
Kasus	**Plural**	**Übersetzung**
Nom.		
Gen.		
Dat.		
Akk.		
Abl.		

Kasus	Singular	Übersetzung
Nom.	imperator bonus	
Gen.		
Dat.		
Akk.		
Abl.	a/cum	
Kasus	**Plural**	**Übersetzung**
Nom.		
Gen.		
Dat.		
Akk.		
Abl.	a/cum	

Kasus	Singular	Übersetzung
Nom.	vir audax	
Gen.		
Dat.		
Akk.		
Abl.	a/cum	
Kasus	**Plural**	**Übersetzung**
Nom.		
Gen.		
Dat.		
Akk.		
Abl.	a/cum	

Nomen und Pronomen

Kasus	Singular	Übersetzung
Nom.	frequens senatus	
Gen.		
Dat.		
Akk.		
Abl.		
Kasus	**Plural**	**Übersetzung**
Nom.		
Gen.		
Dat.		
Akk.		
Abl.		

Kasus	Singular	Übersetzung
Nom.	grave crimen	
Gen.		
Dat.		
Akk.		
Abl.		
Kasus	**Plural**	**Übersetzung**
Nom.		
Gen.		
Dat.		
Akk.		
Abl.		

Kasus	Singular	Übersetzung
Nom.	vetus urbs	
Gen.		
Dat.		
Akk.		
Abl.		
Kasus	**Plural**	**Übersetzung**
Nom.		
Gen.		
Dat.		
Akk.		
Abl.		

Kasus	Singular	Übersetzung
Nom.	res publica	die Sache
Gen.	res publicae	der Sache
Dat.	res publicae	der Sache
Akk.	res publicam	die Sache
Abl.	cum res publicā	die Sache
Kasus	**Plural**	**Übersetzung**
Nom.	res publicae	die S.
Gen.	ārum	der S.
Dat.	īs	der S.
Akk.	ās	die S.
Abl.	īs	

Nomen und Pronomen

Kasus	Singular	Übersetzung
Nom.	domus nobilis	
Gen.		
Dat.		
Akk.		
Abl.		
Kasus	**Plural**	**Übersetzung**
Nom.		
Gen.		
Dat.		
Akk.		
Abl.		

Kasus	Singular	Übersetzung
Nom.	vis magna	
Gen.		
Dat.		
Akk.		
Abl.		
Kasus	**Plural**	**Übersetzung**
Nom.		
Gen.		
Dat.		
Akk.		
Abl.		

Kasus	Singular	Übersetzung
Nom.	dies longus	
Gen.		
Dat.		
Akk.		
Abl.		
Kasus	**Plural**	**Übersetzung**
Nom.		
Gen.		
Dat.		
Akk.		
Abl.		

Kasus	Singular	Übersetzung
Nom.	homo sapiens	
Gen.		
Dat.		
Akk.		
Abl.	a/cum	
Kasus	**Plural**	**Übersetzung**
Nom.		
Gen.		
Dat.		
Akk.		
Abl.	a/cum	

Nomen und Pronomen

Kasus	Singular	Übersetzung
Nom.	senatus Romanus	der Römische Senat
Gen.	senatus Romani	der
Dat.	ō	dem
Akk.	um	den
Abl.	a/cum ō	mit dem

Kasus	Plural	Übersetzung
Nom.		
Gen.		
Dat.		
Akk.		
Abl.		

Kasus	Singular	Übersetzung
Nom.	exercitus fortis	die starke Armee
Gen.		
Dat.		
Akk.		
Abl.		

Kasus	Plural	Übersetzung
Nom.		
Gen.		
Dat.		
Akk.		
Abl.		

Kasus	Singular	Übersetzung
Nom.	verbum leve	die fließende Rede
Gen.		
Dat.		
Akk.		
Abl.		

Kasus	Plural	Übersetzung
Nom.		
Gen.		
Dat.		
Akk.		
Abl.		

Kasus	Singular	Übersetzung
Nom.	nobilis adulescens	
Gen.		
Dat.		
Akk.		
Abl.	a/cum	

Kasus	Plural	Übersetzung
Nom.		
Gen.		
Dat.		
Akk.		
Abl.	a/cum	

Nomen und Pronomen

Kasus	Singular	Übersetzung
Nom.	praesens tempus	
Gen.		
Dat.		
Akk.		
Abl.		
Kasus	**Plural**	**Übersetzung**
Nom.		
Gen.		
Dat.		
Akk.		
Abl.		

Kasus	Singular	Übersetzung
Nom.	mors certa	
Gen.		
Dat.		
Akk.		
Abl.		
Kasus	**Plural**	**Übersetzung**
Nom.		
Gen.		
Dat.		
Akk.		
Abl.		

Kasus	Singular	Übersetzung
Nom.	miles armatus	
Gen.		
Dat.		
Akk.		
Abl.	a/cum	
Kasus	**Plural**	**Übersetzung**
Nom.		
Gen.		
Dat.		
Akk.		
Abl.	a/cum	

Kasus	Singular	Übersetzung
Nom.	novus magistratus	
Gen.		
Dat.		
Akk.		
Abl.	a/cum	
Kasus	**Plural**	**Übersetzung**
Nom.		
Gen.		
Dat.		
Akk.		
Abl.	a/cum	

Nomen und Pronomen

Kasus	Singular	Übersetzung
Nom.	magnum periculum	
Gen.		
Dat.		
Akk.		
Abl.		
Kasus	**Plural**	**Übersetzung**
Nom.		
Gen.		
Dat.		
Akk.		
Abl.		

Kasus	Singular	Übersetzung
Nom.	hostis communis	
Gen.		
Dat.		
Akk.		
Abl.	a/cum	
Kasus	**Plural**	**Übersetzung**
Nom.		
Gen.		
Dat.		
Akk.		
Abl.	a/cum	

Kasus	Singular	Übersetzung
Nom.	oppidum proximum	die nächste Stadt
Gen.	i ī	der —"—
Dat.	o ō	der —"—
Akk.	um um	der —"—
Abl.	a/cum ō ō	mit —"—
Kasus	**Plural**	**Übersetzung**
Nom.		
Gen.		
Dat.		
Akk.		
Abl.		

Kasus	Singular	Übersetzung
Nom.	pugna acris	
Gen.		
Dat.		
Akk.		
Abl.		
Kasus	**Plural**	**Übersetzung**
Nom.		
Gen.		
Dat.		
Akk.		
Abl.		

Nomen und Pronomen

Kasus	Singular	Übersetzung
Nom.	imperium Romanum	
Gen.		
Dat.		
Akk.		
Abl.		

Kasus	Plural	Übersetzung
Nom.		
Gen.		
Dat.		
Akk.		
Abl.		

Kasus	Singular	Übersetzung
Nom.	scelus audax	
Gen.		
Dat.		
Akk.		
Abl.		

Kasus	Plural	Übersetzung
Nom.		
Gen.		
Dat.		
Akk.		
Abl.		

Kasus	Singular	Übersetzung
Nom.	bellum civile	
Gen.		
Dat.		
Akk.		
Abl.		

Kasus	Plural	Übersetzung
Nom.		
Gen.		
Dat.		
Akk.		
Abl.		

Kasus	Singular	Übersetzung
Nom.	dolor acer	
Gen.		
Dat.		
Akk.		
Abl.		

Kasus	Plural	Übersetzung
Nom.		
Gen.		
Dat.		
Akk.		
Abl.		

Nomen und Pronomen

Kasus	Singular	Übersetzung
Nom.	breve tempus	
Gen.		
Dat.		
Akk.		
Abl.		

Kasus	Plural	Übersetzung
Nom.		
Gen.		
Dat.		
Akk.		
Abl.		

Kasus	Singular	Übersetzung
Nom.	sceleratum facinus	
Gen.		
Dat.		
Akk.		
Abl.		

Kasus	Plural	Übersetzung
Nom.		
Gen.		
Dat.		
Akk.		
Abl.		

Kasus	Singular	Übersetzung
Nom.	scelus atrox	
Gen.		
Dat.		
Akk.		
Abl.		

Kasus	Plural	Übersetzung
Nom.		
Gen.		
Dat.		
Akk.		
Abl.		

Kasus	Singular	Übersetzung
Nom.	corpus mortale	
Gen.		
Dat.		
Akk.		
Abl.		

Kasus	Plural	Übersetzung
Nom.		
Gen.		
Dat.		
Akk.		
Abl.		

Nomen und Pronomen

Kasus	Singular	Übersetzung
Nom.	genus novum	
Gen.		
Dat.		
Akk.		
Abl.		

Kasus	Plural	Übersetzung
Nom.		
Gen.		
Dat.		
Akk.		
Abl.		

Kasus	Singular	Übersetzung
Nom.	ius civile	
Gen.		
Dat.		
Akk.		
Abl.		

Kasus	Plural	Übersetzung
Nom.		
Gen.		
Dat.		
Akk.		
Abl.		

Kasus	Singular	Übersetzung
Nom.	magnum opus	
Gen.		
Dat.		
Akk.		
Abl.		

Kasus	Plural	Übersetzung
Nom.		
Gen.		
Dat.		
Akk.		
Abl.		

Kasus	Singular	Übersetzung
Nom.	grave vulnus	
Gen.		
Dat.		
Akk.		
Abl.		

Kasus	Plural	Übersetzung
Nom.		
Gen.		
Dat.		
Akk.		
Abl.		

Nomen und Pronomen

Kasus	Singular	Übersetzung
Nom.	salus publica	
Gen.		
Dat.		
Akk.		
Abl.		

Kasus	Plural	Übersetzung
Nom.		
Gen.		
Dat.		
Akk.		
Abl.		

Kasus	Singular	Übersetzung
Nom.	pater noster	
Gen.		
Dat.		
Akk.		
Abl.	a/cum	

Kasus	Plural	Übersetzung
Nom.		
Gen.		
Dat.		
Akk.		
Abl.	a/cum	

Kasus	Singular	Übersetzung
Nom.	frater meus	
Gen.		
Dat.		
Akk.		
Abl.	a/cum	

Kasus	Plural	Übersetzung
Nom.		
Gen.		
Dat.		
Akk.		
Abl.	a/cum	

Kasus	Singular	Übersetzung
Nom.	tua mater	
Gen.		
Dat.		
Akk.		
Abl.	a/cum	

Kasus	Plural	Übersetzung
Nom.		
Gen.		
Dat.		
Akk.		
Abl.	a/cum	

Nomen und Pronomen

Kasus	Singular	Übersetzung
Nom.	propinquus suus	
Gen.		
Dat.		
Akk.		
Abl.	a/cum	
Kasus	**Plural**	**Übersetzung**
Nom.		
Gen.		
Dat.		
Akk.		
Abl.	a/cum	

Kasus	Singular	Übersetzung
Nom.	vester amicus	
Gen.		
Dat.		
Akk.		
Abl.	a/cum	
Kasus	**Plural**	**Übersetzung**
Nom.		
Gen.		
Dat.		
Akk.		
Abl.	a/cum	

Kasus	Singular	Übersetzung
Nom.	rex ipse	
Gen.		
Dat.		
Akk.		
Abl.	a/cum	
Kasus	**Plural**	**Übersetzung**
Nom.		
Gen.		
Dat.		
Akk.		
Abl.	a/cum	

Kasus	Singular	Übersetzung
Nom.	haec eadem res	
Gen.		
Dat.		
Akk.		
Abl.		
Kasus	**Plural**	**Übersetzung**
Nom.		
Gen.		
Dat.		
Akk.		
Abl.		

Nomen und Pronomen

Kasus	Singular	Übersetzung
Nom.	hoc iudicium	
Gen.		
Dat.		
Akk.		
Abl.		
Kasus	**Plural**	**Übersetzung**
Nom.		
Gen.		
Dat.		
Akk.		
Abl.		

Kasus	Singular	Übersetzung
Nom.	id facinus	
Gen.		
Dat.		
Akk.		
Abl.		
Kasus	**Plural**	**Übersetzung**
Nom.		
Gen.		
Dat.		
Akk.		
Abl.		

Kasus	Singular	Übersetzung
Nom.	idem imperator	
Gen.		
Dat.		
Akk.		
Abl.	a/cum	
Kasus	**Plural**	**Übersetzung**
Nom.		
Gen.		
Dat.		
Akk.		
Abl.	a/cum	

Kasus	Singular	Übersetzung
Nom.	iste quaestor	
Gen.		
Dat.		
Akk.		
Abl.	a/cum	
Kasus	**Plural**	**Übersetzung**
Nom.		
Gen.		
Dat.		
Akk.		
Abl.	a/cum	

Nomen und Pronomen

Kasus	Singular	Übersetzung
Nom.	ille vir	
Gen.		
Dat.		
Akk.		
Abl.	a/cum	

Kasus	Plural	Übersetzung
Nom.		
Gen.		
Dat.		
Akk.		
Abl.	a/cum	

Kasus	Singular	Übersetzung
Nom.	ego consul	
Gen.		
Dat.		
Akk.		
Abl.	a/cum	

Kasus	Plural	Übersetzung
Nom.		
Gen.		
Dat.		
Akk.		
Abl.	a/cum	

Kasus	Singular	Übersetzung
Nom.	tu ipse	
Gen.		
Dat.		
Akk.		
Abl.	a/cum	

Kasus	Plural	Übersetzung
Nom.		
Gen.		
Dat.		
Akk.		
Abl.	a/cum	

Kasus	Singular	Übersetzung
Nom.	ea res	
Gen.		
Dat.		
Akk.		
Abl.		

Kasus	Plural	Übersetzung
Nom.		
Gen.		
Dat.		
Akk.		
Abl.		

Nomen und Pronomen

Kasus	Singular	Übersetzung
Nom.	id tempus	
Gen.		
Dat.		
Akk.		
Abl.		
Kasus	**Plural**	**Übersetzung**
Nom.		
Gen.		
Dat.		
Akk.		
Abl.		

Kasus	Singular	Übersetzung
Nom.	qui civis?	
Gen.		
Dat.		
Akk.		
Abl.	a/cum	
Kasus	**Plural**	**Übersetzung**
Nom.		
Gen.		
Dat.		
Akk.		
Abl.	a/cum	

Präpositionen

Themenüberblick

Präpositionen sind kleine Wörter, die Stellungen und Beziehungen in Raum und Zeit herstellen. Sie spielen im Lateinischen eine wichtige Rolle, weil sie bei der Übersetzung eine Signalfunktion für bestimmte Kasūs haben.

Die Grundregel lautet: Präpositionen stehen nie allein, sondern immer in enger Verbindung mit einem Bezugswort im Akkusativ oder Ablativ. Dabei steht die Präposition immer **vor** ihrem Bezugssubstantiv – daher auch ihr Name.

Eine einzige Ausnahme weicht dann aber auch gleich in jeder Hinsicht von dieser Regel ab. Es ist die undeklinierte Form *causa*. Sie erscheint als einzige mit dem Genitiv und steht auch als einzige **hinter** ihrem Bezugswort. Deshalb heißt sie auch Postposition.

Die wichtigsten Präpositionen sind im Vokabular aufgelistet. Du musst sie mit Bedeutung und Kasus lernen. Alle Präpositionen hier im Detail zu besprechen halte ich nicht für notwendig. Ich weise lediglich auf einige übersetzungstechnische Aspekte hin, die vor allem die Stellung betreffen.

Übrigens: Vom Kasus bei einer lateinischen Präposition kannst du nicht immer auf den Kasus bei einer deutschen Präposition schließen. Das gilt besonders für den Ablativ, für den im Deutschen meist präpositionale Ausdrücke mit Dativ oder Akkusativ eintreten.

in und *in*

Merke dir ja den Unterschied zwischen *in* mit Akkusativ und *in* mit Ablativ! Ungenauigkeit bei dieser Unterscheidung führt zu katastrophalen Sinnverzerrungen und zählt zu den verbreitetsten Unarten im Latinum.

in + Akkusativ ist eine Richtungsangabe *in etwas hinein, nach einem Ort hin, gegen jemanden gerichtet* oder *in Beziehung auf etwas*:

in urbem
in **die** Stadt

in partes tres
in drei Teil**e**

in Siciliam
nach Sizilien

in hostem
gegen **den** Feind

amor in rem publicam
Liebe **in Beziehung auf das** Vaterland
Liebe **zum** Vaterland

in + Ablativ ist eine Orts- oder Befindlichkeitsangabe *in etwas drin, inmitten unter* oder *auf etwas drauf*:

in Graecia
in Griechenland

in bello
im Krieg

in hominibus
unter de**n** Menschen

in foro
auf de**m** Forum

Bei nd-Formen heißt *in* beim:

in iudicando
bei**m** Beurteilen

a/ab, ad, apud, ac und *at*

a/ab, ad, apud, ac, at bloß nicht verwechseln!

a/ab steht mit Ablativ und heißt *von*. Vor Konsonanten steht *a*, vor Vokalen *ab*:

a Graecis
von den Griechen

ab adulescentia
von Jugend an

ad steht mit Akkusativ und heißt *zu, an, bei*:

ad salutem
zum Wohl

ad senatum
zum Senat

Bei nd-Formen heißt *ad* auch *um zu*.

ad proficiscendum
zum Aufbrechen
um aufzubrechen

apud steht mit Akkusativ und heißt immer nur *bei*:

apud Xenophontem
bei Xenophon

ac ist keine Präposition, sondern eine Konjunktion und heißt *und*.

at ist ebenfalls eine Konjunktion und heißt *aber*.

de

de heißt ursprünglich *von (her), aus (heraus)*. In dieser buchstäblichen Bedeutung steht es jedoch nur selten:

de navibus
von den Schiffen (herab)

de duobus
von zweien

de manibus
aus den Händen

In den bei Weitem meisten Fällen heißt *de* vielmehr *über, in Bezug (Beziehung) auf:*

de amicitia
in Beziehung auf die Freundschaft
über die Freundschaft

de natura
in Bezug auf die Natur
über die Natur

de vita et de moribus
in Bezug auf das Leben und die Sitten
über das Leben und die Sitten

de bello Gallico
in Bezug auf den gallischen Krieg
über den gallischen Krieg

causa

causa, wegen, steht im Lateinischen wie im Deutschen eigentlich immer hinter dem Bezugswort. Das Bezugswort ist in beiden Sprachen immer ein Genitiv:

salutis causa
der Gesundheit wegen

Es handelt sich also eigentlich nicht um eine Präposition, sondern um eine Postposition *(post, hinter, nach),* eine Hintanstellung, noch dazu die einzige, die mit dem Genitiv auftritt. Analog zum präpositionalen Ausdruck bezeichnet man diese Stellung als postpositionalen Ausdruck.

Bei nd-Formen heißt nachgestelltes *causa* auch *um zu:*

fraudandi causa
des Betrügens wegen
um zu betrügen

Im heute gebräuchlichen Deutsch tritt das Wort *wegen* häufiger vor dem Bezugswort auf: *wegen des schlechten Wetters.* Die Postposition ist bis heute niemals falsch, meistens aber auf bestimmte Wörter oder Wendungen beschränkt: *der Ehre wegen, deswegen.* Wer sich also an die Präposition *wegen* so gewöhnt hat, dass er sich auch für das Latinum nicht umstellen möchte, muss besonders daran denken, dass *causa* im Lateinischen immer hinter seinem Bezugswort zu finden ist.

Achtung: *causa* muss nicht immer Postposition sein und nicht immer *wegen* heißen. Es kann häufig auch als einfaches Substantiv in der Bedeutung *Grund, Ursache* auftreten. Der Zusammenhang entscheidet. Achte darauf, ob es exakt die Form *causa* ist, denn als Postposition wird *causa* nicht dekliniert. Der zweite wichtige Indikator ist natürlich das Vorhandensein eines Genitivattributes vor *causa*.

Klammerstellungen

Eines der verbreitetsten Probleme bei der Übersetzung stellen die sogenannten Klammerstellungen dar. Diese gehören zum typischen Stil des klassischen Latein. Als deutlich abgegrenzte Textbausteine lassen sie sich gut auch aus unübersichtlichen, langen Sätzen isolieren, – wenn du sie einmal erkennst. Meist handelt es sich um präpositionale Ausdrücke, deren Wortabfolge nicht der natürlichen Erwartung entspricht, die du im Deutschen hast.

Genitivattribute in Klammerstellung zwischen Präposition und Bezugswort

An der folgenden Einklammerung des Genitivattributes stört auf den ersten Blick die weite Entfernung des Bezugswortes. Ein Beispiel:

de mundi ac terrarum magnitudine

Nach der Präposition *de* erwartet man einen Ablativ. Doch zunächst folgen drei weitere Wörter, die nichts mit dem Ablativ zu tun haben. Im älteren und gehobenen Deutsch findet sich dieses Phänomen noch und man könnte wörtlich übersetzen:

über der Welt und der Länder Größe

Heute neigen wir aber eher dazu das Bezugswort direkt mit der Präposition zu nennen und Genitivattribute nachzustellen:

über die Größe der Welt und der Länder

Weitere Beispiele:

de rerum natura
wörtlich: *über der Dinge Wesen*
nachgestellt: *über das Wesen der Dinge*

de deorum immortalium vi ac potestate
wörtlich: *in Bezug auf der unsterblichen Götter Stärke und Macht*
nachgestellt: *in Bezug auf die Stärke und Macht der unsterblichen Götter*

de Cn. Pompei eximia virtute
wörtlich: *über des Gnaius Pompeius außergewöhnliche Tapferkeit*
nachgestellt: *über die außergewöhnliche Tapferkeit des Gnaius Pompeius*

Präpositionen

Präposition in Klammerstellung zwischen Attribut und Bezugswort

Umgekehrt kann auch die Präposition selbst eingeklammert sein, zwischen einem vorangestellten Attribut und einem nachgestellten Bezugswort. Hier ist keine wörtliche Wiedergabe möglich, denn die Stellung des Attributes ist anders als im Lateinischen im Deutschen nicht beliebig, sondern immer vor dem Bezugssubstantiv. Beispiele:

magno in periculo
in *großer* Gefahr

ea de re
in Bezug auf *diese* Sache

omnibus de rebus
über *alle* Dinge

summum in cruciatum
in die *schlimmste* Folter

magna cum diligentia
mit *großer* Sorgfalt

nulla alia in civitate
in *keinem anderen* Staat

♣ Präpositionen: Das solltest du auswendig gelernt haben

- Eine Präposition steht nie allein, sondern immer mit einem zugehörigen Bezugswort im Akkusativ oder Ablativ. Sie steht immer vor ihrem Bezugswort.
- Die einzige Ausnahme ist die Postposition *causa*: Sie steht mit dem Genitiv und hinter ihrem Bezugswort!
- *in* und *in* nicht verwechseln! Achte bei *in* immer darauf, mit welchem Kasus es steht!
- *a/ab, ad, apud, ac* und *at* nicht verwechseln! Einzeln lernen und genau hingucken!
- Du sollst *de* immer zuerst mit *in Bezug auf* übersetzen! Nur selten heißt es *von*!
- Die Genitiv-Postposition *causa* wird nicht dekliniert. In deklinierter Form und ohne Genitiv kann *causa* Substantiv in den Bedeutungen «Grund, Fall, Sache» sein!
- *Ablativ der Person – nie ohne Präposition!*
- Du *kannst* bei nd-Formen die Präpositionen *ad* und *causa* mit *um zu* übersetzen.
- Du *musst* bei nd-Formen *in* mit Ablativ mit *beim* übersetzen!
- Merkvers zu den Präpositionen mit dem Ablativ:

  *cum und sine, in und de
  a und ab, pro, ex und e.*

- Genitivattribute können in Klammerstellung zwischen Präposition und Bezugswort stehen.
- Präpositionen können in Klammerstellung zwischen Attributen und Bezugswort stehen.

Vokabular: Präpositionen

Die Postposition *causa* mit dem Genitiv

causa (nachgestellt)	wegen

Die Präposition *in* mit dem Ablativ oder dem Akkusativ

in mit Akkusativ	Richtungs- und Bewegungsangabe: **in** (z.B. das Haus hinein), **nach** (z.B. Griechenland), **gegen** (z.B. den Feind), **auf** (z.B. den Berg hinauf), **in Richtung auf** oder **in Beziehung auf** (z.B. die Menschen)
in mit Ablativ	Orts- und Aufenthaltsangabe: **in** (z.B. der Stadt, dem Haus drin), **auf** (z.B. dem Berg drauf), **unter** (z.B. den Menschen), **bei** (z.B. den Galliern)

Präpositionen nur mit dem Akkusativ

ad	zu, zum, zur, an, bei, nach
usque ad	bis, bis hin zu
ante	vor
apud	bei
contra	gegen
intra	innerhalb
inter	zwischen, (inmitten) unter
ob	wegen
per	durch: 1. räumlich: durch ... (hindurch)
	2. instrumental: durch, mittels
post	nach, hinter
praeter	außer, an ... vorbei
propter	wegen
trans	über ... hinüber, über

Präpositionen nur mit dem Ablativ

a/ab	von, von ... her, von ... weg
cum	mit
una cum	zusammen mit
de	1. übertragen: über, in Beziehung auf
	2. räumlich: von (herab), aus (heraus)
e/ex	1. räumlich: aus ... (heraus)
	2. zeitlich: seit
	3. kausal: aufgrund von, infolge von
pro	1. für
	2. anstatt
	3. in Anbetracht
sine	ohne

Idiomatische Ausdrücke mit Präpositionen

ad hoc	zudem, außerdem
ad senatum referre	an den Senat berichten
agitur de ...	es geht um, auf dem Spiel / zur Debatte steht
conferre in	einsetzen für, verwenden auf
constare ex	bestehen aus
in intimo	im Innern von
in medio	inmitten von
in mentem venire	in den Sinn kommen, einfallen
in numero ducere	zur Gruppe zählen, unter die Zahl rechnen
in summo	auf dem Gipfel von
pro nihilo ducere	für nichts halten
quaerere ex	wissen wollen von, fragen (mit Akkusativ)

Präpositionen

Übung: Präpositionen

Übersetze

1. sine te — ohne dich
2. ab alio — von einem anderen
3. per vim
4. e templo — aus dem Tempel
5. e manibus
6. nulla in re
7. una tecum
8. cum sensu
9. a plerisque
10. ad suas res
11. apud omnis
12. in Etruriam
13. de his rebus
14. una cum illo
15. in amicitiam
16. a natura ipsa
17. ab indigentia
18. ex his studiis
19. ex hac aetate
20. de natura sua
21. tota in Sicilia
22. ob has causas
23. in animo forti
24. ad haec studia
25. de animi bonis
26. criminis causa
27. iustitia in deos

Präpositionen

28. in aedem Iovis[1]
29. temporis causa
30. per provinciam
31. ob eam causam
32. de eius adventu
33. una cum ceteris
34. multis de causis
35. hanc ob causam
36. pro salute vestra
37. de hominum vita
38. post eius mortem
39. in meis doloribus
40. de omnibus rebus
41. ex omnibus rebus
42. cum animi ratione
43. rei publicae causa
44. in orbem terrarum
45. in consiliis nostris
46. a dis[2] immortalibus
47. in societatem vitae
48. cum virgine nobili
49. ad Catonem meum
50. per omnia humana
51. ante civium oculos
52. in vetere proverbio
53. in hanc sententiam
54. non supplicii causa
55. e sua sede ac domo

---

1 Iupiter, Iovis m: Jupiter
2 di = dei, Götter

Präpositionen

56. in natura mortalium
57. in nostra re publica
58. ad eorum utilitatem
59. per nefarium scelus
60. ad magistratus suos
61. ex corpore et anima
62. nulla alia in civitate
63. ex illorum dignitate
64. in hostium potestate
65. cum illorum auxiliis
66. de P. Sesti tribunatu
67. ad civium utilitatem
68. per summum scelus
69. de hominis moribus
70. ex illorum severitate
71. propter difficultatem
72. magno in aere alieno
73. in proxumum annum
74. in proximam noctem
75. in nocturno conventu
76. in fortunae temeritate
77. in omni libero populo
78. in alia loca opportuna
79. a principio consulatus
80. in amicorum periculis
81. inter natos et parentes
82. in odium aut invidiam
83. a privatis compluribus
84. cum moribus et natura
85. ad illorum conventum

Präpositionen

86. ex eius adsentatoribus
87. in illorum conspectum
88. per luxum et ignaviam
89. in tanta varietate rerum
90. cum armatis hominibus
91. ex utilitatis varietatibus
92. ad communem fructum
93. per mulieres et virgines
94. ad huius adulescentiam
95. de re publica consensus
96. ex Hennensium nemore
97. ex illorum nefaria caede
98. ad illorum improbitatem
99. in rerum contemplatione
100. in optimatium dominatu
101. cum sensu doloris aliquo
102. cum illorum cupiditatibus
103. in populi Romani nomine
104. ex hac turba et conluvione
105. ex aere Dianae simulacrum
106. ad requiem animi et corporis
107. a monstro illo atque prodigio
108. augusto et religioso in templo
109. propter virtutem et probitatem
110. celebro in loco populi Romani
111. usque ad Pythagorae aetatem
112. de temporum rerumque natura
113. in gratiam cum populo Romani
114. usque ad summam senectutem
115. in superbiam dominationemque

Präpositionen

116. de istorum scelere atque iniuriis
117. ad omnia intima istorum consilia
118. ad inertiam et voluptates corporis
119. in pacatis tranquillisque civitatibus
120. in decoris armis et militaribus equis
121. propter imbecillitatem atque inopiam
122. ad commune omnium gentium bellum

Komparation

Themenüberblick

Als Komparation bezeichnen wir die Steigerung von Adjektiven (und Adverbien) um Vergleiche anstellen zu können. Die Adverbien folgen dabei grundsätzlich den gleichen Regeln wie die Adjektive. Die Vergleichsformen lassen sich in vier Stufen steigern:

hoch ▶ *höher* ▶ *sehr hoch* ▶ *höchst*

Diese vier Stufen heißen:

- Grundstufe oder Positiv
- Vergleichsstufe oder Komparativ
- Hervorhebungsstufe oder Elativ
- Höchststufe oder Superlativ

Im Deutschen kann man sich die Unterschiede gut an folgenden Beispielsätzen einprägen:

Hoch ist die Zugspitze. (Positiv)
Höher ist der Mont Blanc. (Komparativ)
Sehr hoch ist der Kilimanjaro. (Elativ)
Am höchsten ist der Mount Everest. (Superlativ)

Zur Unterscheidung der Stufen dienen im Lateinischen verschiedene Suffixe, an die wiederum die Endungen der a- und o- Deklination oder der konsonantischen (nicht i-gemischten!) Deklination herantreten. Bei einigen wenigen findet hier ein Stammwechsel statt. Eine wichtige Rolle spielt außerdem die Vergleichskonjunktion *quam, als,* und der sogenannte *Ablativus Comparationis*.

Der Positiv ist ein ungesteigertes Adjektiv

Als Positiv bezeichnet man die Grundstufe eines Adjektivs (oder Adverbs).

Das lateinische Wort *positum, gelegt, hingestellt,* bedeutet hier soviel wie *zugrunde gelegt.*

Der Positiv ist nichts anderes als die normale, ungesteigerte Form der Adjektive. Hier müssen wir also nichts Neues lernen, denn in der Grundstufe haben wir die Adjektive ja bereits ausführlich besprochen und gelernt.

Der Komparativ dient dem Vergleich

Der Komparativ ist die Vergleichsstufe eines Adjektivs (oder Adverbs).

comparare heißt *nebeneinanderstellen, vergleichen.*

Im Deutschen tritt das Suffix *-er-* an den Stamm, manchmal in Verbindung mit Umlaut und Veränderung des Stamms (Positiv: *hoch-* – Komparativ: *höher-*):

Positiv	Komparativ
schön-	*schöner-*
groß-	*größer-*
reich-	*reicher-*
alt-	*älter-*

Das Suffix *-ior-* und die Endungen der 3. Deklination

Zur Bildung eines Komparativs wird zwischen Adjektivstamm und Endung ein Suffix angefügt. Dieses Komparativ-Suffix lautet:

-ior-

Die Endungen der Komparative richten sich nicht nach dem Stammauslaut, sondern nach dem Suffixauslaut. *-ior-* hat einen konsonantischen Auslaut *(-r-).* Deshalb werden die Komparative nach den konsonantischen Stämmen der 3. Deklination flektiert. Dabei spielt es keine Rolle, ob das Adjektiv im Positiv zur a- oder o-Deklination gehört. Im gewohnt unregelmäßigen Nominativ Singular fallen Suffix und Endung im Maskulinum und Femininum scheinbar zusammen, im Neutrum wird das Suffix von der Endung überdeckt, so dass zweiendige Formen mit folgenden Ausgängen entstehen:

-ior, -ior, -ius

Ab dem Genitiv geht es dann regelmäßig mit dem Suffix *-ior-* und den Endungen der 3. Deklination weiter:

-ior-is, -ior-is, ior-is

Obwohl es sich auch bei Komparativen in der Wortart immer noch um Adjektive handelt, folgen sie nicht den Regeln der Adjektive (i-Stämme), sondern der Substantive (konsonantische Stämme) der 3. Deklination. Sie gehören damit zu den Ausnahmen. Eine Tabelle zu Suffixen und Endungen des Komparativs findest du auf S. 258.

«als»

In Verbindung mit einem Komparativ musst du immer an die Frage denken, im Vergleich wozu etwas gesteigert wird. Im Deutschen dient zum Vergleich mit etwas anderem in der Regel die Vergleichspräposition *als*. Im Lateinischen gibt es zwei Möglichkeiten diesen Begriff auszudrücken:

- mit der Vergleichspräposition *quam*
- durch den Ablativ des Vergleichs *(Ablativus comparationis)* oder «im-Vergleich-zu-Ablativ»

Komparation

«quam»

Die Präposition *quam* lässt sich ganz einfach mit dem deutschen *als* übersetzen. Beispiel:

Tu innocentior quam Metellus?
Du (bist) unschuldiger als Metellus?

Ablativus comparationis

Der *Ablativus comparationis* (oder auch Ablativus comparativus) drückt wörtlich aus, «von wo aus gesehen» etwas gesteigert ist. Er ist also eine Untergattung des *Ablativus separativus*.
Dazu ein Beispiel:

Quis clarior in Graecia Themistocle?

Zu Demonstrationszwecken zunächst eine wörtliche Übersetzung:

Wer (war) berühmter in Griechenland «von Themistokles aus (gesehen)»?

Grundsätzlich kann er in der Übersetzung auch synonym mit *quam* aufgefasst und mit *als* übersetzt werden:

Wer (war) berühmter in Griechenland als Themistokles?

Als Alternative dient der präpositionale Ausdruck «im Vergleich zu». Er hat dem Ablativus Comparationis auch die Bezeichnung «*im-Vergleich-zu*-Ablativ» eingebracht:

Wer (war) berühmter in Griechenland im Vergleich zu Themistokles?

Aus übersetzungstechnischen Gründen übersetzt man den *Comparationis* besser immer mit dem präpositionalen Ausdruck *im Vergleich zu*. *als* passt zwar oft, aber nicht in allen Fällen, vor allem in einer Form der relativen Verschränkung, in der das Relativpronomen gleichzeitig die Funktion eines *Ablativus Comparationis* hat:

Non enim quaero, quis fuerit, sed quid sit illud, quo nihil possit esse praestantius.
Denn ich frage nicht, wer es gewesen ist, sondern was jenes ist, im Vergleich zu welchem nichts herausragender sein kann.

Atomum [...], quo nihil posset fieri minus.
Das Atom, im Vergleich zu welchem nichts Kleineres entstehen kann.

Non enim satis intellego, quid summum dicas [...], quid breve: «Summum, quo nihil sit superius, breve, quo nihil brevius.»
Denn nicht ausreichend verstehe ich, was du das Höchste nennst, was das Kürzeste: «Das Höchste, im Vergleich zu welchem nichts höher ist, das Kürzeste, im Vergleich zu welchem nichts kürzer (ist).»

Non dubitabas, quin mundus esset deus, quo nihil in rerum natura melius esset.
Du zweifeltest nicht, dass die Welt ein Gott ist, im Vergleich zu welchem nichts Besseres im Wesen der Dinge ist.

Vos obsecro, iudices, ut huic optimo viro, quo nemo melior umquam fuit, nomen equitis Romani [...] ne eripiatis.
Euch bitte ich, Richter, dass ihr diesem vortrefflichen Mann, im Vergleich zu welchem niemand je besser war, den Namen eines römischen Ritters nicht entreißt.

Superlativ und Elativ sind nicht mehr steigerbar

Den Begriff Elativ verwenden wir in der deutschen Grammatik eher weniger. Im Lateinischen unterscheiden sich Superlativ und Elativ nur in der Funktion, nicht in der Form. Zur Unterscheidung des lateinischen Elativs und Superlativs dienen unterschiedliche Übersetzungen.

Der Elativ hebt ein Adjektiv hervor

Der Elativ steht vor allem dann, wenn ein Adjektiv noch nicht die höchste Stufe erreicht hat, aber doch eine herausragende Stufe.

elatum heißt *hervorgehoben, emporgehoben, herausgehoben.*

Im Deutschen verwendet man gegenüber dem Positiv hervorhebende Adverbien oder metaphorische Verstärkungen:

Positiv	adverbial	metaphorisch
schön-	sehr schön-	wunderschön-
groß-	gewaltig groß-	riesengroß-
reich-	überaus reich-	steinreich-
alt-	äußerst alt-	uralt-

Der Superlativ macht ein Adjektiv unvergleichlich

Der Superlativ stellt ein Adjektiv auf die Stufe der Unvergleichlichkeit, so dass es alles überragt.

Superlatum heißt *darüber gehoben, über alles gehoben.*

Im Deutschen tritt das Suffix -st- an den Stamm, manchmal in Verbindung mit Umlaut und Veränderung des Adjektivstamms (Positiv: hoch- – Superlativ: höchst-):

Positiv	Superlativ
schön-	schönst-
groß-	größt-
reich-	reichst-
alt-	ältest-

Komparation

Suffixe und Endungen: Elativ und Superlativ haben die gleiche Form

Im Lateinischen werden Elativ und Superlativ durch ein und dieselbe Form ausgedrückt. Vor die Endungen tritt in den meisten Formen das Suffix

-issim- *(praeclar-issim-us – der Berühmteste)*

an den Stamm, bei einigen Adjektiven auch

-illim- *(fac-illim-us – der Leichteste)*

oder

-errim- *(pulch-errim-us – der Schönste).*

Die Endungen richten sich in allen Fällen nach der a- und o-Deklination. Dabei spielt es keine Rolle, ob das Adjektiv im Positiv zur 3. Deklination gehört. Eine Tabelle zu den Suffixen und Endungen des Superlativs/Elativs findet sich auf S. 258.

Elativ und Superlativ hängen vom Zusammenhang und Hintergrund ab

Nur aus dem Textzusammenhang und mit entsprechendem Hintergrundwissen kannst du über die Übersetzung entscheiden. Man kann sich das vielleicht an folgendem historischem Beispiel verdeutlichen.

Es gab viele reiche Römer (Positiv). Der Verleger Titus Pomponius Atticus war außergewöhnlich reich (Elativ). Nur Marcus Licinius Crassus war reicher als er (Komparativ). Marcus Licinius Crassus war der reichste Mann Roms (Superlativ).

Gegenüber dem Superlativ ist der Elativ im Lateinischen ungleich häufiger. Die höchste Stufe, den Superlativ, können eigentlich nur wenige Menschen, Dinge und Ereignisse für sich beanspruchen. Oft gibt es doch noch etwas, das sie übertrifft.

<small>Häufig dienen Superlative jedoch der Übertreibung. Cicero liebt Übertreibungen: nennt er doch seine Tochter «*carissima filia*», «allerliebste Tochter», obwohl er nur eine hatte. Bald ist Verres, bald Catilina «*homo audacissimus*», der «brutalste Kerl». Wie viele Statuen und Kunstgegenstände in Sizilien nicht «*antiquissima et pulcherrima*», die «ältesten und schönsten» waren?</small>

quam + Superlativ + posse

Gelegentlich findet sich der Superlativ (sowohl von Adjektiven als auch von Adverbien) mit einem vorangestellten *quam* und einer nachgestellten Form von *posse*:

quam + Superlativ + *posse (potest/possunt/potuit usw.)*

Eine synonyme Variante dieser Phrase ist

ut + Superlativ + *posse*

Im Deutschen übersetzen wir auf zwei Arten:

1. durch *so* + Positiv + *können* (z.B. *so schnell er konnte*)
2. durch *möglichst* + Positiv

Beispiele:

quam maximis potest itineribus
in *so großen* Märschen *er kann*
in *möglichst großen* Märschen

quam aequissimo potest loco
an einem *so ebenen* Ort *er kann*
an einem *möglichst ebenen* Ort

quam maximas possunt manus
so große Heerscharen *sie können*
möglichst große Heerscharen

Superlativ + quisque

Eine für Cicero typische Wendung ist die Phrase aus Superlativ und dem Pronomen *quisque, jeder*, z.B. in der Wendung

optimus quisque

Der Versuch einer wörtlichen Übersetzung macht wenig Sinn: «jeder Beste» klingt merkwürdig. Eingebürgert hat sich eine deutsche Umschreibung mit *gerade die* + Superlativ im Plural, also:

gerade die Besten

Das Verwirrende an dieser Übersetzung ist der Unterschied zwischen lateinischem Singular und deutschem Plural. Denke also bei der Übersetzung dieser Phrase daran, jeden lateinischen Singular (bei Subjekten auch das PN-kongruente Prädikat) zu pluralisieren.

Komparative und Superlative mit Stammwechsel

Einige Adjektive ändern im Komparativ und Elativ/Superlativ ihren Stamm gegenüber dem Positiv. Du kennst das auch aus dem Englischen und Deutschen:

good ▸ *better, best*
bad ▸ *worse, worst*
gut ▸ *besser, am besten*

Bei folgenden fünf Adjektiven solltest du den Stammwechsel kennen:

- *bonus*, gut,
- *malus*, schlecht,
- *magnus*, groß,
- *parvus*, klein, wenig,
- beim Neutrum Singular *multum*, viel, und beim Plural aller Genera *multi, multae, multa*, viele.

Komparation

Komparativ mit Stammwechsel

Bei den ersten drei Adjektiven ändert sich im Komparativ an den Suffixen und Endungen gar nichts. Nur die unterschiedlichen Stämme müssen gelernt werden.

Positiv-stamm	Komparativ-stamm	Komparativ-suffix	Stamm + Suffix	Nominativ Singular	Genitiv Singular
bono-, gut	mel-	-ior-	mel-ior-	melior, melior, melius	melioris
malo-, schlecht	pe-	-ior-	pe-ior-	peior, peior, peius	peioris
magno-, groß	ma-	-ior-	ma-ior-	maior, maior, maius	maioris

Für *parvus, klein,* und alle vorkommenden Formen vom Stamm *multo-, viel,* gilt die *Plus-Minus*-Regel

Plus-Minus-Regel

Plus und *minus* sind eigentlich nur die Komparative zweier neutraler Formen von *parvus* und *mult-*:

multum, viel – **plus**, *mehr*
parvum, wenig – **minus**, *weniger*

Die Plus-Minus-Regel soll aber als Eselsbrücke für alle Formen der beiden Adjektive gelten, die in ihrer Deklination von der Regel abweichen. Bei der regelmäßigen Deklination der Komparative lautet das Suffix *-ior-* außer im Nominativ und Akkusativ Singular Neutrum. Dort fallen Suffix und Endung in der Form *-ius* zusammen. Ab dem Genitiv Singular taucht dann das Suffix *-ior-* regelmäßig in allen Kasūs, Numeri und Genera auf.
Die Plus-Minus-Regel besagt nun Folgendes: Bei den Komparativen von *parvus* und allen Formen vom Stamm *mult-* fällt das *-i-* des Suffix weg. Es entsteht also das Suffix *-or-* bzw. der Ausgang *-us*. So erklären sich die Komparative von *parvus* (*min-or, min-or, min-us* usw.)
Bei den *mult-*Stämmen fällt zusätzlich noch das *-o-* aus dem Suffix weg, so dass von *-ior-* nur noch das *-r-* stehen bleibt und auch nur dort, wo es auch bei den regelmäßigen Formen steht, also nicht im Nominativ und Akkusativ Singular Neutrum. So erklären sich die Formen vom Stamm *mult-* (*plus, plures, plura* usw.).

Positiv-stamm	Komparativ-stamm	Komparativ-suffix	Stamm + Suffix	Nominativ Singular	Genitiv Singular
parvo-, klein	min-	-or-	min-or-	minor, minor, minus	minoris
multo-, viel	plu-	-r-	plu-r-	plus (Neutrum Singular)	pluris
				plures, plures, plura (Plural)	plurium

Superlativ mit Stammwechsel

Beim Superlativ aller fünf Stammwechselformen kann man vereinfacht sagen: Das Suffix **-issim-** wird unter Wegfall von **-iss-** verkürzt auf **-im-**. So entstehen folgende Formen:

Positiv-stamm	Super-lativ-stamm	Super-lativ-suffix	Stamm + Suffix	Nominativ Singular	Genitiv Singular
bono-, gut	opt-	-im-	opt-im-	optimus	optimi
malo-, schlecht	pess-	-im-	pess-im-	pessimus	pessimi
magno-, groß	max-	-im-	max-im-	maximus	maximi
parvo-, klein	min-	-im-	min-im-	minimus	maximi
multo-, viel	plur-	-im-	plur-im-	plurimum (Neutrum Singular)	plurimi
				plurimi (Maskulinum Plural)	plurimorum

Eine Übersicht über die Komparative mit Stammwechsel bieten die S. 259–261.

Komparation: Das solltest du auswendig gelernt haben

Bei der Steigerung oder Komparation unterscheidet man vier Stufen:
- Grundstufe oder Positiv
- Vergleichsstufe oder Komparativ
- Hervorhebungsstufe oder Elativ
- Höchststufe oder Superlativ

Der Positiv entspricht den normalen Formen der Adjektive. Der **Komparativ** ist eine **zweiendige Form** mit dem Suffix *-ior-* und den **Endungen der 3. Deklination**. Im Nominativ Singular fallen Suffix und Endung zusammen: *-ior, -ior, -ius*. Davon abweichend gilt die Plus-Minus-Regel.

Plus-Minus-Regel
Bei den Komparativen von *multus, viel,* und *parvus, klein, wenig,* zu denen auch die Neutrum-Singular-Formen *plus* und *minus* gehören, ist das Suffix zu *-or-* (*min-or*) und *-us-* (*min-us*) oder sogar zu *-r-* (*plu-r-es*) und *-s-* (*plu-s*) verkürzt.

«als»
Um das Verglichene mit etwas Vergleichbarem nebeneinanderzustellen, gibt es zwei Möglichkeiten:
- die Präposition *quam* («als»)
- den **Ablativus comparationis** («im Vergleich zu»)

Elativ und Superlativ sind formengleich. Es ist eine **dreiendige Form** mit dem Suffix *-issim-, -illim-* oder *-errim-* und den **Endungen der a- und o-Deklination**. Der Elativ wird mit deutschen Hervorhebungsadverbien wie *sehr, äußerst, besonders* übersetzt. In der Regel werden Komparative und Superlative mit dem **Positivstamm** gebildet. Ein **Stammwechsel** findet sich im Komparativ und Elativ bei folgenden fünf Adjektiven:

- *bonus, melior, optimus* – gut, besser, am besten
- *malus, peior, pessimus* – schlecht, schlechter, am schlechtesten
- *magnus, maior, maximus* – groß, größer, am größten
- *parvus, minor, minimus* – klein, kleiner, am kleinsten
- *multum, plus, plurimum* – viel, mehr, am meisten bzw. *multi, plures, plurimi* – viele, mehrere, die meisten

In Verbindung mit Komparativ und Superlativ finden sich häufig unterstreichende Adverbien:

etiam / vel clarior	**sogar/noch** berühmter
multo clarior	**viel** berühmter
multo clarissimus	**bei Weitem** der Berühmteste
paulo clarior	**etwas** berühmter, **ein wenig** berühmter
quo nobilior ... *eo* clarior	**je** angesehener ... **desto** berühmter
longe clarissimus	**bei Weitem** der Berühmteste
facile clarissimus	**schlicht und einfach** der Berühmteste
quam clarissimus	**möglichst** berühmt
omnium clarissimus	der **Aller**berühmteste

Merke auch:

optimus **quisque** (Singular)	**gerade die** Besten (Plural)
quam maximis itineribus *potest*	in **möglichst** großen Tagesmärschen

Komparation

Übung: Komparation

Übersetze

1. Hoc erit vobis luce clarius.
2. Quid iam amplius expectas?
3. Is disertior quam sapientior est.
4. Illa, quae leviora sunt, praeteribo.
5. Hominem miserrimum condemnavit.
6. Aratores multo plus, quam debebant, dederunt.
7. Fabius non in armis praestantior fuit quam in toga.
8. Quis enim cuiquam inimicior quam Deiotaro Caesar?
9. Ei civitati maiores nostri maximos agros concesserunt.
10. Ante aedem in aperto loco signa duo sunt pulcherrima.
11. Verres hominum potentissimorum suscepit inimicitias.
12. Verris mores improbissimos impurissimosque novistis.
13. Illud oppidum erat plenius signorum optimorum urbe nostra.
14. Quis acerbior, quis insidiosior, quis crudelior umquam fuit?
15. Praeterea ex gregariis militibus optumum quemque in primam aciem subducit.
16. Frequentissimus senatus, dignitatem meam quibus potuit verbis amplissimis ornavit, salutem vobis municipiis coloniis omnibus commendavit.

Adverbien

Themenüberblick

Aufgrund ihrer hohen Dichte, ihrer strukturierenden Funktion und ihrer fast immer eindeutigen Übersetzung gehören sie neben den Konjunktionen zu den wichtigsten Orientierungspunkten bei der Bearbeitung lateinischer Texte und damit zu den wichtigsten Lernvokabeln überhaupt. Man kann die Latinumsprüfung mit Bravour bestehen, ohne je zuvor auch nur ein einziges Substantiv oder Adjektiv gelernt zu haben. Wer dagegen die vielen kleinen Adverbien, mit denen ein lateinischer Text gespickt ist, erst im Wörterbuch nachschlagen muss und zudem noch die richtige Bedeutung aus der Pampe der 850 Nebenbedeutungen herausfiltern muss, verliert wertvolle Zeit und Nerven. Aus diesem Grund lege ich in meinen Kursen unmittelbar nach Abschluss der elementaren Formenlehre größten Wert auf sichere und jederzeit abrufbare Beherrschung der Adverbien. Adverbien lassen sich im Lateinischen einfacher als im Deutschen als Adverbien erkennen. Das liegt daran, dass sie entweder eigene Endungen haben oder sogar ganz unterschiedliche Wörter sind, die man als Vokabeln lernen kann. Adverbien liegen genau wie Adjektive in den vier Stufen Positiv, Komparativ, Elativ, Superlativ vor. Mit den regelmäßigen Endungen befassen wir uns in diesem Kapitel, die unregelmäßigen Adverbien müssen als Vokabeln gelernt werden. Außerdem fällt das Thema «adverbiale Fragewörter» und direkte Fragen in diesen Abschnitt.

Regelmäßige Adverbbildung

Die Regeln zur regelmäßigen Adverbbildung sind sehr einfach. Adverbien, also nähere Beschreibungen von Verben, leiten sich her von den entsprechenden Adjektiven. Adjektive gibt es im Lateinischen nur in der a-, der o- und der 3. Deklination. Wie die Adjektive, von denen sie herstammen, so kommen auch die Adverbien in vier Steigerungsstufen vor:

- Positiv
- Komparativ
- Elativ
- Superlativ

Sie unterscheiden sich nur in den Formen. Alle anderen Regeln bleiben gleich.

Positiv

Im Falle eines Adjektivs der a- und o-Deklination lautet die Adverbendung:

-ē

Im Falle eines Adjektivs der 3. Deklination lautet die Endung:

-ter oder *-iter*

Komparativ

Als Endung der Komparative aller Adverbien dient zugleich die Form des Akkusativs Singular Neutrum der Adjektive:

-ius

Adverbien werden jedoch im Gegensatz zu den Adjektiven nicht dekliniert, kommen also nur und ausschließlich in dieser Form vor.

Achtung: Wegen der *Plus-Minus*-Regel enden die Adverbien der beiden entsprechenden Formen auf

-us (*plus* und *minus*).

Elativ und Superlativ

Die Adjektive im Elativ/Superlativ werden alle nach den Endungen der a- und o-Deklination flektiert. Folglich unterliegen auch Adverbien im Elativ/Superlativ den gleichen Bildungsprinzipien wie Adverbien im Positiv, die von Adjektiven der a- und o-Deklination gebildet werden. Die Endung lautet analog zum Positiv: *-ē*. Kennsuffix des Elativs/Superlativs bleibt *-issim-, -illim-, -errim-*. In Verbindung mit diesem entstehen also Formen auf:

-issim-ē

-illim-ē

-errim-ē

Um sich alle diese Regeln einzuprägen, gibt es einen ebenso einfachen wie unsinnigen Merksatz:

«**A**hnungslose **O**mas **e**ssen **3 L**iter **vergleich**bar **neutral**en **Braten***ius*.»

Leider ist heutzutage das schöne Wort «Bratenius» oder «Bratenjus» vielen Studenten gar nicht mehr bekannt. Deshalb komme ich um eine kurze Erläuterung nicht herum: Aus der französischen Küche stammend, ursprünglich vom lateinischen *ius*, Brühe, Saft, abgeleitet, bezeichnet Jus den Fleischsaft, der beim Braten austritt. Dabei spielt es für den Gourmet durchaus eine entscheidende Rolle, ob dieser eher vergleichbar sauer, vergleichbar alkalisch oder vergleichbar neutral schmeckt.

Adverbien der a- und o-Deklination (*«ahnungslose Omas»*), also alle Positive und Elative/Superlative, enden auf *-e* (*«essen»*). Adverbien der 3. Deklination auf *-(i)ter* (*«3 Liter»*). Adverbien der Komparative (*«vergleichbar»*) auf die Neutrumendung (*«neutralen»*) *-(i)us* (*«Bratenius»*). Beispiele regelmäßiger Adverbbildung findest du auf S. 261.

✎ *quam* + Superlativ + *posse*

Wie auch schon bei den Adjektiven findet sich die Phrase

quam (oder *ut*) + Superlativ + *posse*

Adverbien

auch bei den Adverben. Bei der Übersetzung hält man sich wieder an das Schema:

so + Positiv + *können*
oder
möglichst + Positiv

Hier treten natürlich auch im Deutschen die jeweiligen Adverbien ein. Beispiele:

quam maxime potest
so sehr er kann,
möglichst sehr, möglichst viel, möglichst stark

quam celerrime potuit
so schnell er konnte,
möglichst schnell

quam verissume potero
so wahrheitsgemäß ich können werde
möglichst wahrheitsgemäß

quo als Konjunktion mit dem Komparativ

Die Form *quo* erscheint bei Cicero gelegentlich als Nebensatzkonjunktion mit dem Komparativ der Adverbien in der Bedeutung *damit umso* oder *so dass umso*:

Multa atque opportuna habes, quo facilius errata officiis superes.
Viele und nützliche Dinge hast du, damit du umso leichter deine Fehler durch Leistungen übertriffst.

Servus ille innocens omnibus sententiis absolvitur, quo facilius vos hunc omnibus sententiis condemnare possitis.
Jener unschuldige Sklave wird von allen Anklagepunkten freigesprochen, damit umso leichter ihr diesen in allen Anklagepunkten verurteilen könnt.

Als seltene Variante tritt als Synonym für *quo* auch *ut eo* ein:

De quo rogare te, ut eo studiosius mea quoque causa facias, non debeo.
In Bezug auf dies dich bitten, dass du (es) umso eifriger auch meinetwegen machst, muss ich nicht.

Accedit, ut eo facilius animus evadat ex hoc aere.
Hinzukommt, dass der Geist umso leichter aus diesem Lufthauch entweicht.

Frageadverbien

Neben den Fragepronomen, die wir bei den Relativpronomen behandelt haben, gibt es auch noch eine ganze Reihe anderer Fragewörter, die adverbialen Ursprungs sind. Solche Frageadverbien müssen als Vokabeln gelernt werden. Sie leiten sowohl direkte als auch indirekte Fragen ein (siehe «Vokabular»). Direkte Fragen im Lateinischen unterscheiden sich nicht von direkten Fragen im Deutschen mit folgenden Ausnahmen:

- des angehängten Fragepartikel *-ne*,
- den Suggestivfrageadverbien *nonne* und *num*
- der Doppel- oder Entscheidungsfrage *utrum ... an ...*

Ansonsten bereitet die intuitive Übersetzung direkter Fragen keine Schwierigkeiten und bedarf keiner weiteren Erläuterung. Mit den indirekten Fragen befassen wir uns im Kapitel «Konjunktionen».

Direkte Fragen

-ne
Ein angehängtes *-ne* dient als Einleitung einer neutralen Frage – im Deutschen bleibt es unübersetzt:

Itane est?
Ist es so?

-ne ist also gewissermaßen das «Fragezeichen» der lateinischen Sprache.

nonne
Daneben gibt es auch noch sogenannte Suggestivfragen. Suggestiv heißt, dass der Fragende die Antwort bereits erwartet. Bei *nonne* erwartet der Fragende die Antwort: *doch!*

Nonne ita est?
Ist es etwa nicht so?

num
Bei *num* erwartet der Fragende die Antwort: *nein!*

Num ita est?
Ist es etwa so?

utrum ... an ...
Schließlich gibt es noch die sogenannte Doppelfrage oder Entscheidungsfrage. Sie besteht aus den beiden getrennten Fragewörtern:

utrum ... an ...?

Wörtlich übersetzt heißt das:

Welches von beiden: ... oder ...?

In der direkten Frage wird das erste dieser beiden Fragewörter (*utrum*, *welches von beiden*) nicht übersetzt, weil wir im Deutschen eine Frage nicht so kompliziert stellen wie im Lateinischen:

Utrum, quid agatur, non vides, an apud quos agatur?

[Welches von beiden:] Siehst du nicht, was auf dem Spiel steht oder bei welchen es auf dem Spiel steht?

Utrum igitur hoc Graeci statuent aut ullae exterae nationes, an nostri praetores, nostri duces, nostri imperatores?

[Welches von beiden:] Werden dies also die Griechen bestimmen oder irgendwelche ausländischen Nationen oder unsere Prätoren, unsere Führer, unsere Feldherren?

Adverbien: Das solltest du auswendig gelernt haben

Endungen der regelmäßigen Adverbbildung

Steigerungsstufe	Stämme der a-/o-Deklination	Stämme der 3. Deklination
Positiv	-ē	-ter oder -iter
Komparativ	-ius oder -us	
Elativ/Superlativ	-issim-ē, -errim-ē , -illim-ē	

Merksatz zu allen Komparativen:

«Ahnungslose Omas essen 3 Liter vergleichbar neutralen Bratenius.»

Bei allen Adjektiven der a- und o-Deklination (also auch den Superlativen) lautet die Endung -e. Bei Adjektiven der 3. Deklination lautet die Endung -(i)ter. Bei den Komparativen gleicht die Endung der des Neutrum -ius.

Adverbien

Vokabular: Adverbien

Folgernde Adverbien

igitur	also
itaque	daher
ergo	also
idcirco	darum
propterea	deswegen
ob eam rem	aus diesem Grund

Zeitliche Adverbien

adhuc	bis jetzt, bis hierher
aliquando	irgendwann (einmal)
ante	1. vorher
	2. als Präposition mit Akk.: vor
	3. mit *quam*: bevor
antea	vorher
cottidie = cotidie	täglich
deinde	dann
diu	lange
diutius	länger
denique	schließlich
iam	nun, schon, bereits, bald
iterum	nochmals
mox	bald
nondum	noch nicht
nonnumquam	«nicht niemals»: manchmal
numquam	niemals
umquam	jemals
nunc	nun, jetzt
nuper	neulich
post	1. später
	2. als Präposition mit Akk.: nach
	3. mit *quam*: nachdem
paulo post	wenig später
postea	später
primum	zuerst
prius	vorher, früher, eher
postremo	zuletzt
quam primum	möglichst bald, möglichst früh
repente	plötzlich
saepe	oft
semper	immer
simul	zugleich
subito	plötzlich
tandem	schließlich, endlich
tum	damals, dann

Ortsadverbien

Athenas	nach Athen
Athenis	1. in Athen
	2. von Athen
domi	zu Hause
domo	von zu Hause
domum	nach Hause
ibi	dort
huc	hierher

Adverbien

hīc	hier
hinc	von hier
illic	dort
illinc	von dort
illuc	dorthin
Romā	von Rom
Romae	in Rom
Romam	nach Rom
Syracusas	nach Syrakus
Syracusis	1. in Syrakus
	2. von Syrakus

Modifizierende Adverbien

ad hoc	außerdem
bene	gut
beate	glücklich
casu	durch Zufall
certe	wenigstens, sicherlich, in jedem Fall, gewiss
contra	dagegen
etiam	1. auch
	2. sogar
	3. mit Komparativ: noch
ferē	1. fast
	2. etwa
	3. im Allgemeinen
fortasse	vielleicht
forte	zufällig, gerade
frustra	vergeblich
haud scio, an	vielleicht
haud scio, an non	vielleicht nicht
immo	im Gegenteil
ita	so
ita ... ut ...	1. mit indikativischem *ut*: so ... wie ...
	2. mit konjunktivischem *ut*: so ..., dass ...
item	ebenso
libenter	gerne
longe	weit, bei Weitem
magno opere = magnopere	sehr
modo	1. gerade eben
	2. nur
multum	viel
ne ... quidem	nicht einmal ...
nihil aliud nisi	nichts anderes, als/außer = nur
nimis, nimium	zu sehr
non	nicht
non iam	nicht mehr
non tantum	nicht nur
nullo modo	auf keinen Fall
omnino	im Ganzen, insgesamt, überhaupt
paene	beinahe
palam	in aller Öffentlichkeit
paulo	ein wenig, etwas
penitus	völlig
plane	deutlich, geradezu
potius	eher, besser
praesertim	vor allem
praeterea	außerdem

Adverbien

profecto	tatsächlich
prope	nahezu
publice	von Staats wegen, im Namen des Staates
quaeso	bitte
quam	1. Ausruf oder Frage: (Ach) wie …!
	2. mit Komparativ: als
	3. mit Superlativ: möglichst
	4. als Relativpronomen: welche
quidem	1. zwar, jedenfalls
	2. jedoch
quoque	auch
recte	richtig, mit Recht
rursus	wiederum
sane	1. wirklich
	2. ruhig
satis	genug, genügend
sensim	fühlbar, allmählich
sic	so
sicut	wie
tam	so
tamen	dennoch, doch
tamquam	gewissermaßen wie
tanto opere = tantopere	so sehr
valde	sehr
vel	1. oder, beziehungsweise
	2. zum Beispiel
	3. mit Superlativ: wohl, sogar
vere	wahrheitsgemäß, wirklich
videlicet	offenbar
vix	kaum
ullo pacto	irgendwie
ultra	darüber hinaus
ultro	von sich aus
una	zusammen

Frageadverbien

cur	warum
(angehängtes) -ne	1. im direkten Fragesatz: einfacher Fragenmarker ohne Bedeutung, ähnlich einem Fragezeichen
	2. im indirekten Fragesatz: ob
nonne (nur in direkten Fragen)	etwa nicht
num	1. im direkten Fragesatz: etwa
	2. im indirekten Fragesatz: ob
quamdiu	1. wie lang
	2. so lang
unde	von wo
ubi	wo

Verbaladjektive

Themenüberblick

Verbaladjektive sind Adjektive, die von Verben abstammen, wie z.B. im Deutschen die Adjektive *vorsitzend* von *vorsitzen*, *angestellt* von *anstellen*, *auszubildend* von *ausbilden*. Deshalb vereinigt das Verbaladjektiv die Eigenschaften beider Wortarten in sich:

- vom Adjektiv, weil es dekliniert werden kann und KNG-kongruent ist
- vom Verb, weil es Stamm, Diathese, Tempus und Satzteile mit diesem gemeinsam hat.

Aufgrund dieser Doppelnatur bezeichnet man Verbaladjektive auch als Partizipien.
Als Adjektive betrachtet verhalten sie sich ganz normal: Sie haben zwar eigene Stämme und Suffixe, werden jedoch ohne Ausnahme nach den altbekannten Deklinationen und Endungen dekliniert und sie stehen in KNG-Kongruenz zu ihrem Bezugswort.
In ihren verbalen Eigenschaften unterscheiden sie sich jedoch von den normalen Adjektiven. Obwohl es sich um Adjektive handelt, können sie:

- das Tempus eines Verbs angeben
- die Diathese eines Verbs angeben
- wie Verben durch Adverbien näher bestimmt werden
- wie Verben Objekte haben

Wenn ein Partizip in Verbindung mit einem Adverb oder einem Objekt auftritt, sprechen wir von einem erweiterten Partizip.
Nach Tempus und Diathese unterscheidet man insgesamt fünf Partizipien:

- das Partizip Präsens Aktiv (PPA)
- das Partizip Perfekt Passiv (PPP)
- das Partizip Futur Aktiv (PFA)
- das Partizip Perfekt Deponent (PPDep)
- das passive Notwendigkeitspartizip, besser bekannt als Gerundivum

Wie jedes Adjektiv haben die meisten Partizipien drei Funktionen. Sie können:

- als Attribut dauerhafte Eigenschaften eines Substantives beschreiben
- substantiviert werden und dann selbst die Funktion eines Substantivs einnehmen
- als Prädikativum den Zustand eines Substantives während der Verbalhandlung beschreiben.

Aufgrund ihres verbalen Charakters haben Verbaladjektive als Prädikativa noch eine weitere Funktion, die andere Adjektive nicht haben:

- in Verbindung mit dem Verb *esse* dienen Verbaladjektive zur Bildung neuer Tempora aus zusammengesetzten Verben.

Diese zusammengesetzten Verben stehen genau wie im Deutschen als Umschreibungen für all die Zeitformen, die nicht durch finite Verben gebildet werden können. Im Lateinischen sind diese:

- das Perfekt Passiv
- das Plusquamperfekt Passiv
- das Futur 2 Passiv
- das sogenannte «umschriebene Futur Aktiv»
- das sogenannte «umschriebene Notwendigkeitspassiv»

Verbaladjektive werden dekliniert und stehen in KNG-Kongruenz

Wie nah sich Adjektiv und Verbaladjektiv stehen, erkennst du in erster Linie daran, dass jedes Verbaladjektiv genauso wie ein normales Adjektiv dekliniert werden kann und in KNG-Kongruenz zu seinem Bezugswort steht, z.B. das Verbaladjektiv *sapiens, verstehend,* zu dem Substantiv *homo, Mensch*:

homo sapiens	der	verstehende Mensch
hominis sapientis	des	verstehenden Menschen
homini sapienti	dem	verstehenden Menschen
hominem sapientem	den	verstehenden Menschen
a homine sapienti	vom	verstehenden Menschen
	usw.	

Genauso kann man ein normales Adjektiv, z.B. *sanus, verständig,* deklinieren:

homo sanus	der	verständige Mensch
hominis sani	des	verständigen Menschen
homini sano	dem	verständigen Menschen
hominem sanum	den	verständigen Menschen
a homine sano	vom	verständigen Menschen
	usw.	

Auch bei der Substantivierung unterscheidet sich das Verbaladjektiv zunächst nicht von einem einfachen substantivierten Adjektiv:

sapiens	der	Weise
sapientis	des	Weisen
sapienti	dem	Weisen
sapientem	den	Weisen
a sapiente	vom	Weisen
	usw.	

sanus	der	Verständige
sani	des	Verständigen
sano	dem	Verständigen
sanum	den	Verständigen
a sano	vom	Verständigen
	usw.	

Das Verbaladjektiv *sapiens, verstehend, weise,* und das normale Adjektiv *sanus, verständig,* sagen etwas Ähnliches aus und scheinen sich auf den ersten Blick nur in der Form zu unterscheiden.

Verbaladjektive

Verbaladjektive haben Stamm, Tempus, Diathese und Satzteile mit dem Verb gemeinsam

Deutlicher wird der Unterschied zwischen normalem Adjektiv und Verbaladjektiv, wenn wir seine verbalen Eigenschaften genauer unter die Lupe nehmen. Bereits der Stamm macht das deutlich: *sapiens* kommt von *sapere, verstehen*, teilt sich also den Stamm *sapi-* (kurzvokalische i-Konjugation) mit einem Verb. *sanus* dagegen hat keinen solchen Verbalstamm. Da man sich die meisten Verbaladjektive anhand von Verbalstämmen herleiten kann, stehen sie nicht immer wie andere Adjektive einfach im Wörterbuch.

Als Nächstes unterscheiden sich Adjektive und Verbaladjektive darin, dass jedes Verbaladjektiv Diathese und Tempus des Verbs übernimmt. Im Beispiel *sapiens* zeigt das lateinische Suffix des Verbaladjektivs *-ns*, im Deutschen die Endung *-nd*, an, dass der Vorgang «jetzt gerade im Moment» passiert und dass es sich um einen aktiven Vorgang handelt: Es handelt sich also um ein Partizip Präsens Aktiv. Statt:

Homo sapiens est.
Der Mensch ist verstehend.

könnte man auch sagen:

Homo sapit.
Der Mensch versteht (Präsens Aktiv).

Genau wie das finite Verb *sapit* kann das Verbaladjektiv *sapiens* mit weiteren Satzteilen versehen werden, z. B. mit Objekten:

Wen oder was versteht der Mensch?
Homo nihil sapit.
Der Mensch versteht nichts.

Ein wen oder was Verstehender ist der Mensch?
Homo nihil sapiens,
ein nichts verstehender Mensch.

Oder mit adverbialen Bestimmungen:

Wann versteht der Mensch?
Homo numquam sapit.
Der Mensch versteht nie.

Ein wann verstehender ist der Mensch?
Homo numquam sapiens,
ein nie verstehender Mensch.

Wenn ein Partizip nicht alleine, sondern mit weiteren Satzteilen verbunden steht, sprechen wir von einem erweiterten Partizip. Erweiterte Partizipien sind im Deutschen heute selten geworden und finden sich meist nur noch in der Amtssprache. Der Römer dagegen macht von solchen erweiterten Partizipien in großem Maße Gebrauch.

Aus diesen Vergleichen wird deutlich, dass Verbaladjekive immer

- denselben Stamm
- dasselbe Tempus
- dieselbe Diathese
- dieselben Objekte
- dieselben adverbialen Bestimmungen

haben wie die Verben, von denen sie herstammen.

Verbaladjektive heißen auch Partizipien, weil sie an zwei Wortarten «teilnehmen»

Weil das Verbaladjektiv diese Stellung in der Mitte zwischen Adjektiv und Verb einnimmt, sprechen wir im Deutschen auch vom Mittelwort, einem Wort in der Mitte zwischen Eigenschaft und Tätigkeit. Verbaladjektive oder Mittelwörter werden auch noch unter einer dritten, gängigeren Bezeichnung geführt. Sie lautet Partizip.

Partizip kommt vom lateinischen *particeps, teilnehmend*. Diese Bezeichnung rührt daher, dass Verbaladjektive an zwei Wortarten «teilnehmen».

Partizipien in Verbindung mit *esse* bilden zusammengesetzte Verben

Als Prädikativum in Verbindung mit Formen des Verbs *esse* stellen einige Partizpien eine Besonderheit dar: Sie dienen zur Bildung von Verben, genauer gesagt von zusammengesetzten Verben. Zusammengesetzte Verben wiederum dienen zur Umschreibung von Tempora, für die es keine finiten Verben gibt. Wenn du an den Anfang zurückgehst und die Formen der finiten Verben auf Vollständigkeit prüfst, so wirst du mindestens drei vermissen:

- das Perfekt Passiv
- das Plusquamperfekt Passiv
- das Futur 2 Passiv

Diese Tempora und noch zwei weitere besondere Verbformen

- das umschriebene Futur Aktiv (Coniugatio periphrastica activa)
- das umschriebene Notwendigkeitspassiv (Coniugatio periphrastica passiva)

werden nicht durch finite Verben, sondern mit Hilfe von Verbaladjektiven und finiten Formen von *esse* gebildet, bzw. umschrieben.

Diese fünf zusammengesetzten Verben im Lateinischen stehen einer weitaus größeren Zahl an zusammengesetzten Verben im Deutschen gegenüber – das solltest du dir bewusst machen. Kaum ein Tempus (vom Präsens und Imperfekt Aktiv abgesehen) wird im Deutschen noch durch ein einziges finites Verb ausgedrückt. Das kannst du bereits beim Lesen in diesem Buch beobachten. In den indogermanischen Ursprachen gab es auch für diese Formen einfache finite Verben, also Verben, die nur aus einem Wort bestehen. Im Laufe der Sprachgeschichte ist aber die Zahl der Stämme, Suffixe und Endungen zurückgegangen, mit denen man eine Vielfalt an finiten Formen

Verbaladjektive

bilden konnte. Seitdem greift man in zunehmendem Maße auf Umschreibungskonstruktionen zurück, die wenige Formen in unterschiedlicher Weise kombinieren. Auf das Phänomen der Umschreibung gehen auch die graeco-lateinischen Bezeichnungen für das umschriebene Futur Aktiv, *Coniugatio periphrastica activa*, und für das umschriebene Notwendigkeitspassiv, *Coniugatio periphrastica passiva*, zurück. *Coniugatio periphrastica* bedeutet also «*umschreibende Konjugation*».

Partizipien

Im Gegensatz zu normalen Adjektiven ist eine möglichst wörtliche Wiedergabe von Verbaladjektiven nicht immer zu empfehlen. Die wörtliche Übersetzung ist zwar wort- und stellungsgetreu, dabei aber sperrig und erfordert viel Sprachgefühl.

Es gibt nur einen einzigen Fall, in dem jedes Partizip immer wörtlich bzw. nach jeweils eigenen Regeln übersetzt werden muss:

- als Prädikativum in Verbindung mit allen Formen des Verbs *esse*

In vielen Fällen ist die Umschreibung durch einen Nebensatz das Mittel der Wahl. Eine immer funktionierende und sichere Standardübersetzung ist:

- für das Attribut der Relativsatz
- für das Prädikativum der Konjunktionalsatz.

Bei jeder Umschreibung muss das Zeitverhältnis beachtet werden. (vgl. Tabelle auf S. 264)

Wenn du bei der Übersetzung auf ein Partizip triffst, solltest du deshalb jedesmal als erstes folgende Fragen klären:

1. Steht das Partizip als Prädikativum mit *esse*?
2. Wo ist das kongruente Bezugswort?
3. Finden sich in der Umgebung des Partizips weitere Objekte und adverbiale Bestimmungen, die mit ihm in Verbindung stehen (erweitertes Partizip)?

Fünf Arten von Partizipien

Die Partizipien unterscheiden sich in zwei wichtigen Punkten: Erstens im Tempus, in dem das Verbaladjektiv steht:

- Perfekt
- Präsens
- Futur

Zweitens in der Diathese, in der das Verbaladjektiv sein Bezugswort beschreibt, also ob der- oder dasjenige, das durch das Verbaladjektiv beschrieben wird, darin selbst etwas «tut» oder ob etwas «getan wird»:

- Aktiv
- Passiv
- Deponent

In unserem Beispiel *sapiens, verstehend*, mit der Diathese Aktiv und dem Tempus Präsens handelt es sich um ein «Partizip Präsens Aktiv». Nach Tempus und Diathese unterscheiden wir insgesamt fünf Partizipien:

- das Partizip Präsens Aktiv
- das Partizip Perfekt Passiv
- das Partizip Futur Aktiv
- das Partizip Perfekt Deponent
- das passive Notwendigkeitspartizip auf -nd, besser bekannt als Gerundivum

Diese gehe ich nun alle nach Form, Funktion und Übersetzung durch.

Das Partizip Präsens Aktiv (PPA)

Das Partizip Präsens Aktiv, abgekürzt PPA, ist ein Verbaladjektiv, das eine aktive Eigenschaft in der Gegenwart beschreibt. «Gegenwart» ist hier ein relativer Begriff, der sich nach dem Prädikat des jeweiligen Satzes richtet. Gemeint ist nicht deine Gegenwart hier und jetzt, sondern eine gedachte Gegenwart zu der Zeitstufe des Prädikates. Ob diese gedachte Gegenwart in der Vergangenheit, tatsächlichen Gegenwart oder Zukunft liegt, spielt für das PPA keine Rolle. Obwohl das PPA die Bezeichnung Präsens in seinem Namen führt, steht der Begriff Gegenwart keineswegs nur für das Präsens allein, sondern kann sich auf alle drei Zeitstufen beziehen:

- Vergangenheit
- Gegenwart
- Zukunft

Das PPA steht also immer gleichzeitig zum Tempus des Prädikats. Daher spricht man beim PPA auch vom Partizip der Gleichzeitigkeit. Dieses Zeitverhältnis muss auch in der Übersetzung mit einem Nebensatz deutlich werden (siehe Tabelle).

Gleichzeitigkeit beim PPA

Tempus des Prädikates	gleichzeitige Zeitstufe des PPA und Tempus des umschreibenden Nebensatzes	Beispiel	Übersetzung
Futur 1	Futur 1	Milites pugnantes interficientur.	Die Soldaten, während sie kämpfen werden, werden getötet werden.
Präsens	Präsens	Milites pugnantes interficiuntur.	Die Soldaten, während sie kämpfen, werden getötet.
Imperfekt	Präteritum	Milites pugnantes interficiebantur.	Die Soldaten, während sie kämpften, wurden getötet.
Perfekt		Milites pugnantes interfecti sunt.	Die Soldaten, während sie kämpften, sind getötet worden.
Plusquamperfekt		Milites pugnantes interfecti erant.	Die Soldaten, während sie kämpften, waren getötet worden.

Verbaladjektive

Suffix und Endungen

Die deutsche Form hat das nd-Suffix: *liebend, lachend, singend, tanzend, schlafend, lesend, essend, suchend* usw. Die lateinische Form ist ein einendiges Verbaladjektiv und richtet sich nach dem Präsensstamm des jeweiligen Verbs. An den Stamm treten das Suffix

-nt-

und die Endungen der 3. Deklination. Der Nominativ Singular klingt wie immer etwas anders: Hier verschmilzt das Suffix in allen drei Genera mit der Endung zu dem Ausgang

-ns

Ab dem Genitiv geht es dann regelmäßig weiter. (Siehe Tabelle auf S. 262)

Das PPA als Attribut

Wenn ein PPA eine dauerhafte Eigenschaft eines Substantivs beschreibt und sich nur auf dieses bezieht, fungiert es als Attribut. Bei der Übersetzung ist vor allem darauf zu achten, dass

- das Partizip nicht gesperrt oder in Prädikatsnähe steht
- keine Signalverben vorliegen, die eine prädikative Übersetzung erfordern (vor allem keine Formen von *esse*)

Für die Übersetzung empfehle ich den Relativsatz:

Dabei ersetzt du ein lateinisches verbaladjektivisches Attribut durch ein deutsches relativisches Attribut. Dieses Spielen mit und Austauschen von Attributen gehört zu den Grundetüden der Übersetzungstechnik.

Eine wörtlich-deklinierte Übersetzung funktioniert nur dann problemlos, wenn das Partizip nicht erweitert ist und in unmittelbarer Nähe seines Bezugswortes steht:

Dextra manu <u>ardentem facem</u> praeferebat.
In der rechten Hand trug sie eine <u>brennende Fackel</u> voran.

Hoc non videbit <u>sapiens vir</u> in vita?
Wird dies <u>ein weiser Mann</u> nicht sehen im Leben?

Und auch noch in diesen Fällen ist eine Umschreibung durch einen Relativsatz meist ohne Weiteres möglich. So würde aus der *brennenden Fackel* eine *Fackel, die brannte*, und aus dem *weisen Mann*, ein *Mann, der weise ist*.

Das PPA als Prädikativum

Als Prädikativum beschreibt das PPA die nähere Lage des Bezugssubstantivs während der Dauer des Prädikates.

Wie vorhin erläutert ist eine wörtlich-undeklinierte Übersetzung unter Belassung der lateinischen Wortstellung nur etwas für Geübte. Sie liegt nicht immer auf der Hand wie in dem folgenden Satz:

<u>Plato</u> uno et octogesimo anno <u>scribens</u> est mortuus.
<u>Platon</u> ist im einundachtzigsten Lebensjahre <u>schreibend</u> gestorben.

Am besten funktioniert der Konjunktionalsatz mit *während* oder anderen, passenden Konjunktionen (*wenn, als*):

<u>Platon</u> ist im einundachtzigsten Lebensjahre gestorben, <u>während er schrieb</u>.

Daneben ist auch eine Präpositionalisierung des PPAs möglich, also die Übersetzung durch einen präpositionalen Ausdruck. Dabei leite ich mit *während* als Präposition mit dem Genitiv ein und substantiviere das Partizip, mache also in unserem Beispiel aus *schreibend* das *Schreiben*:

<u>Platon</u> ist im ein und achtzigsten Lebensjahre <u>während des Schreibens</u> gestorben.

Doch Vorsicht: Beim PPA funktioniert diese Methode nicht immer.

Weitere Beispiele:

<u>Piso</u> in provincia ab equitibus Hispanis <u>iter faciens</u> occisus est.
<u>Piso</u> wurde in der Provinz von hispanischen Reitern, <u>während er eine Reise machte</u>, getötet.

Wichtig ist bei diesem Satz, dass du *iter*, *Reise*, als Objekt zu *faciens* erkennst.

Segesta <u>ab Aenea fugiente a Troia atque in haec loca veniente</u> condita est.

Bei diesem Satz passt sowohl der Konjunktionalsatz:

Segesta wurde <u>von Aeneas, als er von Troia floh und in diese Gegend kam</u>, gegründet.

als auch der Relativsatz:

Segesta wurde <u>von Aeneas, der von Troia floh und in diese Gegend kam</u>, gegründet.

Dabei kann die Vielzahl an präpositionalen Ausdrücken verwirren. Während *ab Aenea* eine adverbiale Bestimmung zu *condita est* ist, sind *a Troia* und *in haec loca* adverbiale Bestimmungen zu den PPAs.

<u>Mendaci homini</u> ne <u>verum</u> quidem <u>dicenti</u> credere solemus.
Wir pflegen <u>einem lügnerischen Manne</u> nicht einmal zu glauben, <u>während er Wahres spricht</u>.

Bei diesem Satz ist die adverbiale Bestimmung *ne ... quidem*, *nicht einmal ...* besonders schwer un-

Verbaladjektive

terzubringen. Zu einer wörtlichen Lösung kommt man nur, wenn man so übersetzt:
Einem lügnerischen Manne pflegen wir nicht einmal Wahres sprechend zu glauben.

Ansonsten muss man sie, obwohl sie sich im Lateinischen auf das PPA bezieht, im Deutschen auf das Prädikat beziehen. Nur so bleibt der Sinn in etwa derselbe.

✎ Das PPA als prädikatives Attribut mit *esse*

In Verbindung mit *esse* dient das PPA zu keiner besonderen Formenbildung. Schwierigkeiten sollten bei der Übersetzung nicht auftreten, solange du dich an die Regel hältst: Jedes Partizip mit *esse* muss wörtlich-undekliniert übersetzt werden. Hier also keine Nebensätze!

Dissipata et inculta et diffluens est oratio.
Zerstreut und unkultiviert und zerfließend ist die Rede.

Natura ignis cedens est.
Die Natur des Feuers ist nachgebend.

Bestiarum autem terrenae sunt aliae, partim aquatiles, aliae quasi ancipites in utraque sede viventes.
Von den Tieren aber sind die einen zu Lande, die anderen zu Wasser, andere gewissermaßen amphibisch in beiden Medien lebend.

✎ Adjektivierung und Substantivierung des PPA

Im Deutschen ist es möglich PPAs als reine Adjektive oder Substantive aufzufassen. Der verbale Charakter geht bei einer solchen Übersetzung verloren. Manche PPAs sind an nahezu allen Stellen, wo sie vorkommen, zu solchen adjektivischen oder substantivischen Formen erstarrt. Deshalb ist eine Übersetzung durch ein reines Adjektiv oder Substantiv zulässig:

Adjektive

PPA	wörtlich	als Adjektiv
sapiens	«verstehend»	weise
diligens	«liebend»	sorgfältig
absens	«weg seiend»	abwesend
praesens	«da seiend»	anwesend
potens	«könnend»	mächtig
pollens	«Kraft habend»	stark
pudens	«sich schämend»	anständig
impudens	«sich nicht schämend»	unverschämt
prudens	«vorausschauend»	klug
constans	«bestehend»	standhaft
nocens	«schadend»	schuldig
innocens	«nicht schadend»	unschuldig

Substantive

PPA	wörtlich	als Substantiv
sapiens	«der Verstehende»	der Weise
parens	«der Zeugende»	der Elternteil (meist Vater, manchmal auch Mutter)
adulescens	«Der Heranwachsende»	Jugendlicher, Heranwachsender

Beispiele:
Sapiens virtuti honorem praemium, haud praedam petit.
Der Weise erstrebt für seine Tapferkeit die Ehre als Lohn, nicht die Beute.

Earum parens est educatrixque sapientia.
Deren Mutter und Erzieherin ist die Weisheit.

Sunt pueritiae studia certa. Num igitur ea desiderant adulescentes?
Es gibt bestimmte Lerndisziplinen für die Jugend. Wünschen sie sich deswegen etwa die Jugendlichen?

Verbaladjektive

🗣 PPA: Das solltest du auswendig gelernt haben

Das PPA ist ein aktives Partizip der Gleichzeitigkeit. Es findet immer zusammen mit der Prädikatshandlung statt. Bei der Bildung tritt das Suffix -nt- an den Präsensstamm und bildet ein einendiges Verbaladjektiv mit den Endungen der 3. Deklination. Der Nominativ Singular hat die Ausgänge -ns, -ns, -ns.

Das PPA hat drei Funktionen:

- als Attribut
- als Prädikativum
- als Prädikativum mit *esse*

Als reines Attribut wird das PPA wörtlich dekliniert oder durch einen Relativsatz wiedergegeben. Als Prädikativum muss es durch einen Konjunktionalsatz mit *während* umschrieben werden. Als prädikatives Attribut mit *esse* muss es wörtlich-undekliniert übersetzt werden.

sapiens
- als Attribut: *homo sapiens, der Mensch, der versteht*
- als Prädikativum: H*omo sapiens agit. Der Mensch handelt, während er versteht.*
- als Prädikativum mit *esse*: *Homo sapiens est. Der Mensch ist verstehend.*

Daneben können manche PPAs auch als reine Adjektive oder Substantive verwendet werden:

sapiens
- als Adjektiv: *weise*
- als Substantiv: *der Weise*

Denke daran:
PPAs können Objekte und adverbiale Bestimmungen bei sich haben.

Verbaladjektive

Übung: PPA

Dekliniere und übersetze

Kasus	Dekl. Sg.	Übersetzung
Nom.	homo sapiens	
Gen.		
Dat.		
Akk.		
Abl.	a/cum	
Kasus	**Dekl. Pl.**	**Übersetzung**
Nom.		
Gen.		
Dat.		
Akk.		
Abl.	a/cum	

Kasus	Dekl. Sg.	Übersetzung
Nom.	filia adulescens	
Gen.		
Dat.		
Akk.		
Abl.	a/cum	
Kasus	**Dekl. Pl.**	**Übersetzung**
Nom.		
Gen.		
Dat.		
Akk.		
Abl.	a/cum	

Kasus	Dekl. Sg.	Übersetzung
Nom.	tempus fugiens	
Gen.		
Dat.		
Akk.		
Abl.	a/cum	
Kasus	**Dekl. Pl.**	**Übersetzung**
Nom.		
Gen.		
Dat.		
Akk.		
Abl.	a/cum	

Verbaladjektive

Übersetze

1. Hunc audiebant antea, nunc praesentem vident.
2. actorem in veris causis scriptoremque praestantem
3. Animus non me deserens, sed respectans discessit.
4. Ea est ex omni aeternitate fluens veritas sempiterna.
5. Catilinam furentem, anhelantem, minitantem ex urbe eiecimus.
6. Nota est M. Antonii nefarium bellum gerentis scelerata audacia.
7. Multi obviam ierunt ei de provincia discedenti et consulatum petenti.
8. Cum vero mihi proposui regnantem rem publicam Lentulum, perhorresco ...
9. Ergo haec veteranus miles facere poterit, doctus vir sapiensque non poterit?
10. Parietes modo urbis stant et manent iique ipsi iam extrema scelera metuentes.
11. Dulce igitur orationis genus et solutum et affluens, sententiis argutum, verbis sonans est.
12. Milo se consuli tradidit omnia audienti, magna metuenti, multa exspectanti, nonnulla credenti.
13. Multorum oculi et aures te etiam non sentientem, sicut adhuc fecerunt, videbunt atque custodient.
14. Habetis omnes ordines, omnes homines, universum populum Romanum unum atque idem sentientem.
15. Sic Mithridates fugiens maximam vim auri atque argenti pulcherrimarumque rerum omnium reliquit.
16. Sed contentio tam diu sapiens est, quam diu aut proficit aliquid, aut, si non proficit, non obest civitati.
17. nimis redundantes nos et supra fluentes iuvenili quadam impunitate et licentia et quasi extra ripas diffluentes

Verbaladjektive

Das Partizip Perfekt Passiv (PPP)

Das Partizip Perfekt Passiv ist ein Verbaladjektiv, das eine passive Eigenschaft in der Vergangenheit beschreibt. Aber wie beim PPA ist auch hier der Begriff Vergangenheit relativ. Vergangen bezieht sich auf die Zeitstufe, die vor der Zeitstufe des Prädikats liegt. Das PPP nennt man deshalb auch Partizip der Vorzeitigkeit. Es ist vorzeitig zum Prädikat. Wenn zum Beispiel das Prädikat im Perfekt steht, steht das PPP auf einer Zeitstufe, die noch vor dem Zeitpunkt des Perfekts liegt, also im Plusquamperfekt. Auch das musst du bei der Übersetzung mit Nebensätzen eindeutig klarmachen. Die Bezeichnung dieses Partizips als Perfekt kann daher verwirren. Grundsätzlich ist immer von einem Tempus auszugehen, das um eine Zeitstufe in die Vergangenheit versetzt ist (siehe Tabelle).

Vorzeitigkeit beim PPP

Tempus des Prädikates	vorzeitige Zeitstufe des PPP und Tempus des umschreibenden Nebensatzes	Beispiel	Übersetzung
Futur 1	Futur 2	Ille conscientia convictus reticebit.	Jener, nachdem er durch sein Mitwissen überführt worden sein wird, wird schweigen.
Präsens	Perfekt	Ille conscientia convictus reticet.	Jener, nachdem er durch sein Mitwissen überführt worden ist, schweigt.
Imperfekt	Plusquamperfekt	Ille conscientia convictus reticebat.	Jener, nachdem er durch sein Mitwissen überführt worden war, schwieg.
Perfekt		Ille conscientia convictus reticuit.	Jener nachdem er durch sein Mitwissen überführt worden war, hat geschwiegen.
Plusquamperfekt		Ille conscientia convictus reticuerat.	Jener, nachdem er durch sein Mitwissen überführt worden war, hatte geschwiegen.

Suffixe und Endungen des PPP

Das deutsche PPP hat meist das Suffx *-t* oder *-n* und die «ge-Vorsilbe»: *gemacht, getan, gesehen, geliebt, gesucht, gefunden,* aber nicht immer – manche PPPs bilden wir auch mit den gleichen Vorsilben wie die zugrundeliebenden Verben er-, ver-, zer-, ent- usw.: *erfreut, zerstreut, entstaubt, verliebt, verlobt, verheiratet.*
Im Lateinischen ist das PPP ein *dreiendiges Adjektiv* mit einem eigenen Stamm, der streng genommen auch eigens gelernt werden muss. Man findet ihn aber mit etwas Übung auch im Wörterbuch. In den Vokabellisten der Verben ist das PPP die *dritte Stammform*. Meistens lautet der PPP-Stamm mit dem Suffix *-t-* oder *-s-* aus. Alle Endungen des PPP richten sich nach der *a- und o-Deklination*, enden also auf *-us, -a, -um*. So kommen typischerweise Ausgänge auf

-t-us
-t-a
-t-um

oder

-s-us
-s-a
-s-um

zustande (siehe Tabelle S. 262 u. 263).

Stammformenreihen

Zusammen mit dem Infinitiv Präsens Aktiv und jeweils der 1. Person Singular Indikativ Präsens und Perfekt Aktiv steht dann in den Wortschätzen folgende Stammformenreihe, hier am Beispiel von *laudare*:

laudare, laudo, laudavi, laudatum – loben

Das Neutrum *laudatum* steht stellvertretend für das Maskulinum und Femininum. Ebenso stehen die ersten Personen Präsens und Perfekt stellvertretend für alle Personen, Numeri, Modi, Tempora und Diathesen, die von dem jeweiligen Stamm gebildet werden.
Wenn du also deine Suffixe und Endungen beherrschst, ist es sparsamer und systematischer nur die drei Stämme zu lernen und die Endungen bei Bedarf im Kopf anzufügen, z.B.:

lauda-, laudav-, laudat-, – loben

Das PPP als Attribut

Wie beim PPA sollte ein PPP nur dann als Attribut aufgefasst werden, wenn

1. das Partizip nicht gesperrt oder in Prädikatsnähe steht
2. keine Signalverben vorliegen, die eine prädikative Übersetzung erfordern (vor allem keine Formen von *esse*)

Die Übersetzung sollte wörtlich-dekliniert oder – für den Anfänger geeigneter – als Relativsatz entworfen werden:

Capti homines equitesque producebantur.

wörtlich dekliniert:
Gefangene Leute und Reiter wurden vorgeführt.

Relativsatz:
Leute und Reiter, die gefangen worden waren, wurden vorgeführt.

Weitere Beispiele:

Verbaladjektive

Tu dissipatos homines convocasti.
Du hast die verstreuten Menschen zusammengerufen.
Du hast die Menschen, die verstreut worden waren, zusammengerufen.

Non enim video, quo modo sedare possint praeteritae voluptates mala praesentia.
Denn ich sehe nicht, auf welche Weise vergangene Vergnügungen gegenwärtige Übel mildern können.

Nec aequitati quicquam tam infestum est quam convocati homines et armati.
Und nicht ist der Gerechtigkeit irgendetwas so verhasst wie versammelte Menschen und bewaffnete.
Und nicht ist der Gerechtigkeit irgendetwas so verhasst wie Menschen, die versammelt und bewaffnet worden sind.

Das PPP als Prädikativum

Auch das PPP als Prädikativum beschreibt den emotionalen, zeitlichen oder situativen Zustand des Substantivs begrenzt auf die Dauer der Prädikatshandlung.
Die wörtlich-undeklinierte Übersetzung ist für den Anfänger nie ganz risikolos:

Iacet ille nunc prostratus.
Da liegt jener nun hingestreckt.

Stattdessen greift der Anfänger auch hier zum Konjunktionalsatz. Beachte das Zeitverhältnis des PPP (Vorzeitigkeit) und vergiss nicht, dass sich die Diathese ändert (Passiv). Denke beim Konjunktionalsatz auch daran, dass du als Konjunktion jetzt nicht mehr *während* oder *als*, sondern *nachdem* einsetzen musst:

Da liegt jener nun, nachdem er hingestreckt worden ist.

Weitere Beispiele:

Ille eiectus in exsilium se Massiliam confert.
Jener, nachdem er in die Verbannung vertrieben worden ist, begibt sich nach Massilia.

Ita recepi me biennio post prope mutatus.

Hier bietet sich die wörtlich-undeklinierte Übersetzung an:

So begab ich mich zwei Jahre später zurück nahezu verwandelt.

Möglich ist aber auch die *nachdem*-Variante:

So begab ich mich zwei Jahre später zurück, nachdem ich nahezu verwandelt worden war.

Includuntur in carcerem condemnati.
Sie werden ins Gefängnis eingeschlossen, nachdem sie verurteilt worden sind.

condemnati lässt sich wörtlich auf zweierlei Weise übersetzen, wörtlich-undekliniert:

Verurteilt werden sie ins Gefängnis eingeschlossen.

oder wörtlich-dekliniert:

Die Verurteilten werden ins Gefängnis eingeschlossen.

Der Unterschied besteht darin, dass bei einer wörtlich-deklinierten Übersetzung das PPP automatisch substantiviert wird.

Das PPP als Prädikativum mit *esse*

Tauchen in einem Satz zugleich ein PPP und eine Form von *esse* auf, musst du gerade als Anfänger besonders auf der Hut sein. *esse* zu übersehen oder falsch zu beziehen ist eine der häufigsten und fatalsten Fehlerquellen bei der Übersetzung von Partizipien.
In Verbindung mit dem Präsens, dem Futur und dem Imperfekt von *esse* dient das PPP zur Bildung, bzw. Umschreibung der folgenden drei Tempora:

- Perfekt Passiv
- Futur 2 Passiv
- Plusquamperfekt Passiv

In Verbindung mit *esse* gelten für die Übersetzung des PPP daher besondere Regeln:

- das PPP steht immer in KNG-Kongruenz zum Subjekt (also im Nominativ Singular oder Plural), als Infinitiv[1] steht es im Akkusativ Singular oder Plural
- je nach Tempus treten bei allen Verben entweder Präsens, Imperfekt oder Futur 1 von *esse* hinzu und nicht etwa Perfekt, Plusquamperfekt und Futur 2, wie man meinen könnte
- im Deutschen muss nach jedem Partizip immer und grundsätzlich das verkürzte Partizip *worden* stehen, das im Lateinischen nicht steht.
- wenn das lateinische Perfekt Passiv als Präteritum übersetzt wird (Erzähltempus!), wird *ist worden* zu *wurde*.

Tempus	Form von *esse*	Beispiel	Übersetzung
Perfekt	Präsens	factus est	er ist gemacht worden ▶ wurde gemacht
Plusquamperfekt	Imperfekt	factus erat	er war gemacht worden
Futur Perfekt	Futur 1	factus erit	er wird gemacht worden sein

Diese Regeln müssen gekonnt werden.
Es ist also praktisch falsch einen Satz wie *Cicero laudatus est* wörtlich-undekliniert als *Cicero ist gelobt* oder wörtlich-dekliniert als *Cicero ist ein Gelobter* zu übersetzen, auch wenn diese Übersetzung

---

1 nur im AcI; dazu erkläre ich später mehr

Verbaladjektive

theoretisch der Form am nächsten kommt, die der Römer als Perfekt Passiv gedacht, gelesen und geschrieben hat!

Nun einige Beispiele: Zunächst sollen einfache Sätze die unterschiedlichen Tempora, Numeri und Genera demonstrieren, in denen das PPP mit *esse* als Passiv auftritt:

Etenim nemo ignavia inmortalis factus est.
Denn niemand ist durch Faulheit unsterblich gemacht worden.

Catilina vero longe a suis inter hostium cadavera repertus est.
Catilina aber wurde weit entfert von den Seinen unter den Leichen der Feinde gefunden.

Id oppidum ab Sidoniis conditum est.
Diese Stadt wurde von den Sidoniern gegründet.

Interea caedes indignissimae maximaeque factae sunt.
Unterdessen wurden die schlimmsten und größten Massaker angerichtet.

Impedimenta totius exercitus relicta erant.
Die Gepäckstücke des ganzen Heeres waren zurückgelassen worden.

Summa constantia ad ea, quae quaesita erant, respondebat.
Mit größter Charakterfestigkeit antwortete er auf die Dinge, welche gefragt worden waren.

Id ex ipsis, si producti erunt, audietis.
Dies werdet ihr von ihnen selbst, wenn sie vorgeführt worden sein werden, hören.

Im Folgenden möchte ich noch auf einige Schwierigkeiten hinweisen, die das PPP in Verbindung mit *esse* mit sich bringt.

Notae res ac manifestae prolatae sunt et proferentur.
Bekannte Tatsachen und bewiesene sind vorgebracht worden und werden vorgebracht werden.

Dieser Satz zeigt, wie wichtig es ist zwischen Adjektivstämmen und PPP-Stämmen zu unterscheiden bzw. Prioritäten zu setzen. Denn wenn du auf die Idee kommst, *notae* und *manifestae* aufgrund ihrer Ähnlichkeit als PPPs anzusehen, wüsstest du nicht mehr, auf welche der drei Formen du *sunt* beziehen sollst.

Acta est enim causa more maiorum sine vi, sine metu, sine periculo; dicta et exposita et demonstrata sunt omnia
Verhandelt wurde der Fall nämlich nach dem Gesetz der Vorfahren ohne Gewalt, ohne Angst, ohne Gefahr; besprochen und erklärt und dargestellt worden ist alles.

Dieser Satz zeigt zum einen, dass die Stellung des PPP mit *esse* keineswegs festen Regeln folgt, sondern sehr beliebig ist, zum anderen, dass in Aufzählungen auch drei PPPs hintereinandergeschaltet werden können, bevor *esse* eintritt. Trotzdem bezieht es sich auf alle drei.

Haec non delata solum, sed paene credita, nec ante repudiata sunt quam quaesita.
Diese Dinge sind nicht nur berichtet, sondern beinahe geglaubt und nicht eher widerrufen worden, als [bis sie] untersucht [worden sind].

Auch dieser Satz zeigt, dass sich eine Form von *esse* gleich auf mehrere, unter Umständen weit entfernte PPPs beziehen kann. So kann es nötig erscheinen deutsche finite Formen von *sein* mehrfach zu ergänzen.

✎ Substantivierung und Adjektivierung des PPP

Manche PPPs können wie auch PPAs durch ihre Nähe zur Wortart der Adjektive als reine Adjektive aufgefasst werden. Sie verlieren dann ihren verbalen Charakter. In Verbindung mit *esse* können sie jedoch ein zusammengesetztes Verb vortäuschen. Tatsächlich bleiben sie selbst in Verbindung mit *esse* reine Adjektive. Hier ist Sprachgefühl und ein Blick auf den Textzusammenhang gefragt:

C. Laelius homo novus erat, ingeniosus erat, doctus erat, bonis viris et studiis amicus erat.
Gaius Laelius war ein homo novus, war begabt, war gelehrt, war ein Freund guter Männer und Interessen.

In diesem Zusammenhang heißt *C. Laelius doctus erat* also nicht *Gaius Laelius war gelehrt worden*, obwohl man das der Form nach meinen könnte. Weitere typische PPPs, die häufig als Adjektive oder Substantive gebraucht werden, sind folgende:

Adjektive

PPP	wörtlich	als Adjektiv
armatus	bewaffnet	bewaffnet
doctus	gelehrt	gelehrt, klug
perditus	verloren	verzweifelt, verkommen

Substantive

PPP	wörtlich	als Substantiv
actum	Gehandeltes	Handlung
dictum	Gesagtes	Wort, Ausspruch
doctus	Gelehrtes	der Gelehrte
factum	Getanes	Tat, Tatsache
praeceptum	Vorgeschriebenes	Plan, Theorie

Magnaque praeterea multitudo undique ex Gallia perditorum hominum latronumque convenerat.
Und außerdem kam eine große Menge überall her aus Gallien von verkommenen Menschen und Verbrechern.

Verbaladjektive

Et acta maiorum et Graecorum militaria praecepta legere coeperunt.
Sowohl die Taten der Vorfahren als auch die militärischen Theorien der Griechen begannen sie zu lesen.

Allobroges ex praecepto Ciceronis per Gabinium ceteros conveniunt.
Die Allobroger trafen nach dem Plan Ciceros durch Gabinius die Übrigen.

Hoc quidam docti credunt.
Dies glauben einige Gelehrte.

Laudabat homo doctus philosophos, nescio, quos, neque eorum tamen nomina poterat dicere.
Es lobte der gelehrte Mensch die Philosophen, ich weiß nicht, welche, und konnte dennoch nicht ihre Namen sagen.

At finis meos advorsum armatos armis tutatus sum.
Aber ich habe meine Grenzen gegen Bewaffnete mit Waffen gesichert.

Me videlicet latronem ac sicarium abiecti homines et perditi describebant.
Mich als Verbrecher und Mörder beschrieben natürlich verworfene und verkommene Leute.

🕮 PPP: Das solltest du auswendig gelernt haben

Das PPP ist ein passives Partizip der Vorzeitigkeit. Es findet vor der Prädikatshandlung statt. Es hat einen eigenen Stamm, der in den meisten Fällen auf *-t-* oder *-s-* auslautet. Das PPP dekliniert nach der *a-* und *o-*Deklination. Charakteristisch sind also die Ausgänge *-tus, -ta, -tum* oder *-sus, -sa, -sum*.
Das PPP hat drei Funktionen:

- als Attribut
- als Prädikativum
- als Prädikativum mit *esse*

Als reines Attribut wird es wörtlich oder durch einen Relativsatz wiedergegeben. Als Prädikativum muss es durch einen Konjunktionalsatz mit *nachdem* umschrieben werden. Als Prädikativum mit *esse* dient es zur Bildung dreier Tempora:

- Perfekt Passiv
- Plusquamperfekt Passiv
- Futur 2 Passiv

Dabei muss das PPP wörtlich übersetzt und das deutsche Wort «worden» angefügt werden. Irreführend kann dabei das Tempus von *esse* sein:

- das Präsens von *esse* dient zur Bildung des Perfekt Passiv
- das Imperfekt von *esse* dient zur Bildung des Plusquamperfekt Passiv
- das Futur 1 von *esse* dient zur Bildung des Futur 2 Passiv

Bei der Wiedergabe des Perfekts Passiv durch das deutsche Präteritum wird «*ist worden*» zu «*wurde*»!

doctus
- als Attribut ohne *esse*: *homo doctus*, der Mensch, der gelehrt worden ist
- als Prädikativum ohne *esse*: *Homo doctus agit.* Der Mensch, nachdem er gelehrt worden ist, handelt.
- als Prädikativum mit *esse*:
  - mit Präsens von *esse*: *Homo doctus est.* Der Mensch ist gelehrt worden / wurde gelehrt. →Perfekt Passiv
  - mit Imperfekt von *esse*: *Homo doctus erat.* Der Mensch war gelehrt worden. →Plusquamperfekt Passiv
  - mit Futur 1 von *esse*: *Homo doctus erit.* Der Mensch wird gelehrt worden sein. →Futur 2 Passiv

Daneben können manche PPPs auch als reine Adjektive oder Substantive verwendet werden:

doctus
- als Adjektiv: *gelehrt*
- als Substantiv: *der Gelehrte*

Verbaladjektive

Übung: PPP

Dekliniere und übersetze

Kasus	Dekl. Sg.	Übersetzung
Nom.	mulier occisa	
Gen.		
Dat.		
Akk.		
Abl.	a/cum	
Kasus	**Dekl. Pl.**	**Übersetzung**
Nom.		
Gen.		
Dat.		
Akk.		
Abl.	a/cum	

Kasus	Dekl. Sg.	Übersetzung
Nom.	orator perfectus	
Gen.		
Dat.		
Akk.		
Abl.	a/cum	
Kasus	**Dekl. Pl.**	**Übersetzung**
Nom.		
Gen.		
Dat.		
Akk.		
Abl.	a/cum	

Kasus	Dekl. Sg.	Übersetzung
Nom.	scelus commissum	
Gen.		
Dat.		
Akk.		
Abl.		
Kasus	**Dekl. Pl.**	**Übersetzung**
Nom.		
Gen.		
Dat.		
Akk.		
Abl.		

Verbaladjektive

Übersetze

1. Causa dicta est.
2. Solus tu repertus es.
3. Cur igitur victi sumus?
4. Quid illis, si victi erunt?
5. Excogitati erant honores.
6. Frater item interfectus est.
7. Hoc a vobis erit probatum.
8. Ita proelium restitutum est.
9. Quid est igitur propositum?
10. Sacra polluta et violata sunt.
11. alter relictus, alter lacessitus
12. Non re ductus es, sed opinione.
13. Nihil mihi monstratum est prius.
14. Non peculatus aerari factus est.
15. In his rebus suspicio reperta erit.
16. Post a me Asia tota peragrata est.
17. Delectus sum ab universa provincia.
18. Earum exemplum infra scriptum est.
19. Praesens eius auxilium oblatum est.
20. Includuntur in carcerem condemnati.
21. Magnus eorum numerus est occisus.
22. Totius exercitus perturbatio facta est.
23. Innumerabiles pecuniae coactae sunt.
24. illa macula Mithridatico bello concepta
25. Nomina filiorum de parricidio delata sunt.
26. Ita recepi me biennio post prope mutatus.
27. Factus es ei, nescio, quo modo, familiaris.
28. In amicitia nihil fictum est, nihil simulatum.
29. Quid tum? quod ita erit gestum, id lex erit?
30. unus dies bene et ex praeceptis tuis actus
31. Segestani multis malis magnoque metu victi
32. Occisus est cum liberis M. Fulvius consularis.
33. Nihil est enim simul et inventum et perfectum.

Verbaladjektive

34. Haec ab iis inventa, disputata, conscripta sunt.
35. Ad ea, quae a nobis dicta erunt, respondebunt.
36. Ea lege accusatus honestissime est absolutus.
37. Omnia false atque invidiose ficta comperta sunt.
38. Misi ad te epistulam, quia commode scripta erat.
39. mulierem aegram, et corpore et animo confectam
40. Socii fidelissimi in hostium numero sunt existimati.
41. Populi Romani gloria vobis a maioribus tradita est.
42. A Lepido non receptus etiam ad me venire audebaris.
43. In eundem portum magna iactati tempestate confugimus.
44. Dicta sunt priore actione et privatim et publice testimonia.
45. Iudicio absoluti adulescentes et suspicione omni liberati sunt
46. Omnia et provisa et parata et constituta sunt, patres conscripti.
47. Iugurtha Sullae vinctus traditur et ab eo ad Marium deductus est
48. Corpora illorum, cum erunt securi percussi ac necati, feris obicientur.
49. Unde deiectus es? Quo prohibitus es accedere? Reiectus es, non deiectus.
50. De Cethego, Statilio, Gabinio, Caepario eodem modo supplicium sumptum est.
51. In castris Helvetiorum tabulae repertae sunt litteris Graecis confectae et ad Caesarem relatae.
52. Avaritia magistratuum ante id tempus in Numidia nostrae opes contusae hostiumque auctae erant.
53. Matres miserae pernoctabant ad ostium carceris ab extremo conspectu liberorum suorum exclusae.
54. simulacrum et summa atque antiquissima praeditum religione et singulari opere artificioque perfectum
55. Studium philosophiae numquam intermissum a primaque adulescentia cultum et semper auctum renovavi.
56. C. Verres, homo omnium iam opinione damnatus, pecunia multitudine absolutus
57. Haec, sicuti exposui, ita gesta sunt, iudices: insidiator superatus est, vi victa vis vel potius victa virtute audacia est.
58. Ceteri reges aut bello victi in amicitiam a vobis recepti sunt aut in suis dubiis rebus societatem vostram adpetiverunt.
59. Adductus sum, iudices, officio, fide, misericordia, multorum bonorum exemplo, vetere consuetudine institutoque maiorum.
60. In plebem Romanam quaestiones habitae sunt; post C. Gracchi et C. Fulvi caedem item vostri ordinis multi mortales in carcere necati sunt.
61. Capti ab Iugurtha pars in crucem acti, pars bestiis obiecti sunt, pauci, quibus relicta est anima, clausi in tenebris cum maerore et luctu morte graviorem vitam exigunt.

Verbaladjektive

Das Partizip Futur Aktiv (PFA)

Das PFA ist ein Verbaladjektiv, das eine aktive Eigenschaft in der Zukunft beschreibt. Zukunft bezeichnet wieder eine relative Zeitstufe, die nach dem Tempus des Prädikates eintritt. Das PFA ist also das Partizip der Nachzeitigkeit. Für dieses Zeitverhältnis gelten beim PFA andere Regeln, weil es im Vergleich zu den beiden bisher behandelten Partizipien PPA und PPP etwas anders und weniger breit eingesetzt wird.

Das PFA hat bei Cicero, Caesar und Sallust folgende Funktionen:

- als Prädikativum mit *esse* zur Bildung des umschriebenen Futur
- als Attribut in der Form *futurus* mit der Bedeutung «zukünftig»
- als substantiviertes Partizip Neutrum Singular und Plural in den Formen *futurum* und *futura* in den Bedeutungen «Zukünftiges» (Zukunft) und «zukünftige Dinge»

Suffixe und Endungen des PFA

Im Deutschen entspricht dem PFA keine existierende Form.

Für den Freund der Wörtlichkeit: Man könnte ein deutsches PFA theoretisch künstlich konstruieren aus dem Infinitiv des entsprechenden Verbs und dem PPA von *werden*: gehen werdend, siegen werdend, leben werdend, sterben werdend, sein werdend. Diese schrägen Formen erwähne ich aber nur, damit du, wenn du willst, etwas mehr Einblick in die Denkweise des Römers gewinnst. Da eine wörtliche Übersetzung des PFA kein «angemessenes Deutsch» ergibt, bleibt es bei diesem nicht uninteressanten, für das Latinum aber irrelevanten Exkurs.

Wir behelfen uns beim PFA ganz pragmatisch mit freien deutschen Standardübersetzungen.
Im Lateinischen hat das PFA denselben Stamm wie das PPP und wird wie dieses nach den Endungen der a-/o-Deklination dekliniert. Der Stamm wird aber nicht nur durch das Suffix -t- oder -s- erweitert, sondern zusätzlich noch durch das Suffix

-ur-.

So entstehen charakteristische Formen wie:

    -t-ur-us
    -t-ur-a
    -t-ur-um

oder

    -s-ur-us
    -s-ur-a
    -s-ur-um

Aus didaktischen Gründen spricht man gern von der «urus-Form» oder dem «urus-Partizip» – dann weiß jeder sofort, was gemeint ist (siehe Tabelle S. 263).

Das PFA *futurus*

Die Form *futurus* ist das PFA von *esse*, wörtlich-undekliniert übersetzt *sein werdend*. Es ist das einzige PFA, das neben dem prädikativen Gebrauch mit *esse* auch als attributives Adjektiv oder sogar als Substantiv verwendet wird. Als Prädikativum mit *esse* wird es genau so behandelt wie alle anderen PFAs auch.

Dazu noch ein paar Beispiele:

Probatio futura est tua.
Die Überprüfung wird deine sein.

Aut nulli aut perpauci dies ad agendum futuri sunt:
Entweder werden keine oder sehr wenige Tage zum Handeln sein.

Omnis voluptas praeterita pro nihilo est, quia postea nulla est futura.
Jede vergangene Freude ist für nichts, weil sie hinterher keine sein wird.

Di isti Segulio male faciant, homini nequissimo omnium, qui sunt, qui fuerunt, qui futuri sunt!
Die Götter mögen diesem Segulius übel mitspielen, dem unfähigsten Menschen von allen, die sind, die waren, die sein werden!

Der Infinitiv Futur Aktiv von *esse* kommt in den Formen *futurum esse, futuram esse, futurum esse* sowie *futuros esse, futuras esse, futura esse*.
Wichtig: All dies Formen werden häufig durch ein einziges Wort abgekürzt: *fore*.

Als Attribut lässt es sich besonders elegant und nahezu immer passend mit «zukünftig» übersetzen. Als substantiviertes Partizip Neutrum Singular und Plural in den Formen *futurum* und *futura* hat es die Bedeutungen «Zukünftiges» (Zukunft) und «zukünftige Dinge»

Est enim narratio aut praeteritarum rerum aut praesentium, suasio autem futurarum.
Eine Erzählung ist nämlich entweder von vergangenen Dingen oder gegenwärtigen, eine Empfehlung aber von zukünftigen.

De futuris autem rebus semper difficile est dicere.
Über zukünftige Dinge aber ist immer schwer zu sprechen.

Nostra enim causa di id facerent, ut providere futura possemus.
Unseretwegen würden die Götter dafür sorgen, dass wir Zukünftiges voraussehen könnten.

Daher kommt natürlich auch unsere Bezeichnung für das Tempus «Futur». Der Stamm ähnelt dem Stamm der finiten Formen von *esse* im Perfekt Aktiv: *fu-*. Die weitere Bildung erklärt sich aus der Regel von vorhin: -t- als PPP-Suffix, -ur- als PFA-Suffix und die Endungen der a- und o-Deklination. Der Grund, warum ich darauf extra hinweise, ist, dass es kein reguläres PPP von *esse* gibt, von dem man sich die

Verbaladjektive

Form sonst herleiten könnte. Das gilt übrigens auch für alle anderen intransitiven Verben, also für alle Verben, von denen sich ihrer Natur nach kein Passiv bilden lässt. So erklären sich auch manche Stammformeneinträge im Wörterbuch. Zum Beispiel lässt sich von dem Verb *vivere, leben,* kein Passiv bilden, folglich auch kein PPP, wohl aber ein PFA. Die Stammformenreihe lautet also:

vivere, vivo, vixi, -, victurus bzw. *viv- vix-, -, victur-*

✎ Das PFA mit *esse*

Den bei weitem häufigsten Gebrauch erfährt das PFA als prädikatives Attribut mit *esse* zur Bildung eines zusammengesetzten Verbs. Es steht in KNG-Kongruenz zum Subjekt. Dabei handelt es sich um die sogenannte *coniugatio periphrastica activa*, das umschriebene Futur Aktiv.

Diese Umschreibungskonstruktion dient zur Bildung eines Tempus, das auf den ersten Blick vom deutschen Futur 1 kaum zu unterscheiden ist, dient also ähnlich dem Futur 1 zur Angabe einer unmittelbar bevorstehenden Zukunft. Es steht scheinbar synonym neben dem lateinischen Futur 1, mit einigen kleinen Unterschieden: Das Futur 1 ist nur eine allgemeine Aussage über die Zukunft, das umschriebene Futur Aktiv gibt zuweilen eine unmittelbar bevorstehende Zukunft, einen Entschluss oder eine Willenserklärung für die Zukunft an. Praktisch kannst du diesen Unterschied im Latinum vergessen. Du kannst es dir daher relativ einfach machen und das PFA mit *esse* als Futur 1 mit *werde* übersetzen. Beispiele:

Bellum <u>scripturus sum</u>, quod populus Romanus cum Iugurtha rege Numidarum gessit.
Den Krieg <u>werde ich beschreiben</u>, welchen das römische Volk mit Iugurtha, dem König der Numider, geführt hat.

Decem dies sunt ante ludos votivos, quos Cn. Pompeius <u>facturus est</u>.
Zehn Tage liegen vor den geweihten Spielen, welche Gnaius Pompeius <u>veranstalten wird</u>.

Diese Regel gilt allerdings nur so lange, wie es sich bei der Form von *esse* um ein Präsens von *esse* handelt.

Das PFA taucht aber auch mit anderen Tempora von *esse* auf, vor allem mit dem Imperfekt und Perfekt. Diese Formen dienen dazu eine aus der zeitlichen Perspektive der Vergangenheit bevorstehende Zukunft deutlich zu machen, also die Nachzeitigkeit zu wahren, auch wenn die Zeitstufe des Satzes in der Vergangenheit liegt. Das kann weder das deutsche noch das lateinische Futur 1, weil es sich immer nur aus der Perspektive des Präsens auf die Zukunft bezieht. Bei Vergangenheitsformen von *esse* können wir deshalb auch nicht mit dem Präsens *werden* übersetzen, sondern nur mit Präteritumformen wie *wollte, sollte* oder *würde*:

Ille, ut aiebat, supra Maleas in Italiam versus <u>navigaturus erat</u>.
Jener, wie er sagte, <u>wollte</u> oberhalb von Kap Malea <u>Kurs</u> in Richtung Italien <u>nehmen</u>.

Is ad bellum, quod <u>gesturus erat</u>, animum intendit.
Dieser richtete auf den Krieg, welchen <u>er führen würde</u>, seine Aufmerksamkeit.

171

Verbaladjektive

🗣 PFA: Das solltest du auswendig gelernt haben

Das PFA ist ein aktives Partizip der Nachzeitigkeit. Es findet nach der Prädikatshandlung statt. Gebildet wird es aus dem PPP-Stamm unter Anfügung des Suffixes -ur-. Die Endungen deklinieren nach der a- und o-Deklination. Zu erkennen ist es leicht an den charakteristischen Ausgängen *-urus, -ura, -urum*. Daher auch die Bezeichnung «*urus*-Partizip».

Es hat zwei Funktionen:

- als Attribut
- als Prädikativum mit *esse*

Als Attribut kommt es nur in den Formen *futurus, futura, futurum, sein werdend,* vor. Es lässt sich als reines Adjektiv auffassen und wird mit «zukünftig» übersetzt.

Als Prädikativum mit *esse* dient das PFA zur Bildung des umschriebenen Futur Aktiv (Coniugatio periphrastica activa). Mit einer Präsensform von *esse* kann es genau wie das Futur 1 übersetzt werden. In Verbindung mit Vergangenheitsformen von *esse* muss mit *würde, wollte* oder *sollte* übersetzt werden.

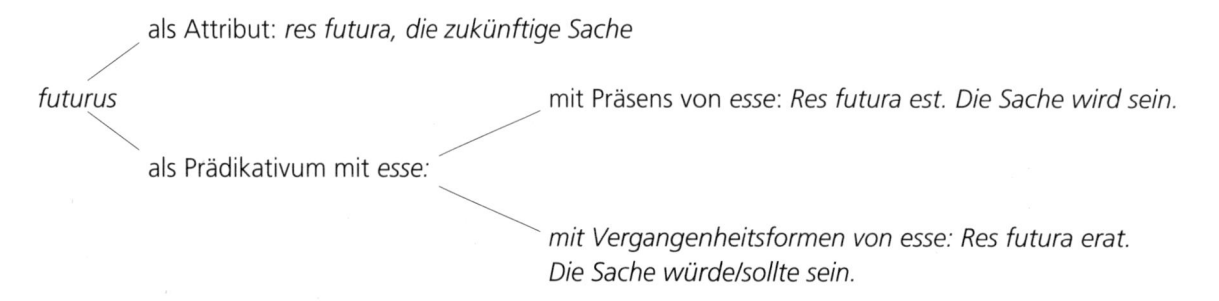

futurus
- als Attribut: *res futura, die zukünftige Sache*
- als Prädikativum mit *esse:*
  - mit Präsens von *esse: Res futura est. Die Sache wird sein.*
  - mit Vergangenheitsformen von *esse: Res futura erat. Die Sache würde/sollte sein.*

Der Infinitiv Futur Aktiv von *esse* kommt in den Formen *futurum esse, futuram esse, futurum esse* sowie *futuros esse, futuras esse, futura esse* vor. All diese Formen werden häufig durch ein einziges Wort abgekürzt: *fore*.

Verbaladjektive

Übung: PFA

Dekliniere und übersetze

Kasus	Dekl. Sg.	Übersetzung
Nom.	res futura	
Gen.		
Dat.		
Akk.		
Abl.		
Kasus	**Dekl. Pl.**	**Übersetzung**
Nom.		
Gen.		
Dat.		
Akk.		
Abl.		

Kasus	Dekl. Sg.	Übersetzung
Nom.	consul futurus	
Gen.		
Dat.		
Akk.		
Abl.	a/cum	
Kasus	**Dekl. Pl.**	**Übersetzung**
Nom.		
Gen.		
Dat.		
Akk.		
Abl.	a/cum	

Kasus	Dekl. Sg.	Übersetzung
Nom.	tempus futurum	
Gen.		
Dat.		
Akk.		
Abl.		
Kasus	**Dekl. Pl.**	**Übersetzung**
Nom.		
Gen.		
Dat.		
Akk.		
Abl.		

Verbaladjektive

Übersetze

1. Catilina non est iturus.
2. Probatio futura est tua.
3. Has litteras illi daturus es.
4. Non ignoro, tu quid responsurus sis.
5. Tantum utilitatis illa res est habitura.
6. Is huic ipsi quaestioni praefuturus est.
7. Tibi enim uni credidimus et credituri sumus.
8. In toto hoc genere hac una defensione usurus es.
9. Nihil cum Verre de cottidianis criminibus acturus sum.
10. Atque ipsa mens ea, quae futura videt, praeterita meminit.
11. Qui et quo animo iam sit et qualis vir futurus sit, videmus.
12. Tantumne igitur laborem, tantas inimicitias suscepturus es?
13. Num ex Aegypto aut Syria frumentum Romam missurus es?

Verbaladjektive

Das Partizip Perfekt Deponent (PPDep)

Das PPDep ist das Partizip Perfekt der Deponentien. Es ist also ein Verbaladjektiv, das im Deutschen eine aktive Eigenschaft in der Vergangenheit beschreibt. Wie alle Deponentien ist es der Form nach Passiv, gleicht also in Form und Bildung dem PPP. Wie das PPP ist es demnach auch ein Partizip der Vorzeitigkeit. Da die Deponentien aber trotz ihrer passiven Form immer aktiv übersetzt werden, hat es die Funktion eines Partizips Perfekt Aktiv. Ein Partizip Perfekt Aktiv existiert bei den normalen Verben im Lateinischen nicht, so dass der Stowasser und Pons das Partizip Perfekt der Deponentien mal eben kurz als PPA abkürzt – mit fatalen Konsequenzen. Denn der Unterschied zwischen dem einen, gängigen PPA (Partizip Präsens Aktiv) und dem anderen «Stowasser»-PPA (Partizip Perfekt Aktiv) ist bei den Deponentien keineswegs klar.

Die Deponentien sind nämlich die einzigen Verben, von denen es zwei «aktive» Partizipien gibt. Neben dem Partizip Perfekt Deponent, also PPP der Form nach, aktiv der Bedeutung nach, ist auch die Bildung des herkömmlichen Partizip Präsens Aktiv möglich. Das scheint auf den ersten Eindruck paradox. Denn das reguläre PPA ist eine aktive Form und vorher haben wir gelernt, dass es von Deponentien keine aktiven Formen gibt. Das PPA bildet hier eine Ausnahme. Es hat die gleiche Formenbildung und Funktion wie das normale PPA und wird auch wie dieses übersetzt. Die Bezeichnung PPA ist also irreführend, weil sie für zwei Formen steht, die eigentlich unterschiedlich sind: das Partizip Präsens Aktiv und das Partizip Perfekt Aktiv. Deshalb sollte man das Partizip Perfekt der Deponentien als PPDep abkürzen. Aus pragmatischen Gründen bleiben wir aber bei der nicht ganz korrekten Bezeichnung PPA für das Partizip Präsens der Deponentien. Bei der Arbeit mit dem Wörterbuch muss man hier natürlich auf der Hut sein.

Das PPDep hat zwei Funktionen:

- als Prädikativum
- als Prädikativum mit *esse*

Das PPDep als Prädikativum

Das PPDep als Prädikativum steht in allen Fällen, wenn *esse* nicht beteiligt ist. Es ist KNG-kongruent mit seinem Bezugswort. Wen es interessiert: Es gehört zu den Lieblingskonstruktionen Caesars. Als Übersetzung bieten sich an:

- Konjunktionalsatz mit «nachdem» (Konjunktionalisierung)
- Umformung des Partizips in einen präpositionalen Ausdruck (Präpositionalisierung)

Beachte im ersten Fall die Diathese. Jedes Deponens wird im Deutschen als Aktiv wiedergegeben. Beispiele:

Helvetii cum omnibus suis carris secuti impedimenta in unum locum contulerunt.

Die wörtlich-undeklinierte Übersetzung klingt papiern:

Die Helvetier mit allen ihren Karren gefolgt (seiend) trugen die Gepäckstücke an einen Ort zusammen.

Das kannst du so leider im modernen Deutschen nicht bringen. Deshalb muss der Konjunktionalsatz her. Konjunktion ist (wie bei allen Partizipien der Vorzeitigkeit) «nachdem».

Die Helvetier, nachdem sie mit all ihren Karren gefolgt waren, trugen die Gepäckstücke an einen Ort zusammen.

Die Präpositionalisierung funktioniert in diesem Fall nicht besonders gut, weil sich kein passender präpositionaler Ausdruck bilden lässt. Eventuell geht:

Die Helvetier trugen unter Nachfolgen mit all ihren Karren die Gepäckstücke an einen Ort zusammen.

Caesar cohortatus suos proelium commisit.
Als Konjunktionalsatz: *Caesar, nachdem er die Seinen ermutigt hatte, begann den Kampf.*

Bei diesem Satz bietet sich auch die Präpositionalisierung des Partizips an, also die Übersetzung durch einen präpositionalen Ausdruck. Statt *nachdem er die Seinen ermutigt hatte* leite ich mit der Präposition *nach* ein, substantiviere das Partizip *cohortatus* (Ermutigung) und genitiviere das Objekt *suos* (der Seinen):

Caesar begann nach Ermutigung der Seinen den Kampf.

Nonnulli iudicium veriti profugerunt.
Als Konjunktionalsatz: *Einige, nachdem sie die Verurteilung gefürchtet hatten, flohen.*

Auch in diesem Satz lässt sich das PPDep präpositionalisieren. Gleichzeitig muss ich statt der Genitivierung auch noch eine Präpositionalisierung des Objektes durchführen:

Einige flohen aus Furcht vor Verurteilung.

Ipsi profecti a palude in ripa Sequanae e regione Luteciae contra Labieni castra considunt.
Als Konjunktionalsatz: *Sie selbst, nachdem sie aufgebrochen waren aus dem Moor, ließen sich am Ufer der Sequana außerhalb der Gegend von Lutecia gegenüber vom Lager des Labienus nieder.*

Verbaladjektive

Bei der Präpositionalisierung übersetze ich statt *nachdem sie aufgebrochen waren aus dem Moor*: *nach Aufbruch aus dem Moor*.

Igitur ea victoria nobilitas ex lubidine sua usa multos mortalis ferro aut fuga extinxit.
Als Konjunktionalsatz: *Also hat der Adel, nachdem er von diesem Sieg nach seiner Willkür Gebrauch gemacht hatte, viele Menschen durch Waffengewalt oder Verbannung ausgelöscht.*

Auch hier ist eine Präpositionalisierung von *nachdem er von diesem Sieg nach seiner Willkür Gebrauch gemacht hatte* möglich: *nach willkürlichem Gebrauch dieses Sieges*.

Relicuos legatos eadem via adgressus plerosque capit, paucis carior fides quam pecunia fuit.
Als Konjunktionalsatz: *Nachdem er an die übrigen Gesandten auf demselben Wege herangetreten war, korrumpierte er die meisten, wenigen war ihre Vertrauenswürdigkeit lieber als Geld.*

Auch hier kann der Konjunktionalsatz präpositionalisiert werden: *Nach Herantreten an die übrigen Gesandten ...*

Sic locutus cum litteris eum dimisit.
Als Konjunktionalsatz: *Nachdem er so gesprochen hatte, schickte er ihn mit Briefen weg.*

Dieses letzte Beispiel soll demonstrieren, wie man bei der Präpositionalisierung sogar das Adverb des Partizips *sic* durch ein deutsches Demonstrativpronomen austauschen muss:

Nach diesen Worten schickte er ihn mit Briefen weg.

Das PPDep als Prädikativum mit *esse*

Das PPDep dient zur Bildung eines zusammengesetzten Verbs, des Perfekts Deponent. Aufgrund seiner passiven Form sieht es dem Perfekt Passiv zum Verwechseln ähnlich. Es ist nur anhand des Stammes zu unterscheiden. Im Wörterbuch hinterlässt es Spuren, weil es über keinen Perfekt-Aktiv-Stamm verfügt, so dass das konjugierte Perfekt Deponent unmittelbar hinter dem Präsens erscheint. So erklärt sich der Wörterbucheintrag, z.B. *sequor, sequi, secutus sum. sequor* für die 1. Person Präsens Deponent, *sequi* für den Infinitiv Präsens Deponent und *secutus sum* für die 1. Person Perfekt Deponent.

Wie gehabt wird es als aktives Tempus übersetzt, also wie unser Perfekt oder Präteritum Aktiv. Auch dazu einige Beispiele:

Secuti estis sententiam C. Caesaris, quoniam is in re publica hanc viam, quae popularis habetur, secutus est.
Gefolgt seid ihr der Meinung Gaius Caesars, weil dieser im Staat diesem Weg, welcher für volksnah gehalten wird, gefolgt ist.

Caesar de tertia vigilia cum tribus legionibus e castris profectus est.
Caesar brach um die dritte Nachtwache mit drei Legionen aus dem Lager auf.

Quotiens vero tu me consulem interficere conatus es!
Wie oft aber hast du versucht mich, den Konsul, zu töten.

Brevi tempore M. Fulcinius adulescens mortuus est.
In kurzer Zeit ist Marcus Fulcinius als junger Mann gestorben.

Id non modo non feci, sed ne passus quidem sum.
Dies habe ich nicht nur nicht getan, sondern nicht einmal zugelassen.

Verbaladjektive

🎬 PPDep: Das solltest du auswendig gelernt haben

Das PPDep ist ein deponentes Partizip der Vorzeitigkeit. Es findet vor der Prädikatshandlung statt. Äußerlich gleicht es dem PPP in allen Bildungsprinzipien. Als Deponens darf es jedoch niemals wie ein PPP übersetzt werden. Achtung: manche Wörterbücher bezeichnen das PPDep irreführend als PPP oder gar als PPA (Partizip Perfekt Aktiv). Darüber hinaus gelten die gleichen Prinzipien wie auch für alle anderen Deponentien.

Das PPDep hat zwei Funktionen:

- als Prädikativum ohne *esse*
- als Prädikativum mit *esse*

Als Prädikativum wird es durch einen Konjunktionalsatz mit *nachdem* übersetzt (Konjunktionalisierung). Manchmal bieten sich auch griffigere Übersetzungen durch einen präpositionalen Ausdruck an (Präpositionalisierung). Als prädikatives Attribut mit *esse* dient es wie das PPP zur Bildung dreier Tempora:

- Perfekt Deponent
- Plusquamperfekt Deponent
- Futur 2 Deponent

Diese Formen lassen sich ohne Ergänzungen wörtlich ins Deutsche übersetzen. Beachte, dass im deutschen Perfekt nicht nur Formen von *sein*, sondern auch von *haben* zur Anwendung kommen. Das Perfekt kann jedoch auch wie sonst durch das deutsche Präteritum wiedergegeben werden. Verwirrung können auch hier die Tempora von *esse* stiften:

- das Präsens von *esse* dient zur Bildung des Perfekts Deponent
- das Imperfekt von *esse* dient zur Bildung des Plusquamperfekts Deponent
- das Futur 1 von *esse* dient zur Bildung des Futur 2 Deponent

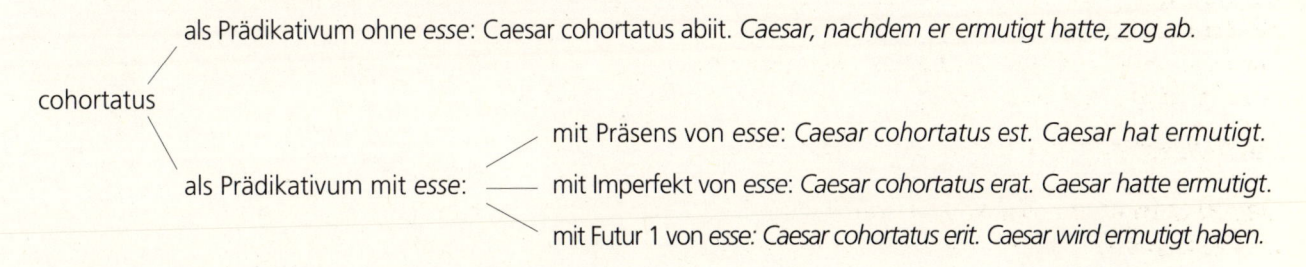

cohortatus
- als Prädikativum ohne *esse*: Caesar cohortatus abiit. *Caesar, nachdem er ermutigt hatte, zog ab.*
- als Prädikativum mit *esse*:
  - mit Präsens von *esse*: *Caesar cohortatus est. Caesar hat ermutigt.*
  - mit Imperfekt von *esse*: *Caesar cohortatus erat. Caesar hatte ermutigt.*
  - mit Futur 1 von *esse*: *Caesar cohortatus erit. Caesar wird ermutigt haben.*

Die folgenden PPDeps lassen sich besonders oft und gut durch präpositionale Ausdrücke übersetzen:

veritus (, ne)	aus Furcht (, dass)
arbitratus, ratus (+ Acl)	in der Meinung (, dass)
usus (+ Ablativ)	unter Benutzung (von)
profectus (+ Ablativus separativus)	nach dem Aufbruch (von)
oblitus (+ Genitiv)	ohne zu denken (an)

Verbaladjektive

Übung: PPDep

Übersetze

1. Ingenio aliquid adsecutus es?
2. Quibus rebus id adsecuti estis?
3. Eorum progredi ausus est nemo.
4. Docui, quod primum pollicitus sum.
5. Ipse autem Syracusas[1] profectus est.
6. Apollinemne tu Delium[2] auferre ausus es?
7. Huius ego alienus consiliis consul usus sum.
8. L. Octavius Reatinus adulescens est mortuus.
9. An vero illa defensio vobis praeclara visa est?
10. Etiam Capuam[3] coloniam deducere conatus es!
11. Numquam, Catilina, culpam tuam confessus es.
12. Tu ausus es pro nihilo tot res sanctissimas ducere?
13. Repente praeter opinionem omnium confessus est.
14. Id nos fortasse non perfecimus, conati quidem sumus.
15. Quotiens vero[4] tu me consulem interficere conatus es!
16. Etiam apud patres conscriptos contra me dicere ausi sunt.
17. Ubi nunc senatus est, quem secuti sumus, ubi equites Romani illi?
18. Eos impeditos et inopinantes adgressus magnam partem eorum concidit.

---

1 Syracusas: nach Syrakus
2 Apollo Delius (Nom.) m: ein delischer Apollo (Bezeichnung eines bestimmten Typus von Statuen)
3 Capuam: nach Capua
4 quotiens vero: wie oft aber

nd-Formen

Das passive Notwendigkeitspartizip auf -nd (Gerundivum)

Das passive Notwendigkeitspartizip auf -nd oder Gerundivum ist ein Verbaladjektiv, das eine passive und entweder potentielle oder notwendige oder bei Verneinung verbotene Eigenschaft in der Gegenwart beschreibt. Es steht eigentlich in gleichzeitigem Verhältnis zum Prädikatstempus, kann sich aber auch auf die Zukunft beziehen, wenn die passive Eigenschaft, die möglich, notwendig oder verboten ist, noch nicht realisiert worden ist. Der Aspekt der Möglichkeit, Notwendigkeit oder des Verbotes kommt allerdings nicht immer zum Ausdruck und erscheint deshalb in manchen Übersetzungen unpassend. Hier genügt ein einfaches passivisches Adjektiv. Das passive Notwendigkeitspartizip auf -nd hat zwei Funktionen:

- als Attribut
- als Prädikativum mit *esse* zur Bildung des umschriebenen Passivs *(Coniugatio periphrastica passiva)*

Warum die Bezeichnung Gerundivum eigentlich unsinnig ist

Das passive Notwendigkeitspartizip ist heute unter der Bezeichnung Gerundivum bekannt.

Usprünglich ist es hervorgegangen aus einer Art Partizip Präsens Passiv. Warum man in der gängigen grammatischen Nomenklatur nicht bei dieser Bezeichnung geblieben ist, ist mir schleierhaft. Das Gerundivum genießt den gepflegten Ruf ein furchtbar kompliziertes, wenn nicht gar okkultes Thema der lateinischen Grammatik zu sein. Es soll Schüler gegeben haben, die es allein deshalb falsch übersetzen, weil sie sich einfach nicht vorstellen konnten, dass man ein Gerundivum wirklich verstehen und richtig übersetzen kann.

Die Bezeichnung passives Notwendigkeitspartizip auf -nd verwende ich gerne, weil sie neutraler ist und «das Gerundivum» gleichzeitig als das benennt, was es eigentlich ist: ein Verbaladjektiv. Deshalb gehört es auch in dieses Kapitel. Die Bezeichnung Gerundivum ist entweder ungenau oder gänzlich ungeklärt. *gerundus* ist selbst eine nd-Form des Verbs *gerere, tun, handeln,* und bedeutet wörtlich-undekliniert übersetzt: «*getan werdend*». Dabei handelt es sich um ein echtes Partizip Präsens Passiv. Bei spätrömischen Grammatikern ist der *Modus gerundi*, wörtlich *die Art des Handelns*, belegt. Ob dies nur eine unpräzise allgemeine Bezeichnung für ein Partizip Präsens Passiv sein soll oder ob es sich dabei um ein Eponym, also eine Namensübertragung, von einem nd-typischen Verb wie *gerere* auf das ganze grammatische Phänomen handelt (i.S.v. «die Form, die auch bei dem Verb *gerere* vorkommt»), ist unklar. Das Gerundivum für den Anfänger zugänglicher und verwechslungssicherer zu machen könnte also damit beginnen, dass man die unbefriedigende Terminologie abschafft. Aber in der klassischen Philologie sind in dieser Hinsicht keine Fortschritte zu erwarten.

Der Name Gerundivum ist schon allein deshalb unbefriedigend, weil er leicht zu Verwechslungen mit einer anderen nd-Form führt, die wir im nächsten Kapitel behandeln: dem Gerundium. Das Gerundium wiederum ist trefflicher als substantivierter Infinitiv zu bezeichnen. Beide haben also relativ wenig miteinander zu tun, auch wenn sie teilweise sogar formengleich sind. Denn das Gerundivum ist seiner Natur nach ein Verbaladjektiv, das Gerundium ein Verbalsubstantiv. Trotzdem wirst du mit beiden Begriffen operieren müssen, weil sie Gegenstand der mündlichen Latinumsprüfungen sind. Zu den abgedroschensten Prüferfragen gehören:

1. «Ist das ein Gerundium oder ein Gerundivum?»
2. «Was ist der Unterschied zwischen einem Gerundium und Gerundivum?»

Deshalb habe ich einen Merkspruch entwickelt, der dir hilft sie besser auseinanderzuhalten und gleichzeitig treffend definiert:

*Das Gerundi **V** um ist ein **V**erbaladjektiv (**V** wie **V**erbaladjektiv!)*
*Das Gerund **I** um ist ein substantivierter **I**nfinitiv (**I** wie **I**nfinitiv!)*

Suffix und Endung

Im Deutschen lässt sich das passive Notwendigkeitspartizip auf -nd analog zum Lateinischen ebenfalls mit dem Suffix -nd wörtlich übersetzen, aber nur, wenn es mit einem vorangestellten «zu» verbunden ist (sonst besteht Verwechslungsgefahr mit dem deutschen PPA): *zu erledigend, zu machend, zu sagend, abzulehnend, durchzuführend* usw.

Die lateinische Form ist ein dreiendiges Verbaladjektiv auf der Grundlage des Präsensstammes mit dem Suffix -nd- und den Endungen der a- und o-Deklination: die Ausgänge in den drei Geschlechtern lauten:

-nd-us
-nd-a
-nd-um usw.

In den i-Konjugationen tritt noch ein e als Bindevokal zwischen Stammauslaut und -nd- vermutlich wegen des j-konsonantischen Charakters des lateinischen i. (siehe Tabelle S. 264)

Kein Dativ

Der Dativ wird in den klassischen Latinumstexten kaum verwendet und wenn, dann nur in feststehenden Amtsfloskeln, die im Latinum angegeben werden sollten. Deshalb ist er für die Deklination uninteressant. Wegen der Formengleichheit solltest du bei der Übersetzung grundsätzlich nur an den Ablativ denken.

Das passive Notwendigkeitspartizip als Attribut

Als Attribut gibt das passive Notwendigkeitspartizip wie jedes Adjektiv eine dauerhafte Eigenschaft eines Substantivs an. In jedem Fall hat diese eine

nd-Formen

passive Färbung, je nach Sinnzusammenhang außerdem entweder einen möglichen oder notwendigen oder unmöglichen oder verbotenen Aspekt. Nur der Zusammenhang und die sprachliche Intuition des Übersetzers entscheidet über die Wahl des passenden Aspektes. Aber auch eine passende Übersetzung erfordert die richtige Technik.

Für die Übersetzung stehen drei Möglichkeiten zur Verfügung:

- wörtlich-dekliniert mit *zu* + Präsensstamm + *-nd*
- Relativsatz mit *werden müssen, werden können* oder *nicht werden dürfen*, wenn es verneint ist
- Substantivierung der nd-Form und Genitivierung des Bezugswortes

Meistens, aber nicht immer, kann man alle drei Wege durchexerzieren, wie in dem folgenden Beispiel:

Ad eas res conficiendas Orgetorix deligitur.

Die wörtliche Übersetzung sollte nur als Arbeitsübersetzung dienen und klingt meist so hölzern wie ein furnierter Aktenschrank.

Zu diesen zu erledigenden Dingen wird Orgetorix deligiert.

Der Relativsatz ist und bleibt wie immer eine sichere und anpassungsfähige Standardapplikation:

Zu diesen Dingen, die erledigt werden müssen, wird Orgetorix deligiert.

Die zweifellos eleganteste Lösung ist die Substantivierung-Genitivierung und ich empfehle diese Technik auch dem Anfänger. Mit etwas Übung gelingen fast immer lehrbuchmäßige Übersetzungen. Gehe dabei in zwei Schritten vor:

1. Substantiviere die nd-Form
2. Genitiviere das Bezugswort

Wenn die nd-Form in einen präpositionalen Ausdruck eingelassen ist, muss die Präposition selbstverständlich erhalten bleiben.
In unserem Beispiel substantiviere ich also erstens *conficiendas: Erledigen, Erledigung*. Zweitens genitiviere ich das Bezugswort *eas res: dieser Dinge, von diesen Dingen*. Die Präposition *ad, zu,* bleibt erhalten:

Zur Erledigung dieser Dinge wird Orgetorix deligiert.

Die Bedeutungen der Präpositionen beim Notwendigkeitspartizip weichen leicht von den Standardbedeutungen ab. Da gerade Cicero das Notwendigkeitspartizip in präpositionalen Ausdrücken besonders häufig benutzt, lohnt es sich diese Abweichungen zu lernen (siehe Tabelle).

Präposition/ Postposition	Grundbedeutung	mit nd-Form	Beispiel
ad + Akkusativ	zu	zum, zur, um zu	**ad bellum gerendum** zum Führen eines Krieges um Krieg zu führen **ad faciendam fidem** zum Schaffen von Vertrauen um Vertrauen zu schaffen
causa + Genitiv (immer nachgestellt!)	wegen	um zu	**patris ulciscendi causa** um den Vater zu rächen **sui defendendi causa** um sich zu verteidigen
de + Ablativ	über, in Bezug auf	in Bezug auf	**de contemnenda morte** in Bezug auf die Verachtung des Todes **de administrando imperio** in Bezug auf die Leitung des Reiches
in + Ablativ	im, in	beim, bei	**in tolerando dolore** beim Ertragen von Schmerz **in rebus iudicandis** bei der Beurteilung der Dinge

Ein zweites Beispiel:

Ad bella suscipienda Gallorum alacer ac promptus est animus.

Die wörtliche Arbeitsübersetzung: *Zu den zu unternehmenden Kriegen ist die Motivation der Gallier hoch und stetig.*

Beim Relativsatz kann es sinnvoll erscheinen, den Aspekt dem Sinn anzupassen oder ihn auch wegzulassen:

Zu den Kriegen, die unternommen werden (müssen), ist die Motivation der Gallier hoch und stetig.

Doch auch hier ist die Substantivierung-Genitivierung die Patentlösung:

Zum Unternehmen von Kriegen ist die Motivation der Gallier hoch und stetig.

Wie bereits gesagt klingt die wörtliche Übersetzung in den meisten Fällen nach Kanzleideutsch, so auch im folgenden Beispiel:

Calpurnius Romam ad magistratus rogandos proficiscitur.

Calpurnius bricht nach Rom zu den zur Wahl vorzuschlagenden Beamten auf.

Manchmal mutet auch die Substantivierung-Genitivierung so sperrig an wie ein rheumatischer Knochen:

Calpurnius bricht nach Rom auf zum zur Wahl Vorschlagen der Beamten.

Reflexartig greifen wir auf den Relativsatz zurück.

Calpurnius bricht nach Rom auf zu den Beamten, die zur Wahl vorgeschlagen werden müssen

Meinetwegen. Doch am wenigsten Magengeschwüre bereitet hier die präpositionale Auflösung mit *um zu*:

Calpurnius bricht nach Rom auf, <u>um die Beamten zur Wahl vorzuschlagen</u>.

Auch in dem folgenden Beispiel:

<u>Superstitione tollenda</u> religio non tollitur.

klingt die wörtliche Übersetzung so zäh wie eine Arzttasche aus Schweinsleder:

<u>Durch den abzulegenden Aberglauben</u> wird der religiöse Glaube nicht abgelegt.

Also wird wieder der Relativsatz herbeigequält. Bis zur Sinnentstellung muss er beim unsicheren Übersetzer für alles und jedes herhalten, was nach -nd-Form aussieht. Leider fiel ihm auch der oben zitierte Satz zum Opfer:

<u>Durch den Aberglauben, der abgelegt werden muss</u>, wird der religiöse Glaube nicht abgelegt.

Ist das wirklich gemeint? Der Relativsatz entstellt den Sinn. Passender und durchaus auch möglich ist in diesem Fall eher ein Konjunktionalsatz:

<u>Durch den Aberglauben, wenn er abgelegt wird</u>, wird religiöser Glaube nicht abgelegt.

Doch nach allen Regeln der Kunst übersetzt wieder einmal, wer substantivieren und genitivieren kann:

<u>Durch Ablegen des Aberglaubens</u> wird der religiöse Glaube nicht abgelegt.

Doch die Substantivierung-Genitivierung ist nicht immer das Allheilmittel. Es gibt Fälle, wo sie nicht nur sinnentstellend ist, sondern nachgerade falsch, z.B. in dem folgenden Ausruf Ciceros:

Magnum crimen, ingens pecunia, furtum impudens, <u>iniuria non ferenda</u>!
Ein großes Verbrechen, ungeheures Geld, unverschämter Diebstahl, <u>nicht zu ertragendes Unrecht</u>.

Hier kann *iniuria non ferenda* nicht als *das Nicht-Ertragen von Unrecht* übersetzt werden. Eine elegante Alternative zu der noch immer etwas knöchernen Wörtlichkeit kann hier eine Umformung des Verbaladjektivs zu einem reinen Adjektiv sein: aus *nicht zu ertragendem Unrecht* wird *unerträgliches Unrecht*.

Weitere Beispiele:
Noster autem populus <u>sociis defendendis</u> terrarum iam omnium potitus est.
Unser Volk aber hat sich <u>durch die Verteidigung von Bundesgenossen</u> bereits aller Länder bemächtigt.
Quid dicam, quantus amor bestiarum sit <u>in educandis custodiendisque iis</u>, quae procreaverunt.
Warum soll ich sagen, wie groß die Liebe der Tiere ist <u>beim Aufziehen und Beschützen derer</u>, welche sie hervorgebracht haben.

Temperantia autem constat <u>ex praetermittendis voluptatibus</u> corporis.
Selbstbeherrschung aber besteht <u>aus dem Vorbeiziehenlassen der Vergnügungen</u> des Körpers.

<u>A rebus gerendis</u> senectus abstrahit.
<u>Vom Vollbringen von Taten</u> hält das Alter ab.

<u>Quattuor legiones</u> in Senones Parisiosque Labieno <u>ducendas</u> dedit.
<u>Die Führung von vier Legionen</u> zu den Senonen und Parisiern gab er Labienus.

Sed <u>in consilio capiendo</u> omnem Galliam respiciamus, quam ad nostrum auxilium concitavimus.
Doch <u>beim Fassen des Planes</u> lasst uns auf ganz Gallien blicken, welches wir zu unserer Unterstützung aufgebracht haben.

Unus erit consul, et is non <u>in administrando bello</u> sed <u>in sufficiendo conlega</u> occupatus.
Ein einziger wird Konsul sein, und dieser nicht <u>mit der Leitung eines Krieges</u> sondern <u>mit dem Ersetzen des Kollegen</u> beschäftigt.

Das passive Notwendigkeitspartizip als Prädikativum mit *esse*

Wenn das Verbaladjektiv als Prädikativum mit *esse* auftritt, dient es zur Bildung eines zusammengesetzten Verbs, das sich umschriebenes Passiv, lateinisch *Coniugatio periphrastica passiva* (vgl. oben *coniugatio periphrastica activa*) nennt. Auch hier ist das Notwendigkeitspartizip grundsätzlich kongruent mit dem Subjekt des Satzes. In Verbindung mit *esse* drückt es aus, dass das Subjekt getan werden kann, muss oder, wenn es verneint wird, nicht getan werden kann oder darf.

Von diesem umschriebenen Notwendigkeitspassiv gibt es zwei Varianten:

- mit einem namentlich genannten Subjekt (persönliche Konstruktion)
- mit einem nicht genannten neutralen Subjekt (unpersönliche Konstruktion)

Persönliche Konstruktion in allen Genera und Numeri

Bei der persönlichen Konstruktion kann das Notwendigkeitspassiv in Form aller drei Genera und beider Numeri in Übereinstimmung mit dem Subjekt vorkommen. Bei der Übersetzung musst du also immer das Bezugssubstantiv aufsuchen, das das Subjekt stellt. Es gibt zwei Übersetzungsvarianten:

nd-Formen

- eine wörtliche
- eine umschriebene

Bei der wörtlichen Übersetzungsvariante werden alle Formen von *esse* wörtlich übersetzt. Im Vergleich mit dem Attribut kann nun aber die Übersetzung des Notwendigkeitspartizips irritieren. Denn es wird nun nicht mehr durch zu + Präsensstamm + nd übersetzt, sondern nur noch durch zu + Präsensstamm + n. Das d fällt also weg. Äußerlich kommt dabei eine Form zustande, die mit dem Infinitiv Präsens identisch ist.

Dabei handelt es sich jedoch um einen Scheininfinitiv, in Wahrheit um eine verkappte wörtlich-undeklinierte Form des Notwendigkeitspassivs. In der ursprünglichen Form des umschriebenen Passivs handelte es sich um eine wörtlich-undeklinierte Form mit dem Auslaut -nd. Im Laufe der Zeit verschwand das d der besseren Aussprache wegen und die verkrüppelte nd-Form ging als Infinitiv durch.

Für dieses komplizierte Phänomen folgen nun zahlreiche Beispiele:

De fortunis omnibus P. Quinctius deturbandus est; potentes, diserti, nobiles omnes advocandi sunt.
wörtlich: *Aus allen seinen Besitztümern ist Publius Quinctius zu verdrängen; alle Mächtigen, Redegewandten, Bekannten sind herbeizurufen.*
mit *müssen*: *Aus allen seinen Besitztümern muss Publius Quinctius verdrängt werden; alle Mächtigen, Redegewandten, Bekannten müssen herbeigerufen werden.*

Ein potentielles Passiv, also ein mögliches Getanwerden, musst du aus dem Sinnzusammenhang schließen:

Qui deus appellandus est? Cuius hominis fides imploranda est?
wörtlich: *Welcher Gott ist anzurufen? Welches Menschen Vertrauenswürdigkeit ist anzuflehen?*
mit *können*: *Welcher Gott kann angerufen werden? Welches Menschen Vertrauenswürdigkeit kann angefleht werden?*

Im folgenden Beispiel dient die Verneinung der nd-Form zur Bildung eines Verbotes:

Amor fugiendus non est: nam ex eo verissima nascitur amicitia.
wörtlich: *Die Liebe ist nicht zu meiden. Denn aus ihr entsteht die wahrhaftigste Freundschaft.*
mit *nicht sollen*: *Die Liebe sollte nicht gemieden werden. Denn aus ihr entsteht die wahrhaftigste Freundschaft.*

Auch das nächste Beispiel enthält wegen der Verneinung ein Verbot. Da die zweite nd-Form nicht mehr verneint ist, drückt sie wieder eine Notwendigkeit aus:

Non solum minuenda non sunt auxilia, quae habemus, sed etiam nova comparanda.
wörtlich: *Nicht nur nicht zu reduzieren sind die Auxiliartruppen, welche wir haben, sondern sogar neue bereitzustellen.*
mit *nicht dürfen* und *müssen*: *Nicht nur dürfen die Auxiliartruppen nicht reduziert werden, welche wir haben, sondern sogar neue müssen bereitgestellt werden.*

Die Verneinung kann sinngemäß auch den Aspekt beinhalten, dass jemand oder etwas nicht getan werden kann:

Cetera, quamquam ferenda non sunt, feramus.
wörtlich: *Die übrigen Dinge, obgleich sie nicht zu ertragen sind, wollen wir ertragen.*
mit *nicht können*: *Die übrigen Dinge, obgleich sie nicht ertragen werden können, wollen wir ertragen.*

Das Tempus von *esse* kann wie bei den anderen Partizipien jederzeit variieren:

Nam aut omnia occulte referenda fuerunt, aut aperte omnia.
Denn entweder waren alle Dinge geheim zu berichten oder alle öffentlich.
Denn entweder mussten alle Dinge geheim berichtet werden oder alle öffentlich.

Sed tum demum consilia nostra commutanda erunt.
wörtlich: *Aber dann erst werden unsere Pläne zu ändern sein.*
mit *können*: *Aber dann erst werden unsere Pläne geändert werden können.*

Ego autem, quae dicenda fuerunt de te, non praeterii.
Ich aber habe, was zu sagen war über dich, nicht übergangen.
Ich aber habe, was gesagt werden musste über dich, nicht übergangen.

Lapis aliqui caedendus et adportandus fuit machina sua.
Irgendein Stein war zuzuschneiden und anzuliefern mit seiner Maschine.
Irgendein Stein musste zugeschnitten und angeliefert werden mit seiner Maschine.

Unpersönliche Konstruktion im Neutrum Singular

Bei der unpersönlichen Konstruktion kommt das Notwendigkeitspassiv nur und ausschließlich im Neutrum Singular vor. Die (auch hier wegen der Möglichkeit eines neutralen Bezugswortes obligate) Suche nach dem Bezugssubstantiv wird in diesem Fall vergeblich bleiben, weil das Subjekt nur in KNG der nd-Form und in PN-Kongruenz der

Form von *esse* enthalten ist. Im Deutschen ergänzen wir bei der Übersetzung das neutrale Subjekt «es». Auch hier kann das Verbaladjektiv wörtlich-undekliniert mit *zu* + Stamm + *n* (= *zu* + Infinitiv!) übersetzt werden oder durch Umschreibung mit *werden können, werden müssen*, bzw. bei Verneinung *nicht werden können, nicht werden dürfen*:

Dicendum est enim de Cn. Pompei singulari eximiaque virtute.
Es muss nämlich *gesprochen werden* in Bezug auf die einzigartige und außerordentliche Tüchtigkeit des Gnaius Pompeius.

Perficiendum est, si quid agere aut proficere vis, ut homines te non solum audiant, verum etiam libenter studioseque audiant.
Es muss bewirkt werden, wenn du etwas tun oder hinkriegen willst, dass die Menschen dich nicht nur hören, sondern auch gern und interessiert hören.

Der Dativus auctoris bezeichnet den Täter, von dem etwas getan werden muss

Eine wichtige Rolle beim Notwendigkeitspassiv spielt auch der sogenannte *Dativus auctoris*, zu Deutsch **Dativ des Urhebers** oder **Täterdativ**. Da es sich beim Notwendigkeitspassiv um ein passives Prädikat handelt, ist das Subjekt niemals gleichzeitig Täter. Dennoch ist es häufig erforderlich den Urheber einer Handlung grammatisch zu manifestieren. Da der Nominativ mit dem Subjekt bereits besetzt ist, dient zu diesem Zweck der *Dativus auctoris*. Er ist das Pendant zum deutschen *Agens* und zum englischen *by-Agent*. Er bezeichnet also den Handelnden, «von dem» oder «durch den» ein passiver Akt veranlasst wird. Er tritt meist in Verbindung mit dem Notwendigkeitspassiv auf, selten beim normalen Passiv. Deshalb ist nur in der Umgebung eines Notwendigkeitspassivs mit einem Täterdativ zu rechnen – dort allerdings nicht selten.

Ein *Dativus auctoris* kann auf zweierlei Weise übersetzt werden:

- Im Passiv durch einen präpositionalen Ausdruck mit *von* oder *durch*
- Im Aktiv, indem der *Dativus auctoris* zum Subjekt des deutschen Satzes wird

Beispiele:
Senatus auctoritas mihi defendenda fuit.
Passiv: *Die Macht des Senates war von mir zu verteidigen.*
Aktiv: *Ich musste die Macht des Senates verteidigen.*

In hac sententia complectendus erat mihi Caesar.
Passiv: *Bei dieser Meinung musste Caesar von mir umarmt werden.*
Aktiv: *Bei dieser Meinung musste ich Caesar umarmen.*

Adhibenda vis est veritati.
Passiv: *Angewendet werden muss Gewalt von der Wahrheit.*
Aktiv: *Die Wahrheit muss Gewalt anwenden.*

Non mediocris adhibenda mihi est cura.
Passiv: *Nicht wenig Mühe muss von mir aufgewendet werden.*
Aktiv: *Ich muss nicht wenig Mühe aufwenden.*

Intuendi nobis sunt non solum oratores, sed etiam actores.
Passiv: *Studiert werden müssen von uns nicht nur die Redner, sondern auch die Schauspieler.*
Aktiv: *Wir müssen nicht nur die Redner, sondern auch die Schauspieler studieren.*

Decernendae nobis sunt lege Sempronia provinciae duae.
Passiv: *Zuerkannt werden müssen von uns nach dem Sempronischen Gesetz zwei Provinzen.*
AKTIV: *Wir müssen nach dem Sempronischen Gesetz zwei Provinzen zuerkennen.*

Doch auch daran musst du denken: Nicht jeder Dativ in der Umgebung von nd-Formen ist ein *Auctoris*. Nach bestimmten Verben, die häufig mit einem normalen Dativobjekt stehen, kann es zur Verwechslung kommen:

Tutor his mulieribus Graecorum legibus ascribendus fuit.
Wörtlich: *Ein Vormund war diesen Frauen nach den Gesetzen der Griechen einzusetzen.*

Hier ist natürlich nicht gemeint, dass die Frauen einen Vormund einsetzen sollen, sondern, dass ein Vormund für die Frauen eingesetzt werden muss. Und *legibus* ist nicht einmal Dativ, sondern Ablativ:

Ein Vormund musste für diese Frauen nach den Gesetzen der Griechen eingesetzt werden.

Quam ob rem suffragandi nimia libido in non bonis causis eripienda fuit potentibus.
Wörtlich: *Aus diesem Grund war die maßlose Willkür der Wählerbeeinflussung in nicht guten Zwecken den Mächtigen zu entreißen.*

Auch hier kann schon aus dem Sinnzusammenhang nicht gemeint sein, dass die Mächtigen sich ihre eigene Willkür entreißen:

Aus diesem Grund musste die maßlose Willkür der Wählerbeeinflussung in nicht guten Zwecken den Mächtigen entrissen werden.

Das passive Notwendigkeitspartizip auf -nd (Gerundivum): Das solltest du auswendig gelernt haben

Das passive Notwendigkeitspartizip auf -nd (Gerundivum) ist ein passives Verbaladjektiv der Gleichzeitigkeit oder Nachzeitigkeit. Es gibt eine passive Eigenschaft an, die möglich, notwendig bzw. bei Verneinung unmöglich oder verboten ist. Es darf nicht mit dem substantivierten Infinitiv auf -nd (Gerundium) verwechselt werden. Wegen der Namensähnlichkeit gilt der Merkspruch:

- Das Gerundi **V** um ist ein **V**erbaladjektiv (V wie Verbaladjektiv!)
- Das Gerund **I** um ist ein substantivierter **I**nfinitiv (I wie Infinitiv!)

Gebildet wird das passive Notwendigkeitspartizip aus dem Präsensstamm und dem Suffix -nd-. Die Endungen richten sich nach der a- und o-Deklination. Einen Dativ gibt es nicht.
Das passive Notwendigkeitspartizip hat zwei Funktionen:

- als Attribut
- als Prädikativum mit *esse*

Für die Übersetzung als Eigenschaftsattribut gibt es drei Möglichkeiten:

- wörtlich-dekliniert mit *zu* + Präsensstamm + *-nd*
- Relativsatz mit *werden müssen, werden können,* bei Verneinung mit *nicht werden können* oder *nicht werden dürfen*
- Substantivierung der nd-Form und Genitivierung des Bezugswortes

Der Relativsatz ist unelegant, aber relativ sicher. Die Substantivierung-Genitivierung ist die eleganteste Lösung, funktioniert aber nicht in 100% der Fälle. Präpositionen, die sich auf ein passives Notwendigkeitspartizip beziehen, können leicht abweichende Bedeutungen haben.

Das prädikative Attribut mit *esse* kommt in zwei Formen vor:

- als persönliche Konstruktion mit kongruentem Bezugswort in allen drei Genera
- als unpersönliche Konstruktion im Neutrum Singular ohne kongruentes Bezugswort

Bei der persönlichen Konstruktion herrscht KNG-Kongruenz zum Nominativ aller drei Genera. Es gibt zwei Übersetzungsmöglichkeiten:

- wörtlich-undekliniert mit *zu* + Präsensstamm + n (= *zu* + Infinitiv Präsens)
- durch Umschreibung mit *werden müssen, werden können*; bei Verneinung mit *nicht werden dürfen* oder *nicht werden können*.

Bei der unpersönlichen Konstruktion im Neutrum Singular fehlt ein kongruentes Bezugswort. Sie besteht nur aus der 3. Singular von *esse* und einem Notwendigkeitspartizip auf *-ndum*. In der deutschen Übersetzung ist das Subjekt immer «es». Die Übersetzung entspricht ansonsten der persönlichen Konstruktion.

Das *Agens*, also der Urheber des passiven Vorgangs, wird durch den *Dativus auctoris*, Dativ des Urhebers, vertreten. Im Deutschen übersetzen wir diesen Dativ mit *von* oder *durch* oder machen ihn zum Subjekt des deutschen Satzes unter Umformung des Prädikates ins Aktiv.

nd-Formen

Der substantivierte Infinitiv auf *-nd* (Gerundium)

Das Gerundium ist ein substantivierter Infinitiv. Bereits beim sogenannten Gerundivum habe ich erwähnt, wie gefährlich unpräzise diese Bezeichnungen sind. Gerundium wird leicht verwechselt mit Gerundivum, obwohl das eine mit dem anderen wenig mehr gemeinsam hat als drei Formen und somit auch die Ähnlichkeit der Bezeichnungen durch nichts zu rechtfertigen ist. Der substantivierte Infinitiv ist kein Verbaladjektiv, sondern ein Verbalsubstantiv. Auch er verbindet verbale mit – in diesem Fall – substantivischen Eigenschaften, kann also einerseits ebenfalls dekliniert, andererseits durch Satzteile erweitert werden. Im Gegensatz zu den Verbaladjektiven spielen Diathese und Zeitverhältnis jedoch beim substantivierten Infinitiv keine Rolle.

Suffix und Endungen

Im Lateinischen entspricht der Nominativ dem bloßen Infinitiv, wird also nicht dekliniert. Die anderen Formen richten sich ebenfalls nach dem Präsensstamm. Angefügt wird nun aber auch hier das Suffix -nd-, die Endung dekliniert nach dem Neutrum der o-Deklination. Einen Dativ gibt es nicht. Einen Plural gibt es nicht. Die Deklination sieht also folgendermaßen aus:

Kasus	Suffix + Endung	Stamm dic-, sprechen	Übersetzung
Nominativ	-re	dicere	das Sprechen
Genitiv	-nd-i	dicendi	des Sprechens
Dativ	-	-	-
Akkusativ	-nd-um	dicendum	das Sprechen
Ablativ	-nd-o	dicendo	durch das Sprechen

Der substantivierte Infinitiv

Im Deutschen substantivieren wir einen Infinitiv durch eine sehr einfache Maßnahme: Wir nehmen einen Infinitiv und setzen einen Artikel davor. Fertig! (Artikulierung)
Sowohl im Deutschen als auch im Lateinischen hat der Infinitiv neutrales Geschlecht. Folglich muss also auch im Deutschen der Artikel, im Lateinischen die Deklination neutrales Geschlecht haben. Im Deutschen ist das der Artikel *das*. Beispiele:

Hoc est rationes referre?
Dies ist Rechenschaft Ablegen?

Hier steht der Infinitiv in seiner gewohnten Form im Nominativ.

Facultas enim redimendi erit.
Denn die Möglichkeit des Zurückkaufens wird bestehen.

Vigilando, agundo, bene consulendo prospere omnia cedunt.
Durch Wachsamsein, durch Handeln, durch gut Überlegen verläuft alles günstig.

Bei der Substantivierung eines Infinitivs geht im Deutschen sowohl der wörtliche Infinitiv als auch ein entsprechendes Substantiv:

Tu quid cogites de transeundo in Epirum, scire sane velim.
Was du denkst in Bezug auf das Übergehen nach Epirus, möchte ich wirklich wissen.

Was du denkst in Bezug auf den Übergang nach Epirus, möchte ich wirklich wissen.

Auch der substantivierte Infinitiv steht häufig in präpositionalen Ausdrücken. Auch hier haben die Präpositionen Sonderbedeutungen (siehe Tabelle).

Abweichende Bedeutungen der Präpositionen beim substantivierten Infinitiv (Gerundium)

Präposition/ Postposition	Grundbedeutung	mit nd-Form	Beispiel
ad + Akkusativ	zu	zum, zur, um zu	ad agendum zum Handeln, um zu handeln ad proficiscendum zum Aufbrechen, um aufzubrechen
causa + Genitiv (immer nachgestellt!)	wegen	um zu	dicendi causa um zu reden defendendi causa um zu verteidigen
in + Ablativ	im, in	beim, bei	in dicendo beim Sprechen in accusando beim Anklagen

Fuit tempestivum ad navigandum mare.
Stürmisch war zum Befahren das Meer.

Etenim quis est tam in scribendo impiger quam ego?
Denn wer ist so beim Schreiben faul wie ich?

Ist der substantivierte Infinitiv durch Satzteile erweitert, können bei der wörtlichen Übersetzung sperrige Formulierungen herauskommen. Im folgenden Beispiel treten zwei Adverbien zum substantivierten Infinitiv:

Quae autem de bene beateque vivendo a Platone disputata sunt, haec explicari non placebit Latine?

Die wörtliche Übersetzung der Adverbien klingt im Deutschen fremd:

Was aber in Bezug auf das gut und glücklich Leben von Platon erläutert worden ist, wird man es nicht gut finden, dass dieses auf Latein erklärt wird.

nd-Formen

Deshalb empfiehlt sich eine Adjektivierung von Adverbien:

Was aber in Bezug auf das gute und glückliche Leben von Platon erläutert worden ist, wird man es nicht gut finden, dass dieses auf Latein erklärt wird.

Auch präpositionale Ausdrücke klingen im Deutschen grenzwertig:

Ita prohibendo a delictis magis quam vindicando exercitum brevi confirmavit.
So sicherte er durch das Abhalten von Verbrechen mehr als durch Bestrafen sein Heer in Kürze.

In Extremfällen sollte man durch einen Nebensatz umschreiben:

Nam non redeundo in gratiam cum inimico non violabam Pompeium.
Statt: *Denn durch das nicht in die Gunst mit seinem Feind Zurückkehren beleidigte ich Pompeius nicht.*
Denn dadurch, dass ich nicht in die Gunst mit seinem Feind zurückkehrte, beleidigte ich Pompeius nicht.

Am schwierigsten wird es, wenn Objekte mit ins Spiel kommen:
Itaque hostes repente celeriterque procurrerunt, ut spatium pila in hostes coniciendi non daretur.
Daher rannten die Feinde plötzlich und schnell los, so dass Raum des Speere auf die Feinde Werfens nicht gegeben wurde.

Am einfachsten wendet man hier die Genitivierung (oder *von*-Dativierung) des Objektes an:

Daher rannten die Feinde plötzlich und schnell los, so dass Raum des Werfens von Speeren auf die Feinde nicht gegeben wurde.

Am elegantesten ist jedoch die Übersetzung mit *um zu* + Infinitiv

Daher rannten die Feinde plötzlich und schnell los, so dass Raum, um Speere auf die Feinde zu werfen, nicht gegeben war.

🕮 Der substantivierte Infinitiv auf -nd (Gerundium): Das solltest du auswendig gelernt haben

Der substantivierte Infinitiv auf -nd (Gerundium) ist ein Verbalsubstantiv. Er darf nicht mit dem passiven Notwendigkeitspartizip auf -nd (Gerundivum) verwechselt werden. Wegen der Namensähnlichkeit gilt der Merkspruch:

*Das Gerundi **V** um ist ein **V**erbaladjektiv (**V** wie **V**erbaladjektiv!)*
*Das Gerund **I** um ist ein substantivierter **I**nfinitiv (**I** wie **I**nfinitiv!)*

Zugrunde liegt ihm der Präsensstamm. Im Nominativ unterscheidet er sich nicht vom normalen Infinitiv Präsens auf **-re**. In allen anderen Formen tritt das Suffix -nd- an den Präsensstamm. Die Endungen richten sich nach dem Neutrum Singular der o-Deklination. Einen Dativ gibt es nicht. Einen Plural gibt es nicht. Gemeinsam mit dem Gerundivum hat er also nur drei Formen:

- den Genitiv Singular auf ***-nd-i***
- den Akkusativ Singular auf ***-nd-um***
- den Ablativ Singular auf ***-nd-o***

Adverbien sollten adjektiviert, Objekte genitiviert werden. Treten präpositionale Ausdrücke hinzu, sollte die ganze Konstruktion durch einen adäquaten Nebensatz umschrieben werden. Präpositionen, die sich auf einen substantivierten Infinitiv beziehen, können leicht abweichende Bedeutungen haben.

nd-Formen

✎ Identifizierung und Unterscheidung von nd-Formen

nd-Formen gehören zu den wichtigsten und gleichzeitig gefürchtetsten Themen der Latinumsprüfung. Sie scheinen auf den ersten Blick schwer auseinanderzuhalten, die gängigen Begrifflichkeiten Gerundium und Gerundivum sind ähnlich und irreführend und zuweilen gleichen sie sich auch in der Übersetzung. Ich habe eine diagnostische Methode entwickelt, mit Hilfe derer du jede nd-Form sicher identifizieren kannst. Da in den Prüfungen nur die Begriffe Gerundium und Gerundivum akzeptiert werden, werden auch wir nun mit ihnen operieren.

1. nd-Erkennung

Grundsätzlich muss eine nd-Form vorliegen. Diese erkennst du an dem charakteristischen Suffix *-nd-*. Bereits hier kann es in einigen Fällen zu Verwechslungen mit Verbalstämmen kommen, die ebenfalls auf *-nd-* auslauten (*defend-*, verteidigen, *contend-*, arbeiten, *vend-*, verkaufen, *manda-*, anvertrauen).

Sobald die nd-Form gesichert ist, gehst du in folgenden Arbeitsschritten vor:

2. nd-i, -nd-um, -nd-o-Probe (sprich: «endiendumendo-Probe»)

Prüfe, ob die Form einen der folgenden Ausgänge aufweist:

-nd-i
-nd-um
-nd-o

Bei diesen Erkennungsmerkmalen handelt es sich um die einzigen drei Formen, die das Gerundium und das Gerundivum gemeinsam haben. Eine Form, die keinen dieser Ausgänge hat, ist automatisch Gerundivum.

3. Kongruenzprüfung

Wenn die *nd-i, -nd-um, -nd-o*-Probe positiv ausfällt, prüfe, ob die nd-Form alleine oder mit einem kongruenten Bezugswort steht. Steht sie alleine, so handelt es sich meistens um ein Gerundium, steht sie mit kongruentem Bezugswort, handelt es sich in jedem Fall um ein Gerundivum. Ob es sich bei einer alleinstehenden Form um ein Gerundium oder Gerundivum handelt, kann man nicht in allen Fällen sicher klären. Bei *-nd-i* und *-nd-o* liegt sicher ein Gerundium vor. Bei *-nd-um* jedoch nur dann, wenn die *esse*-Probe negativ ausfällt.

4. *esse*-Probe

Bei der *esse*-Probe prüft man, ob eine nd-Form prädikativ mit einer Form von *esse* steht. Wenn dies der Fall ist, so handelt es sich in jedem Fall um ein Gerundivum. Eine positive *esse*-Probe dient also zum einen immer der sicheren Identifizierung eines Gerundivums. Zum anderen dient die *esse*-Probe vor allem zur Sicherung des Befundes der Kongruenzprüfung bei der doppeldeutigen Form auf *nd-um*. Als Gerundium steht sie allein und ohne *esse*. Als Gerundivum steht sie scheinbar auch allein, aber mit *esse*. Scheinbar allein deshalb, weil das neutrale Subjekt «es» im Lateinischen in der nd-Form enthalten ist und man deshalb kein Bezugswort findet. Spätestens jetzt ist die nd-Form identifiziert und du kannst mit der Übersetzung beginnen.

Zur Übersicht betrachte noch das Diagramm (Seite 188).

nd-Formen

Diagramm: Identifizierung und Unterscheidung von nd-Formen

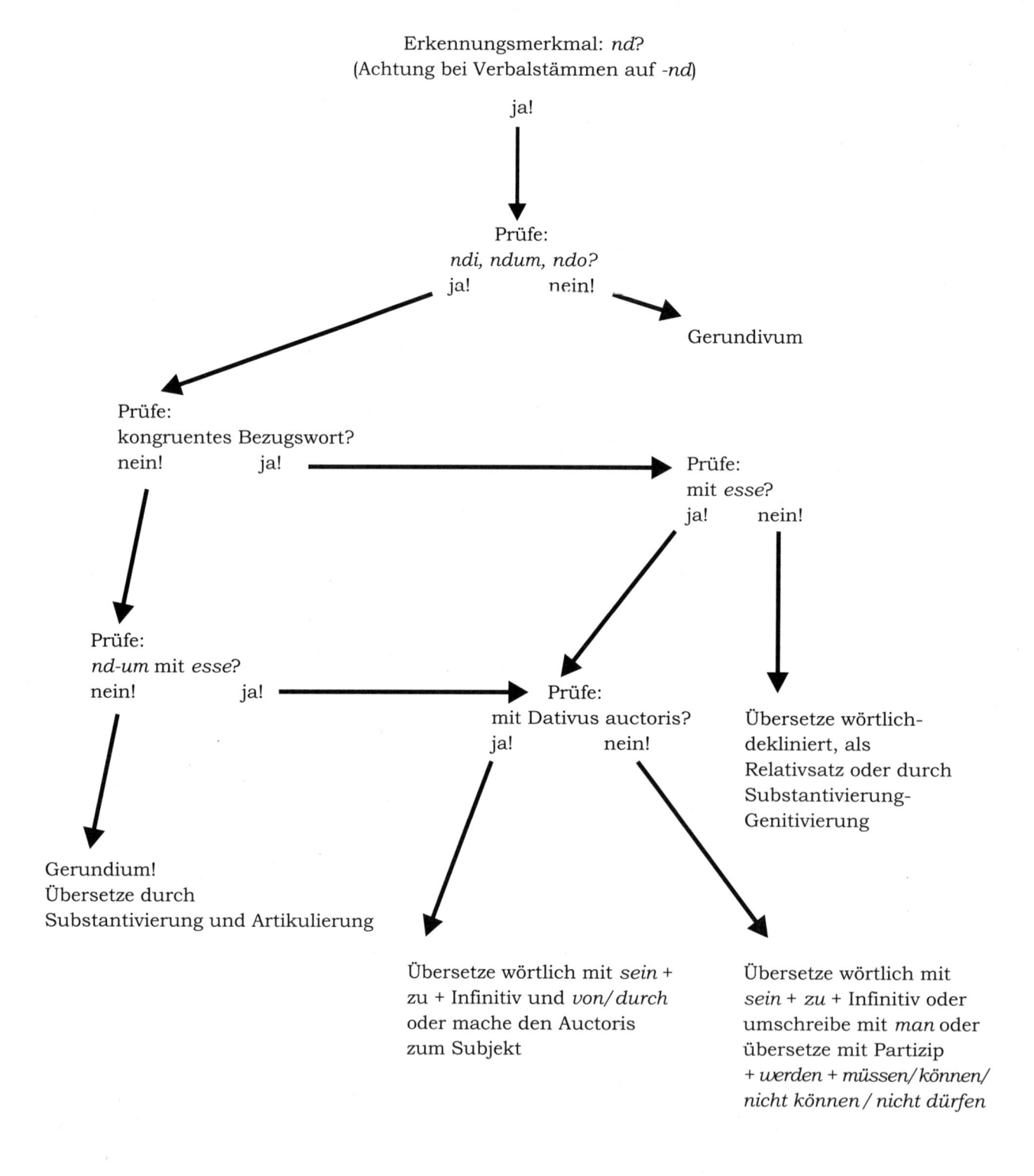

Erkennungsmerkmal: *nd*?
(Achtung bei Verbalstämmen auf *-nd*)

ja!

↓

Prüfe:
ndi, ndum, ndo?
ja!   nein! → Gerundivum

↓

Prüfe:
kongruentes Bezugswort?
nein!   ja! → Prüfe: mit *esse*?
                      ja!   nein!

↓

Prüfe:
nd-um mit *esse*?
nein!   ja! → Prüfe: mit Dativus auctoris?
                     ja!   nein!

↓

Gerundium!
Übersetze durch Substantivierung und Artikulierung

Übersetze wörtlich mit *sein* + zu + Infinitiv und *von/durch* oder mache den Auctoris zum Subjekt

Übersetze wörtlich mit *sein* + zu + Infinitiv oder umschreibe mit *man* oder übersetze mit Partizip + *werden* + *müssen/können/ nicht können/nicht dürfen*

Übersetze wörtlich-dekliniert, als Relativsatz oder durch Substantivierung-Genitivierung

Übung: nd-Formen

Übersetze

1. agendo
2. dicendo
3. scribendo
4. in dicendo
5. ars dicendi
6. ad eundum
7. in iudicando
8. in repetundo
9. ad agendum
10. ad dicendum
11. in imperando
12. in accusando
13. dicendi causa
14. bellandi virtus
15. genus dicendi
16. ad scribendum
17. ad imperandum
18. ad accusandum
19. ad defendendum
20. regnandi cupidus
21. in auxilio petendo
22. dicendi exercitatio
23. ad castra facienda
24. de utenda pecunia
25. ornamenta tollenda
26. in oratione habenda
27. Id non ferendum est.
28. ad litteras scribendas
29. ad reum accusandum
30. sepeliendi potestatem
31. Id vix erat credendum.
32. animum suscipiendum
33. in bellis administrandis

nd-Formen

34. ad bella administranda
35. in P. Sestio accusando
36. ad orationes audiendas
37. ad oppugnandam Asiam
38. ad persequendi studium
39. in gubernanda re publica
40. omnia, quae dicenda sunt
41. Id erat optandum maxime.
42. ad bellum administrandum
43. Non dubitandum vobis est.
44. levandi cruciatus sui causa
45. rerum gerendarum dignitate
46. Habenda est ratio diligenter.
47. Vix me teneo ab accusando.
48. Id enim potius est dicendum.
49. Delenda vobis est illa macula.
50. Quod modum statuendum est?
51. Quid agendum sit, considerate.
52. ad rem publicam defendendam
53. vitandi illorum impetus potestas
54. Valde enim in scribendo haereo.
55. in vestris vectigalibus exercendis
56. In conservanda patria fuit crudelis.
57. ad tantum bellum administrandum
58. Ne illud quidem neglegendum est.
59. iuvenili quadam dicendi impunitate
60. Haec vobis provincia est defendenda.
61. ad illorum improbitatem persequendam
62. Ille erat unus timendus ex istis omnibus.
63. Venis e Gallia ad quaesturam petendam.
64. Nullius supplicii crudelitas erit recusanda.
65. Virtus, quae constat ex hominibus tuendis ...
66. veterem non ignobilem dicendi magistrum
67. Huic hoc tantum permittendum bellum est.
68. Non enim omnis error stultitia dicenda est.
69. Prohibenda autem maxime est ira puniendo.

nd-Formen

70. Sed habemus satis temporis ad cogitandum.
71. Nunc audacia tua nobis non diutius est ferenda.
72. fani locupletissimi religiosissimi diripiendi causa
73. Vitanda tibi semper erit omnis avaritiae suspicio.
74. Ne minimae quidem res nobis neglegendae sunt.
75. Multa praetereunda sunt et tamen multa dicuntur.
76. ad invidiam vestri ordinis infamiamque sedandam
77. Aut nulli aut perpauci dies ad agendum futuri sunt.
78. Domitius ad occupandam Massiliam profectus est.
79. Cives romanos necandos trucidandosque denotavit.
80. Sabinus auxilii ferendi causa ad Caesarem proficiscitur.
81. Ad corpora sananda multum ipsa corpora et natura valet.
82. In militibus exercendis Marius summam diligentiam adhibuit.
83. Multa sunt dicta ab antiquis de contemnendis rebus humanis.
84. facultas ad iustitiam remigrandi et libertatis civibus reddendae
85. Ipse in citeriorem Galliam ad conventus agendos profectus est.
86. Ita mihi non tam copia quam modus in dicendo quaerendus est.
87. in notandis animadvertendisque vitiis et in instituendo docendoque
88. Ego et patria nefaria tua scelera, quae ferenda non fuerunt, tulimus.
89. Etenim non modo accusator, sed ne obiurgator quidem ferendus est.
90. Me et meorum malorum maeror et metus de fratre in scribendo impedit.
91. Itaque cohortatus Haeduos de supportando commeatu praemittit ad Boios.
92. Omnia postremo, quae reprehendis in altero, tibi, ipsi vehementer fugienda sunt.
93. De imperatore ad id bellum deligendo ac tantis rebus praeficiendo dicendum est.
94. Neque aetate neque ingenio neque auctoritate sum cum his, qui sedeant, comparandus.
95. Non solum minuenda non sunt auxilia, quae habemus, sed etiam nova, si fieri possit, comparanda.
96. Haec fundamenta sunt, haec membra, quae tuenda principibus et vel capitis periculo defendenda sunt.
97. Quodsi amicitia per se colenda est, societas quoque hominum et aequalitas et iustitia per se expetenda.
98. Quare talis inproborum consensio non modo excusatione amicitiae tegenda non est, sed potius supplicio omni vindicanda est.
99. Dicenda, demonstranda, explicanda sunt omnia, causa non solum exponenda, sed etiam graviter copioseque agenda est.
100. Religiones deorum immortalium expiandae et civium Romanorum cruciatus multorumque innocentium sanguis istius supplicio luendus est.

Supinum

Themenüberblick

Als Supina bezeichnet man zwei undeklinierte Verbalsubstantive, die man am besten gar nicht erst erklärt. Das fängt schon bei der bekloppten Bezeichnung an. *Supinus* geht auf ein schlecht übersetztes griechisches Wort zurück und heißt *zurückgebogen*. Mehr fällt mir dazu auch schon nicht mehr ein.

Supinum 1

Es hat äußerlich die Form eines PPP im Neutrum Singular auf *-sum* oder *-tum*. Es steht in Verbindung mit Verben der Bewegung, meist des Gehens, Schickens, Kommens. Man übersetzt entweder substantiviert mit *zum* oder durch einen Finalsatz mit *um zu* (sehr ähnlich dem substantivierten Infinitiv mit *ad*):

Num furatum domum P. Fabi noctu venerunt?
Kamen sie etwa um zu stehlen ins Haus des Publius Fabius?

Quodsi ita natura paratum esset, ut ea dormientes agerent, quae somniarent, alligandi omnes essent, qui cubitum irent.
Wenn es aber von der Natur so eingerichtet worden wäre, dass sie die Dinge schlafend täten, welche sie träumten, müssten alle angebunden werden, welche zum Schlafen gingen.

Constituere ea nocte paulo post cum armatis hominibus sicuti salutatum introire ad Ciceronem.
Sie beschlossen in dieser Nacht wenig später mit bewaffneten Männern wie zur Begrüßung hineinzugehen zu Cicero.

Casino salutatum veniebant, Aquino, Interamna: admissus est nemo.
Von Casinum kamen sie zur Begrüßung, von Aquinum, von Interamna: Reingelassen wurde niemand.

Nam Leptitani iam inde a principio belli Iugurthini ad Bestiam consulem et postea Romam miserant amicitiam societatemque rogatum.
Denn die Leptitaner hatten schon seit Anfang des iugurthinischen Krieges nach dem Konsul Bestia und später nach Rom gesandt, um Freundschaft und Bündnis zu erbitten.

Interpretem suum Cn. Pompeium ad eum mittit rogatum, ut sibi militibusque parcat.
Seinen Übersetzer Gnaius Pompeius schickt er zu ihm um zu bitten, dass er ihn und seine Soldaten schonen solle.

Legatos ad Bocchum mittit postulatum, ne sine causa hostis populo Romano fieret.
Gesandte schickt er zu Bocchus, um zu fordern, dass er nicht ohne Grund dem römischen Volk ein Feind werden sollte.

Supinum 2

Es wird immer mit *zu* + Infinitiv übersetzt und ist weitgehend beschränkt auf folgende Formen:

auditu	zu hören
aspectu	anzusehen
cognitu	zu erkennen
dictu	zu sagen
factu	zu tun
intellectu	zu erkennen
visu	zu sehen

Nur bei Sallust findet sich noch

memoratu	zu berichten

Es steht immer in Verbindung mit Adjektiven wie:

mirabile	erstaunlich
acerbum	bitter
iucundum	angenehm
facile	leicht
difficile	schwer
optimum	am besten
grave	schwer
turpe	schlimm

O rem cum auditu crudelem tum visu nefariam!
Oh was für eine Sache, sowohl grausam zu hören als auch schlimm anzusehen!

Illud vero taeterrimum non modo aspectu sed etiam auditu, in cella Concordiae conlocari armatos, latrones, sicarios.
Jenes aber ist das Grauenvollste nicht nur zu sehen, sondern auch zu hören, dass im Schrein der Concordia Bewaffnete, Diebe, Mörder sich angesiedelt haben.

Nec es satis cognitu, qui sis.
Nicht bist du recht zu erkennen, wer du bist.

Nam quo brevior, dilucidior et cognitu facilior narratio fiet.
Denn je kürzer, desto klarer und zu verstehen leichter wird die Geschichte werden.

Postridie homines mane in contionem conveniunt; quaerunt, quid optimum factu sit.
Am folgenden Tag kommen die Menschen morgens in die Versammlung zusammen; sie fragen, was das Beste zu tun sei?

Sed civitas incredibile memoratu est adepta libertate quantum brevi creverit.
Aber die Bürgerschaft, es ist unglaublich zu berichten, wie schnell sie nach Erlangung der Freiheit wuchs.

Supinum: Das solltest du auswendig gelernt haben

Die Supina sind Verbalsubstantive ähnlich dem substantivierten Infinitiv. Der Form nach ähneln sie dem PPP, wobei das Supinum 1 die Endung des Neutrum Singular der o-Deklination auf -um hat, das Supinum 2 die Endung des Ablativ Singular der u-Deklination auf -u.

Das Supinum 1 übersetzt man entweder substantiviert mit *zum* oder durch einen Finalsatz mit *um zu*. Das Supinum 2 übersetzt man durch *zu* + Infinitiv. Präge dir die Beispielsätze ein und lerne die folgenden Vokabeln.

Vokabular: Supinum

acerbus, acerba, acerbum	bitter
aspectu	anzusehen
auditu	zu hören
cognitu	zu erkennen
cubitum	zu Bett
dictu	zu sagen
difficilis, difficilis, difficile	schwer
facilis, facilis, facile	leicht
factu	zu tun
furatum	um zu stehlen
intellectu	zu erkennen
iucundus, iucunda, iucundum	angenehm
memoratu	sich vorzustellen
mirabilis, mirabilis, mirabile	erstaunlich
postulatum	um zu fordern
rogatum	um zu bitten
salutatum	zur Begrüßung
gravis, gravis, grave	schwer
turpis, turpis, turpe	schlimm
visu	zu sehen

Übung: Supinum

Übersetze

1. Facile erit cognitu.
2. Difficile factu est, sed conabor tamen.
3. Legatos ad Caesarem mittunt rogatum auxilium.
4. O rem non modo visu foedam sed etiam auditu!
5. Incredibile dictu est, sed a me verissime dicetur.
6. Omnia praeteribo, quae mihi turpia dictu videbuntur.
7. Exclusi eos, quos tu ad me salutatum mane miseras.
8. Tu pro tua prudentia, quid optimum factu sit, videbis.
9. Id autem difficile factu est nisi educatione quadam et disciplina.
10. In his igitur rebus cum bona sint, facile est intellectu, quae sint contraria.
11. Incredibile dictu est, quam multi Graeci de harum valvarum pulchritudine scriptum reliquerint.
12. Vos enim, patres conscripti, – grave dictu est, sed dicendum tamen – vos, inquam, Ser. Sulpicium vita privastis.

Ellipse von *esse*

Eines der schwierigsten Probleme bei der Übersetzung von Latinumstexten ist die sogenannte Ellipse von *esse*. Ellipse bedeutet Auslassung. Eine Ellipse von *esse* ist also eine Auslassung einer Form von *esse*. Dabei kann es sich um den Infinitiv oder eine finite Form von *esse* handeln. Du selbst musst die passende Form gedanklich und in der Übersetzung ergänzen.

Ipse ___ armatus intentusque, item milites cogebat.
Igitur ___ colos exanguis, foedi oculi, citus modo, modo tardus incessus.
Er selbst [war] bewaffnet und angespannt, außerdem rekrutierte er Soldaten.
Also [war] seine Gesichtsfarbe blutleer, schrecklich seine Augen, hastig bald, bald schwerfällig sein Gang.

In Italia ___ nullus exercitus, Cn. Pompeius in extremis terris bellum gerebat; ipsi consulatum petenti ___ magna spes, senatus ___ nihil sane intentus: tutae tranquillaeque res omnes ___, sed ea ___ prorsus opportuna Catilinae.
In Italien [war] kein Heer, Gnaius Pompeius führte in den entferntesten Ländern Krieg. Für ihn selbst, während er den Konsulat anstrebte, [war] die Hoffnung groß, der Senat [war] auf absolut nichts gefasst: Friedlich und ruhig [waren] alle Verhältnisse, aber dies [war] nachgerade wie geschaffen für Catilina.

Num qui exsules restituti___? Unum aiebat, praeterea neminem. Num immunitates datae ___? ‹Nullae› respondebat. Num quae trepidatio ___, num qui tumultus ___?
[Sind] etwa irgendwelche Verbannte rehabilitiert [worden]? Einer, sagte er, sonst niemand. [Sind] etwa Immunitäten vergeben [worden]? Keine, antwortete er. [War] etwa irgendeine Unruhe, [war] etwa irgendein Aufruhr?

Viele lateinische Autoren lieben den elliptischen Stil, besonders bei ohnehin schon schweren Konstruktionen oder langen Sätzen. Denn die Ellipse von *esse* tritt besonders häufig beim PPP, PFA oder Notwendigkeitspartizip (Gerundivum) im AcI auf. Auch Sallust, Caesar und Cicero gehen davon aus, dass der Leser allein vom Zusammenhang eines AcIs oder vom einleitenden Prädikat auf den prädikativen Gebrauch der Partizipien mit *esse* schließen kann. Da der ideale Leser also ohnehin schon einen Infinitiv erwartet und dazudenkt, halten sie es nicht immer für nötig gerade einen so unbedeutenden Infinitiv wie *esse* noch hinzuschreiben. Das macht es dir im Latinum nicht gerade einfacher. Zumal es leider keine Regel gibt, wie man eine Ellipse erkennt. Hier bist du einzig auf Übung am Originaltext angewiesen.

Konjunktionen

Themenüberblick

Für die Übersetzung eines Textes nehmen Konjunktionen eine der wichtigsten Funktionen ein. Sie bilden die ersten Orientierungspunkte bei der Strukturierung eines Textes. Deshalb beginnt jede Übersetzung mit dem methodischen Herauspräparieren sämtlicher Konjunktionen. Dazu mehr im Abschnitt Übersetzungstechnik. Einige Konjunktionen haben in gewissen Zusammenhängen unterschiedliche Bedeutungen oder gleichen anderen Wortarten. Deshalb möchte ich die wichtigsten Konjunktionen und ihre Regeln kurz ansprechen.

Diese sind

- *und, aber, oder*
- *cum* und *cum*
- *quod*
- *postquam*
- *ut* und *ne*
- *si*

Den nebensatzeinleitenden Konjunktionen nahe stehen die indirekten Fragewörter. Indirekte Fragen werden meist durch dieselben Fragewörter eingeleitet, die auch direkte Fragen einleiten. Die pronominalen Fragewörter haben wir bereits im Zusammenhang mit den Relativpronomen besprochen. Die adverbialen Fragewörter sind Gegenstand dieses Kapitels.

und, aber, oder

Es gibt verschiedene lateinische Wörter für die Konjunktionen *und, aber, oder*. Sie verknüpfen gleichartige Einheiten: Wörter, Satzteile oder Sätze einer Ordnung (Hauptsatz mit Hauptsatz, Nebensatz erster Ordnung mit Nebensatz erster Ordnung, Nebensatz zweiter Ordnung mit Nebensatz zweiter Ordnung). Niemals verknüpfen sie Haupt- und Nebensatz. Ähnliches gilt auch für Doppelkonjunktionen, die aus zwei einander entsprechenden Konjunktionen bestehen. Sie alle bewegen sich immer auf einer syntaktischen Ebene. Bei Doppelkonjunktionen musst du stets beide korrelierenden Parts aufsuchen und sichern – so gewinnst du Überblick über die Satzstruktur.

cum und *cum*

Das Wort *cum* kommt sowohl als Konjunktion als auch als Präposition vor. Für den Gebrauch als Konjunktion sprechen zwei Indikatoren:

- vor dem *cum* steht ein Komma
- nach dem *cum* folgt ein Nebensatz

Die Bedeutung von *cum* als Konjunktion hängt vom Zeitverhältnis zum übergeordneten Satz ab. Je nach Tempus des Nebensatzprädikates kann sie gleichzeitig oder vorzeitig sein. Beim Präsens und Imperfekt ist sie gleichzeitig und wird mit *als* oder *während* übersetzt, beim Perfekt und Plusquamperfekt ist sie vorzeitig und wird mit *nachdem* übersetzt. Für die Präposition *cum* in der Bedeutung *mit* spricht immer der Ablativ.

Dreimal *quod*

Das Wort *quod* hat drei Funktionen:

- als relatives *quod*
- als kausales *quod*
- als faktisches *quod*

Als Relativpronomen hast du *quod* bereits gelernt. Deshalb sollte ein kurzes Beispiel hier genügen:

Is id, quod facio, probabit.
Dieser wird das, was ich tue, gut finden.

Das kausale *quod* gibt einen Grund (lateinisch: *causa*) an. Es wird übersetzt mit der Konjunktion *weil*:

Ergo idcirco turpis haec culpa est, quod duas res sanctissimas violat, amicitiam et fidem.
Also ist darum diese Schuld schlimm, weil sie zwei äußerst heilige Dinge verletzt, Freundschaft und Vertrauen.

Das faktische *quod* gibt eine Tatsache an (lateinisch: *factum*). Es lässt sich am besten übersetzen mit *dass*:

Verum hoc adhuc percommode cadit, quod cum incredibili eius audacia singularis stultitia coniuncta est.
Aber dies trifft sich zudem sehr gut, dass mit der unglaublichen Respektlosigkeit von diesem eine einzigartige Dummheit verbunden ist.

Welche der drei Übersetzungen in Frage kommt, kannst du nur aus dem Zusammenhang schließen. Deshalb habe ich einen Übersetzungsraster für alle drei Bedeutungen entwickelt, den du bei jedem *quod* einmal aufrufen solltest, um zu prüfen, welche Bedeutung am besten passt: *dass, weil, welches* («*quod*-Satz-Probe»).

postquam

Postquam ist eine zeitliche oder temporale Konjunktion (von *tempus*, Zeit). Es hat immer die Bedeutung *nachdem* und es steht meistens mit dem Indikativ Perfekt, bei Sallust auch mit dem Indikativ Präsens und Imperfekt. Die Schwierigkeit liegt dabei nicht in der Bedeutung, sondern in der Übersetzung des Zeitverhältnisses.

Wie bei allen Zeitverhältnissen muss sich das Tempus des Nebensatzprädikates nach dem Tem-

Konjunktionen

pus des übergeordneten Prädikates richten. *postquam, nachdem,* leitet ein vorzeitiges Ereignis ein. Das Tempus müsste also gegenüber dem übergeordneten Prädikat um eine Zeitstufe in die Vergangenheit rücken. Genau das tut es bei *postquam* aber nicht. Ungeachtet des Hauptsatztempus finden sich Präsens, Imperfekt und Perfekt nebeneinander. Im Deutschen können wir diese Tempora nicht stehenlassen, sondern müssen sie, genau wie beim PPP, jeweils dem übergeordneten Prädikat anpassen. So kommt es, dass wir z.B. ein Präsens, Perfekt oder Imperfekt auch als Plusquamperfekt übersetzen müssen:

Igitur ii milites, postquam victoriam adepti sunt (Perfekt), nihil relicui victis fecere (Perfekt).
Also ließen (Präteritum) diese Soldaten, nachdem sie den Sieg errungen hatten (Plusquamperfekt), den Besiegten nichts übrig.

Postquam rex finem loquendi fecit (Perfekt), legati Iugurthae largitione magis quam causa freti paucis respondent (Präsens).
Nachdem der König ein Ende der Rede gemacht hat (Perfekt), antworten (Präsens) die Gesandten mehr im Sinne der Bestechung Iugurthas als der Sache mit wenigen Worten.

ut und *ne*

ut kann wieder mehrere Bedeutungen haben. Diese hängen ab vom Modus des Prädikates. Unterscheide:

- das indikativische *ut*
- das konjunktivische *ut*

Mit dem Indikativ und manchmal sogar ganz ohne Prädikat hat *ut* die Bedeutung *wie*.
Mit dem Konjunktiv hat es drei Bedeutungen: *dass, so dass, damit.*
Bei der Übersetzung musst du also als erstes prüfen, mit welchem Modus *ut* in Verbindung steht.
Ein weiterer Hinweis: Zuweilen findet sich für *ut* auch das Synonym *uti. uti* als Konjunktion darfst du nicht verwechseln mit dem Infinitiv Deponent *uti, Gebrauch machen von.*
Die Konjunktion *ne* ist ein verneintes konjunktivisches *ut*, wird also übersetzt mit:
dass nicht, so dass nicht, damit nicht.
Von dieser Regel gibt es eine Ausnahme: Nach Verben des Fürchtens hat *ne* die Bedeutung: *dass.*

si

si heißt *wenn* und steht meist mit dem Konjunktiv. Diese Tatsache verdient vor allem im Zusammenhang mit dem Irrealis Beachtung. Denn eine der Ausnahmeregeln zum lateinischen Konjunktiv lautet: Der Konjunktiv im Nebensatz muss übersetzt werden, wenn es sich um einen Konjunktiv Imperfekt oder Plusquamperfekt im *si*-Satz handelt. Er wird dann wie der deutsche Konjunktiv 2 übersetzt:

- entweder als erfüllbarer Irrealis der Gegenwart (Konjunktiv Präteritum)
- oder als unerfüllbarer Irrealis der Vergangenheit (Konjunktiv Plusquamperfekt)

(siehe dazu den deutschen Teil S. 51–56). Vergiss nicht, dass beim Irrealis auch der Konjunktiv im Hauptsatz übersetzt werden muss. Es folgen Beispiele:

erfüllbarer Konjunktiv der Gegenwart:

Si cum finitumis de finibus bellum gererent, si totum certamen in uno proelio positum putarent, tamen omnibus rebus instructiores et apparatiores venirent.

Wenn sie mit ihren Nachbarn in Bezug auf die Grenzen Krieg führten, wenn sie glaubten, dass der ganze Streit auf einem einzigen Kampf beruhte, kämen sie dennoch in allen Dingen gerüsteter und vorbereiteter.

unerfüllbarer Konjunktiv der Vergangenheit:

Aurum et argentum, aes, ferrum frustra natura divina genuisset, nisi eadem docuisset, quem ad modum ad eorum venas perveniretur, nec fruges terrae bacasve arborum cum utilitate ulla generi humano dedisset, nisi earum cultus et conditiones tradidisset.

Gold und Silber, Erz, Eisen hätte die Natur vergeblich hervorgebracht, wenn dieselbe nicht gelehrt hätte, auf welche Weise zu den Adern von diesen hingelangt wurde, und sie hätte nicht Früchte der Erde oder Beeren der Bäume mit irgendeinem Nutzen für das menschliche Geschlecht gegeben, wenn sie nicht den Anbau von diesen und die Verarbeitung überliefert hätte.

Indirekte Fragen stehen mit dem Konjunktiv

Auch für die nicht pronominalen Fragewörter gilt: In der indirekten Frage stehen sie mit dem Konjunktiv, der Konjunktiv wird nicht übersetzt.

Quare negent, ex me non audies.
Warum sie leugnen, wirst du von mir nicht hören.

Quid est, cur tu in isto loco sedeas.
Was ist der Grund, warum du an diesem Ort sitzt?

Der «kleine Ali»

Das Präfix *ali-* vor *quis* und *quid* (siehe zusammengesetzte Pronomen S. 256), zur Bildung von *aliquis, irgendwer,* und *aliquid, irgendwas,* fällt nach den folgenden vier Konjunktionen aus: *si, wenn, nisi, wenn nicht, ne, dass nicht, num, ob.*

Konjunktionen

Ein alter Merkvers formuliert diese Regel immer noch sehr treffend:

Nach si, nisi, ne und num,
fällt der kleine ali- um.

Nachhängende Konjunktionen müssen vorgezogen werden

Die Konjunktion tritt erst an zweiter Stelle im Nebensatz auf oder steht ganz am Ende vor dem Prädikat. Bei der Übersetzung müssen wir die Konjunktion vorziehen:

Beispiele:

Diu cum esset pugnatum, impedimentis castrisque nostri potiti sunt.
<u>Nachdem</u> *lang gekämpft worden war, bemächtigten sie sich des Trosses und des Lagers.*

Caesari cum id nuntiatum esset eos per provinciam nostram iter facere conari, maturat ab urbe proficisci.
<u>Als</u> *dem Caesar das gemeldet worden, dass sie durch unsere Provinz zögen, beeilte er sich von der Stadt aufzubrechen.*

His cum sua sponte persuadere non possent, legatos ad Dumnorigem Haeduum mittunt.
<u>Als</u> *sie diese von sich aus nicht überzeugen konnten, schicken sie Gesandte zu Dumnorix, dem Häduer.*

Id si fieret, intellegebat magno cum periculo provinciae futurum, ut homines bellicosos, populi Romani inimicos finitimos haberet.
<u>Wenn</u> *das geschähe, erkannte er, dass es mit großer Gefahr für die Provinz verbunden sein würde, dass sie kriegerische Menschen, Feinde des römischen Volkes als Nachbarn hatte.*

Konjunktionen: Das solltest du auswendig gelernt haben

- *und, aber, oder* verknüpfen Wörter, Satzteile oder Sätze auf einer Ebene
- *cum* existiert als Konjunktion und als Präposition
- *cum* als Konjunktion mit dem Indikativ heißt *als, wenn*, mit dem Konjunktiv *als, nachdem, während*.
- *cum* als Präposition mit dem Ablativ heißt *mit*.
- *quod* als Konjunktion kann drei Bedeutungen haben: *dass, weil, welches*.
- Bei *postquam, nachdem,* muss das Zeitverhältnis beachtet werden, egal mit welchem Tempus es steht.
- *ut* kann zwei Bedeutungen haben: mit dem Indikativ oder ohne Prädikat heißt es *wie*. Mit dem Konjunktiv heißt es *dass, so dass, damit*.
- *ne* ist ein verneintes konjunktivisches *ut*.
- Nach Verben des Fürchtens heißt *ne dass*.
- *si* heißt *wenn*. Mit dem Konjunktiv Imperfekt oder Plusquamperfekt muss es als Irrealis nach den Regeln des deutschen Konjunktiv 2 übersetzt werden.
- Merksatz:
  nach *si, nisi, ne* und *num*
  fällt der kleine *-ali um*.
- Konjunktionen können zuweilen nachhängen, das heißt um ein oder auch mehrere Worte nach dem Komma verspätet erscheinen.
- das gesamte nachfolgende Vokabular

Konjunktionen

Vokabular: Konjunktionen

Nebenordnende Konjunktionen

atque = ac	und
et	1. und
	2. auch
nec	und nicht, auch nicht, aber nicht
neque	und nicht, auch nicht, aber nicht
-que (angehängtes -que)	vorangestelltes: und

Ausschließende Konjunktionen

an	oder
aut	oder
	Merksatz: Das Licht ist «*an*» oder «*aut*».
necne	oder nicht
vel = velut	beziehungsweise, beispielsweise

Entgegensetzende Konjunktionen

at	aber
autem	aber
sed	aber, sondern
vero	aber
neque vero	aber ... nicht
verum	aber

Begründende Konjunktionen

enim = etenim	denn, nämlich
neque enim	denn ... nicht
nam	denn, nämlich

Doppelkonjunktionen

aut ... aut ...	entweder ... oder ...
cum ... tum ...	sowohl ... als auch besonders ...
et ... et ... (zweigliedrig)	sowohl ... als auch ...
... et ... et ... (dreigliedrig)	... und ... und ...
eo ... quo	dorthin ... wohin
ibi ... ubi	dort ... wo
ita ... ut	1. so ... wie ...
	2. so ..., dass
inde ... unde	von dort ... von wo
modo ... modo	bald ... bald ...
nec ... nec ...	weder ... noch
neque ... neque ...	weder ... noch
non ... sed ...	nicht ... sondern/aber
nihil aliud, nisi ...	nichts anderes, als/außer
non modo ... sed (etiam)...	nicht nur ... sondern (auch)
non solum ... verum (etiam)...	nicht nur ... sondern (auch)
non tam ... quam	1. nicht so ... wie
	2. nicht so sehr ... als vielmehr
partim ... partim...	teils ... teils ...
potius ... quam	eher ... als
sic ... ut	1. so ... wie ...
	2. so ..., dass ...
sive ... sive ... = seu ... seu ...	1. entweder ... oder ...
	2. ob ... oder ob;
	3. sei es, dass ... sei es, dass ...
tam ... quam ...	so ... wie ...
vel ... vel ...	entweder ... oder ...

Konjunktionen

Nebensatzkonjunktionen (Subjunktionen) und nebensatzeinleitende Fragewörter

an non = annon	1. im direkten Fragesatz: etwa nicht
	2. im indirekten Fragesatz: ob nicht
antea ... quam = ante ... quam = antequam	bevor ...
cum	1. mit Indikativ: als, wenn
	2. mit Konjunktiv Präsens: während
	mit Konjunktiv Imperfekt: als
	mit Konjunktiv Perfekt / Plusquamperfekt: nachdem
cur	warum
dum	1. mit Indikativ: während
	2. mit Konjunktiv: bis, solang
etsi = tametsi	auch wenn
(angehängtes) -ne	1. im direkten Fragesatz: einfacher Fragenmarker ohne Bedeutung, ähnlich einem Fragezeichen
	2. im indirekten Fragesatz: ob
ne	1. verneintes ut: dass nicht, damit nicht, sodass nicht
	2. nach Verben des Fürchtens und Hinderns: dass
nisi	wenn nicht, außer
num	1. im direkten Fragesatz: etwa
	2. im indirekten Fragesatz: ob
postea ... quam = post ... quam = postquam	nachdem ...
quamdiu	wie lang, solang
quamquam	obgleich
quasi	wie wenn, als ob, gewissermaßen
quia	weil
quin	1. dass; 2. dass nicht; 3. welch(-er,-e,-es) nicht
quod	1. relatives quod: welches
	2. kausales quod: weil
	3. faktisches quod: dass
quod si = quodsi	wenn aber
quoniam	da ja
si	wenn
simul atque = simulatque = simul ac = simulac	sobald
sin	wenn aber
ubi	1. wo
	2. sobald
ubi primum	sobald
unde	von wo
ut/uti	1. (konjunktivisch:) dass, so dass, damit, um zu
	2. (indikativisch / ohne Prädikat:) wie
utrum ... an	1. Nebensatz: ob ... oder; 2. Hauptsatz: ... oder ...

Verben mit Konjunktionen

Die folgenden Verben stehen häufig in Verbindung mit Nebensatzkonjunktionen:

impera-, imperav-, imperat-	1. (mit konjunktivischem ut:) befehlen (dass); 2. herrschen
effici-, effec-, effect-	(mit konjunktivischem ut:) bewirken (dass)
dubita-, dubitav-, dubitat-	1. (mit quin:) bezweifeln (dass); 2. zögern
gaudere, gaudeo, gavisus sum (Semideponens)	(mit faktischem quod:) sich freuen (dass)
lauda-, laudav-, laudat-	(mit faktischem quod): loben (dass)
metu-, metu-, -	(mit ne:) fürchten (dass)
vereri, vereor, veritus sum (Deponens)	(mit ne:) fürchten (dass)
time-, timu-, -	(mit ne:) fürchten (dass)
accessit	(mit konjunktivischem ut oder faktischem quod): hinzu kam (dass)
accidit	(mit konjunktivischem ut oder faktischem quod): es traf sich (dass)

Konjunktionen

Übung: Konjunktionen und indirekte Fragen
Übersetze

1. non tam copia quam modus
2. aut pro sociis aut de imperio
3. ut enim tutela, sic procuratio ...
4. Tum id magis faceres, si adesses.
5. Quis esset aut quid vellet, quaesivit.
6. Numquam id diceret, si ipse se audiret.
7. Mihi ignoscere non deberetis, si tacerem.
8. non modo armis sed etiam consilio sapientiaque
9. Quid facere potuissem, nisi tum consul fuissem?
10. Incertum est, num istam legem L. Lucullus tulerit.
11. non solum seditiones, sed etiam pestifera bella civilia
12. viri non modo non sine cura sed ne sine metu quidem
13. Deliberandum est, utrum aliquid honestum an turpe sit.
14. Quod si scirem quid tibi placeret, sine sollicitudine essem.
15. Metuo, ne quid adrogantius apud tales viros videar dicere.
16. Si venisses ad exercitum, a tribunis militaribus visus esses.
17. Haec tum queremur, si quid de vobis per eum ordinem agetur.
18. non solum perpetua societate atque amicitia sed etiam cognatione
19. Si scriberem ipse, longior epistula fuisset, sed dictavi propter lippitudinem.
20. Exquire de Blesamio, num quid ad regem contra dignitatem tuam scripserit.
21. Accessit etiam ista opinio fortasse, quod homini homine pulchrius nihil videatur.
22. Senatus decrevit, darent operam consules, ne quid res publica detrimenti caperet.
23. Sed postquam senatus de bello eorum accepit, tres adulescentes in Africam legantur.
24. Suavitatem ipsam neglegebat; quod non faceret, si in voluptate summum bonum poneret.
25. Quod bene cogitasti aliquando, laudo; quod non indicasti, gratias ago; quod non fecisti, ignosco.
26. Tu igitur facis idem, quod faceres, si in aliquam domum plenam ornamentorum villamve venisses?
27. C. Billienus consul factus esset, nisi in Marianos consulatus et in eas petitionis angustias incidisset.
28. Abiit ad deos Hercules: numquam abisset, nisi, cum inter homines esset, eam sibi viam munivisset.
29. In ipsa enim Graecia philosophia tanto in honore numquam fuisset, nisi doctissimorum contentionibus dissensionibusque viguisset.
30. Meus autem aequalis Cn. Pompeius vir ad omnia summa natus maiorem dicendi gloriam habuisset, nisi eum maioris gloriae cupiditas ad bellicas laudes abstraxisset.
31. Igitur Sulla, uti supra dictum est, postquam in Africam atque in castra Mari cum equitatu venit, rudis antea et ignarus belli, sollertissimus omnium in paucis tempestatibus factus est.
32. Accessit etiam, quod illa pars equitatus Usipetum et Tenctherorum, quam supra commemoravi, post fugam suorum se trans Rhenum in fines Sugambrorum receperat seque cum his coniunxerat.

Kasusfunktionen

Nominativ und Akkusativ
Der lateinische Nominativ und Akkusativ werden meist intuitiv richtig übersetzt. Deshalb verzichte ich auf eine detaillierte Behandlung. Einen näheren Blick verdienen die Verben mit doppeltem Nominativ und Akkusativ.

Signalverben mit doppeltem Nominativ und Akkusativ
Es gibt Verben, die typischerweise mit Prädikativa im Nominativ oder Akkusativ stehen. Sie stehen also mit Doppelformen des Nominativs oder Akkusativs. Im Passiv stehen sie mit Subjekt und Prädikativum im Nominativ, im Aktiv mit Objekt und Prädikativum im Akkusativ. Die Signalfunktion dieser Verben darf nicht übersehen werden und du solltest bei Doppelformen reflexartig daran denken, dass eine davon Prädikativum sein kann und wörtlich-undekliniert übersetzt wird. Manchmal können doppelte Nominative oder Akkusative aber auch attributiv aufgefasst werden. Der Sinn muss aus dem Zusammenhang erschlossen werden.

Genitiv
Der Genitiv ist ein Attributkasus. Wie andere Attribute auch, hat er also grundsätzlich die Funktion ein anderes Bezugswort näher zu bestimmen, genauer, dessen Verhältnis und Beziehung zu etwas anderem zu kennzeichnen.

Genitiv
Die erste Regel bei der Übersetzung lautet:

Ein Genitiv steht nie allein. Suche das Bezugswort!

Eine der wichtigsten Besonderheiten jedes lateinischen Genitivs ist die Beliebigkeit der Stellung. Während wir im Deutschen jedes Genitivattribut fast immer hinter das Bezugswort setzen, steht es im Lateinischen ebenso häufig vor dem Bezugswort oder eingeklammert zwischen Präposition und Bezugswort oder anderen Attributen. Zuweilen steht es sogar nur in mittelbarer Umgebung von seinem Bezugswort, so dass sich andere Wörter (Satzteile oder Attribute) dazwischendrängen. In diesem Fall spricht man von Sperrung oder gesperrter Stellung:

Gallorum animus
der Kampfgeist *der Gallier*

illius potentia
die Macht *von jenem*

Klammerstellung:

Aliqua pacis condicio
irgendeine Bedingung *des Friedens*

uno calamitatis iure
durch ein einziges Gesetz *des Notstandes*

Gesperrte Stellung:

omnium divinarum humanarumque rerum cum benevolentia et caritate consensio
die Übereinstimmung *aller göttlichen und menschlichen Dinge* mit Freundlichkeit und Liebe

Die zweite Regel lautet:

Suche das Bezugswort in der Umgebung des Genitivs, nicht nur davor. Wenn es nicht vor dem Genitiv steht, steht es dahinter, eingeklammert oder zumindest in der Nähe!

Die nächste Schwierigkeit bei der Übersetzung besteht oft darin, dass wir ein lateinisches Genitivattribut nicht wörtlich durch ein deutsches Genitivattribut übersetzen können, sondern durch ein anderes Attribut umschreiben müssen, zum Beispiel durch einen präpositionalen Ausdruck.

Die dritte Grundregel lautet:

Ein Genitivattribut kann mit *von* + Dativ umschrieben werden (*von*-Dativierung). Bei Pronomen sollte es immer mit *von* + Dativ umschrieben werden. Sehr häufig passt auch die Übersetzung mit «in Bezug auf».

Weiterhin gibt es Fälle, in denen spezielle Regeln für die deutschen Umschreibungen gelten:

- beim Genitivus possessivus
- beim Genitivus subiectivus und obiectivus
- beim Genitivus qualitatis
- beim Genitivus pertinentiae
- beim Genitivus partitivus

Genitivus possessivus
Der Genitivus possessivus (von *possessum*, besessen) zeigt ein Besitz- oder Zugehörigkeitsverhältnis an. Meist spricht man von einem Possessivus, wenn das Bezugswort ein konkretes Substantiv ist oder ein «eindeutiges» Eigentums- oder Zughörigkeitsverhältnis beschreibt. Zur Bezeichnung dieses Besitzverhältnisses kann und sollte wörtlich übersetzt werden.

singulorum civium bona
die Güter *einzelner Bürger*

socius Romanorum
ein Bundesgenosse *der Römer*

senatus consultum
ein Beschluss *des Senates*

Kasusfunktionen

Genitivus subiectivus und Genitivus obiectivus

Der Genitivius subiectivus und obiectivus sehen äußerlich und der Form nach völlig gleich aus, da es sich grammatisch um normale Genitivattribute handelt. Die Begriffe *subiectivus* und *obiectivus* haben auch nichts mit den gleichnamigen Satzteilen Subjekt und Objekt zu tun! Vielmehr drücken sie inhaltlich unterschiedliche Beziehungen aus, zwischen denen der Römer formal nicht unterscheidet, der Deutsche aber sehr wohl. Meist spricht man von einem subjektiven oder objektiven Genitiv, wenn es sich bei dem Bezugssubstantiv um ein abstraktes Substantiv wie *Angst, Hoffnung, Hass, Liebe, Sieg, Verlust, Recht, Unrecht* handelt. Substantive also, die einerseits sowohl «subjektiv» besessen werden können, die sich andererseits aber auch «objektiv» auf ein «objektives» Ziel, einen äußeren Gegenstand richten. Dabei ist bei ein- und demselben Beispiel nicht selten beides möglich:

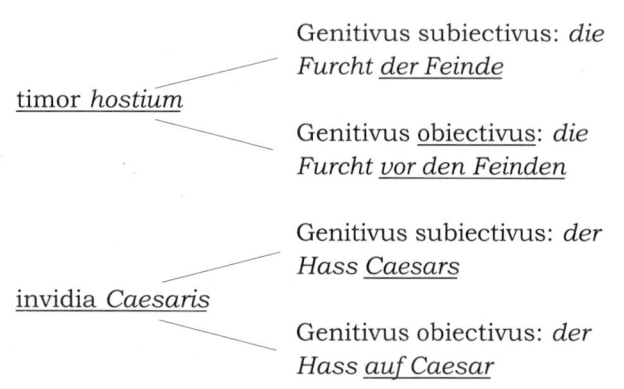

timor *hostium*
- Genitivus subiectivus: *die Furcht der Feinde*
- Genitivus obiectivus: *die Furcht vor den Feinden*

invidia *Caesaris*
- Genitivus subiectivus: *der Hass Caesars*
- Genitivus obiectivus: *der Hass auf Caesar*

Wie aus den Beispielen hervorgeht, unterscheidet sich der Genitivus subiectivus kaum vom Genitivus possessivus. Er bezeichnet lediglich ein abstraktes Zugehörigkeitsverhältnis und kann ebenfalls wörtlich wiedergegeben werden.
Schwieriger ist die Abgrenzung zum Obiectivus. Dieser ergibt wörtlich nicht den Sinn, der gemeint ist. Wenn man ihn präpositionalisiert, das heißt, durch einen präpositionalen Ausdruck übersetzt, wird dieser meist deutlicher. Die Wahl der Präposition kannst du jedoch nur aus dem Zusammenhang und mit etwas Sprachgefühl erschließen. Ob es sich um einen subjektiven oder objektiven Genitiv handelt, erfährt man durch Ausprobieren. Wenn der wörtliche Ansatz keinen Sinn ergibt, sollte man es durch Präpositionalisierung versuchen. Zuweilen kommt es vor, dass zwei Genitivattribute zugleich ein subjektives und objektives Verhältnis ausdrücken. Dabei steht der subjektive vor, der objektive Genitiv hinter dem Bezugswort:

Helvetiorum iniuria *populi Romani*
das Unrecht *der Helvetier gegen das römische Volk*

Hannibalis odium *populi Romani*
Hannibals Hass *auf das römische Volk*

Genitivus qualitatis

Eine Variante des Genitivus possessivus ist der Genitivus qualitatis oder Genitiv der Eigenschaft *(qualitas, die Eigenschaft)*. Eigenschaft bezieht sich dabei auf geistige, körperliche oder zahlhafte Eigenschaften des übergeordneten Substantivs. Dieser Genitiv rückt also in die Nähe eines adjektivischen Attributes. Als reines Attribut wird er mit *von* + Dativ umschrieben (*von*-Dativierung):

mulier summae audaciae
eine Frau *von größtem Mut*

adulescens viginti annorum
ein junger Mann *von zwanzig Jahren*

Er kann sogar als Prädikativum erscheinen. An der Übersetzung ändert sich nichts.

Erat magni periculi res.
Es war eine Sache *von großer Gefahr.*

Genitivus pertinentiae

Eine weitere Form dieses Eigenschaftsgenitivs ist der *Genitivus pertinentiae* der Zugehörigkeit *(pertinentia, Zugehörigkeit)*. Er steht in Verbindung mit *esse*, um Aufgaben, Zeichen, Eigenschaften eines Substantives zu beschreiben. Im Deutschen übersetzt man unpersönlich-neutral mit «*es ist Zeichen/ Aufgabe/ Eigenschaft/ Sache von*»:

Adulescentis est maiores natu vereri.
Es ist Aufgabe des Heranwachsenden die Älteren von Geburt zu ehren.

Est autem vestri consili, patres conscripti, in posterum quam longissime providere.
Es ist aber eine *Sache eurer Beratung*, Senatoren, für die Zukunft möglichst weithin vorzusorgen.

Perditissimi est igitur hominis simul et amicitiam dissolvere et fallere eum, qui laesus non esset, nisi credidisset.
Es ist also *Zeichen eines äußerst verkommenen Menschen* zugleich sowohl die Freundschaft aufzulösen als auch diesen zu täuschen, welcher nicht verletzt worden wäre, wenn er nicht vertraut hätte.

Est enim sapientis, quicquid homini accidere possit, id praemeditari ferendum modice esse, si evenerit.
Es ist nämlich *das Zeichen eines Weisen* vorauszubedenken, dass das, was immer dem Menschen geschehen kann, gelassen zu ertragen ist.

Calamitatem aut propriam suam aut temporum queri mediocris est animi.
Ein Unglück, entweder sein eigenes oder der zeitlichen Umstände, zu beklagen *zeugt von mittelmäßiger Intelligenz.*

Kasusfunktionen

Genitivus partitivus

Als Genitivus partitivus, Genitiv des Teils *(pars, Teil)*, bezeichnet man Genitive, die «Teil von etwas» sind. Sie stehen vor allem nach bestimmten Adjektiven und Quantitätsangaben, bei denen im Deutschen meist ein präpositionaler Ausdruck mit *von, nach, in, an* folgt:

plenus superbiae
voll von Hochmut

cupidus[1] rerum novarum
begierig nach neuen Verhältnissen

cupidus[1] pecuniae
gierig nach Geld

peritus belli
erfahren im Krieg

particeps imperii
teilnehmend an der Herrschaft

particeps consilii
am Plan teilnehmend

irae impotens
unbeherrscht im Zorn

memor pristinae virtutis
im Gedanken an die frühere Leistung

amans[1] patriae
voll Liebe für das Vaterland

Der Partitivus steht auch nach vielen Pronomen und Adverbien, die im Deutschen etwas freier und idiomatischer übersetzt werden sollten:

nihil negotii
nichts an Arbeit

aliquid boni
etwas an Gutem, etwas Gutes

quicquam praesidii
irgendetwas an Schutz, irgendein Schutz

tantum auctoritatis
so viel an Einfluss, so viel Einfluss

id consilii
dieses vom Plan, dieser Plan

id aetatis
dieses vom Alter, dieses Alter, so alt

id temporis
dieses von der Zeit, diese Zeit, zu dieser Zeit

aliquid / quid consilii
irgendetwas vom Plan, irgendein Plan

parum temporis
wenig an Zeit, wenig Zeit

plus virium
mehr an Kräften, mehr Kräfte

nemo mortalium
niemand von den Sterblichen, kein Mensch

satis praesidii
genug an Schutz, genügend Schutz

ubique terrarum
überall der Welt, überall auf der Welt

ubi terrarum?
wo von den Ländern?, wo auf der Welt?

quis hominum?
wer von den Menschen, welcher Mensch?

quo gentium?
wohin von den Völkern?, wohin in aller Welt?

quid novi?
was (gibt es) an Neuem? was gibt's Neues?

non multum mali
nicht viel vom Schlechten, nicht viel Schlechtes

Dativ

Der Dativ ist statistisch gesehen der «seltenste» lateinische Kasus und deshalb vergisst man leicht an ihn zu denken. Er hat weitgehend die gleichen Funktionen wie im Deutschen und wird entweder wörtlich übersetzt oder mit *für* + Akkusativ umschrieben. Abweichungen vom deutschen Gebrauch finden sich beim:

- Dativus possessivus
- doppelten Dativ

Dativus possessivus

Der Dativus possessivus, Dativ des Besitzers *(possessum, besessen)*, ist eines der ungeliebten, ja geprügelten Kinder deutscher Sprachhygieniker. Wir kennen ihn aus der Umgangssprache («*Das ist meinem Vater sein Auto*»), aber er gilt als verpönt. Eine irrationale Ablehnung, denn sogar im Lateinischen ist er ein durchaus legitimes Mittel, um anzuzeigen, wem etwas gehört bzw. wer etwas hat. Im Deutschen übersetzen wir mit *haben*:

Aditus enim in id sacrarium non <u>est viris</u>.
Denn einen Zugang in dieses Heiligtum <u>haben Männer</u> nicht.

De Gamala dubium non <u>mihi erat</u>.
In Bezug auf Gamala <u>hatte ich</u> keinen Zweifel.

Doppelter Dativ

Der doppelte Dativ ist eine Konstruktion aus zwei Dativen

- einem indirektem Objekt
- einem Dativus finalis

---

[1] Vor allem nach Ausdrücken der Begierde rückt der Partitivus in die Nähe des Obiectivus (Objekt der Begierde)

Kasusfunktionen

Das indirekte Objekt gibt dabei eine Person an, «für die» etwas einen Zweck, Vorteil oder Nachteil hat. Der Dativus finalis *(finis, Ende, Ziel, Zweck)* bezeichnet diesen Zweck, Vorteil oder Nachteil. In der deutschen Übersetzung passt manchmal die wörtliche Übersetzung mit «jemandem/für jemanden zu etwas sein». Daneben gibt es eine etwas ältliche Standardübersetzung mit «jemandem zu etwas gereichen». Frischer klingen freiere Übersetzungen:

alicui auxilio esse/venire/mittere
jemandem zur Hilfe gereichen, zur Hilfe dienen

alicui praesidio esse
jemandem zum Schutze gereichen, zum Schutz dienen

alicui honori esse
jemandem zur Ehre gereichen, zur Ehre dienen

alicui usui esse
jemandem zum Nutzen gereichen, zum Nutzen sein

alicui curae esse
jemandem zur Sorge gereichen, am Herzen liegen

alicui saluti esse
jemandem zum Wohle gereichen, zum Wohle sein

alicui gaudio esse
jemandem zur Freude gereichen, Freude machen

alicui argumento esse
jemandem zum Beweis gereichen, als Beweis dienen

alicui detrimento esse
jemandem zum Nachteil gereichen, zum Nachteil sein

Bei anderen Verben als *esse* muss frei übersetzt werden:

alicui crimini dare
jemandem zum Vorwurf machen

alicui vitio dare
jemandem als Fehler anrechnen

alicui praesidio relinquere
jemandem zum Schutz zurücklassen

alicui oneri miseriaeque esse
jemandem zur Last und zum Elend sein

Beispiele:
Caesar copias praesidio navibus reliquit.
Caesar ließ Truppen zum Schutz den Schiffen zurück.

Verres omnibus ceteris Siculis odio est. Ab his solis amatur.
Verres ist allen anderen Sikulern zum Hass. Von diesen allein wird er geliebt.

Scilicet magno praesidio fuit Anniae pupillae mater, femina primaria.
Natürlich diente zum großen Schutz der Halbwaise Annia ihre Mutter, eine vortreffliche Frau.

Ablativ

Grundsätzlich gilt es sich zu merken: Der Ablativ ist der Kasus der adverbialen Bestimmung! Jeder Ablativ im Text ist also eine adverbiale Bestimmung. Das heißt nicht, dass jede adverbiale Bestimmung automatisch ein Ablativ ist (auch jeder präpositionale Ausdruck und jedes Adverb sind adverbiale Bestimmungen). Je nach Funktion gibt es unterschiedliche Namen für Ablative, die auch Gegenstand der Latinumsprüfung sind. Die folgenden zehn Ablative sind die wichtigsten. Einige davon dürftest du schon kennen:

- der Ablativus instrumentalis oder Ablativ des Instrumentes
- der Ablativus causae oder Ablativ des Grundes
- der Ablativus modi oder Ablativ der Art und Weise
- der Ablativus temporis oder Ablativ der Zeitangabe
- der Ablativus loci oder Ablativ der Ortsangabe
- der Ablativus sociativus oder Ablativ der Begleitung
- der Ablativus separativus oder Ablativ der Trennung
- der Ablativus qualitatis oder Ablativ der Eigenschaft
- der Ablativus comparationis oder Ablativ des Vergleichs
- der Ablativus absolutus oder Ablativ der losgelösten adverbialen Bestimmung

Ablativus instrumentalis

Der Ablativus instrumentalis *(instrumentum, Werkzeug)* antwortet auf die Frage: *Womit, wodurch?* Er steht meist ohne, sehr selten mit der Präposition *cum* und wird mit *durch* + Akkusativ oder *mit* + Dativ übersetzt.

Postremo armis, cadaveribus, cruore atque luctu omnia conpleri.
Zuletzt wurde alles mit Waffen, Leichen, Blut und Elend erfüllt.

Ablativus causae

Der Ablativus causae antwortet auf die Frage: *Warum?* Er steht ohne Präposition und wird mit *wegen* + Genitiv oder *aufgrund von* + Dativ übersetzt.

Ea re contemnis equestrem ordinem et despicis?
Wegen dieser Sache verachtest du den Ritterstand und blickst auf ihn herab?

Ablativus modi

Der Ablativus modi *(modus, Art und Weise)* antwortet auf die Frage: *Wie? Auf welche Art und Weise?* Er steht ohne Präposition.

Kasusfunktionen

Eo modo instructus ad Thalam proficiscitur.
Auf diese Weise ausgestattet bricht er nach Thala auf.

Die Ablativi instrumentalis, causae und modi sind zusammengenommen die wohl häufigsten Ablative, dicht gefolgt vom Ablativus temporis und loci.

Ablativus temporis

Der Ablativus temporis antwortet auf die Frage: *Wann?* Er steht ohne Präposition.

Eo die Q. Laberius Durus tribunus militum interficitur.
An diesem Tag wird der Militärtribun Quintus Laberius Durus getötet.

Ablativus loci

Der Ablativus loci antwortet auf die Frage: *Wo?* Er steht meistens mit der Präposition in:

Versabitur in urbe furor, in curia timor, in foro coniuratio, in campo exercitus, in agris vastitas.
In der Stadt wird sich der Wahnsinn aufhalten, in der Kurie die Angst, auf dem Forum die Verschwörung, auf dem Campus das Heer, auf dem Land die Verwüstung.

Ablativus sociativus

Der Ablativus sociativus antwortet auf die Frage: *Mit wem?* Er steht immer mit einer Präposition, meist *cum* oder *a/ab*:

Atque ille Cn. Pompeius ita cum C. Iulio contendit, ut tu mecum.
Und jener Gnaius Pompeius kämpfte so mit Gaius Iulius, wie du mit mir.

Ablativus separativus

Der Ablativus separativus steht nach Verben der Trennung (siehe Vokabeln) und bei Entfernung von Orten. Er steht entweder ohne Präposition oder mit den Präpositionen *a/ab* und *e/ex* und wird mit *von* + Dativ übersetzt:

Nisi ante Roma profectus esses, nunc eam certe relinqueres.
Wenn du nicht vorher von Rom aufgebrochen wärest, würdest du es jetzt verlassen.

Ablativus qualitatis

Der Ablativus qualitatis ist ein enger Verwandter des Genitivus qualitatis. Er gibt eine körperliche, seelische Eigenschaft *(qualitas, Eigenschaft)* an. Übersetzt wird er wie der *Genitivus qualitatis* mit *von* + Dativ:

Tum ad mensam eximia forma pueros delectos iussit consistere.
Dann befahl er, dass zu einem Tisch von besonderer Schönheit ausgewählte Knaben herantreten sollten.

Dem Ablativus comparationis und absolutus sind jeweils eigene Kapitel gewidmet.

Ablativ nach *dignus*

Das Adjektiv *dignus, würdig*, wird mit dem Ablativ konstruiert. Auch im Deutschen verwenden wir nach dem Adjektiv *würdig* einen seltenen Kasus: den Genitiv. Wir fragen: *Wessen ist jemand oder etwas würdig?* Die Person oder Sache, derer jemand würdig ist, steht im Lateinischen im Ablativ:

O Timarchide, Metelli est filius in provincia non puer, sed adulescens pudens ac bonus, dignus illo loco ac nomine.
O Timarchidus, der Sohn des Metellus ist in der Provinz kein Kind, sondern ein junger Mann, anständig und gut, würdig jenes Ranges und Namens.

Die Ablativ-Hand

Das «Werkzeug der Werzeuge» nannte Aristoteles sie einmal: die Hand. Auch in der Latinumsprüfung ist sie eine unverzichtbare Hilfe. Die Vorteile liegen auf der Hand: Man kann sie in jede Prüfung problemlos reinschmuggeln und man kann sie nie vergessen. Besonders hilfreich ist die Ablativ-Hand. Noch einmal: Der Ablativ ist der Kasus der adverbialen Bestimmung. Jeder Ablativ ist als Satzteil eine adverbiale Bestimmung. Jedem Finger ist also eine Form der adverbialen Bestimmung zugeordnet. Die Ablativ-Hand lässt sich leicht und schnell bei jeder Form anwenden.

Beim Abzählen mit dem kleinen Finger beginnen – Instrumentalis, Modi und Causae (Kleinfinger) haben das breiteste und häufigste Anwendungsspektrum, während Separativus, Comparationis und Qualitatis (Daumen) am seltensten vorkommen.

Am Ringfinger steckt der Ehering, Symbol der Verbindung, der Begleitung, Antwort auf die Frage: **Mit wem bin ich verheiratet?** Ablativ der **begleitenden Person (sociativus)**, nur bei Personen! Merke:
Ablativ der Person – nie ohne Präposition (a/ab/cum)! (Ausnahme: Ablativus absolutus!)

Der Kleinfinger steht für den Abl. instrumentalis, weil er wie ein «Instrument zum Nasebohren oder Ohrenporkeln» ist. Er antwortet aber auch auf alle adverbialen Fragen der begleitenden Umstände (also auch für den Ablativus modi und causae):
Womit, wodurch, wie, auf welche Weise, aus welchem Grund?

So eng wie Mittelfinger und Zeigefinger verbunden sind, so eng verbunden ist mit dem Ort die Zeit: Ablativ der **Zeit** (temporis): **Wann?**

Der Zeigefinger zeigt auf Orte: Ablativ des Ortes (loci): **Wo?**

Drei Ablative am Daumen, der von den anderen Fingern getrennt und **im Vergleich zu** ihnen kleiner ist:
1. Ablativ der **Trennung** (separativus): **Von wo?**
2. Ablativ der **Eigenschaft** (qualitatis): von welcher Art, von welcher Beschaffenheit?
3. Ablativ des **Vergleichs** (comparationis): Von wo aus gesehen? **Im Vergleich wozu?**

Kasusfunktionen: Das solltest du auswendig gelernt haben

Nominativ und Akkusativ
- Bei doppelten Nominativen und Akkusativen in Verbindung mit Signalverben ist an die Übersetzung eines Prädikativums zu denken.

Genitiv
- Der Genitiv steht nie allein. Suche das Bezugswort.
- Der Genitiv kann vor oder hinter dem Bezugswort oder eingeklammert stehen.
- Ein Genitiv kann nicht immer wörtlich übersetzt werden. Wenn du mit der wörtlichen Übersetzung nicht weiterkommst, versuche es mit einer Umschreibung durch *von* + Dativ oder *in Bezug auf* + Akkusativ.
- Unterscheide Name und Funktion von:
  - Genitivus possessivus, subiectivus und obiecivus
  - Genitivus qualitatis
  - Genitivus pertinentiae
  - Genitivus partitivus

Dativ
- Der Dativ kann wörtlich oder mit *für* + Akkusativ übersetzt werden.
- Der Dativus possessivus wird mit *haben* übersetzt.
- Der doppelte Dativ besteht aus Dativobjekt und Dativus finalis. Er wird mit «jemandem / für jemanden zu etwas sein/gereichen» oder frei übersetzt.

Ablativ
- Präge dir die Funktion der Ablativ-Hand ein. Damit deckst du fast 100 % aller Ablative ab.
  Lerne Namen und Funktion der einzelnen Ablative:
  - der Ablativus instrumentalis oder Ablativ des Instrumentes
  - der Ablativus causae oder Ablativ des Grundes
  - der Ablativus modi oder Ablativ der Art und Weise
  - der Ablativus temporis oder Ablativ der Zeitangabe
  - der Ablativus loci oder Ablativ der Ortsangabe
  - der Ablativus sociativus oder Ablativ der Begleitung
  - der Ablativus separativus oder Ablativ der Trennung
  - der Ablativus qualitatis oder Ablativ der Eigenschaft
  - der Ablativus comparativus oder Ablativ des Vergleichs
  - der Ablativus absolutus oder Ablativ der losgelösten adverbialen Bestimmung
- *dignus* + Ablativ = würdig + Genitiv
- Lerne alle folgenden Vokabeln!

Vokabular: Kasusfunktionen

Adjektive mit besonderen Kasus

avidus (mit Genitiv)	gierig (nach)
amans (mit Genitiv)	voll Liebe (für)
cupidus (mit Genitiv)	begierig (nach)
dignus (mit Ablativ)	würdig (im Deutschen mit Genitiv: einer Sache)
imperitus (mit Genitiv)	unerfahren (in)
memor (mit Genitiv)	im Gedanken (an)
peritus (mit Genitiv)	erfahren (in)
plenus (mit Genitiv)	voll (von)
studiosus (mit Genitiv)	bemüht (um)

Verben mit besonderen Kasus

absolv-, absolv-, absolut- (mit Ablativus separativus)	freimachen (von), freisprechen (von)
accusa-, accusav-, accusat- (mit Genitiv)	anklagen (wegen)
adiuva-, adiuv-, adiut- (mit Akkusativ)	unterstützen (jemanden: Akkusativ), helfen (jemandem: Dativ)
care-, caru-, - (mit Ablativus separativus)	frei sein (von)
damna-, damnav-, damnat- (mit Genitiv)	verurteilen (wegen etwas/zu etwas)
ege-, egu-, - (mit Ablativus separativus)	Mangel haben (an)
uti, utor, usus sum (Deponens mit Ablativ)	Gebrauch machen (von), Umgang haben (mit)
fungi, fungor, functus sum (Deponens mit Ablativ)	(etwas) erledigen, (etwas) zu Ende bringen
invide-, invid-, invis- (mit Dativ)	jemanden beneiden
insimulari, insimulor, insimulatus sum (mit Genitiv)	jemanden anklagen (wegen)
libera-, liberav-, liberat- (mit Ablativus separativus)	befreien (von)
meminisse, memini (präsentisches Perfekt mit Genitiv)	sich erinnern (an)
oblivisci, obliviscor, oblitus sum (mit Genitiv)	(etwas) vergessen
parc-, pars-, pars- (mit Dativ)	(jemanden) schonen
persuade-, persuas-, persuas- (mit Dativ)	jemanden überreden
sequi, sequor, secutus sum (mit Akkusativ)	folgen (jemandem: Dativ)
stude-, studu-, - (mit Dativ)	1. sich bemühen (um), 2. (etwas) lernen

Kasusfunktionen

Übung: Kasusfunktionen

Übersetze

1. Sapiens existimari nemo potest.
2. Ambiorix se profitetur adiutorem.
3. Utilitatis speciem falsam iudicavit.
4. Tibi nos penitus totosque tradimus.
5. Multi coniurationis participes erant.
6. Italia coloniarum Graecarum plena erat.
7. Ut insania, ita ira mentis potens non est.
8. Nec solum in Papinio fuit hac abstinentia.
9. et vitae tranquillitatem et terrorem mortis
10. Viros bonos eos, qui habentur, numeremus.
11. Hoc iis, qui aderant, indignissimum videbatur.
12. Animus in somno rerum praeteritarum meminit.
13. Brevi multitudo divorsa atque vaga civitas facta erat.
14. Pythagoras sapientiae studiosos appellat philosophos.
15. Proprium est stultitiae aliorum vitia videre, oblivisci suorum.
16. Pompeius a vobis maritimo bello praepositus est imperator.
17. Regum, populorum, nationum portus erat et refugium senatus.
18. Quicquid malefici, sceleris, caedis erit, proprium id Rosciorum esse debebit.

Der Ablativus absolutus

Themenüberblick

Der *Ablativus absolutus* ist eine adverbiale Bestimmung der Zeit oder der näheren Umstände im Ablativ. Im Grunde handelt es sich also um einen ganz normalen Ablativ, der sich weder in Form noch Bedeutung von anderen Ablativen unterscheidet.

Die Bezeichnung *absolutus*, lateinisch *losgelöst*, geht auf die Entwicklung dieser Form der adverbialen Bestimmung zurück, bei der «sich der Ablativus allmählich vom zugehörigen Verbum löste und auch in solchen Fällen verwendet wurde, wo er durch die Satzfügung an und für sich nicht gefordert war»[1] und, so könnte man hinzufügen, inhaltlich sogar im Widerspruch zum Verb stand. Grammatisch betrachtet ist dieser Ablativ nicht losgelöster als andere Ablative und adverbialen Bestimmungen auch.

Da der «Abl.Abs.» oder «Absolutus» ein so unauffälliges Dasein fristet, ist er in einem Satz oft relativ gut getarnt. Die erste Schwierigkeit besteht also darin ihn zu erkennen. Wenn du ausreichend viele gesehen hast, entwickelst du ein Auge für dieses Phänomen.

Mein alter Lateinlehrer hat jeden Absolutus immer in einer Art monotonem Mönchsgesang vorgelesen. Er war der Ansicht die Römer hätten den Absolutus auch so gesungen. Ob das stimmt, weiß ich bis heute nicht, aber es hat dazu geführt, dass niemals auch nur einer seiner Schüler einen Absolutus übersehen hat. Leider wird im Latinum nicht einmal in allen schriftlichen Prüfungen vorgelesen, geschweige denn gesungen. Und wenn überhaupt vorgelesen wird, dann meistens so engagiert und ausdrucksstark wie eine Lautsprecherdurchsage an irgendeinem Bahnhof in Sibirien.

Wir können einen *Absolutus* leider nicht wörtlich übersetzen. Deshalb sind wir bei der Übersetzung wieder einmal auf Umschreibungen angewiesen. Es gibt zwei Arten von *Ablativi absoluti*:

- den Ablativ mit Partizip (AmP)
- den nominalen Ablativus absolutus

Der Ablativ mit Partizip (AmP)

Der Ablativ mit Partizip besteht aus einem Substantiv und einem dazu kongruenten Partizip im Ablativ. Als Partizipien kommen nur das PPA und das PPP in Frage. Dazu ein erstes Beispiel

dubitantibus ceteris

kongruentes PPA — substantivisches Adjektiv

Weitere Attribute, Objekte und adverbiale Bestimmungen können das Substantiv begleiten. Zweites Beispiel:

hoc proelio facto

pronominales Attribut zu *proelio* — Bezugssubstantiv — kongruentes PPP

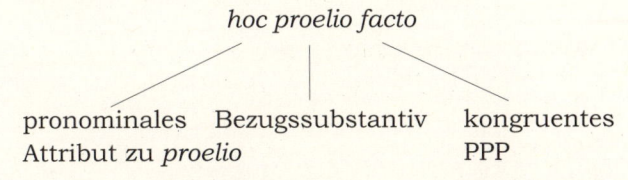

AmP

Wieder einmal sind die zwei Standardübersetzungen alte Bekannte:

- die Präpositionalisierung
- die Konjunktionalisierung

Ich persönlich bevorzuge wie immer die präpositionalisierte Übersetzung. Etwas einfacher ist dagegen der Konjunktionalsatz.

Übersetzung als präpositionaler Ausdruck durch Substantivierung-Genitivierung (PSG-Technik)

Diese Übersetzung ist eine Drei-Schritt-Technik:

1. Prüfe, um welches Partizip es sich handelt: PPA, PPP oder PPDep? Das Zeitverhältnis entscheidet über die Wahl der Präposition. Das PPA ist gleichzeitig und kann im Absolutus (anders als in attributiver Form) verschiedene Präpositionen annehmen: *während, bei, in, unter*. Das PPP und PPDep sind vorzeitig und haben die Präposition: *nach*.

2. Substantiviere das Partizip. Dabei kannst du wenig falsch machen, weil du Aktiv und Passiv nicht beachten musst. Du brauchst nur auf das zugrundeliegende Verb zu schauen und daraus ein Substantiv zu bilden.

3. Genitiviere das Bezugswort. Dabei kannst du entweder einen wörtlichen Genitiv bilden oder mit *von* + Dativ umschreiben. Wegen dieser drei Schritte

- Präpositionalisierung
- Substantivierung
- Genitivierung

spreche ich auch von der PSG-Technik (oder, für Fußballfans, die Übersetzung nach «Paris-Saint-Germain»)

Im ersten Beispiel *dubitantibus ceteris* liegt ein PPA vor. *Während* geht zur Not immer, schöner ist hier aber *unter*. Ich substantiviere das Verb *dubitare*, *zögern*, und genitiviere *ceteris* wörtlich. Etwas platt und schematisch klingt:

während dem Zögern der Übrigen

sprachlich ansprechender dagegen:

unter Zögern der Übrigen

Das zweite Beispiel *hoc proelio facto* steht im vorzeitigen Verhältnis zum Satz. Ich präpositionalisiere mit *nach*. Das Verb *facere* mit der Grundbedeutung *machen* kann auf vielfältige Weise substantiviert werden. Hier passt *Beendigen, Durchführen*. Bei der

---

[1] Aus Rubenbauer/Hofmann. Lateinische Grammatik. München 1995. 214

Ablativus absolutus

Genitivierung achte ich darauf, dass ich das pronominale Attribut mit in den Genitiv hereinnehme. Etwas ungehobelt klingt:

nach Machen dieses Kampfes

Das geht eleganter:

nach Beendigung dieses Kampfes

Übersetzung durch einen Konjunktionalsatz (Konjunktionalisierung)

Diese Methode ist für den Anfänger geeigneter, weil sie auch bei schwierigen, erweiterten oder ungewöhnlichen Absoluti zuverlässig funktioniert. Führe die Übersetzung in folgenden Arbeitsschritten durch:

1. Untersuche, um welches Partizip es sich handelt: PPA, PPP oder PPDep? Beim PPA leite mit der Konjunktion *während*, beim PPP und PPDep mit der Konjunktion *nachdem* ein.

2. Konvertiere das Bezugssubstantiv des Absolutus zum Subjekt des Nebensatzes.

3. Konvertiere das Partizip zum Prädikat des Nebensatzes. Wichtig: Achte bei dieser Übersetzung auf die Diathese! Beim PPA tritt das Prädikat des Nebensatzes ins Aktiv und ist gleichzeitig, beim PPP ins Passiv und ist vorzeitig.

Im ersten Beispiel wähle ich wegen des PPAs also die Konjunktion *während*. Das Bezugssubstantiv *ceteris* mache ich zum Subjekt, indem ich es in den Nominativ setze. Die aktive Diathese des Prädikates geht aus dem PPA hervor. Vor dem Blick auf das übergeordnete Prädikat behalte ich mir beim ersten Entwurf noch vor, die Zeitstufe des Konjunktionalsatzes entsprechend anzupassen:

während die Übrigen zögerten
während die Übrigen zögern
während die Übrigen zögern werden

Im zweiten Fall verfahre ich ähnlich. Konjunktion ist wegen des vorzeitigen PPP *nachdem*, die Diathese Passiv. Auch hier orientiere ich mich im Textzusammenhang am Tempus des übergeordneten Prädikates. In diesem theoretischen Beispiel stehen mir noch alle drei Zeitstufen zur Verfügung:

nachdem dieser Kampf beendet worden war
nachdem dieser Kampf beendet worden ist
nachdem dieser Kampf beendet worden sein wird

Zeitverhältnis

Sobald du einen konjunktional übersetzten Absolutus am Prädikat des Satzes ausrichten kannst, musst du nicht nur die Diathese, sondern auch das Zeitverhältnis streng einhalten. Dieses Problem stellt sich natürlich nur bei der Übersetzung durch einen Nebensatz. Beachte in den folgenden Beispielen die Unterschiede in den Tempora der Prädikate.

Im ersten Beispiel ist das gleichzeitige Verhältnis im PPA bereits enthalten. Bei der deutschen Übersetzung durch einen Konjunktionalsatz muss neben der Diathese aber auch das Prädikat des Temporalsatzes dem Tempus des Hauptsatzes angepasst werden (vgl. Tabelle S. 264):

Igitur dubitantibus ceteris C. Cornelius eques Romanus operam suam pollicitus est (Perfekt).
Während also die Übrigen zögerten (Präteritum), *versprach der römische Ritter Gaius Cornelius seine Hilfe.*

Igitur dubitantibus ceteris C. Cornelius eques Romanus operam suam pollicetur (Präsens).
Während also die Übrigen zögern (Präsens), *verspricht der römische Ritter Gaius Cornelius seine Hilfe.*

Igitur dubitantibus ceteris C. Cornelius eques Romanus operam suam pollicebitur (Futur 1).
Während also die Übrigen zögern werden (Futur 1), *wird der römische Ritter Gaius Cornelius seine Hilfe versprechen.*

Auch im zweiten Beispiel musst du auf die Abfolge der Ereignisse achten. Das PPP ist vorzeitig, beschreibt also Ereignisse, die bereits in der Vergangenheit liegen zu dem Zeitpunkt, zu dem die Handlung des Hauptprädikates einsetzt:

Hoc proelio facto Caesar pontem in Arari faciendum curavit (Perfekt).
Nachdem dieser Kampf beendet worden war (Plusquamperfekt), *sorgte Caesar für den Bau einer Brücke auf der Arar.*

Hoc proelio facto Caesar pontem in Arari faciendum curat (Präsens).
Nachdem dieser Kampf beendet worden ist (Perfekt), *sorgt Caesar für den Bau einer Brücke auf der Arar.*

Hoc proelio facto Caesar pontem in Arari faciendum curabit (Futur 1).
Nachdem dieser Kampf beendet worden sein wird (Futur 2), *wird Caesar für den Bau einer Brücke sorgen.*

Ohne dass ...

Wenn der *Ablativus absolutus* verneint wird oder einen negativen Ausdruck enthält, funktioniert eine Übersetzung durch einen Nebensatz mit *ohne dass* besonders gut. Gar nicht geht Präpositionalisierung. Übersetzung mit *nachdem* und *während* geht zur Not. Verneinungen und negative Ausdrücke sind:

- die Negation *non*, nicht
- Formen von *nullus*, kein
- verneinte Partizipialausdrücke wie:

Ablativus absolutus

- *indictus, unausgesprochen, unverhandelt*
- *infectus, unerledigt*
- *invitus, unwillig*
- *absens, abwesend*

Negative *Absoluti* finden sich bei Sallust:

Ita infectis rebus illi domum discedunt.
So gehen jene, ohne dass die Dinge erledigt worden sind, nach Hause.

Ähnlich auch bei Caesar, hier in Verbindung mit einem weiteren normalen Absolutus:

Itaque multis interfectis reliquos infecta re in oppidum reppulerunt.
Daher trieben sie nach Tötung vieler die Übrigen, ohne dass eine Sache erledigt worden war, wieder in die Stadt zurück.

Galba nullo hoste prohibente aut iter demorante incolumem legionem in Nantuates, inde in Allobroges perduxit.
Galba führte, ohne dass irgendein Feind hinderte oder den Weg verzögerte, die Legion unversehrt zu den Nantuaten, von dort zu den Allobrogern.

Im folgenden Satz schaltet Cicero einen verneinten und einen normalen AmP hintereinander. Der Satz zeigt auch, dass die Stellung eines AmP keineswegs immer am Anfang eines Satzes zu erwarten ist:

Decrevit senatus frequens de meo reditu Kalendis Iuniis, dissentiente nullo, referente L. Ninnio.
Es stimmte der volle Senat in Bezug auf meine Rückkehr an den Kalenden des Juni ab, ohne dass jemand dagegen stimmte, auf Antrag des Lucius Ninnius.

Der nominale Ablativus absolutus

Der nominale Ablativus absolutus besteht, wie der Name schon sagt, ausschließlich aus Nomen. In der Regel stehen ein Bezugssubstantiv und ein attributives Nomen in KNG-Kongruenz im Ablativ:

fratre vivo

Bezugssubstantiv — attributives Adjektiv

Nominaler Ablativus absolutus

Partizipien, Tempus, Zeitverhältnis und Diathese spielen bei dieser Wendung keine Rolle. Deshalb ist auch die Übersetzung durch einen Konjunktionalsatz kaum möglich. Doch auch diese Form des Absolutus kann man nicht wörtlich wiedergeben. Deshalb bleibt nur der präpositionale Ausdruck mit Substantivierung des attributiven Nomens und Genitivierung des Bezugswortes. Als Präpositionen dienen: *während, bei, unter, in*. In unserem Beispiel substantiviere ich *vivus, lebendig, zu Leben* oder *Lebzeiten* und genitiviere anschließend *frater, Bruder*:

zu Lebzeiten des Bruders

Besonders häufig findet sich der nominale Ablativus absolutus in Verbindung mit Amtsangaben:

quaestore Caecilio
unter dem Quaestor Caecilius
während Caecilius Quaestur

Typisch ist auch die Benennung des Jahres nach den amtierenden Konsulen:

Sulla et Pompeio consulibus
unter den Konsuln Sulla und Pompeius
unter dem Konsulat von Sulla und Pompeius

Die relativische Verschränkung im Ablativus absolutus

Bei dieser Form der Verschränkung ist das Relativpronomen pronominaler Bestandteil eines Ablativus absolutus. Auch hier macht es wenig Sinn, sich über wörtliche Wiedergaben Gedanken zu machen. Am besten funktioniert die Präpositionalisierung eines Relativpronomens mit anschließender Genitivierung-Substantivierung (in dieser Reihenfolge). Das funktioniert so:

1. Prüfe, welches Zeitverhältnis vorliegt. Auch hier wähle die Präposition *während* beim PPA, *nach* beim PPP und PPDep.

2. Genitiviere nun das Relativpronomen je nach Geschlecht und Numerus mit *dessen* oder *deren*.

3. Substantiviere das Partizip. Die Diathese fällt dabei weg.

Dazu ein Beispiel:

Aguntur certissima populi Romani vectigalia et maxima, quibus amissis et pacis ornamenta et subsidia belli requiretis.

Fassen wir den verschränkten Absolutus *quibus amissis* ins Auge.
Im ersten Schritt prüfe ich das Partizip. *amissis* ist ein PPP – meine Präposition lautet *nach*.
Im zweiten Schritt genitiviere ich das Relativpronomen. Da es sich um einen Plural handelt, passt *deren* immer. Im Singular muss ich das Bezugswort im Hauptsatz prüfen: *nach deren*.
Im letzten Schritt substantiviere ich das Partizip *amissis* von *amittere, verlieren*: *nach deren Verlust*.

Nun kann ich meine isolierte Arbeitsübersetzung in den Gesamtsatz einpassen:

Es geht um die sichersten Steuern des römischen Volkes und die wichtigsten, nach deren Verlust ihr sowohl die Annehmlichkeiten des Friedens als auch die Finanzierungen des Krieges vermissen werdet.

Ablativus absolutus: Das solltest du auswendig gelernt haben

Es handelt sich beim *Ablativus absolutus* wie bei jedem Ablativ um eine adverbiale Bestimmung. Es gibt zwei Arten von *Ablativi absoluti*:

- den Ablativ mit Partizip (AmP)
- den nominalen Ablativus absolutus

Der AmP besteht aus einem Nomen und einem dazu kongruenten Partizip im Ablativ. Als Übersetzung stehen zwei Möglichkeiten zur Verfügung:

- als präpositionaler Ausdruck mit Substantivierung-Genitivierung (Präpositionalisierung, PSG-Technik)
- als Konjunktionalsatz (Konjunktionalisierung)

Übersetzung durch einen präpositionalen Ausdruck:

1. Beim PPA leite mit der Präposition *während*, beim PPP und PPDep mit *nach* ein.

2. Substantiviere das Partizip.

3. Genitiviere das Bezugswort entweder wörtlich oder umschreibe mit *von* + Dativ.

Übersetzung durch einen Konjunktionalsatz:

1. Beim PPA leite mit der Konjunktion *während*, beim PPP mit der Konjunktion *nachdem* ein.

2. Konvertiere das Bezugssubstantiv des Absolutus zum Subjekt des Nebensatzes.

3. Konvertiere das Partizip zum Prädikat des Nebensatzes. Achte auf Diathese und Zeitverhältnis!

Negative Absoluti sollten durch einen Nebensatz mit *ohne dass* übersetzt werden.

Der nominale Ablativus absolutus besteht in der Regel aus einem Substantiv und nominalem oder pronominalem Attribut. Übersetzt wird er durch einen präpositionalen Ausdruck mit Substantivierung des attributiven Nomens und Genitivierung des Bezugswortes. Als Präpositionen dienen: *während, bei, unter, in*.

Beim relativ verschränkten *Ablativus absolutus* wird ebenfalls ein präpositionaler Ausdruck übersetzt und anschließend in umgekehrter Reihenfolge erst genitiviert und dann substantiviert:

1. Leite beim PPA mit der Präposition *während*, beim PPP und PPDep mit *nach* ein.
2. Genitiviere das Relativpronomen mit *deren* oder *dessen*.
3. Substantiviere das Bezugswort des Relativpronomens.

Übung: Ablativus absolutus
Übersetze

1. te invito
2. eo invito
3. capta urbe
4. hoc auctore
5. me absente
6. caede facta
7. aperto ostio
8. natura duce
9. mutato more
10. pecunia data
11. invito Naevio
12. isto praetore
13. quo auctore?
14. isto hortatore
15. eo accusante
16. indicta causa
17. acie instructa
18. bello confecto
19. victo Pompeio
20. ipsis libentibus
21. decurso spatio
22. natura docente
23. Socrate mortuo
24. mutato consilio
25. his verbis dictis
26. Socrate vivente
27. his rebus gestis
28. clamore sublato
29. itinere converso
30. regibus expulsis
31. consule absente
32. his verbis auditis

Ablativus absolutus

33. paucis interfectis
34. itinere intermisso
35. his rebus cognitis
36. hac audita pugna
37. Romulo regnante
38. consule Carbone
39. militibus expositis
40. excepta sapientia
41. imperatore mortuo
42. confecto iam labore
43. audientibus nobis
44. multis hortantibus
45. his rebus perfectis
46. cunctis cedentibus
47. quaestore Caecilio
48. his rebus confectis
49. magno itinere facto
50. absente imperatore
51. Caelio adulescente
52. magnis rebus gestis
53. his rebus constitutis
54. his rebus conparatis
55. coetu vestro dimisso
56. Gabinio intercessore
57. paucis defendentibus
58. omnibus clamantibus
59. omnibus armis relictis
60. ipso consule Pompeio
61. coniuratione oppressa
62. omnibus coactis copiis
63. nuntio de victoria allato
64. magno confecto itinere
65. longo interposito spatio
66. me duce atque auctore

Ablativus absolutus

67. loco castris idoneo capto
68. magno proposito praemio
69. tanto accepto incommodo
70. hostibus a Caesare pulsis
71. omnibus omissis his rebus
72. civibus fortiter pugnantibus
73. Tarquinio Superbo regnante
74. omnibus his rebus confectis
75. gravibus acceptis vulneribus
76. hostibus impetum facientibus
77. Lepido et Volcatio consulibus
78. omnium rerum natura cognita
79. auctore et consuasore Naevio
80. perterritis ac dubitantibus ceteris
81. caritate benevolentiaque sublata
82. me uno togato duce et imperatore
83. capta urbe et relictis omnibus armis
84. re publica diligentissime administrata
85. omnibus fortunis sociorum consumptis
86. imperatore patre Hannibalis Hamilcare
87. servorum instructa et comparata manu
88. referto foro completisque omnibus templis
89. etiam tum imperatore bellum administrante
90. omissis rectissimis atque honestissimis studiis
91. hoc proelio facto et prope ad internecionem gente ac nomine Nerviorum redacto
92. Eodemque P. Lentulo auctore et pariter referente conlega uno dissentiente, nullo intercedente

Der Konjunktiv

Der Name Konjunktiv rührt daher, dass der Konjunktiv zunächst nur in Sätzen vorkommt, die durch eine Konjunktion eingeleitet werden. Der Konjunktiv ist ein Konjunktionsmodus. Von dort wurde er auch auf Nebensätze übertragen, die durch andere Wortarten eingeleitet werden. Der Konjunktiv kennzeichnet:

- Konjunktionalsätze
- indirekte Fragesätze
- Relativsätze mit Nebensinn (s. S. 112)

Die Unterscheidung Indikativ und Konjunktiv dient also eigentlich nur der Unterscheidung von Haupt- und Nebensätzen. Deshalb bleibt der lateinische Konjunktiv im Nebensatz **unübersetzt**, nur das Tempus des Konjunktivs wird übersetzt.
Löse dich also von der Vorstellung, dass jeder lateinische Konjunktiv mit einem deutschen Konjunktiv übersetzt werden muss. Zudem gibt es natürlich auch viele Nebensätze, die überhaupt keinen Konjunktiv enthalten. Wir behandeln den Konjunktiv also praktisch wie einen Indikativ. Von dieser Grundregel gibt es zwei Ausnahmen.
Der Konjunktiv **muss** übersetzt werden:

- wenn es sich um einen Konjunktiv Imperfekt oder Plusquamperfekt im *si*-Satz handelt
- wenn der Konjunktiv im Hauptsatz steht

Konjunktiv im *si*-Satz

Ein lateinischer Konjunktiv in *si*-Sätzen (also auch verneinten *si*-Sätzen, z. B. mit *nisi*) muss übersetzt werden, wenn es ein Konjunktiv Imperfekt oder Plusquamperfekt ist. Es handelt sich um den lateinischen Irrealis. Er muss wörtlich nach den Regeln des deutschen Konjunktivs 2 übersetzt werden.

Konjunktiv im Hauptsatz

Der Konjunktiv im Hauptsatz drückt verschiedene unwirkliche Aussagen aus:

- erfüllbare/unerfüllbare Vorstellungen ▶ Irrealis
- Möglichkeiten ▶ Potentialis
- Wünsche und Hoffnungen ▶ Optativus
- Überlegungen ▶ Deliberativus
- Bitten und Aufforderungen ▶ Adhortativus
- Befehle ▶ Iussivus
- Verbote ▶ Prohibitivus

Diese unwirklichen Aussagen müssen übersetzt werden. Dazu gibt es eine ganze Reihe von Regeln, die leider auch Stoff des Latinums sind.

ne oder *non*

Die Verneinung lautet entweder *ne* oder *non*.

Der Irrealis muss immer wörtlich übersetzt werden

Die irrealen Konjunktive Imperfekt und Plusquamperfekt müssen immer wörtlich durch die deutschen Äquivalente im Konjunktiv 2 wiedergegeben werden (also durch den Konjunktiv Präteritum und Plusquamperfekt). Über diese Konjunktive solltest du also nicht lange nachdenken, sondern wörtlich übersetzen nach den deutschen Regeln (siehe oben):

Illi – canes venaticos diceres – omnia investigabant.
Jene – *du würdest* sie als Jagdhunde *bezeichnen* – schnüffelten alles durch.

Quis umquam crederet mulierum adversarium Verrem futurum?
Wer *würde* je *glauben*, dass Verres ein Frauenfeind sein würde?

Zwei typische Wendungen solltest du dir einprägen, die häufig in Verbindung mit dem Irrealis stehen:

utinam
wenn doch

vellem
ich wünschte

Quis in hanc rem fuit arbiter? Utinam is quidem Romae esset! Romae est. Utinam adesset in iudicio! Adest. Utinam sederet in consilio C. Pisonis! Ipse C. Piso est.
Wer war für diese Angelegenheit Vorsitzender? *Wenn der doch wenigstens in Rom wäre!* Er ist in Rom. *Wenn er doch im Gerichtsgebäude wäre!* Er ist da! *Wenn er doch nur in der Sitzung über Gaius Piso säße!* Es ist Gaius Piso selbst.

Nihil est, inquiunt, quod deus efficere non possit. Utinam sapientis Stoicos effecisset, ne omnia cum superstitiosa sollicitudine et miseria crederent.
Nichts gibt es, sagen sie, was Gott nicht bewirken könnte. *Wenn er doch die Stoiker nur weise gemacht hätte*, damit sie nicht alles mit abergläubischer Sorge und Ängstlichkeit glaubten.

Präsens und Perfekt = Präsens

Im Hauptsatz werden Konjunktiv Präsens und Perfekt synonym gebraucht und zwar als Präsens.

Person und Sinn beachten!

Beim Konjunktiv Präsens und Perfekt entscheidet die Person und der Textzusammenhang über die deutsche Übersetzung. Zur Verfügung stehen alle deutschen Ausdrücke, die Vorstellungen, Möglichkeiten, Wünsche, Aufforderungen oder Gebote deutlich machen.

Konjunktiv

Potentialis
Der *Potentialis* (von *potentia, Möglichkeit*) drückt Möglichkeiten und Vorstellungen aus. Übersetzung mit *dürfen, können, möglicherweise, vielleicht.* Er steht in allen Personen im Präsens und Perfekt.

Hoc vero sine ulla dubitatione confirmaverim.
Dies aber dürfte ich ohne irgendeinen Zweifel versichern.

Manchmal treten Signalwörter hinzu, die den potentialen Charakter unterstreichen:

sane, ruhig
fortasse, vielleicht
forsitan, vielleicht
haud scio an, vielleicht

Utentior sane sit, honestior vero quomodo?
Nützlicher kann es ruhig sein, wie aber moralischer?

Pecunia mea tot annos utitur P. Quinctius. Utatur sane; non peto.
Mein Geld benutzt Publius Quinctius so viele Jahre. Soll er ruhig benutzen. Ich verlange es nicht zurück.

Habeatis sane istum vobiscum senatorem, etiam de vobis iudicem, si vultis, habeatis.
Ihr könnt ruhig diesen mit euch als Senator haben, sogar als Richter über euch, wenn ihr wollt, könnt ihr haben.

Optativus
Der Optativus (von *optare, wünschen*) drückt einen Wunsch für alle drei Personen im Präsens oder Perfekt aus. Übersetzt wird mit *sollen, wollen, hoffentlich, vielleicht.*

Ne sim salvus, si aliter scribo ac sentio.
Ich möchte verrückt sein, wenn ich anders schreibe als ich denke.

Moriar, si praeter te quemquam reliquum habeo, in quo possim imaginem antiquae et vernaculae festivitatis agnoscere.
Ich will sterben, wenn ich außer dir irgendwen übrig habe, in welchem ich ein Beispiel traditionellen und altrömischen Humors erkennen kann.

Zuweilen treten auch hier Signalwörter hinzu:

utinam, hoffentlich
velim, bitte
fac, bloß, meinetwegen

Utinam negent.
Hoffentlich leugnen sie.

Sed hoc ignoscant di immortales velim et populo Romano qui id non probat, et huic ordini, qui decrevit invitus.
Aber dies sollen die unsterblichen Götter bitte verzeihen, sowohl dem römischen Volke, welches dies nicht gut findet, als auch diesem Stand, der es unwillig beschlossen hat.

Si est spes nostri reditus, eam confirmes et rem adiuves; sin, ut ego metuo, transactum est, quoquo modo potes, ad me fac venias.
Wenn es eine Hoffnung auf unsere Rückkehr gibt, sollst du sie sichern und die Sache unterstützen; wenn es aber, wie ich fürchte, vorbei ist, sollst du, auf welche Weise du kannst, bloß zu mir kommen.

Deliberativus
Der Deliberativus (von *deliberare, überlegen*) drückt einen Zweifel oder eine Überlegung der 1. Person Singular aus. Er erscheint nur im Präsens und Perfekt und nur in Form von direkten Fragesätzen. Die Übersetzung beginnt mit: «Soll ich ...?»

Rogem te, ut venias? Non rogem? Sine te igitur sim?
Soll ich dich bitten, dass du kommst? Soll ich dich nicht bitten? Soll ich also ohne dich sein?

Quid loquar de Democrito?
Was soll ich über Demokrit sprechen?

Adhortativus
Der Adhortativus (von *adhortari, auffordern, ermahnen*) drückt eine Aufforderung an die 1. Person Plural aus. Übersetzung: «Lass/Lasst uns ...!»

Amici simus, Cinna!
Lass uns Freunde sein, Cinna!

Virtutem ex consuetudine interpretemur.
Lasst uns Tugend nach der Lebensart deuten.

Sed omittamus et fabulas et externa; ad rem factam nostramque veniamus.
Aber lasst uns sowohl Mythen als auch ausländische Geschichten beiseitelassen; lasst uns zu einer geschehenen und uns betreffenden Sache kommen.

Iussivus
Der Iussivus (von *iubere, befehlen*) drückt einen Befehl an die 3. Person Singular und Plural aus. Übersetzt wird mit: «er soll, sie sollen» usw.

Exempla ab eodem Cn. Pompeio sumantur.
Beispiele sollen von demselben Gnaius Pompeius genommen werden.

Iste vero sit in sinu semper et complexu meo.
Dieser aber soll immer an meiner Brust und in meiner Umarmung sein.

Signalwörter sind unpersönliche Ausdrücke wie

oportet, möglichst
necesse est, unbedingt
licet, meinetwegen

Extremum autem aut taceatur oportet aut concedatur aut negetur.

Konjunktiv

Das Letzte aber <u>sollte möglichst verschwiegen werden</u> oder <u>zugestanden</u> oder <u>verboten werden</u>.

Prohibitivus

Der Prohibitivus (von *prohibere, abhalten*) mit der Verneinung *ne* im Konjunktiv Präsens und Perfekt drückt ein Verbot für die zweite Person aus: *du sollst nicht!*

Misericordia <u>commotus ne sis</u>.
Von Mitleid <u>sollst du nicht erregt werden</u>.

Tu, si intervallum longius erit mearum litterarum, <u>ne sis admiratus</u>.
<u>Du sollst dich</u>, wenn der Abstand meiner Briefe länger sein wird, <u>nicht wundern</u>.

Actum <u>ne agas</u>.
Erledigtes <u>sollst du nicht erledigen</u>.

Statt oder auch mit *ne* kann *cave, bloß nicht*, unterstreichend hinzutreten:

<u>Cave</u> *credas,* <u>cave</u> *ignoscas!*
Glaub <u>bloß nicht</u>, verzeih <u>bloß nicht</u>!

Konjunktiv: Das solltest du auswendig gelernt haben

Der Konjunktiv dient der Kennzeichnung von Konjunktionalsätzen. Als Konjunktionsmodus bleibt er unübersetzt. Von dieser Regel gibt es zwei Ausnahmen. Der Konjunktiv muss übersetzt werden:

- wenn es sich um einen Konjunktiv Imperfekt oder Plusquamperfekt im si-Satz handelt (Irrealis)
- wenn der Konjunktiv im Hauptsatz steht. Zu diesem gelten weiterhin folgende Regeln:
    - Verneint wird mit *ne* oder *non*
    - Präsens und Perfekt = Präsens
    - zum Konjunktiv im Hauptsatz lerne die Namen und Funktionen der einzelnen Konjunktive anhand der folgenden Tabelle:

Konjunktiv im Hauptsatz: Bezeichnung, Unterscheidung, Übersetzung

Tempus	Person	Signalwörter	Konjunktiv	Übersetzung
Imperfekt	alle Personen	*utinam*, wenn doch *vellem*, ich wünschte	Irrealis der Gegenwart: erfüllbarer Wunsch im Hauptsatz	immer wörtlich
		si	Irrealis der Gegenwart: erfüllbare Bedingung im Nebensatz	immer wörtlich
Plusquamperfekt	alle Personen	*utinam*, wenn doch *vellem*, ich wünschte	Irrealis der Vergangenheit: unerfüllbarer Wunsch im Hauptsatz	immer wörtlich
		si	Irrealis der Vergangenheit: unerfüllbare Bedingung im Nebensatz	immer wörtlich
Präsens und Perfekt sind analog und werden präsentisch übersetzt; dabei kommen deutsche Konjunktivformen vor, die nicht Präsens oder Perfekt sein müssen, z. B. der – deutsche – Konj. Präteritum «könnte».	alle Personen	*fortasse*, vielleicht *forsitan*, vielleicht *haud scio an*, vielleicht *sane*, ruhig	Potentialis (Möglichkeit)	können, dürfen, mögen
		utinam, hoffentlich *velim*, bitte *fac*, meinetwegen, bloß	Optativus (Wunsch)	wollen, sollen, können, mögen
	nur 1. Person Singular	«?»: nur Fragen mit Fragezeichen	Deliberativus (Überlegung)	«Soll ich ...?»
	nur 1. Person Plural	-	Adhortativus (Aufforderung)	«Lasst uns ...»
	nur 3. Person	*oportet*, möglichst *necesse est*, unbedingt *licet*, meinetwegen	Iussivus (Gebot)	«er/sie/es soll» «sie sollen»
	nur 2. Person	verneint mit: *cave*, bloß nicht *ne*, nicht	Prohibitivus (Verbot)	«du sollst nicht» «ihr sollt nicht»

Konjunktiv

Übung: Konjunktiv im Hauptsatz

Übersetze

1. Eamus.
2. Utinam adesses.
3. Quid dicam plura?
4. Utinam ante vidisses.
5. Hunc ego non diligam?
6. Fac diligentiam adhibeas.
7. Utinam L. Caesar valeret!
8. Utinam illum diem videam.
9. Utinam res publica stetisset!
10. Quid commemorem de ea re?
11. Ea velim reprehendas, si potes.
12. Duo Platonis praecepta teneant.
13. Fac sciat improbitatem aratorum.
14. Velim mihi dicas, nisi molestum est.
15. Atque utinam exstarent illa carmina!
16. Fac cogites, in quanta calamitate sis!
17. Non quemvis hoc idem interrogarem.
18. Utinam etiam L. Lucullus illic adsideret!
19. Atque hoc utinam a principio tibi placuisset!
20. Utinam ille omnis secum suas copias eduxisset!
21. Aut taceat oportebit aut ne sanus quidem iudicetur.
22. Romamne veniam an hic maneam an Arpinum fugiam?
23. Fortasse non numquam est; utinam vero semper esset!
24. «Utinam ego», inquit «tertius vobis amicus adscriberer!»
25. Quid loquar de re militari, in qua Romani multum valuerunt?
26. Atque utinam in Latinis talis oratoris simulacrum reperire possemus.
27. Utinam colloqui inter nos potuissemus: profecto aliquid opis rei publicae tulissemus.
28. Teneat iam sane meos testis Metellus, cogat alios laudare, sicut in multis conatus est.
29. Verum veniat sane, decernat bellum Cretensibus, liberet Byzantios, regem appellet Ptolomaeum, quae vult, omnia dicat et sentiat.

Der AcI

AcI ist die Abkürzung für **Accusativus cum Infinitivo**, übersetzt **Akkusativ mit Infinitiv**. Es handelt sich um ein Akkusativobjekt, das durch einen Infinitiv erweitert ist.

Ein solches durch einen Infinitiv erweiterte Objekt hat sich zunächst aus einfachen Objekten entwickelt, die sich durch einen Infinitiv genauer beschreiben lassen – ähnlich wie durch ein Prädikativum. Reste eines deutschen AcIs bei Verben der sinnlichen Wahrnehmung zeigen das:

normales Objekt	erweitertes objekt (AcI)
Ich höre die Vögel.	Ich höre die Vögel singen.
Ich habe das Unglück gesehen.	Ich habe das Unglück kommen gesehen.
Er fühlte sein Ende.	Er fühlte sein Ende nahen.

Während jedoch ein solcher deutscher AcI auf einige wenige Verben sinnlicher Wahrnehmung beschränkt bleibt, findet er im Lateinischen ein viel breiteres Anwendungsspektrum. Es gibt schlicht und einfach viel mehr Verben und Möglichkeiten, in denen der Römer den AcI verwendet als der Deutsche.

Ein solcher Akkusativ mit Infinitiv bildet das Objekt nur zu bestimmten Verben, sogenannten Signalverben oder Einleiterverben. Der lateinische AcI steht hauptsächlich bei folgenden Signalverben:

- Verben der wörtlichen Mitteilung, des Meinens und Wissens
- Verben der sinnlichen und geistigen Wahrnehmung
- Verben des Wünschens, Befehlens und Verbietens

Ein AcI setzt sich zusammen aus:

Signalverb + Subjektsakkusativ + Prädikatsinfinitiv

Dazu ein erstes Beispiel:

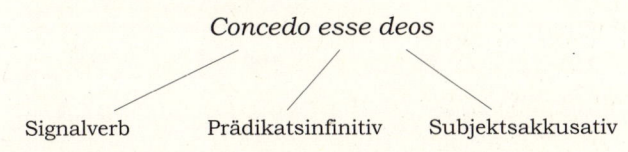

Concedo esse deos

Signalverb — Prädikatsinfinitiv — Subjektsakkusativ

Eine wörtliche Übersetzung macht bei allen diesen Verben nur zu Demonstrationszwecken Sinn:

Ich gebe Götter sein zu.

Von wenigen Ausnahmen abgesehen duldet unser Sprachgebrauch keinen wörtlichen AcI. Der Sinn dieser komischen Übersetzung besteht darin deutlich zu machen, dass es sich bei dem Akkusativ *deos* eigentlich nur um ein Objekt zu *concedo* handelt, das auf die Frage antwortet: *Wen oder was gebe ich zu?*

Das kann ich auch durch einen Objektsatz mit *dass* ausdrücken. Wir übersetzen durch Umschreibung mit einem *dass*-Satz, indem wir den Akkusativ zum Subjekt und den Infinitiv zum (finiten) Prädikat machen.

Deshalb spricht man im lateinischen *AcI* auch von dem etwas paradoxen Begriff «Subjektsakkusativ», obwohl es sich syntaktisch um ein normales Objekt zu einem Einleiterverb handelt. Und man spricht von einem «Prädikatsinfinitiv», weil der lateinische Infinitiv im Deutschen zum Prädikat wird.

Neben dem Subjektsakkusativ kann aber der Infinitiv eines *AcI* auch noch einen weiteren Objektsakkusativ zu sich nehmen wie in dem deutschen Satz: *Ich höre die Vöglein ein Lied singen.* *Die Vöglein* ist Objektsakkusativ zu *ich höre*. Wenn ich diesen AcI durch einen *dass*-Satz auflöse, wird *Vöglein* zum Subjektsakkusativ des AcI. *Lied* ist in beiden Fällen Objektsakkusativ zu *singen*: *Ich höre, dass die Vöglein ein Lied singen.*

✎ AcI

Die einfachste Übersetzung des AcI muss immer in folgenden Schritten ablaufen:

1. Suche das AcI-einleitende Prädikat (Signalverb) auf und beginne damit deine Übersetzung. Typische Signalverben sind am Ende des Kapitels aufgeführt.

2. Setze unmittelbar darauf ein Komma und schalte einen deutschen *dass*-Satz ein.

3. Konvertiere den Akkusativ des AcI zum Subjekt des *dass*-Satzes. (Subjektivierung)

4. Konvertiere den Infinitiv zum Prädikat des *dass*-Satzes. (Finalisierung oder Prädikativierung)

Extrem wichtig:

- Diathese beachten!
- Zeitverhältnis beachten!
- Indirekte Rede beachten!

In unserem ersten Beispiel *Concedo esse deos* suche ich also zunächst das einleitende Verb *(concedo)* auf und übersetze:

Ich gebe zu ...

Als Nächstes schreibe ich ein Komma und das Wort *dass* hin:

Ich gebe zu, dass ...

AcI und NcI

Ich mache den Akkusativ *deos, Götter* zum Subjekt:

Ich gebe zu, dass Götter ...

Den Infinitiv *esse* mache ich zum Prädikat des *dass*-Satzes. Zuvor prüfe ich Diathese, Zeitverhältnis und indirekte Rede: Die Diathese ist bei *esse* immer aktiv, *esse* ist gleichzeitig. Da es sich nicht um die Wiedergabe einer fremden Meinung handelt, entfällt die indirekte Rede. Meine erste Arbeitsübersetzung lautet:

Ich gebe zu, dass Götter sind.

Jetzt kann ich mir noch Gedanken über den Sinn machen. Wenn *esse* ohne Prädikativum gebraucht wird (also das, was die Götter sind), dann hat es die Bedeutung *existieren, da sein, geben*. Der Sinn des Satzes lautet also:

Ich gebe zu, dass Götter existieren, dass es Götter gibt.

Verben des Sagens, Meinens und Wissens

Diese kommen bei Weitem am häufigsten vor. Deshalb musst du nach einem Verb des Sagens, Meinens und Wissens reflexartig an den *AcI* denken und den Satz auf einen *AcI* untersuchen:

Eius porro civitatis sapientissimum Solonem dicunt fuisse.
Sie sagen nun, dass von dieser Bürgerschaft Solon der Weiseste gewesen sei.

Simul et istum fore tam improbum non arbitrabantur.
Sie glaubten nicht, dass zugleich auch dieser so boshaft sein würde.

Sed quia deos nocere non putant, iis exceptis homines hominibus obesse plurimum arbitrantur.
Aber weil sie nicht glauben, dass die Götter schaden, glauben sie, nachdem diese ausgenommen worden sind, dass die Menschen den Menschen am meisten im Wege stehen.

Ille dolorem summum malum esse docet.
Jener lehrt, dass der Schmerz das größte Übel sei.

Scio te voluisse et me asinum germanum fuisse.
Ich weiß, dass du wolltest und dass ich ein echter Idiot gewesen bin.

Verben der sinnlichen und geistigen Wahrnehmung

Bei den Verben des Sehens und Hörens ist als einziges noch die wörtliche Übersetzung möglich:

Res illum divinas apud eos deos in suo sacrario prope cotidiano facere vidisti.
Du hast jenen religiöse Dinge bei diesen Göttern in ihrem Heiligtum nahezu täglich tun gesehen.

Zur Sicherheit solltest du jedoch auch bei solch langen Sätzen auf einen *dass*-Satz zurückgreifen, der die Strukturen deutlicher und übersichtlicher macht:
Du hast nahezu täglich gesehen, dass jener religiöse Dinge bei diesen Göttern in ihrem Heiligtum tat.

Unter geistiger Wahrnehmung verstehe ich jeden Akt des Denkens und Verstehens:

Intellego, Quirites, a vobis hanc sententiam repudiari.
Ich verstehe, Quiriten, dass von euch diese Meinung abgelehnt wird.

Verben des Wünschens, Befehlens, Verbietens

Bei Verben des Befehlens fügt man zur Verdeutlichung Formen von *sollen* hinzu:

Iubes enim eum bene sperare et bono esse animo.
Du befiehlst nämlich, dass er positiv hoffen soll und guten Mutes sein soll.

Manlius iussit filium suum occidi.
Manlius befahl, dass sein Sohn getötet werden sollte.

Nemo enim leges legum causa salvas esse vult.
Niemand nämlich will, dass die Gesetze der Gesetze wegen unbeschadet sein sollen.

Pittacus omnino accedere quemquam uetat in funus alienorum.
Pittacus verbietet, dass überhaupt jemand auf das Grab von Fremden treten soll.

Zeitverhältnis

Auch beim AcI müssen wir das Zeitverhältnis peinlich genau beachten. Deshalb geht der erste Blick auf das Tempus des Signalverbs, der zweite auf das Tempus des Infinitivs. Stelle fest, ob Vorzeitigkeit, Gleichzeitigkeit oder Nachzeitigkeit vorliegt und übersetze entsprechend (siehe Tabelle auf S. 264). Vergleiche die drei modifizierten Fassungen des folgenden Beispielsatzes:

1. Confirmas te ipsum iam esse exiturum.

2. Confirmasti te ipsum iam esse exiturum.

3. Confirmabis te ipsum iam esse exiturum.

Im ersten Satz ist das Prädikatstempus Präsens, im zweiten Perfekt (übrigens eine Kurzform für *confirmavisti*), im dritten Futur. Bei dem Infinitiv handelt es sich um ein Futur. Das Zeitverhältnis ist also nachzeitig. Die Übersetzungen müssen folgendermaßen lauten:

1. Du versicherst, dass du selbst bald weggehen werdest.

2. Du hast versichert, dass du selbst bald weggehen würdest.

3. Du wirst versichern, dass du selbst bald weggehen werdest.

Aufgepasst bei *se*!

se ist im AcI Problemform Nr. 1! Es ist der Akkusativ des reflexiven Personalpronomens im Maskulinum und Femininum Singular und Plural! Es kann also mehrere Personen vertreten. Wenn der Sprecher im AcI etwas über sich selbst sagt, vertritt *se* im deutschen *dass*-Satz den Sprecher. Folglich gilt: *se* wird in den meisten Fällen im deutschen *dass*-Satz durch *er* oder *sie* übersetzt, sehr selten durch *sich*.

Ellipse von *esse* im AcI

Die Ellipse von *esse* tritt besonders häufig im AcI auf und zwar bei allen Latinumsautoren. Man könnte geradezu meinen, dass die Ellipse nur für den AcI erfunden wurde. Das liegt daran, dass drei häufig vorkommende Infinitive im AcI aus verschiedenen Partizipien mit *esse* bestehen, also aus langen, zusammengesetzten Verben. Diese sind:

- der Infinitiv Perfekt Passiv
- der Infinitiv Futur Aktiv (Coniugatio periphrastica activa)
- der Infinitiv des Gerundivum oder umschriebenen Notwendigkeitspassivs (Coniugatio periphrastica passiva)

Aus ökonomischen Gründen hat man deshalb einen immer gleichbleibenden Teil weggelassen, weil er auch gedanklich ergänzt werden konnte: das Wörtchen *esse*. Bei zusammengesetzten Verben im AcI hat man ja noch immer zwei Hinweise, um trotz dieses fehlenden Bausteins einen AcI zu identifizieren und entsprechend zu übersetzen:

1. das Signalverb
2. das kongruente prädikative Partizip

Denn auch bei zusammengesetzten Verben steht das Partizip in KNG-Kongruenz mit seinem Bezugswort. Im Falle des AcI ist dieses Bezugswort natürlich der Subjektsakkusativ. Folglich stehen alle Partizipien, die einen Infinitiv bilden, im Akkusativ. Zur Verdeutlichung hier einige Beispiele mit und ohne *esse* im Vergleich:

Notwendigkeitspartizip mit *esse*:

Id Caesar concedendum esse non putabat.

Notwendigkeitspartizip ohne *esse*:

Id Caesar concedendum non putabat.

An der Übersetzung ändert sich nichts. Wir können die Ellipse im Deutschen nicht nachbilden:

Caesar glaubte, dass das nicht zuzugestehen war.
Caesar glaubte, dass das nicht zugestanden werden durfte.

Infinitiv Futur mit *esse*:

Scandilius rem se totam relicturum esse dicit.

Infinitiv Futur ohne *esse*:

Scandilius rem se totam relicturum dicit.

Auch hier bleibt die Übersetzung in beiden Fällen gleich:

Scandilius sagt, dass er die ganze Sache zurücklassen werde.

Seltener, aber dem gleichen Prinzip folgend, kommt auch der Infinitiv Perfekt Passiv ohne *esse* vor:

Perfekt Passiv mit *esse*:

Sanctissimas amicitias intellego cum animi ratione tum facilius eloquentia comparatas esse.

Perfekt Passiv ohne *esse*:

Sanctissimas amicitias intellego cum animi ratione tum facilius eloquentia comparatas.

Ich erkenne, dass die heiligsten Freundschaften einerseits durch die Kraft des Geistes andererseits umso leichter durch Beredsamkeit gestiftet worden sind.

Relative Verschränkung im AcI

Bei der relativen Verschränkung im AcI ist das Relativpronomen gleichzeitig Bestandteil eines AcI im Relativsatz. Versuche gar nicht erst diese Konstruktion wörtlich zu übersetzen. Gehe nach der folgenden 5-schrittigen Übersetzungsmethode vor.

Relative Verschränkung im AcI

1. Forme das Relativpronomen so um, dass der Relativsatz mit *von* + Dativ des Relativpronomens beginnt *(von welchem, von welchen)* oder mit *in Bezug auf* + Akkusativ des Relativpronomen.

2. Übersetze nun Subjekt (nicht Subjektsakkusativ) und Prädikat des Relativsatzes. Das Prädikat muss dabei natürlich Signalverb des AcI sein.

3. Schalte nun den *dass*-Satz in den Relativsatz ein.

4.
Variante a):
Wenn das Relativpronomen gleichzeitig Subjektsakkusativ ist, greife es nun gedanklich wieder auf und mache es als einfaches Personalpronomen *(er, sie, es)* zum Subjekt des *dass*-Satzes.
Variante b):
Wenn das Relativpronomen nicht Subjektsakkusativ, sondern nur Satzteil (z. B. Objekt) innerhalb des AcI ist, übersetze zunächst den Subjektsakkusativ und lasse erst dann das Relativpronomen in Form eines einfachen Personalpronomens *(er, sie, es)* nachfolgen.

5. Konvertiere den Infinitiv zum Prädikat des *dass*-Satzes.

AcI und NcI

Beispiel 1:

An erat res ulla, quam mihi magis optandam putarem?

Ich beginne mit dem Hauptsatz:

War etwa irgendeine Sache, ...

Das Relativpronomen *quam* ist Subjektsakkusativ. Als Infinitiv ist das prädikative Gerundivum *optandam* anzusehen, hinter dem *esse* ausgefallen ist (Ellipse). Signalverb ist *putarem*.
Ich forme im ersten Schritt das Relativpronomen zu einem präpositionalen Ausdruck mit *von* um:

War etwa irgendeine Sache, von welcher ...

Das Subjekt ist, wie so oft, in dem Prädikat *putarem* enthalten. Im zweiten Schritt übersetze ich nun Subjekt und Prädikat:

War etwa irgendeine Sache, von welcher ich glaubte ...

Der dritte Schritt sieht die Einfügung des *dass*-Satzes vor:

War etwa irgendeine Sache, von welcher ich glaubte, dass ...

Im vierten Schritt greift nun Variante a). Das Relativpronomen ist gleichzeitig Subjektsakkusativ. Ich füge als Stellvertreter für *quam* (inhaltlich ist die «Sache» gemeint) das Personalpronomen *sie* als Subjekt in den *dass*-Satz ein:

War etwa irgendeine Sache, von welcher ich glaubte, dass sie ...

Im fünften und letzten Schritt muss nun die Infinitivkonstruktion in die deutsche Übersetzung eingearbeitet werden. Das Gerundivum kann wörtlich oder durch *werden müssen* übersetzt werden. Auch der *Dativus auctoris* muss beachtet werden. Er erlaubt sogar eine Umformung ins Aktiv. Ich stelle alle drei Varianten vor:

1. wörtlich:
War etwa irgendeine Sache, von welcher ich glaubte, dass sie von mir mehr zu wünschen war?

2. mit *werden müssen*:
War etwa irgendeine Sache, von welcher ich glaubte, dass sie von mir mehr gewünscht werden musste.

3. Umformung ins Aktiv:
War etwa irgendeine Sache, von welcher ich glaubte, dass ich sie mehr wünschen musste.

Beispiel 2:

Omnes hi, quos videtis adesse in hac causa, iniuriam novo scelere conflatam putant oportere defendi.

In diesem verschränkten Relativsatz ist das Pronomen *quos* gleichzeitig Subjektsakkusativ des AcI. Signalverb ist *videtis* und Infinitiv *adesse*.

Der Hauptsatz beginnt mit dem Subjekt im Nominativ. Manchmal reicht es den Hauptsatz nur anklingen zu lassen und später zu vervollständigen:

Alle diese ...

Erstens forme ich das Relativpronomen *quos* entsprechend in den Dativ um und leite mit *von* ein:

Alle diese, von welchen ...

Zweitens ziehe ich das Subjekt vor, das in diesem Fall in *videtis* enthalten ist:

Alle diese, von welchen ihr seht, ...

Drittens folgt der *dass*-Satz:

Alle diese, von welchen ihr seht, dass ...

Viertens greife ich den relativen Subjektsakkusativ gedanklich auf *(welche)*, wähle ein Pronomen *(sie)* und setze es als Subjekt in den *dass*-Satz:

Alle diese, von welchen ihr seht, dass sie ...

Fünftens mache ich den Infinitiv zum Prädikat:

Alle diese, von welchen ihr seht, dass sie da sind ...

Dann ergänze ich den Rest:

Alle diese, von welchen ihr seht, dass sie da sind in dieser Angelegenheit, meinen, dass es nötig ist, dass ein Unrecht, welches durch ein neuartiges Verbrechen begangen worden ist, verteidigt werden sollte.

Beispiel 3:

Id, quod scimus facile omnes audituros, dicimus nos timere.

Der Hauptsatz enhält seinerseits einen AcI:

Id ... dicimus nos timere.

Dieser hat natürlich bei jeder Übersetzung Priorität. Deshalb ziehe ich ihn vor:

Wir sagen, dass wir dieses fürchten ...

Das Relativpronomen *quod* ist nicht Subjektsakkusativ, sondern lediglich einfaches Objekt in einem elliptischen AcI. Subjektsakkusativ ist *omnes*, der elliptische Prädikatsinfinitiv besteht aus dem PFA *audituros*, hinter dem *esse* ausgefallen ist. Signalverb ist *scimus*. Ich leite nun den Relativsatz mit *von* + Dativ ein:

Wir sagen, dass wir dieses fürchten, von welchem ...

Nun folgen Subjekt und Signalverb. Erneut ist beides im Prädikat enthalten:

Wir sagen, dass wir dieses fürchten, von welchem wir wissen ...

AcI und NcI

Ich schließe den *dass*-Satz an:

Wir sagen, dass wir dieses fürchten, von welchem wir wissen, dass ...

Nun folgt der Subjektsakkusativ *omnes*:

Wir sagen, dass wir dieses fürchten, von welchem wir wissen, dass alle ...

quod ist Objekt des Prädikates *audituros*. Als Objekt passe ich es nun in Form des Pronomens *es* in den Satz ein:

Wir sagen, dass wir dieses fürchten, von welchem wir wissen, dass alle es ...

Ich bringe nun den AcI zum Abschluss durch Konvertierung des Infinitivs zum Prädikat:

Wir sagen, dass wir dieses fürchten, von welchem wir wissen, dass alle es hören werden.

Ähnliche Regeln gelten auch für indirekte Fragen, die in einen AcI verschränkt sind:

Videte, per deos immortalis, quem in locum rem publicam perventuram putetis!
Seht, bei den unsterblichen Göttern, zu welchem Ort ihr glaubt, dass der Staat dort hingelangen wird!

✸ AcI: Das solltest du auswendig gelernt haben

Der AcI ist ein durch einen Infinitiv erweitertes Akkusativobjekt zu:

- Signalverben der wörtlichen Mitteilung, des Meinens und Wissens
- Signalverben der sinnlichen und geistigen Wahrnehmung
- Signalverben des Wünschens, Befehlens und Verbietens

Er setzt sich zusammen aus:

- Signalverb
- Subjektsakkusativ
- Infinitiv

Er kann nicht wörtlich übersetzt werden, sondern muss nach einer streng vorgegebenen Schrittabfolge aufgelöst werden:

1. Suche das Signalverb auf und übersetze es.
2. Leite einen deutschen *dass*-Satz ein.
3. Konvertiere den Akkusativ des AcI zum Subjekt des *dass*-Satzes. (Subjektivierung)
4. Konvertiere den Infinitiv zum Prädikat des *dass*-Satzes. (Prädikativierung oder Finalisierung)

Beachte dabei unbedingt:

- Diathese
- Zeitverhältnis
- Indirekte Rede (bei deutschen Verben des Sagens)

se heißt im AcI immer entweder *er* oder *sie*.

Bei folgenden zusammengesetzten Verben tritt sehr häufig Ellipse von *esse* auf:

- umschriebenes Futur
- umschriebenes Passiv (prädikatives Gerundivum mit *esse*)
- Perfekt Passiv

Wenn ein Relativpronomen Satzteil eines AcI ist, spricht man von einer relativen Verschränkung. Auch sie kann nicht wörtlich, sondern nur nach folgenden Arbeitsschritten übersetzt werden:

1. Umformung des Relativpronomens zu einem präpositionalen Ausdruck mit *von* + Dativ oder *in Bezug auf* + Akkusativ des Relativpronomens
2. Übersetzung von Subjekt und Signalverb
3. *dass*-Satz-Schaltung
4. erneute Umformung des Relativpronomens zu einem Personalpronomen als der Satzteil, den es ursprünglich im AcI vertreten hat (entweder Subjektivierung oder Objektivierung)
5. Prädikativiere den Prädikatsinfinitiv wie gewöhnlich im AcI.

AcI und NcI

Vokabular: AcI-Signalverben

Lerne bitte die folgenden Vokabeln. Dabei handelt es sich um typische AcI-Einleiter.

arbitrari, arbitror, arbitratus sum (Deponens)	meinen
audi-, audiv-, audit-	hören
appella-, appellav-, apellat-	nennen
cognosc-, cognov-, cognit-	erkennen, erfahren
confirma-, confirmav-, confirmat-	versichern
constat	es steht fest
cred-, credid-, credit-	glauben
demonstra-, demonstrav-, demonstrat-	darauf hinweisen
dic-, dix-, dict-	sagen
doce-, docu-, doct-	lehren, darlegen
existima-, existimav-, existimat-	meinen
fateri, fateor, fassus sum	und
confiteri, confiteor, confessus sum (Deponentien)	gestehen, zugeben, bekennen
iube-, iuss-, iuss-	befehlen
iudica-, iudicav-, iudicat-	glauben
intelleg-, intellex-, intellect-	erkennen, merken
licet, licuit	es ist/war möglich
nega-, negav-, negat-	bestreiten
nesci-, nesciv-, -	nicht wissen
pati, patior, passus sum (Deponens)	dulden, zulassen
placet, placuit	1. man findet/fand gut
	2. man beschließt/beschloss
proba-, probav-, probat-	1. beweisen
	2. gut finden, billigen
	3. prüfen
profiteri, profiteor, professus sum (Deponens)	vorgeben, behaupten
puta-, putav-, putat-	glauben, meinen
red-, credid-, credit-	glauben
sci-, sciv-, -	wissen
spera-, sperav-, sperat-	hoffen
veta-, vetav-, vetat-	verbieten
vide-, vid-, vis-	1. sehen
	2. im NcI deponent: scheinen

Der NcI

NcI ist die Abkürzung für *Nominativus cum Infinitivo*. Es handelt sich also nicht mehr um ein erweitertes Objekt, sondern um ein erweitertes Subjekt.
Ein Unterschied zum AcI besteht in zwei wichtigen Merkmalen:

- erstens wird der «Subjektsakkusativ» des AcI (eigentlich ja ein Akkusativobjekt) im NcI zu einem echten Subjekt («Subjektsnominativ»)
- zweitens tritt das aktive AcI-Signalverb ins Passiv.

Lebendig ist der NcI noch im heutigen Englisch:

Ghosts are believed to exist.
Red wine is said to help prevent heart disease.
The gun powder is said to have been invented by a monk.
What are we supposed to do?

Beobachte mal, wie du diese Sätze übersetzt. Dir wird auffallen, dass du die passiven Einleiterprädikate intuitiv umschreibst und den NcI durch einen *dass*-Satz übersetzt, etwa:

Man glaubt, dass Geister existieren.
Es wird gesagt, dass Rotwein hilft Herzkrankheit zu verhindern.
Es wird gesagt, dass das Schießpulver von einem Mönch erfunden wurde.
Was sollen wir tun?

Diese Formen der Umschreibung mit *man* und *es* und einem folgenden *dass*-Satz sind auch der Schlüssel zum lateinischen NcI.

Mein lateinisches Beispiel ist so uralt, dass es schon einen Bart hat. Es ist auch nicht bei Cicero belegt, aber es hat sich bewährt und es ist zeitlos. Zunächst betrachten wir es nochmal im AcI:

Herodotus narrat Homerum caecum fuisse.

Subjekt — Signalverb — Objekt (Subjektsakkusativ) — Infinitiv

Herodot erzählt, dass Homer blind gewesen sei.

Im AcI ist der sogenannte Subjektsakkusativ, also das Subjekt des deutschen *dass*-Satzes, grammatisch gesprochen nichts weiter als das Objekt des Einleiterverbs *(Homerum)*. Das echte Subjekt des Satzes *(Herodotus)* steht im Nominativ und ist am AcI nicht beteiligt. Es gibt also gewissermaßen zwei Subjekte. Das ändert sich völlig beim NcI.

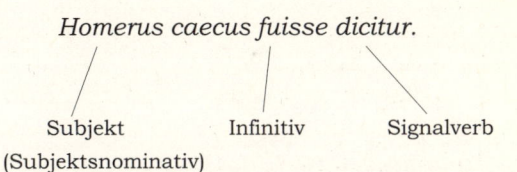

Homerus caecus fuisse dicitur.

Subjekt (Subjektsnominativ) — Infinitiv — Signalverb

Aus dem Objekt der aktiven Konstruktion *(Homerum)* wird das Subjekt der passiven Konstruktion *(Homerus)*. Ein Objekt gibt es nicht mehr und das Subjekt der aktiven Konstruktion *(Herodotus)* fällt weg. Folglich gibt es auch keine zwei unterschiedlichen «Subjekte» mehr. Im NcI sind das Subjekt des Satzes und das Subjekt des NcI identisch *(Homerus)*. Der Infinitiv bleibt in beiden Konstruktionen gleich. Er kann in allen Tempora und allen Diathesen auftreten. Auch im NcI kann Ellipse von *esse* auftreten, auch im NcI musst du das Zeitverhältnis beachten. Übersetzt wird wieder mit einem *dass*-Satz, doch diesmal nach etwas anderen Regeln.

NcI

Um den NcI vom AcI zu unterscheiden, muss vor allem eine Bedingung erfüllt sein:

- das Signalverb steht im Passiv

Anschließend gehst du in folgenden Schritten vor.

1. Forme das lateinische Signalverb (ungeachtet seiner Person und seines Numerus) zu einem deutschen Neutrum Singular um, so dass deine Übersetzung mit *es* beginnt (Bildung eines unpersönlichen Ausdrucks). Behalte dabei aber das Passiv bei und beachte das Tempus.

2. Setze ein Komma und leite einen *dass*-Satz ein.

3. Verlege das Subjekt aus dem lateinischen Hauptsatz in den deutschen *dass*-Satz. Beachte jetzt auch Person und Numerus.

4. Konvertiere den Infinitiv zum Prädikat des *dass*-Satzes (Prädikativierung).

Extrem wichtig:

- Diathese beachten
- Zeitverhältnis beachten
- indirekte Rede beachten

Im Beispielsatz *Homerus caecus fuisse dicitur* ist die NcI-Bedingung erfüllt: Das Signalverb steht im Passiv *(dicitur)*. Obwohl es eigentlich Homer ist, der «gesagt wird», ersetze ich ihn im ersten Schritt durch ein neutrales Subjekt:

Es wird gesagt ...

AcI und NcI

Es ist nur Subjekt des deutschen unpersönlichen Ausdrucks und steht **nicht** für den Nominativ des lateinischen NcI. Der neutrale Ausdruck hat mit dem lateinischen NcI überhaupt nichts zu tun und dient lediglich als Umschreibung. Diese Umschreibung ist als solche aber unverzichtbar, ist also die Standardübersetzung.
Dann folgt ein Komma und die Einleitung eines *dass*-Satzes:

Es wird gesagt, dass ...

Im dritten Schritt nehme ich mir das Subjekt des lateinischen Hauptsatzes *(Homerus)* wieder vor und setze es in den *dass*-Satz:

Es wird gesagt, dass Homer ...

Homer ist nur Subjekt des deutschen *dass*-Satzes, im Lateinischen ist er **zugleich** Subjekt des Satzes und Subjektsnominativ des NcI.

Den Infinitiv mache ich zum Prädikat. Auch hier beachte ich auf das Genaueste Diathese und Zeitverhältnis. *fuisse* ist wie *esse* aktiv. Der Infinitiv Perfekt *fuisse* ist vorzeitig. Da eine fremde Meinung referiert wird, kommt die indirekte Rede zur Anwendung. Meine Arbeitsübersetzung lautet:

Es wird gesagt, dass Homer blind gewesen sei.

Nun kann auf Wunsch noch variiert werden:

Homer soll blind gewesen sein.
Man sagt, Homer sei blind gewesen.

Übrigens: Der Angelsachse kann diesen Satz wörtlich übersetzen:

Homer is said to have been blind.

Vergleiche die Unterschiede:
Lateinisch: *Homerus dicitur ...*
Englisch: *Homer is said ...*
Deutsch: *Es wird gesagt, dass Homer ...*

Typische NcI-Signalverben sind:

dici	gesagt werden
tradi	überliefert werden
putari	geglaubt werden
ferri	berichtet werden
narrari	erzählt werden

Niemals sind NcI-Verben Deponentien, die wegen ihrer passiven Form trügerisch wirken. Achtung also bei:

opinari	meinen
arbitrari	meinen
loqui	sprechen

Mit einer besonders häufigen **Ausnahme**:

Das Verb *videre,* sehen, kann in der Form *videri* die deponente Bedeutung *scheinen* annehmen und trotzdem NcIs einleiten («es scheint, dass»)

Relative Verschränkung im NcI
Auch im NcI kommen relativ verschränkte Pronomen vor. Die Übersetzungsprinzipien sind weitgehend die gleichen wie beim AcI. Zur Sicherheit gehe ich sie auch hier nochmals durch.

Relative Verschränkung im NcI

1. Leite mit *von* + Dativ oder *in Bezug auf* + Akkusativ des Relativpronomens ein.

2. Schalte den passiven NcI-Einleiter wie sonst auch mit neutralem Subjekt «es» und übersetze das passive Signalverb.

3. Leite den *dass*-Satz ein.

4. Forme das Relativpronomen zu einem einfachen Personalpronomen um und füge es als Subjekt in den *dass*-Satz ein.

5. Finalisiere die Konstruktion wie gewöhnlich durch Bildung eines Prädikates aus dem Infinitiv.

De reliquis, quae praecipienda videntur esse, dicemus.
Wir werden in Bezug auf die übrigen Dinge sprechen, von welchen es scheint, dass sie vorweggenommen werden müssen.

Nihil erat in causa, quod metuendum aut omnino quod dubitandum videretur.
Nichts lag in der Angelegenheit, von welchem es schien, dass es gefürchtet oder überhaupt, dass es angezweifelt werden müsste.

Quae de principio et de insinuatione dicenda videbantur, haec fere sunt.
Diese Dinge sind im Allgemeinen, von welchen es scheint, dass sie in Bezug auf die Eröffnung und Begrüßung [in einer Rede] gesagt werden mussten.

Acl und Ncl

🗣 Ncl: Das solltest du auswendig gelernt haben

Der Ncl ist ein durch einen Infinitiv erweitertes Subjekt zu einem Signalverb im Passiv. Die Signalverben selbst sind weitgehend dieselben wie im Acl mit Ausnahme sämtlicher Deponentien. Diese können niemals einen Ncl einleiten, obwohl sie eine passive Form aufweisen.

Eine wörtliche Übersetzung geht nicht. Folgende Übersetzungsschritte sind dazu nötig:

1. Sicherung des Ncl durch Prüfung des Signalverbs
2. Umformung des Signalverbs in einen neutralen Ausdruck im Singular unter Beibehaltung des Passivs, der mit *es* beginnt
3. Einleitung eines *dass*-Satzes
4. Verlegung des Subjekts aus dem lateinischen Hauptsatz in den deutschen *dass*-Satz
5. Konvertierung des Infinitivs zum Prädikat (Prädikativierung/Finalisierung)

Bei einer relativen Verschränkung wird ähnlich wie beim Acl verfahren:

1. *von*-Dativierung
2. Umformung des Signalverbs in einen unpersönlichen Ausdruck im Neutrum Singular unter Beibehaltung des Passivs, der mit *es* beginnt
3. Einleitung eines *dass*-Satzes
4. Einsetzen eines einfachen Personalpronomens als Stellvertreter des verschränkten Pronomens
5. Prädikativierung des Prädikatsinfinitivs

AcI und NcI

Übung: AcI und NcI

Übersetze

1. Idem tu visus es dicere.
2. Quis negat haec esse utilia?
3. Sapienter autem fecisse dicitur.
4. Unam esse spem salutis docent.
5. Manlius iussit filium suum occidi.
6. Iubet arma tradi, principes produci.
7. Aliis eam laudem praereptam nolo.
8. Hoc fieri in provincia nulla lex vetat.
9. Respondit sese in suo iure impediri.
10. Facile se loci natura defensuros dicunt.
11. Confirmasti te ipsum iam esse exiturum.
12. Hanc sibi rem praesidio sperant futuram.
13. De te etiam dixi tum, quae dicenda putavi.
14. Apud ceteros sapientissimi fuisse dicuntur.
15. Bibulus nondum audiebatur esse in Syria.
16. Lycurgi temporibus Homerus fuisse traditur.
17. Quid tum hos de te iudicaturos arbitratus es?
18. Tum vero Marius dubitandum non existimavit.
19. Id testibus me pollicitus sum planum facturum.
20. Omnibus constabat hiemari in Gallia oportere.
21. Fateor me homines coegisse, fateor armavisse.
22. Ostendit se tribuniciam potestatem restituturum.
23. Est enim ausus dicere praedam se suam vendere.
24. Tune tecum de senatus auctoritate agi passus es?
25. Respondit se hoc neminem facturum esse putavisse.
26. Duo filii prope cubantes ne sensisse quidem dicunt se.
27. Quantam putas auctoritatem laudationis eorum futuram?
28. Semper nobis vigilandum, semper laborandum videmus.
29. Theophrastus autem moriens accusasse naturam dicitur.
30. Referunt Suebos omnes ad extremos fines se recepisse.
31. Confirmavit pollicitusque est sibi eam rem curae futuram.
32. Pollicenturque sese ei dedituros atque imperata facturos.
33. Consules designati negabant se audere in senatum venire.

AcI und NcI

34. Discedens post diem septimum sese reversurum confirmat.
35. Et illud intellego, Quirites, omnium ora in me convorsa esse.
36. Fatetur se non belle dicere, non ad voluntatem loqui posse.
37. Nunc illud, quod praeterii, non omnino relinquendum videtur.
38. Arbitratus id bellum celeriter confici posse, eo exercitum duxit.
39. Quo tempore existimas oportuisse absentem Quinctium defendi.
40. Num aut consules illos aut clarissimos viros vituperandos putas?
41. In vastatione omnium tuas possessiones sacrosanctas futuras putas?
42. Neque enim occultavit causam iracundiae suae neque reticendam putavit.
43. Non possum oblivisci meam hanc esse patriam, me horum esse consulem.
44. Mihi pro cetera eius audacia atque amentia ne hoc quidem mirandum videtur.
45. Haec mihi fere in mentem veniebant, quae dicenda putarem de natura deorum.
46. Multa autem propter rationem brevitatis ac temporis praetermittenda existimem.
47. De elocutione, quia plura dicenda videbantur, in quarto libro conscribere maluimus.
48. Ego vero, ne si ista quidem feceris, umquam tecum pacem huic civitati futuram puto.
49. Magna enim mihi res non modo ad statuendum sed etiam ad dicendum videtur esse.
50. Semperque sapientes ea, quae populus fecisset, ferenda, non semper laudanda dixerunt.
51. Hanc vero quaestionem, etsi non est iniqua, numquam tamen senatus constituendam putavit.
52. Scimus homines in tantis rebus opinione non minus et fama quam aliqua ratione certa commoveri.
53. Caesar honoris Diviciaci atque Haeduorum causa sese eos in fidem recepturum et conservaturum dixit.
54. Prudentissima civitas ea Atheniensium fuisse traditur. Sapientissimum autem virum eius civitatis Solonem fuisse dicunt.
55. Bellovaci se suo nomine atque arbitrio cum Romanis bellum gesturos dicebant neque cuiusquam imperio obtemperaturos.
56. Nec mehercule laudandos existimo, qui trans mare belli parandi causa profecti sunt, quamquam haec ferenda non erant.
57. Neque vero tum ignorabat se ad crudelissimum hostem et ad exquisita supplicia proficisci, sed ius iurandum conservandum putabat.
58. Ex multis rebus intellegi potest maiores nostros non modo armis plus quam ceteras nationes sed etiam consilio sapientiaque potuisse.
59. Quae est melior igitur in hominum genere natura quam eorum, qui se natos ad homines iuvandos tutandos conservandos arbitrantur?
60. Quattuor enim naturas, ex quibus omnia constare censet, divinas esse vult; quas et nasci et extingui perspicuum est et sensu omni carere.

Anhang

Übersetzungstechnik

Wenn man einem Latinumsprüfling einen lateinischen Originaltext auf den Tisch legt, bricht ihm schon der Angstschweiß aus. Er hat den ersten Satz noch nicht ganz gelesen und seine erste Reaktion ist in der Regel der reflexartige und etwas krampfhafte Griff zum Wörterbuch. Ganz falsch! Wer so handelt, hat so gut wie verloren! Ruhiges und methodisches Vorgehen ist das höchste Gebot. Deshalb erstmal Verstandskasten einschalten, dann handeln. Es gibt einen Katalog von Schritten, die sehr genau und diszipliniert vor jeder Übersetzung durchgeführt werden müssen:

- Einleitungstext lesen
- Hilfen markieren und einarbeiten
- Text lesen
- Alle Konjunktionen und Adverbien markieren
- Haupt- und Nebensätze unterscheiden
- Parallele oder einander entsprechende Strukturen unterscheiden, z. B. Aufzählungen, Satzmuster (A-B-C, A-B-C) oder Doppelkonjunktionen (*non modo ... sed ...; et ... et; neque ... neque; aut ... aut ...*)
- Signalverben markieren
- Unbekannte Verben, Substantive und Adjektive (keine anderen Wortarten!) markieren, die du auf jeden Fall nachschlagen musst

Nach dieser ersten Strukturierung hast du dir bereits einen Überblick über den Text verschafft. Du weißt, auf welche Konstruktionen und Schwierigkeiten du dich gefasst machen musst. Du kannst in etwa einschätzen, wie viel Prozent der Vokabeln du auf jeden Fall nachschlagen musst. Du kannst einen Zeitplan entwickeln, der dir hilft. Möglicherweise weißt du bereits, worum es in etwa geht. Das Wörterbuch bleibt während dieses ganzen Prozesses geschlossen. Mit diesem Erwartungshorizont gehst du nun an die Übersetzung des ersten Satzes heran. Man unterscheidet zwei Übersetzungsmethoden:

- die Konstruktionsmethode
- die Drei-Schritt-Methode

Die Konstruktionsmethode

Bei der Konstruktionsmethode erschließt man sich Satzteile durch Fragen. Sie besteht darin, dass man sich durch den Satz «durchfragt», ihn «konstruiert», d.h. man sucht gezielt nach den Satzteilen, die man als Nächstes erwartet bzw. gerade braucht. Dabei geht man grundsätzlich vom Prädikat aus. Als nächstes fragen wir: *Wer tut? Was tut er? Wo tut er es? Wann tut er es? Wie tut er es?* etc.

1. Frage: *Wo ist das Prädikat?* Das Prädikat hat Numerus und Person mit dem Subjekt gemeinsam (PN-Kongruenz), daher enthält es wertvolle Informationen auch über das Subjekt. Suche also zunächst das Prädikat auf, bestimme Numerus und Person und übersetze. Vorsicht: Wenn kein Prädikat auffindbar ist, solltest du an eine Ellipse von *esse*, Ausfall eines Verbs des Sagens oder an einen historischen Infinitiv denken. Höchste Aufmerksamkeit und Sorgfalt gebieten alle Signalverben, die einen AcI, NcI, doppelten Nominativ, doppelten Akkusativ einleiten.

2. Frage: *Wer oder was?* Nun kannst du fragen: «Wer handelt? Wer ist Subjekt?» Verwerte die Informationen aus dem Prädikat. Die Person, vor allem aber der Numerus grenzen die möglichen zur Verfügung stehenden Formen bereits ein.

3. Frage: *Wen oder was?* Wenn es sich um ein transitives Verb handelt (also ein Verb, das mit einem Akkusativobjekt stehen kann), kannst du nach einem Akkusativobjekt fahnden.

4. Frage: Bei Verben, die mit dem Dativ *(Wem?)* oder mit anderen Kasus stehen, ergeben sich die weiteren Fragen von selbst.

5. Frage: Was gehört noch dazu? Nach Sicherung des Satzgerüstes handelt es sich bei einem Großteil der verbliebenen Satzbestandteile um Attribute und adverbiale Bestimmungen, die nur richtig zugeordnet werden müssen. Das Stichwort lautet hier: Kongruenzenprüfung.

Die Drei-Schritt-Methode

Bei der Drei-Schritt-Methode geht man linear, das heißt gemäß der natürlichen Abfolge der Satzteile (nicht der Wörter!) im lateinischen Satz vor. Die Grundidee geht davon aus, dass man einen lateinischen Satz so verstehen können muss, wie er geschrieben steht, ohne ihn umzustellen. Sonst hätten die Römer nicht so geschrieben. Für den deutschen Hauptsatz gilt jedoch eine unverrückbare Regel: Das Prädikat steht an zweiter Stelle. Ganz ohne Umstellung geht es also nicht. Aus diesem Grund wurden die drei Schritte der Drei-Schritt-Methode entwickelt:

Schritt 1: Wir bestimmen und übersetzen den ersten Satzteil.
Schritt 2: Wir ziehen das Prädikat vor, damit es an zweiter Stelle im deutschen Satz steht.
Schritt 3: Wir übersetzen der Reihe nach Satzteil für Satzteil.

Das ist ausdrücklich keine Einladung, dass man Feste feiern darf, wie sie fallen. Auf Wörter bezogen, dass man die Wörter einfach so hinschreibt, wie sie im lateinischen Text stehen. Im Gegenteil: Die Drei-Schritt-Methode erfordert logisches Mitdenken, methodisches Vorgehen und penibelste Formen- und Satzteilbestimmung. Deshalb ist sie für den Unerfahrenen (und leider vor allem für den Sprachunbegabten) eine gefährliche Verlockung. Auch wenn sie auf den ersten Blick besonders bequem und elegant erscheint, die 3-Schritt-Methode folgt dem Alles-oder-nichts-Prinzip. Ein Fehler und alles geht in die Hose.

Ein Katalog von methodischen Regeln muss beachtet werden, um die Drei-Schritt-Methode leichter und sicherer zu machen.

Regel 1
Die wichtigste Regel lautet: Führe alle drei Schritte auch wirklich konsequent durch. Oft wird bereits Schritt 2 vergessen: Prädikat vorziehen!

Regel 2
Handelt es sich bei dem ersten Satzteil bereits um das Prädikat, so fallen Schritt 1 und 2 zusammen. Achte auf Signalverben und baue einen Erwartungshorizont auf: Welche Konstruktionen kommen in Abhängigkeit vom Prädikat in Frage?

- bei *esse*: Gibt es ein Prädikativum oder wird *sein* in der Bedeutung *existieren, geben, da sein* gebraucht?
- bei Verben des Sagens, Wissens, Meinens, Befehlens, Fühlens: Haben wir einen AcI (im Passiv: NcI), folgt ein längerer Abschnitt in indirekter Rede?
- manche dieser Verben *(habere, ducere, existimare)* stehen zuweilen auch nur mit doppeltem Akkusativ *(jemanden halten für etwas)*, im Passiv mit doppeltem Nominativ *(als jemand gehalten werden für etwas)*.
- bei Verben des Fühlens, Begründens, sich Ereignens, Tatsachen Feststellens: Haben wir ein faktisches oder kausales *quod*?
- bei Verben des Fürchtens oder Hinderns: Wo ist der *ne*-Satz?
- bei unregelmäßig konstruierten Verben: Objekte im entsprechenden Kasus suchen (z.B. *meminisse* mit Genitiv, *sequi* mit Akkusativ, *studere* mit Dativ, *uti* mit Ablativ)
- bei Verben, die eine Frage, Suche, Untersuchung anstellen: Folgt eine indirekte Frage?

Regel 3
Nach jedem neu übersetzten Satzteil fragen wir uns: *Welchen Satzteil haben wir soeben übersetzt?* So grenzen wir die Möglichkeit der noch zu erwartenden Satzteile immer weiter ein.

Regel 4
Nach jedem neu übersetzten Satzteil lesen wir uns den Zwischenstand unserer Übersetzung vor: *Haben wir auch nichts vergessen? Was erwarten wir als Nächstes? Klingt meine deutsche Arbeitsübersetzung soweit richtig?*

Regel 5
Alle Nebensätze werden immer Satzteil für Satzteil, also nur nach Schritt 3, übersetzt.

Regel 6
Bei jedem Wort, das du übersetzt, musst du dich fragen: *Steht es in Kongruenz zu einem anderen Wort? Gehört noch etwas dazu? Gehört es selbst zu einem anderen Satzteil* (Attribute in KNG-Kongruenz, Genitivattribute, Satzergänzungen zu Partizipien)?

Regel 7
Handelt es sich bei dem ersten Satzteil um ein Prädikat in der 3. Person Singular oder Plural, so übersetzen wir zunächst durch einen unpersönlichen Ausdruck mit «es» und warten das Subjekt – notfalls bis zum Ende des Satzes – ab (*«es war einmal …», «es klingen die Lieder …»*)

Regel 8
Bei Prädikaten, die im Deutschen zusammengesetzt sind oder Vorsilben haben *(auf-brechen, zurück-weichen, hinein-gehen, wieder-kehren)*, übersetzen wir nur den konjugierbaren Teil, den unveränderbaren erst zum Schluss.

Regel 9
Handelt es sich bei dem ersten Satz um einen Nebensatz, so ist er als erster Satzteil des Hauptsatzes zu betrachten. Ausnahme: Ist der Nebensatz ein Relativsatz, müssen wir das Bezugswort im Hauptsatz noch vor dem Prädikat übersetzen.

Regel 10
Mehrere Satzteile einer Art können zu einem Satzteil zusammengefasst werden. So können mehrere adverbiale Bestimmungen zu Beginn eines Satzes und sogar mehrere Nebensätze noch vor das deutsche Prädikat gesetzt werden.

Regel 11
Ist in dem Satz, den du übersetzen willst, ein AcI oder NcI enthalten, hat dieser Priorität. Beginne mit dem Signalverb und sichere die Konstruktion ab. Die Drei-Schritt-Methode beginnt dann mit Schritt 2. Übersprungene Teile müssen nachträglich hineinkonstruiert werden.

Anhang

Regel 12

Partizipien können durch Satzergänzungen näher bestimmt sein:

1. Objekte (nur PPA)
2. adverbiale Bestimmungen (PPA und PPP)
3. Attribute

Diese näheren Bestimmungen sind dem Partizip untergeordnet und keine eigenständigen Satzteile! Deshalb müssen wir sie mit zur Übersetzung des Partizips hinzuziehen. Sie können davor oder danach stehen. Man muss sie in einen sinnvollen Zusammenhang mit dem Partizip bringen, nicht mit dem Satz. Erst dann können wir mit der Übersetzung weiterer Satzteile fortfahren.

Regel 13

Ein Genitiv steht nie allein. Er ist meistens abhängig

- von einem Substantiv
- seltener von einem Adjektiv
- sehr selten von einem Verb

Er kann zum Wort davor oder danach, manchmal auch zu einem weiter entfernt stehenden Wort gehören. Deshalb kann er nicht immer in der Stellung belassen werden. Manchmal steht er im Lateinischen vor seinem Bezugswort, wir müssen ihn aber im Deutschen nachstellen. Die einfachste und sicherste Übersetzung eines lateinischen Genitiv ist mit *von*-Dativierung.

Regel 14

Bei Komparativen müssen bei uns die Alarmglocken läuten! Wo ist das Vergleichswort *als*? Es kann im Lateinischen

- durch *quam*
- durch einen bloßen Ablativ (des Vergleichs)

ausgedrückt werden. Achtung: *multo* vor Komparativ heißt *viel*.

Arbeit mit dem Wörterbuch

Das Wörterbuch ist ein trügerischer Freund. Wenn du ihn richtig auszunutzen weißt, kann er dir viel Arbeit ersparen. Wenn du dich jedoch auf ihn verlässt, wird er dir nicht nur nicht helfen, er wird dir vollends zum Verderben gereichen. Beherzige bitte folgende Regeln:

Regel 15

Wenn du das Wörterbuch aufschlägst, solltest du eine ungefähre Vorstellung von dem haben, was du suchst.

Regel 16

Mache dich mit den Abkürzungen des Wörterbuches vertraut.

Regel 17

Benutze deinen Verstandeskasten! Denke einfach! Gehe vom wahrscheinlichsten und naheliegendsten Fall aus! Versuche den Sinn zu verstehen!

Regel 18

Nimm immer nur die Grundbedeutungen und probiere sie in deiner Übersetzung aus. Denke nach, was gemeint sein könnte. Erst wenn keine der Grundbedeutungen Sinn macht, durchsuche den Artikel im Wörterbuch gezielt nach einer Bedeutung, die auf den vorliegenden Zusammenhang passt. Beachte dabei Regel 19.

Regel 19

Die Texte des Latinums gehören literaturgeschichtlich in die Zeit der sogenannten «Klassik». Zudem handelt es sich ausschließlich um Prosa-Texte (also nicht um Dichtung). Wenn die Autoren nicht namentlich durch Abkürzungen aufgeführt sind (Cic. = Cicero, Caes. = Caesar, Sall. = Sallust usw.), achte darauf, dass du keine Wörter raussuchst, die als «nachklassisch» oder «poetisch» oder «dichterisch» gekennzeichnet sind. Beachte ferner Regel 20.

Regel 20

Wenn du beim Suchen auf Namen von exotischen Pflanzen *(Schneckenklee)*, Tieren *(Haubentaucher)*, Gerichten *(Schweinebrühe)* oder auf lustige bis derbe Beleidigungen *(plattnasig)* stößt, liegst du mit ziemlicher Sicherheit falsch, weil diese Lexik in Latinumstexten (leider!) kaum vorkommt. Dagegen ist politischen, historischen oder juristischen Wortfeldern der Vorzug zu geben.

Anhang

Abweichungen vom klassischen Sprachgebrauch bei Sallust

quo steht für cu bei:

cum	▶ **quom**
cui	▶ **quoi**
cuius	▶ **quoius**
cuique	▶ **quoique**

ēre für ērunt in der 3. Person Plural Indikativ Perfekt Aktiv:

coeperunt	▶ **coepere**
condiderunt	▶ **condidere**
convenerunt	▶ **convenere**
invaserunt	▶ **invasere**
noverunt	▶ **novere**
oderunt	▶ **odere**
reliquerunt	▶ **reliquere**
viderunt	▶ **videre**
manserunt	▶ **mansere**
maturaverunt	▶ **maturavere**
ierunt	▶ **iere**

Finite (und nur finite!) Formen von *fore* stehen bei Sallust für *esse* zur Bildung des Konjunktivs Imperfekt:

essem	▶ **forem**
esset	▶ **foret**

fore als Infinitiv steht sowohl bei Cicero als auch Sallust für *futurum esse*.

Gebrauch der Silbe -vo- für -ve- und -vu- bei folgenden Wörtern:

vester	▶ **voster**
vult	▶ **volt**
vultis	▶ **voltis**
vulgus	▶ **volgus**
vulnus	▶ **volnus**
vultus	▶ **voltus**
diversus	▶ **divorsus**
adversus	▶ **advorsus**
universus	▶ **univorsus**
convertere	▶ **convortere**
subvertere	▶ **subvortere**
versari	▶ **vorsari**
reverti	▶ **revorti**

-umus für -imus bei Superlativen und einigen Adjektiven:

maximus	▶ **maxumus**
optimus	▶ **optumus**
verissimus	▶ **verissumus**
pessimus	▶ **pessumus**
legitimus	▶ **legitumus**
finitimus	▶ **finitumus**
maritimus	▶ **maritumus**

u für i bei folgenden Wörtern:

libido	▶ **lubido**
manifestus	▶ **manufestus**
libet	▶ **lubet**
aestimare	▶ **aestumare**
existimare	▶ **existumare**

Anhang

u statt e als Bindevokal bei nd-Formen in kurz-i, lang-i und kons (vgl. die «Unser-Mist-Regel»):

accipiendis	▶ **accipiundis**
agendi	▶ **agundi**
capiendae	▶ **capiundae**
colendo	▶ **colundo**
dicendi	▶ **dicundi**
largiendo	▶ **largiundo**
sumendum	▶ **sumundum**

Im Nominativ und Akkusativ Sg. der o-Deklination steht o für u (Achtung: Verwechslungsgefahr mit dem Akkusativ Plural!):

arduus	▶ **arduos**
arduum	▶ **arduom**
ignavus	▶ **ignavos**
ingenuus	▶ **ingenuos**
novum	▶ **novom**
strenuum	▶ **strenuom**
suum	▶ **suom**
vacuus	▶ **vacuos**

Nominativ auf -os für -or

color	▶ **colos**
honor	▶ **honos**

Genitiv Singular der o-Neutra auf -ium (ii) wird zusammengezogen (i):

consilii	▶ **consili**
imperii	▶ **imperi**
ingenii	▶ **ingeni**
praesidii	▶ **praesidi**

Akkusativ Plural der 3. Deklination auf -is statt auf -es:

artes	▶ **artis**
complures	▶ **compluris**
egentes	▶ **egentis**
(im)mortales	▶ **(im)mortalis**
omnes	▶ **omnis**
urbes	▶ **urbis**

Genitiv Singular der u-Deklination (-ūs) wird zu -i:

senatūs	▶ **senati**

quibus **wird häufig zu** *quīs* **(Achtung Verwechslungsgefahr!)**

Typische und häufige Vokabeln bei Sallust

ars	Eigenschaft, Mittel
tempestas	(= tempus) Zeit
mortales	(= homines) Menschen
immortales	(= dei) Götter
plerique	(= permulti) sehr viele (nicht wie bei Cicero: die meisten)
negotium	(= res) Sache, Angelegenheit
subigere	(= cogere) zwingen
supra	(= magis) mehr
prorsus	kurz, mit einem Wort
proinde quasi	geradezu als wenn
ni	(= nisi) wenn nicht
equidem	gewiss

Anhang

-que ... -que ...	sowohl ... also auch ...
agitare	(= agere) tun, handeln, treiben
ductare	(= ducere) führen, leiten
consultare	(= consulere) sorgen für, beraten
dictitare	(= dicere) sagen, sprechen
imperitare	(= imperare) befehlen
defensare	(= defendere) verteidigen

Typische Wendungen bei Sallust

facto opus est	man muss machen
incepto opus est	man muss beginnen
incredibile auditu	es ist unglaublich zu hören
facile intellectu	es ist leicht zu erkennen
horribile dictu	es ist schrecklich zu sagen
diu noctuque	tags und nachts
supra quam credibile est	mehr als glaubhaft ist
pessum dari	verkommen
perditum ire	zugrunde gehen
falsum habere	täuschen
ludibrio habere	verspotten
nihil pensi habere	nichts wertschätzen
ad id loci/locorum	zu diesem Ort

Häufiger Gebrauch des Dativus finalis

gloriae esse	Ruhm verschaffen
terrori esse	erschrecken
gaudio esse	freuen
honori esse	Ehre bringen
oneri esse	zur Last sein
usui esse	zum Nutzen sein
praesidio esse	zum Schutz dienen
ludibrio esse	zum Spielzeug werden
luxuriae esse	der Ausschweifung dienen
praedae esse	zur Beute werden

Häufiger Gebrauch des historischen Infinitivs

Jede finite Verbform wird durch einen Infinitiv ersetzt! Diese Technik dient der dramatischen Veranschaulichung. Achtung: Verwechslungsgefahr mit AcI, NcI und Infinitivkonstruktionen!

Anhang

Stilfiguren

Alliteration
Bei der Alliteration (*adlitteratio*, «Hinzubuchstabierung») werden gleiche Buchstaben am Wortanfang wiederholt. Beispiele:

Patent portae: proficiscere!
wörtlich: *Offen stehen die Tore: mach dich auf!*
frei: *Mach dich aus dem Staub, die Straßen der Stadt stehen frei.*

Vi victa vis vel potius oppressa virtute audacia est.
wörtlich: *Mit Gewalt wurde Gewalt überwunden, mit Tapferkeit wurde Gewaltbereitschaft unterdrückt.*
Frei: *Mit Gewalt wurde Gewalt überwunden, mit Würde wurde Waghalsigkeit abgewehrt.*

Anapher
Die Anapher («Wiederaufnahme», Plural: Anaphern) ist eine Wiederholung desselben Wortes am Anfang von Satzteilen oder Sätzen.

Me cuncta Italia, me omnes ordines, me universa civitas non prius tabella quam voce priorem consulem declaravit.
Mich hat ganz Italien, mich alle Stände, mich die gesamte Bürgerschaft nicht eher mit der Stimmtafel als mit ihrer Wählergunst zum besseren Konsul erklärt.

Asyndeton
Das Asyndeton («Konjunktionslosigkeit», Plural: Asyndeta) ist eine ohne Konjunktionen, nur durch Kommata verbundene Aufzählung von Satzteilen oder Sätzen.

Chiasmus
Der Chiasmus («Überkreuzung», Plural: Chiasmen oder Chiasmata) ist eine Stellungsvertauschung zweier gleicher Satzteile. Zwei Satzteile A und B werden mit zwei weiteren Satzteilen A und B in umgekehrte Reihenfolge gebracht: AB + BA, so dass sie untereinandergeschrieben und mit dem jeweils gleichen Satzteil durch einen Strich verbunden in Kreuzstellung stehen:
Chiasmus:

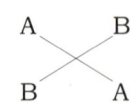

```
A   B
 ╲ ╱
 ╱ ╲
B   A
```

Et pacis ornamenta
et subsidia belli requiretis.

Sowohl des Friedens Annehmlichkeiten als auch
Finanzmittel des Krieges werdet ihr vermissen.

Epipher
Die Epipher («Hinzunahme», Plural: Epiphern) ist eine Wiederholung desselben Wortes am Ende von Satzteilen oder Sätzen.

De exsilio reducti a mortuo; civitas data non solum singulis, sed nationibus et provinciis universis a mortuo; immunitatibus infinitis sublata vectigalia a mortuo.
Aus dem Exil zurückgeholt wurden sie von einem Toten; die Bürgerschaft verliehen wurde nicht nur Einzelnen, sondern Nationen und ganzen Provinzen von einem Toten; durch unendliche Privilegierungen wurden Steuern erlassen von einem Toten.

Geminatio
Die Geminatio («Zwillingsbildung», «Verdopplung») ist eine einfache, unmittelbare Wiederholung eines Wortes im Satz.

Multi et graves dolores inventi parentibus, multi.
Viele und schlimme Schmerzen (wurden) für die Eltern gefunden, viele.

Homoioptoton
Das Homoioptoton («Gleichkasus»; Plural: Homoioptota) ist ein Aufeinanderfolgen mehrerer Nominal- oder Pronominalformen im gleichen Kasus.

Venit vel rogatus ut amicus, vel arcessitus ut socius, vel evocatus ut is, qui senatui parere didicisset.
Er kam entweder eingeladen, wie ein Freund, oder zur Hilfe gerufen, wie ein Bundesgenosse, oder herbeizitiert, wie dieser, welcher dem Senat zu gehorchen gelernt hatte.

Homoioteleuton
Das Homoioteleuton («Gleichendung», Plural: Homoioteleuta) ist eine Abfolge mehrerer aufeinanderfolgender Verbformen mit der gleichen Endung.

Abiit, excessit, evasit, erupit.
Weg ging er, raus wich er, raus lief er, raus stürzte er.

Hyperbaton
Das Hyperbaton («Überspringung», Plural: Hyperbata) entsteht, wenn zwei kongruente Wörter durch einen oder mehrere Satzteile, die «übersprungen worden sind», voneinander gesperrt werden.

Horum in his locis vestigia ac prope incunabula reperiuntur deorum.
Von diesen Göttern werden an diesen Orten die Spuren und geradezu die Wiegen gefunden.

Litotes
Die Litotes ist eine doppelte Verneinung. Sie bewirkt eine scheinbare Abschwächung des Gesagten:

Nihil agis, nihil moliris, nihil cogitas, quod non ego non modo audiam sed etiam videam planeque sentiam.
Nichts tust du, nichts unternimmst du, nichts denkst du, welches nicht ich nicht nur höre, sondern auch sehe und deutlich merke.

Metapher
Die Metapher («Übertragung», Plural: Metaphern) ist die bildliche oder symbolische Übertragung einer Sache in einen ihr scheinbar fremden Bereich (z. B. Leben und Licht, Tod und Dunkelheit, Staatslenkung und Schiffahrt). So werden Ähnlichkeiten und Assoziationen umso deutlicher und pointierter. Die Metapher dient zugleich als allgemeiner Oberbegriff für Personifikation, Metonymie und Vergleiche aller Art.

Si qui deus mihi largiatur, ut ex hac aetate repuerascam et in cunis vagiam, valde recusem nec vero velim quasi decurso spatio ad carceres a calce revocari
Wenn irgendein Gott mir gewährt, dass ich aus diesem (Greisen-)Alter wieder jung werde und in der Wiege schreie, möchte ich heftig ablehnen und wirklich nicht wünschen gewissermaßen nach Ablaufen der Rennstrecke zur Startlinie von der Ziellinie zurückgepfiffen zu werden.

Metonymie
Die Metonymie («Begriffsübertragung», Plural: Metonymien) ist ebenfalls eine Form der Metapher. Hier werden jedoch keine bedeutungsfremden Dinge vermischt, sondern verwandte oder miteinander assoziierte Begriffe gegeneinander ausgetauscht, z. B. ein Teil für das Ganze (*pars pro toto*: Dach statt Haus, Mauern statt Stadt), ein Material für das Produkt (Eisen statt Schwert).

Nulla iam pernicies a monstro illo atque prodigio moenibus ipsis intra moenia comparabitur.
Kein Verderben mehr wird von jenem Monster und (jener) Missgeburt den Mauern (= der Stadt) selbst innerhalb der Mauern (= der Stadt) bereitet werden.

Parallelismus
Der Parallelismus ist ein allgemeiner Überbegriff für gleichartig angeordnete Satzteile oder Sätze. Anapher, Epipher, Asyndeton und Polysyndeton, Homoioteleuton und Homoioptoton lassen sich unter diesem Begriff zusammenfassen.

Parallelismus:

Homerum Colophonii	civem		esse	dicunt suum,
Chii		suum		vindicant,
Salaminii				repetunt,
Smyrnaei vero		suum	esse	confirmant.

Die Kolophonier	sagen,		dass	Homer ihr Bürger sei,
die Chier	beanspruchen		ihn	als ihren,
die Salaminier	fordern		ihn	für sich,
die Smyrnaer aber	versichern,			er sei ihrer.

Personifikation
Bei der Personifikation («Vermenschlichung») wird ein unbelebter konkreter oder abstrakter Gegenstand als lebendes, fühlendes Wesen dargestellt. Sie fällt in den Bereich der Metapher.

Obsessa facibus et telis impiae coniurationis vobis supplex manus tendit patria communis.
Belagert von Brandsätzen und Geschossen einer gottlosen Verschwörung streckt euch flehend das gemeinsame Vaterland die Hände aus.

Paronomasie
Die Paronomasie («Umbenennung») ist ein Wortspiel mit zwei ähnlich klingenden Wörtern mit unterschiedlichen oder gegenteiligen Bedeutungen.

Eas litteras ad eum misi, quibus et placarem ut fratrem et monerem ut minorem.
Diese Briefe habe ich zu ihm geschickt, mit welchen ich ihn besänftigte wie einen Bruder und ermahnte wie einen Minderjährigen.

Polysyndeton
Der Polysyndeton («Vielverbundenheit, Verbindungshäufung», Plural: Asyndeta) ist eine Konjunktionenhäufung in einer Aufzählung bis zur scheinbaren Atemlosigkeit des Sprechers.

Ceterae partes a gentibus aut inimicis huic imperio aut infidis aut incognitis aut certe immanibus et barbaris et bellicosis tenebantur.
Die übrigen Teile wurden von Völkern entweder feindlich diesem Reich oder unzuverlässig oder unbekannt oder in jedem Falle gewalttätig und barbarisch und kriegerisch gehalten.

Redundanz
Redundanz («Überfluss») ist die rhetorische Aufpolsterung eines Argumentes durch eine Fülle von Wörtern, die alle mehr oder weniger dasselbe aussagen.

Tandem aliquando, Quirites, L. Catilinam furentem audacia, scelus anhelantem, pestem patriae nefarie molientem, vobis atque huic urbi ferro flammaque minitantem ex urbe vel eiecimus vel emisimus vel ipsum egredientem verbis prosecuti sumus.
Endlich einmal, Quiriten, haben wir Lucius Catilina rasend vor Gewalt, Verbrechen ausschnaubend, die Pest dem Vaterland verbrecherisch bringend, euch und dieser Stadt mit Eisen und Flamme (= mit Schwert und Brandsatz) drohend aus der Stadt entweder herausgeworfen oder herausgeschickt oder selbst (freiwillig) ausziehend mit guten Wünschen geleitet.

Tabellen

Der deutsche Indikativ Aktiv

Tempus	Bildung	sein	haben	werden	können	wollen	machen	gehen
Präsens	Stamm + Endung	bin bist ist sind seid sind	habe hast hat haben habt haben	werde wirst wird werden werdet werden	kann kannst kann können könnt können	will willst will wollen wollt wollen	mache machst macht machen macht machen	gehe gehst geht gehen geht gehen
Präteritum	Stamm + (Suffix) + Endung	war warst war waren wart waren	hatte hattest hatte hatten hattet hatten	wurde wurdest wurde wurden wurdet wurden	konnte konntest konnte konnten konntet konnten	wollte wolltest wollte wollten wolltet wollten	machte machtest machte machten machtet machten	ging gingst ging gingen gingt gingen
Futur 1	Präsens von werden + Infinitiv	werde sein wirst sein wird sein werden sein werdet sein werden sein	werde haben wirst haben wird haben werden haben werdet haben werden haben	werde werden wirst werden wird werden werden werden werdet werden werden werden	werde können wirst können wird können werden können werdet können werden können	werde wollen wirst wollen wird wollen werden wollen werdet wollen werden wollen	werde machen wirst machen wird machen werden machen werdet machen werden machen	werde gehen wirst gehen wird gehen werden gehen werdet gehen werden gehen
Perfekt	Präsens von sein/haben + Partizip	bin gewesen bist gewesen ist gewesen sind gewesen seid gewesen sind gewesen	habe gehabt hast gehabt hat gehabt haben gehabt habt gehabt haben gehabt	bin geworden bist geworden ist geworden sind geworden seid geworden sind geworden	habe gekonnt hast gekonnt hat gekonnt haben gekonnt habt gekonnt haben gekonnt	habe gewollt hast gewollt hat gewollt haben gewollt habt gewollt haben gewollt	habe gemacht hast gemacht hat gemacht haben gemacht habt gemacht haben gemacht	bin gegangen bist gegangen ist gegangen sind gegangen seid gegangen sind gegangen
Plusquamperfekt	Präteritum von sein/haben + Partizip	war gewesen warst gewesen war gewesen waren gewesen wart gewesen waren gewesen	hatte gehabt hattest gehabt hatte gehabt hatten gehabt hattet gehabt hatten gehabt	war geworden warst geworden war geworden waren geworden wart geworden waren geworden	hatte gekonnt hattest gekonnt hatte gekonnt hatten gekonnt hattet gekonnt hatten gekonnt	hatte gewollt hattest gewollt hatte gewollt hatten gewollt hattet gewollt hatten gewollt	hatte gemacht hattest gemacht hatte gemacht hatten gemacht hattet gemacht hatten gemacht	war gegangen warst gegangen war gegangen waren gegangen wart gegangen waren gegangen
Futur 2	Präsens von werden + Partizip Perfekt + Infinitiv sein/haben	werde gewesen sein wirst gewesen sein wird gewesen sein werden gewesen sein werdet gewesen sein werden gewesen sein	werde gehabt haben wirst gehabt haben wird gehabt haben werden gehabt haben werdet gehabt haben werden gehabt haben	werde geworden sein wirst geworden sein wird geworden sein werden geworden sein werdet geworden sein werden geworden sein	werde gekonnt haben wirst gekonnt haben wird gekonnt haben werden gekonnt haben werdet gekonnt haben werden gekonnt haben	werde gewollt haben wirst gewollt haben wird gewollt haben werden gewollt haben werdet gewollt haben werden gewollt haben	werde gemacht haben wirst gemacht haben wird gemacht haben werden gemacht haben werdet gemacht haben werden gemacht haben	werde gegangen sein wirst gegangen sein wird gegangen sein werden gegangen sein werdet gegangen sein werden gegangen sein
Infinitiv Präsens	Stamm + Endung	sein	haben	werden	können	wollen	machen	gehen
Infinitiv Perfekt	Partizip + haben/sein	gewesen sein	gehabt haben	geworden sein	gekonnt haben	gewollt haben	gemacht haben	gegangen sein
Infinitiv Futur	Infinitiv Präsens + werden	sein werden	haben werden	werden werden	können werden	wollen werden	machen werden	gehen werden

Tabellen

Der deutsche Indikativ Passiv (am Beispiel einiger repräsentativer Verben)

Tempus	Bildung	sein	haben	werden	können	wollen	machen	gehen
Präsens	Präsens von werden + Partizip Perfekt	- (intransitiv)	werde gehabt wirst gehabt wird gehabt werden gehabt werdet gehabt werden gehabt	- (intransitiv)	- (intransitiv)	werde gewollt wirst gewollt wird gewollt werden gewollt werdet gewollt werden gewollt	werde gemacht wirst gemacht wird gemacht werden gemacht werdet gemacht werden gemacht	- (intransitiv)
Präteritum	Präteritum von werden + Partizip Perfekt	-	wurde gehabt wurdest gehabt wurde gehabt wurden gehabt wurdet gehabt wurden gehabt	-	-	wurde gewollt wurdest gewollt wurde gewollt wurden gewollt wurdet gewollt wurden gewollt	wurde gemacht wurdest gemacht wurde gemacht wurden gemacht wurdet gemacht wurden gemacht	-
Futur 1	Präsens von werden + Partizip Perfekt + Infinitiv werden	-	werde gehabt werden wirst gehabt werden wird gehabt werden werden gehabt werden werdet gehabt werden werden gehabt werden	-	-	werde gewollt werden wirst gewollt werden wird gewollt werden werden gewollt werden werdet gewollt werden werden gewollt werden	werde gemacht werden wirst gemacht werden wird gemacht werden werden gemacht werden werdet gemacht werden werden gemacht werden	-
Perfekt	Präsens von sein + Partizip Perfekt + worden	-	bin gehabt worden bist gehabt worden ist gehabt worden sind gehabt worden seid gehabt worden sind gehabt worden	-	-	bin gewollt worden bist gewollt worden ist gewollt worden sind gewollt worden seid gewollt worden sind gewollt worden	bin gemacht worden bist gemacht worden ist gemacht worden sind gemacht worden seid gemacht worden sind gemacht worden	-
Plusquamperfekt	Präteritum von sein + Partizip Perfekt + worden	-	war gehabt worden warst gehabt worden war gehabt worden waren gehabt worden wart gehabt worden waren gehabt worden	-	-	war gewollt worden warst gewollt worden war gewollt worden waren gewollt worden wart gewollt worden waren gewollt worden	war gemacht worden warst gemacht worden war gemacht worden waren gemacht worden wart gemacht worden waren gemacht worden	-
Futur 2	Präsens von werden + Partizip Perfekt + worden sein	-	werde gehabt worden sein wirst gehabt worden sein wird gehabt worden sein werden gehabt worden sein werdet gehabt worden sein werden gehabt worden sein	-	-	werde gewollt worden sein wirst gewollt worden sein wird gewollt worden sein werden gewollt worden sein werdet gewollt worden sein werden gewollt worden sein	werde gemacht worden sein wirst gemacht worden sein wird gemacht worden sein werden gemacht worden sein werdet gemacht worden sein werden gemacht worden sein	-
Infinitiv Präsens	Partizip + Infinitiv von werden	-	gehabt werden	-	-	gewollt werden	gemacht werden	-
Infinitiv Perfekt	Partizip + worden sein	-	gehabt worden sein	-	-	gewollt worden sein	gemacht worden sein	-
Infinitiv Futur	Partizip + werden + werden	-	gehabt werden werden	-	-	gewollt werden werden	gemacht werden werden	-

Tabellen

Der deutsche Konjunktiv Aktiv (am Beispiel einiger repräsentativer Verben)

Modus	Tempus	Bildung	sein	haben	werden	können	wollen	gehen
Konjunktiv 1	Präsens	Konjunktiv Präsens oder Ersatzformen	sei seist sei seien seiet seien	hätte habest habe hätten habet hätten	würde werdest werde würden würdet würden	könne könnest könne könnten könnet könnten	wolle wollest wolle wollten wollet wollten	ginge gehest ginge gingen/würden gehen gehet gingen/würden gehen
	Futur 1	werde/würde + Infinitiv	würde sein werdest sein werde sein würden sein würdet sein würden sein	würde haben werdest haben werde haben würden haben würdet haben würden haben	würde werden werdest werden werde werden würden werden würdet werden würden werden	würde können werdest können werde können würden können würdet können würden können	würde wollen werdest wollen werde wollen würden wollen würdet wollen würden wollen	würde gehen werdest gehen werde gehen würden gehen würdet gehen würden gehen
	Perfekt	Konjunktiv Präsens von sein/haben oder Ersatzformen + Partizip Perfekt	sei gewesen seiest gewesen sei gewesen seien gewesen seiet gewesen seien gewesen	hätte gehabt habest gehabt habe gehabt hätten gehabt habet gehabt hätten gehabt	sei geworden seist geworden sei geworden seien geworden seiet geworden seien geworden	hätte gekonnt habest gekonnt habe gekonnt hätten gekonnt habet gekonnt hätten gekonnt	hätte gewollt habest gewollt habe gewollt hätten gewollt habet gewollt hätten gewollt	sei gegangen seist gegangen sei gegangen seien gegangen seiet gegangen seien gegangen
	Futur 2	werde/würde + Partizip Perfekt + sein/haben (kommt praktisch nicht vor)	würde gewesen sein werdest gewesen sein werde gewesen sein würden gewesen sein würdet gewesen sein würden gewesen sein	würde gehabt haben werdest gehabt haben werde gehabt haben würden gehabt haben würdet gehabt haben würden gehabt haben	würde geworden sein werdest geworden sein werde geworden sein würden geworden sein würdet geworden sein würden geworden sein	würde gekonnt haben werdest gekonnt haben werde gekonnt haben würden gekonnt haben würdet gekonnt haben würden gekonnt haben	würde gewollt haben werdest gewollt haben werde gewollt haben würden gewollt haben würdet gewollt haben würden gewollt haben	würde gegangen sein werdest gegangen sein werde gegangen sein würden gegangen sein würdet gegangen sein würden gegangen sein
Konjunktiv 2	Präteritum (auch Konjunktiv 2 der Gegenwart)	Konjunktiv Imperfekt oder Umschreibung mit würde + Infinitiv	wäre wärest wäre wären wäret wären	hätte hättest hätte hätten hättet hätten	würde würdest würde würden würdet würden	könnte könntest könnte könnten könntet könnten	wollte/würde wollen wolltest/würdest wollen wollte/würde wollen wollten/würden wollen wolltet/würdet wollen wollten/würden wollen	ginge/würde gehen gingest ginge gingen/würden gehen ginget gingen/würden gehen
	Plusquamperfekt (auch Konjunktiv 2 der Vergangenheit)	wäre/hätte + Partizip Perfekt	wäre gewesen wärest gewesen wäre gewesen wären gewesen wäret gewesen wäre gewesen	hätte gehabt hättest gehabt hätte gehabt hätten gehabt hättet gehabt hätten gehabt	wäre geworden wärest geworden wäre geworden wären geworden wäret geworden wären geworden	hätte gekonnt hättest gekonnt hätte gekonnt hätten gekonnt hättet gekonnt hätten gekonnt	hätte gewollt hättest gewollt hätte gewollt hätten gewollt hättet gewollt hätten gewollt	wäre gegangen wärest gegangen wäre gegangen wären gegangen wäret gegangen wären gegangen

Tabellen

Der deutsche Konjunktiv Passiv (am Beispiel einiger repräsentativer Verben)

Modus	Tempus	Bildung	sein	haben	werden	können	wollen	machen	gehen
Konjunktiv 1	Präsens	Konjunktiv Präsens von werden oder Ersatzform + Partizip Perfekt	- (intransitiv)	würde gehabt werdest gehabt werde gehabt würden gehabt würdet gehabt würden gehabt	- (intransitiv)	- (intransitiv)	würde gewollt werdest gewollt werde gewollt würden gewollt würdet gewollt würden gewollt	würde gemacht werdest gemacht werde gemacht würden gemacht würdet gemacht würden gemacht	- (intransitiv)
	Futur 1	Konjunktiv Präsens von werden oder Ersatzform + Partizip Perfekt + Infinitiv	-	würde gehabt werden werdest gehabt werden werde gehabt werden würden gehabt werden würdet gehabt werden würden gehabt werden	-	-	würde gewollt werden werdest gewollt werden werde gewollt werden würden gewollt werden würdet gewollt werden würden gewollt werden	würde gemacht werden werdest gemacht werden werde gemacht werden würden gemacht weerden würdet gemacht werden würden gemacht werden	-
	Perfekt	Konjunktiv Präsens von sein/haben + Partizip Perfekt + worden	-	sei gehabt worden seiest gehabt worden sei gehabt worden seien gehabt worden seiet gehabt worden seien gehabt worden	-	-	sei gewollt worden seiest gewollt worden sei gewollt worden seien gewollt worden seiet gewollt worden seien gewollt worden	sei gemacht worden seiest gemacht worden sei gemacht worden seien gemacht worden seiet gemacht worden seien gemacht worden	-
	Futur 2	Konjunktiv Präsens von werden oder Ersatzform + Partizip Perfekt + worden sein	-	würde gehabt worden sein werdest gehabt worden sein werde gehabt worden sein würden gehabt worden sein würdet gehabt worden sein würden gehabt worden sein	-	-	würde gewollt worden sein werdest gewollt worden sein werde gewollt worden sein würden gewollt worden sein würdet gewollt worden sein würden gewollt worden sein	würde gemacht worden sein werdest gemacht worden sein werde gemacht worden sein würden gemacht worden sein würdet gemacht worden sein würden gemacht worden sein	-
Konjunktiv 2	Präteritum	Konjunktiv Präteritum von werden + Partizip Perfekt	-	würde gehabt würdest gehabt würde gehabt würden gehabt würdet gehabt würden gehabt	-	-	würde gewollt würdest gewollt würde gewollt würden gewollt würdet gewollt würden gewollt	würde gemacht würdest gemacht würde gemacht würden gemacht würdet gemacht würden gemacht	-
	Plusquamperfekt	Konjunktiv Präteritum von sein/haben + Partizip Perfekt + worden	-	wäre gehabt worden wärest gehabt worden wäre gehabt worden wären gehabt worden wäret gehabt worden wären gehabt worden	-	-	wäre gewollt worden wärest gewollt worden wäre gewollt worden wären gewollt worden wäret gewollt worden wären gewollt worden	wäre gemacht worden wärest gemacht worden wäre gemacht worden wären gemacht worden wäret gemacht worden wären gemacht worden	-

Tabellen

Der lateinische Indikativ Aktiv

Stammsystem	Tempus	a-Konjugation	e-Konjugation	langvokalische i-Konjugation	kurzvokalische i-Konjugation	konsonantische Konjugation
Präsensstammsystem	Präsensstamm	servā-	vidē-	audī-	capi-	ag-
	Infinitiv Präsens	serva-re – bewahren	vide-re – sehen	audī-re – hören	cape-re – nehmen (aus *capi-re)	ag-e-re – handeln
	Präsens	serv-o (aus *serva-o) serva-s serva-t serva-mus serva-tis serva-nt	vide-o vide-s vide-t vide-mus vide-tis vide-nt	audi-o audi-s audi-t audi-mus audi-tis audi-u-nt	capi-o capi-s capi-t capi-mus capi-tis capi-u-nt	ag-o ag-i-s ag-i-t ag-i-mus ag-i-tis ag-u-nt
	Imperfekt	serva-ba-m serva-ba-s serva-ba-t serva-ba-mus serva-ba-tis serva-ba-nt	vide-ba-m vide-ba-s vide-ba-t vide-ba-mus vide-ba-tis vide-ba-nt	audi-e-ba-m audi-e-ba-s audi-e-ba-t audi-e-ba-mus audi-e-ba-tis audi-e-ba-nt	capi-e-ba-m capi-e-ba-s capi-e-ba-t capi-e-ba-mus capi-e-ba-tis capi-e-ba-nt	ag-e-ba-m ag-e-ba-s ag-e-ba-t ag-e-ba-mus ag-e-ba-tis ag-e-ba-nt
	Futur 1	serva-b-o serva-b-i-s serva-b-i-t serva-b-i-mus serva-b-i-tis serva-b-u-nt	vide-b-o vide-b-i-s vide-b-i-t vide-b-i-mus vide-b-i-tis vide-b-u-nt	audi-a-m audi-e-s audi-e-t audi-e-mus audi-e-tis audi-e-nt	capi-a-m capi-e-s capi-e-t capi-e-mus capi-e-tis capi-e-nt	ag-a-m ag-e-s ag-e-t ag-e-mus ag-e-tis ag-e-nt
Perfektstammsystem	Perfektstamm	servav-	vid-	audiv-	cep-	eg-
	Infinitiv Perfekt	servav-isse	vid-isse	audiv-isse	cep-isse	eg-isse
	Perfekt	servav-i servav-isti servav-it servav-imus servav-istis servav-erunt	vid-i vid-isti vid-it vid-imus vid-istis vid-erunt	audiv-i audiv-isti audiv-it audiv-imus audiv-istis audiv-erunt	cep-i cep-isti cep-it cep-imus cep-istis cep-erunt	eg-i eg-isti eg-it eg-imus eg-istis eg-erunt
	Plusquamperfekt	servav-era-m servav-era-s servav-era-t servav-era-mus servav-era-tis servav-era-nt	vid-era-m vid-era-s vid-era-t vid-era-mus vid-era-tis vid-era-nt	audiv-era-m audiv-era-s audiv-era-t audiv-era-mus audiv-era-tis audiv-era-nt	cep-era-m cep-era-s cep-era-t cep-era-mus cep-era-tis cep-era-nt	eg-era-m eg-era-s eg-era-t eg-era-mus eg-era-tis eg-era-nt
	Futur 2	servav-er-o servav-er-i-s servav-er-i-t servav-er-i-mus servav-er-i-tis servav-er-i-nt	vid-er-o vid-er-i-s vid-er-i-t vid-er-i-mus vid-er-i-tis vid-er-i-nt	audiv-er-o audiv-er-i-s audiv-er-i-t audiv-er-i-mus audiv-er-i-tis audiv-er-i-nt	cep-er-o cep-er-i-s cep-er-i-t cep-er-i-mus cep-er-i-tis cep-er-i-nt	eg-er-o eg-er-i-s eg-er-i-t eg-er-i-mus eg-er-i-tis eg-er-i-nt

Tabellen

Der lateinische Indikativ Passiv

Stammsystem	Tempus	a-Konjugation	e-Konjugation	langvokalische i-Konjugation	kurzvokalische i-Konjugation	konsonantische Konjugation
Präsensstammsystem	Präsensstamm	servā-	vidē-	audī-	capi-	ag-
	Infinitiv Präsens	serva-r-ī	vide-r-ī	audi-r-ī	capī (aus *cap?-ī)	ag-ī
	Präsens	serv-o-r (aus *serva-o-r) serva-ris serva-tur serva-mur serva-mini serva-ntur	vide-o-r vide-ris vide-tur vide-mur vide-mini vide-ntur	audi-o-r audi-ris audi-tur audi-mur audi-mini audi-u-ntur	capi-o-r cape-ris (aus *capi-ris) capi-tur capi-mur capi-mini capi-u-ntur	ag-o-r ag-e-ris ag-i-tur ag-i-mur ag-i-mini ag-u-ntur
	Imperfekt	serva-ba-r serva-ba-ris serva-ba-tur serva-ba-mur serva-ba-mini serva-ba-ntur	vide-ba-r vide-ba-ris vide-ba-tur vide-ba-mur vide-ba-mini vide-ba-ntur	audi-e-ba-r audi-e-ba-ris audi-e-ba-tur audi-e-ba-mur audi-e-ba-mini audi-e-ba-ntur	capi-e-ba-r capi-e-ba-ris capi-e-ba-tur capi-e-ba-mur capi-e-ba-mini capi-e-ba-ntur	ag-e-ba-r ag-e-ba-ris ag-e-ba-tur ag-e-ba-mur ag-e-ba-mini ag-e-ba-ntur
	Futur 1	serva-b-o-r serva-b-e-ris serva-b-i-tur serva-b-i-mur serva-b-i-mini serva-b-u-ntur	vide-b-o-r vide-b-e-ris vide-b-i-tur vide-b-i-mur vide-b-i-mini vide-b-u-ntur	audi-a-r audi-e-ris audi-e-tur audi-e-mur audi-e-mini audi-e-ntur	capi-a-r capi-e-ris capi-e-tur capi-e-mur capi-e-mini capi-e-ntur	ag-a-r ag-e-ris ag-e-tur ag-e-mur ag-e-mini ag-e-ntur
Perfektstammsystem	PPP-Stamm	servat-	vis-	audit-	capt-	act-
	Infinitiv Perfekt	servatum esse	visum esse	auditum esse	captum esse	actum esse
	Perfekt	servatus (-a, -um) sum servatus (-a, -um) es servatus (-a, -um) est servati (-ae, -a) sumus servati (-ae, -a) estis servati (-ae, -a) sunt	visus (-a, -um) sum visus (-a, -um) es visus (-a, -um) est visi (-ae, -a) sumus visi (-ae, -a) estis visi (-ae, -a) sunt	auditus (-a, -um) sum auditus (-a, -um) es auditus (-a, -um) est auditi (-ae, -a) sumus auditi (-ae, -a) estis auditi (-ae, -a) sunt	captus (-a, -um) sum captus (-a, -um) es captus (-a, -um) est capti (-ae, -a) sumus capti (-ae, -a) estis capti (-ae, -a) sunt	actus (-a, -um) sum actus (-a, -um) es actus (-a, -um) est acti (-ae, -a) sumus acti (-ae, -a) estis acti (-ae, -a) sunt
	Plusquamperfekt	servatus (-a, -um) eram servatus (-a, -um) eras servatus (-a, -um) erat servati (-ae, -a) eramus servati (-ae, -a) eratis servati (-ae, -a) erant	visus (-a, -um) eram visus (-a, -um) eras visus (-a, -um) erat visi (-ae, -a) eramus visi (-ae, -a) eratis visi (-ae, -a) erant	auditus (-a, -um) eram auditus (-a, -um) eras auditus (-a, -um) erat auditi (-ae, -a) eramus auditi (-ae, -a) eratis auditi (-ae, -a) erant	captus (-a, -um) eram captus (-a, -um) eras captus (-a, -um) erat capti (-ae, -a) eramus capti (-ae, -a) eratis capti (-ae, -a) erant	actus (-a, -um) eram actus (-a, -um) eras actus (-a, -um) erat acti (-ae, -a) eramus acti (-ae, -a) eratis acti (-ae, -a) erant
	Futur 2	servatus (-a, -um) ero servatus (-a, -um) eris servatus (-a, -um) erit servati (-ae, -a) erimus servati (-ae, -a) eritis servati (-ae, -a) erunt	visus (-a, -um) ero visus (-a, -um) eris visus (-a, -um) erit visi (-ae, -a) erimus visi (-ae, -a) eritis visi (-ae, -a) erunt	auditus (-a, -um) ero auditus (-a, -um) eris auditus (-a, -um) erit auditi (-ae, -a) erimus auditi (-ae, -a) eritis auditi (-ae, -a) erunt	captus (-a, -um) ero captus (-a, -um) eris captus (-a, -um) erit capti (-ae, -a) erimus capī (-ae, -a) eritis capti (-ae, -a) erunt	actus (-a, -um) ero actus (-a, -um) eris actus (-a, -um) erit acti (-ae, -a) erimus acti (-ae, -a) eritis acti (-ae, -a) erunt

Tabellen

Der lateinische Konjunktiv Aktiv

Stammsystem	Tempus	a-Konjugation	e-Konjugation	langvokalische i-Konjugation	kurzvokalische i-Konjugation	konsonantische Konjugation
Präsensstammsystem	Präsensstamm	servā-	vidē-	audī-	capi-	ag-
	Präsens	serve-m (aus *serva-e-m usw.) serve-s serve-t serve-mus serve-tis serve-nt	vide-a-m vide-a-s vide-a-t vide-a-mus vide-a-tis vide-a-nt	audi-a-m audi-a-s audi-a-t audi-a-mus audi-a-tis audi-a-nt	capi-a-m capi-a-s capi-a-t capi-a-mus capi-a-tis capi-a-nt	ag-a-m ag-a-s ag-a-t ag-a-mus ag-a-tis ag-a-nt
	Imperfekt	serva-re-m serva-re-s serva-re-t serva-re-mus serva-re-tis serva-re-nt	vide-re-m vide-re-s vide-re-t vide-re-mus vide-re-tis vide-re-nt	audi-re-m audi-re-s audi-re-t audi-re-mus audi-re-tis audi-re-nt	cape-re-m (aus *capi-re-m usw.) cape-re-s cape-re-t cape-re-mus cape-re-tis cape-re-nt	ag-e-re-m ag-e-re-s ag-e-re-t ag-e-re-mus ag-e-re-tis ag-e-re-nt
Perfektstammsystem	Perfektstamm	servav-	vīd-	audiv-	cēp-	ēg-
	Perfekt	servav-eri-m servav-eri-s servav-eri-t servav-eri-mus servav-eri-tis servav-eri-nt	vid-eri-m vid-eri-s vid-eri-t vid-eri-mus vid-eri-tis vid-eri-nt	audiv-eri-m audiv-eri-s audiv-eri-t audiv-eri-mus audiv-eri-tis audiv-eri-nt	cep-eri-m cep-eri-s cep-eri-t cep-eri-mus cep-eri-tis cep-eri-nt	eg-eri-m eg-eri-s eg-eri-t eg-eri-mus eg-eri-tis eg-eri-nt
	Plusquamperfekt	servav-isse-m servav-isse-s servav-isse-t servav-isse-mus servav-isse-tis servav-isse-nt	vid-isse-m vid-isse-s vid-isse-t vid-isse-mus vid-isse-tis vid-isse-nt	audiv-isse-m audiv-isse-s audiv-isse-t audiv-isse-mus audiv-isse-tis audiv-isse-nt	cep-isse-m cep-isse-s cep-isse-t cep-isse-mus cep-isse-tis cep-isse-nt	eg-isse-m eg-isse-s eg-isse-t eg-isse-mus eg-isse-tis eg-isse-nt

Lernhilfen und Verwechslungsgefahren:

- Das Moduszeichen für den Konjunktiv Präsens ist -a-. Nur bei der a-Konjugation ist es logischerweise nicht einsetzbar; hier tritt ein -e- ein.
- Die 1. Person Singular Konjunktiv Präsens Aktiv ist in lang-i-, kurz-i-, und konsonantischer Konjugation (Merkspruch: lang-i, kurz-i, kons) gleich der 1. Person Singular Indikativ Futur 1 Aktiv des a-/e-Futurs!
- Das Moduszeichen des Konjunktivs Imperfekt und Plusquamperfekt Aktiv und Passiv ist gleich der Endung des Infinitivs Präsens und Perfekt Aktiv (also -re und -isse). Der Konjunktiv beider Zeiten wird also kurz gesagt gebildet aus der Formel Infinitiv + Personalendung.
- Die Formen (nicht die Bildung!) des Konjunktivs Perfekt Aktiv sind bis auf die 1. Person Singular identisch mit denen des Futur 2 Aktiv. Einzige Ausnahme also: servav-er-o gegenüber servav-eri-m. Die 3. Plural Indikativ Futur 2 Aktiv auf -er-i-nt enthält einen unregelmäßigen Bindevokal (i statt u vor n) zur Unterscheidung von der 3. Person Plural Indikativ Perfekt Aktiv, die wesentlich häufiger vorkommt.

Tabellen

Der lateinische Konjunktiv Passiv

Stammsystem	Tempus	a-Konjugation	e-Konjugation	langvokalische i-Konjugation	kurzvokalische i-Konjugation	konsonantische Konjugation
Präsensstammsystem	Präsensstamm	servā-	vidē-	audī-	capi-	ag-
	Präsens	serve-r (aus *serva-e-r usw.) serve-ris serve-tur serve-mur serve-mini serve-ntur	vide-a-r vide-a-ris vide-a-tur vide-a-mur vide-a-mini vide-a-ntur	audi-a-r audi-a-ris audi-a-tur audi-a-mur audi-a-mini audi-a-ntur	capi-a-r capi-a-ris capi-a-tur capi-a-mur capi-a-mini capi-a-ntur	ag-a-r ag-a-ris ag-a-tur ag-a-mur ag-a-mini ag-a-ntur
	Imperfekt	serva-re-r serva-re-ris serva-re-tur serva-re-mur serva-re-mini serva-re-ntur	vide-re-r vide-re-ris vide-re-tur vide-re-mur vide-re-mini vide-re-ntur	audi-re-r audi-re-ris audi-re-tur audi-re-mur audi-re-mini audi-re-ntur	cape-re-r (aus *capi-re-r usw.) cape-re-ris cape-re-tur cape-re-mur cape-re-mini cape-re-ntur	ag-e-re-r ag-e-re-ris ag-e-re-tur ag-e-re-mur ag-e-re-mini ag-e-re-ntur
Perfektstammsystem	Perfektstamm	servat-	vis-	audit-	capt-	act-
	Perfekt	servatus (-a, -um) sim servatus (-a, -um) sis servatus (-a, -um) sit servati (-ae, -a) simus servati (-ae, -a) sitis servati (-ae, -a) sint	visus (-a, -um) sim visus (-a, -um) sis visus (-a, -um) sit visi (-ae, -a) simus visi (-ae, -a) sitis visi (-ae, -a) sint	auditus (-a, -um) sim auditus (-a, -um) sis auditus (-a, -um) sit auditi (-ae, -a) simus auditi (-ae, -a) sitis auditi (-ae, -a) sint	captus (-a, -um) sim captus (-a, -um) sis captus (-a, -um) sit capti (-ae, -a) simus capti (-ae, -a) sitis capti (-ae, -a) sint	actus (-a, -um) sim actus (-a, -um) sis actus (-a, -um) sit acti (-ae, -a) simus acti (-ae, -a) sitis acti (-ae, -a) sint
	Plusquamperfekt	servatus (-a, -um) essem servatus (-a, -um) esses servatus (-a, -um) esset servati (-ae, -a) essemus servati (-ae, -a) essetis servati (-ae, -a) essent	visus (-a, -um) visus (-a, -um) esses visus (-a, -um) esset visi (-ae, -a) essemus visi (-ae, -a) essetis visi (-ae, -a) essent	auditus (-a, -um) auditus (-a, -um) esses auditus (-a, -um) esset auditi (-ae, -a) essemus auditi (-ae, -a) essetis auditi (-ae, -a) essent	captus (-a, -um) captus (-a, -um) esses captus (-a, -um) esset capti (-ae, -a) essemus capti (-ae, -a) essetis capti (-ae, -a) essent	actus (-a, -um) actus (-a, -um) esses actus (-a, -um) esset acti (-ae, -a) essemus acti (-ae, -a) essetis acti (-ae, -a) essent

Der lateinische Imperativ Aktiv

Tempus	a-Konjugation	e-Konjugation	langvokalische i-Konjugation	kurzvokalische i-Konjugation	konsonantische Konjugation
Präsensstamm	servā-	vidē-	audī-	capi-	ag-
Präsens (Imperativ 1)	– serva – serva-te –	– vide – vide-te –	– audi – audi-te –	– cape (aus *capi) – capi-te –	– ag-e – ag-i-te –
Futur (Imperativ 2)	– serva-to serva-to – serva-tote serva-nto	– vide-to vide-to – vide-tote vide-nto	– audi-to audi-to – audi-tote audi-u-nto	– capi-to capi-to – capi-tote capi-u-nto	– ag-i-to ag-i-to – ag-i-tote ag-u-nto

Tabellen

Der lateinische Imperativ Passiv

Tempus	a-Konjugation	e-Konjugation	langvokalische i-Konjugation	kurzvokalische i-Konjugation	konsonantische Konjugation
Präsensstamm	servā-	vidē-	audī-	capi-	ag-
Präsens (Imperativ 1)	– serva-re – – serva-mini –	– vide-re – – vide-mini –	– audi-re – – audi-mini –	– cape-re – – capi-mini –	– ag-e-re – – ag-i-mini –

Besonderheiten beim Imperativ

- In der 2. Singular Imperativ Präsens Aktiv der kurz-i-Konjugation lautet der Stammauslaut i regelmäßig zu e ab. So wird aus *capi die Form cape. Einzig das Verb facere hat in der 2. Sg. Imperativ Präsens Aktiv kein solches auslautendes -e, sondern einen verkürzten Stamm: fac. e tritt als eine Art Sprechvokal auch an die Stämme der konsonantischen Konjugation (ag-e). Ausnahmen bilden die Verben dicere, ducere und ferre, in denen wie auch in a-, e- und lang-i-Konjugation der bloße Stamm als Imperativ dient (dic, duc, fer).
- Die Formen des Imperativs Futur Aktiv sind selten. Zwischen Imperativ Präsens und Futur besteht in der deutschen Übersetzung zudem kein wirklicher Unterschied. Beide können immer mit dem deutschen Indikativ von sollen + Infinitiv umschrieben werden. Merke besonders folgende Imperative von ire und esse: i, geh; ite, geht; ito, er soll gehen; itote, ihr sollt gehen; eunto, sie sollen gehen; es, sei; este, seid; esto, er soll sein; estote, ihr sollt sein; sunto, sie sollen sein.
- Die Imperative des Präsens Passiv kommen im Latinum extrem selten vor (die des hier nicht aufgeführten Futur Passiv gar nicht) und dann vor allem bei Deponentien. Dort haben sie natürlich aktive Bedeutung: loquere – sag, patere – lasse zu.
- noli mit Infinitiv (wörtlich «wolle nicht etw. tun») drückt ein höfliches Verbot aus. Bsp.: Noli turbare circulos meos. Wolle nicht meine Kreise stören. Störe (bitte) meine Kreise nicht. Noli me tangere. Wolle mich nicht berühren. Berühre mich (bitte) nicht.

Tabellen

Indikativ der Verben mit Stammwechsel («unregelmäßige» Verben)

Stamm-system	Tempus	esse, sein	posse, können	ire, gehen	ferre, tragen	velle, wollen	nolle, nicht wollen	malle, lieber wollen	tollere, anheben, wegnehmen	fieri, werden, geschehen
Präsens-stammsystem	Präsens-stamm	es-/s-	pos-/pot-	e-/i- (aus *ei, vgl. eilen)	fer-	vel-/vi-/vol-/vul- (vgl. wollen, will)	nol-	ma-/mal-	toll-	fi-
	Infinitiv Präsens	es-se	pos-se	i-re	fer-re	vel-le	nol-le	mal-le	toll-e-re	fi-e-r-i
	Präsens	s-u-m e-s es-t s-u-mus es-tis s-u-nt	pos-s-u-m pot-e-s pot-es-t pos-s-u-mus pot-es-tis pos-s-u-nt	e-o i-s i-t i-mus i-tis e-u-nt	fer-o fer-s fer-t fer-i-mus fer-tis fer-u-nt	vol-o vi-s vul-t vol-u-mus vul-tis vol-u-nt	nol-o non vis non vult nol-u-mus non vul-tis nol-u-nt	mal-o ma-vi-s ma-vul-t mal-u-mus ma-vul-tis mal-u-nt	toll-o toll-i-s toll-i-t toll-i-mus toll-i-tis toll-u-nt	fi-o fi-s fi-t fi-mus fi-tis fi-u-nt
	Imperfekt	era-m era-s era-t era-mus era-tis era-nt	pot-era-m pot-era-s pot-era-t pot-era-mus pot-era-tis pot-era-nt	i-ba-m i-ba-s i-ba-t i-ba-mus i-ba-tis i-ba-nt	fer-e-ba-m fer-e-ba-s fer-e-ba-t fer-e-ba-mus fer-e-ba-tis fer-e-ba-nt	vol-e-ba-m vol-e-ba-s vol-e-ba-t vol-e-ba-mus vol-e-ba-tis vol-e-ba-nt	nol-e-ba-m nol-e-ba-s nol-e-ba-t nol-e-ba-mus nol-e-ba-tis nol-e-ba-nt	mal-e-ba-m mal-e-ba-s mal-e-ba-t mal-e-ba-mus mal-e-ba-tis mal-e-ba-nt	toll-e-ba-m toll-e-ba-s toll-e-ba-t toll-e-ba-mus toll-e-ba-tis toll-e-ba-nt	fi-e-ba-m fi-e-ba-s fi-e-ba-t fi-e-ba-mus fi-e-ba-tis fi-e-ba-nt
	Futur 1	er-o er-i-s er-i-t er-i-mus er-i-tis er-u-nt	pot-er-o pot-er-i-s pot-er-i-t pot-er-i-mus pot-er-i-tis pot-er-u-nt	i-b-o i-b-i-s i-b-i-t i-b-i-mus i-b-i-tis i-b-u-nt	fer-a-m fer-e-s fer-e-t fer-e-mus fer-e-tis fer-e-nt	vol-a-m vol-e-s vol-e-t vol-e-mus vol-e-tis vol-e-nt	nol-a-m nol-e-s nol-e-t nol-e-mus nol-e-tis nol-e-nt	mal-a-m mal-e-s mal-e-t mal-e-mus mal-e-tis mal-e-nt	toll-a-m toll-e-s toll-e-t toll-e-mus toll-e-tis toll-e-nt	fi-a-m fi-e-s fi-e-t fi-e-mus fi-e-tis fi-e-nt
Perfekt-stammsystem	Perfekt-stamm	fu-	potu-	i-	tul- (vgl. dulden)	volu-	nolu-	malu-	sustul-	regelmäßige Bildung nach dem Perfekt-Passiv-Stammsystem von facere
	Infinitiv Perfekt	fu-isse	potu-isse	i-sse (aus *i-isse)	tul-isse	volu-isse	nolu-isse	malu-isse	sustul-isse	
	Perfekt	fu-i fu-isti fu-it fu-imus fu-istis fu-erunt	potu-i potu-isti potu-it potu-imus potu-istis potu-erunt	i-i i-sti (aus *i-isti) i-it i-imus i-istis i-stis (aus *i-istis) i-erunt	tul-i tul-isti tul-it tul-imus tul-istis tul-erunt	volu-i volu-isti volu-it volu-imus volu-istis volu-erunt	nolu-i nolu-isti nolu-it nolu-imus nolu-istis nolu-erunt	malu-i malu-isti malu-it malu-imus malu-istis malu-erunt	sustul-i sustul-isti sustul-it sustul-imus sustul-istis sustul-erunt	
	Plusquam-perfekt	fu-era-m fu-era-s fu-era-t fu-era-mus fu-era-tis fu-era-nt	potu-era-m potu-era-s potu-era-t potu-era-mus potu-era-tis potu-era-nt	i-era-m i-era-s i-era-t i-era-mus i-era-tis i-era-nt	tul-era-m tul-era-s tul-era-t tul-era-mus tul-era-tis tul-era-nt	volu-era-m volu-era-s volu-era-t volu-era-mus volu-era-tis volu-era-nt	nolu-era-m nolu-era-s nolu-era-t nolu-era-mus nolu-era-tis nolu-era-nt	malu-era-m malu-era-s malu-era-t malu-era-mus malu-era-tis malu-era-nt	sustul-era-m sustul-era-s sustul-era-t sustul-era-mus sustul-era-tis sustul-era-nt	
	Futur 2	fu-er-o fu-er-i-s fu-er-i-t fu-er-i-mus fu-er-i-tis fu-er-i-nt	potu-er-o potu-er-i-s potu-er-i-t potu-er-i-mus potu-er-i-tis potu-er-i-nt	i-er-o i-er-i-s i-er-i-t i-er-i-mus i-er-i-tis i-er-i-nt	tul-er-o tul-er-i-s tul-er-i-t tul-er-i-mus tul-er-i-tis tul-er-i-nt	volu-er-o volu-er-i-s volu-er-i-t volu-er-i-mus volu-er-i-tis volu-er-i-nt	nolu-er-o nolu-er-i-s nolu-er-i-t nolu-er-i-mus nolu-er-i-tis nolu-er-i-nt	malu-er-o malu-er-i-s malu-er-i-t malu-er-i-mus malu-er-i-tis malu-er-i-nt	sustul-er-o sustul-er-i-s sustul-er-i-t sustul-er-i-mus sustul-er-i-tis sustul-er-i-nt	

Tabellen

Konjunktiv der Verben mit Stammwechsel («unregelmäßige» Verben)

Stamm-system	Tempus	esse, sein	posse, können	ire, gehen	ferre, tragen	velle, wollen	nolle, nicht wollen	malle, lieber wollen	tollere, anheben, wegnehmen	fieri, werden, geschehen
Präsens-stamm-system	Präsens-stamm	es-/s-	pos-	e-/i-	fer-	vel-	nol-	mal-	toll-	fi-
	Präsens	s-i-m s-i-s s-i-t s-i-mus s-i-tis s-i-nt	pos-s-i-m pos-s-i-s pos-s-i-t pos-s-i-mus pos-s-i-tis pos-s-i-nt	e-a-m e-a-s e-a-t e-a-mus e-a-tis e-a-nt	fer-a-m fer-a-s fer-a-t fer-a-mus fer-a-tis fer-a-nt	vel-i-m vel-i-s vel-i-t vel-i-mus vel-i-tis vel-i-nt	nol-i-m nol-i-s nol-i-t nol-i-mus nol-i-tis nol-i-nt	mal-i-m mal-i-s mal-i-t mal-i-mus mal-i-tis mal-i-nt	toll-a-m toll-a-s toll-a-t toll-a-mus toll-a-tis toll-a-nt	fi-a-m fi-a-s fi-a-t fi-a-mus fi-a-tis fi-a-nt
	Imperfekt	es-se-m es-se-s es-se-t es-se-mus es-se-tis es-se-nt	pos-se-m pos-se-s pos-se-t pos-se-mus pos-se-tis pos-se-nt	i-re-m i-re-s i-re-t i-re-mus i-re-tis i-re-nt	fer-re-m fer-re-s fer-re-t fer-re-mus fer-re-tis fer-re-nt	vel-le-m vel-le-s vel-le-t vel-le-mus vel-le-tis vel-le-nt	nol-le-m nol-le-s nol-le-t nol-le-mus nol-le-tis nol-le-nt	mal-le-m mal-le-s mal-le-t mal-le-mus mal-le-tis mal-le-nt	toll-e-re-m toll-e-re-s toll-e-re-t toll-e-re-mus toll-e-re-tis toll-e-re-nt	fi-e-re-m fi-e-re-s fi-e-re-t fi-e-re-mus fi-e-re-tis fi-e-re-nt
Perfekt-stamm-system	Perfekt-stamm	fu-	potu-	i-	tul-	volu-	nolu-	malu-	sustul-	regelmäßige Bildung nach dem Perfekt-Passiv-Stammsystem von facere
	Perfekt	fu-eri-m fu-eri-s fu-eri-t fu-eri-mus fu-eri-tis fu-eri-nt	potu-eri-m potu-eri-s potu-eri-t potu-eri-mus potu-eri-tis potu-eri-nt	i-eri-m i-eri-s i-eri-t i-eri-mus i-eri-tis i-eri-nt	tul-eri-m tul-eri-s tul-eri-t tul-eri-mus tul-eri-tis tul-eri-nt	volu-eri-m volu-eri-s volu-eri-t volu-eri-mus volu-eri-tis volu-eri-nt	nolu-eri-m nolu-eri-s nolu-eri-t nolu-eri-mus nolu-eri-tis nolu-eri-nt	malu-eri-m malu-eri-s malu-eri-t malu-eri-mus malu-eri-tis malu-eri-nt	sustul-eri-m sustul-eri-s sustul-eri-t sustul-eri-mus sustul-eri-tis sustul-eri-nt	
	Plusquam-perfekt	fu-isse-m fu-isse-s fu-isse-t fu-isse-mus fu-isse-tis fu-isse-nt	potu-isse-m potu-isse-s potu-isse-t potu-isse-mus potu-isse-tis potu-isse-nt	i-sse-m (aus i-isse-m usw.) i-sse-s i-sse-t i-sse-mus i-sse-tis i-sse-nt	tul-isse-m tul-isse-s tul-isse-t tul-isse-mus tul-isse-tis tul-isse-nt	volu-isse-m volu-isse-s volu-isse-t volu-isse-mus volu-isse-tis volu-isse-nt	nolu-isse-m nolu-isse-s nolu-isse-t nolu-isse-mus nolu-isse-tis nolu-isse-nt	malu-isse-m malu-isse-s malu-isse-t malu-isse-mus malu-isse-tis malu-isse-nt	sustul-isse-m sustul-isse-s sustul-isse-t sustul-isse-mus sustul-isse-tis sustul-isse-nt	

Substantive mit unregelmäßiger Deklination

domus – Haus, feminin

Singular	Nominativ	domus	das Haus
	Genitiv	domūs	des Hauses / vom Haus
	Dativ	domui	dem Haus / für ein Haus
	Akkusativ	domum	das Haus und: nach Hause!
	Ablativ	domo	im Haus und: von zu Hause!
Plural	Nominativ	domūs	die Häuser
	Genitiv	domuum/domorum	der Häuser / von den Häusern
	Dativ	domibus	für die Häuser
	Akkusativ	domōs	die Häuser
	Ablativ	domibus	in den Häusern
Merke besonders:	Lokativ	domi	zu Hause

Tabellen

vir – Mann (außer Nominativ wie o-Deklination), maskulin

Singular	Nominativ	vir	der Mann
	Genitiv	viri	des Mannes / vom Mann
	Dativ	viro	dem Manne / für den Mann
	Akkusativ	virum	den Mann
	Ablativ	a/cum viro	von/mit dem Mann
Plural	Nominativ	viri	die Männer
	Genitiv	virorum	der Männer / von den Männern
	Dativ	viris	den Männern / für die Männer
	Akkusativ	viros	die Männer / für die Männer
	Ablativ	a/cum viris	von/mit den Männern

vis – Kraft, Gewalt, feminin

Singular	Nominativ	vis	die Kraft/Gewalt
	Genitiv	-	-
	Dativ	-	-
	Akkusativ	vim	die Kraft/Gewalt
	Ablativ	vi	durch Kraft / mit Gewalt
Plural	Nominativ	vires	die Kräfte
	Genitiv	virium	der Kräfte / von den Kräften
	Dativ	viribus	für die Kräfte
	Akkusativ	vires	die Kräfte
	Ablativ	viribus	mit Kräften

nur für Caesar und Sallust: iter – Weg, Marschroute, neutral

Singular	Nominativ	iter	der Weg
	Genitiv	itineris	des Weges / vom Wege
	Dativ	itineri	dem Wege / für den Weg
	Akkusativ	iter	den Weg
	Ablativ	itinere	auf dem Weg
Plural	Nominativ	itinera	die Wege
	Genitiv	itinerum	der Wege / von den Wegen
	Dativ	itineribus	den Wegen / für die Wege
	Akkusativ	itinera	die Wege
	Ablativ	itineribus	auf den Wegen

nur für Caesar und Sallust: turris – Belagerungsturm, feminin

Singular	Nominativ	turris	der Belagerungsturm
	Genitiv	turris	des Belagerungsturmes / vom Belagerungsturm
	Dativ	turrī	dem Belagerungsturm / für den Belagerungsturm
	Akkusativ	turrim	den Belagerungsturm
	Ablativ	turrī	im Belagerungsturm / mit dem Belagerungsturm
Plural	Nominativ	turrīs	die Belagerungstürme
	Genitiv	turrium	der Belagerungstürme / von den Belagerungstürmen
	Dativ	turribus	den Belagerungstürmen / für die Belagerungstürme
	Akkusativ	turrīs	die Belagerungstürme
	Ablativ	turribus	in den Belagerungstürmen / durch die Belagerungstürme

Tabellen

nur für Caesar: cornu – Heeresflügel, Signalhorn, neutral

Singular	Nominativ	cornu	das Signalhorn / der Heeresflügel
	Genitiv	cornūs	des Signalhorns/Heeresflügels / vom Signalhorn/Heeresflügel
	Dativ	cornui	dem Signalhorn / dem Heeresflügel / für das Signalhorn / den Heeresflügel
	Akkusativ	cornu	das Signalhorn / den Heeresflügel
	Ablativ	cornū	mit dem Signalhorn / auf dem Heeresflügel
Plural	Nominativ	cornua	die Signalhörner/Heeresflügel
	Genitiv	cornuum	der Signalhörner/Heeresflügel / von den Signalhörnern/Heeresflügeln
	Dativ	cornibus	den Signalhörnern/Heeresflügeln / für die Signalhörner/Heeresflügel
	Akkusativ	cornua	die Signalhörner/Heeresflügel
	Ablativ	cornibus	mit den Signalhörnern / auf den Heeresflügeln

Personalpronomen

Numerus	Kasus	1. Person	2. Person	3. Person nicht reflexiv[1]			3. Person reflexiv[2]
				♂	♀	n	♂/♀
Singular	Nominativ	ego / ich	tu / du	is / dieser	ea / diese	id / dieses	- / -
	Genitiv	mei / von mir	tui / von dir	eius / von diesem	eius / von dieser	eius / von diesem	sui / von ihm, von ihr, von sich
	Dativ	mihi / mir	tibi / dir	ei / diesem	ei / dieser	ei / diesem	sibi / ihm, ihr, sich
	Akkusativ	me / mich	te / dich	eum / diesen	eam / diese	id / dieses	se / ihn, sie, sich
	Ablativ[3]	a me/ mecum / von/mit mir	a te/ tecum / von/mit dir	(ab/cum) eo / (von/mit) diesem	(ab/cum) eā / (von/mit) dieser	eo / durch dieses	a se/secum / von/mit ihm / von/mit ihr / von/mit sich
Plural	Nominativ	nōs / wir	vōs / ihr	ii/ei[4] / diese	eae / diese	ea / diese	- / -
	Genitiv	nostri / von uns	vestri / von euch	eōrum / von diesen	eārum / von diesen	eōrum / von diesen	sui / von ihnen / von sich
	Dativ	nōbis / uns	vōbis / euch	iis/eis[4] / diesen	iis/eis / diesen	iis/eis / diesen	sibi / ihnen / sich
	Akkusativ	nōs / uns	vōs / euch	eōs / diese	eās / diese	ea / diese	se / sie / sich
	Ablativ	a nōbis/ nōbiscum / von/mit uns	a vōbis/ vōbiscum / von/mit euch	(ab/cum) eis/iis[4] / (von/mit) diesen	(ab/cum) eis/iis / (von/ mit) diesen	eis/iis / von/mit diesen	a se/secum / von/mit ihnen / von/mit sich

Regeln zu den Personalpronomen

[1] Korrekterweise müsste man *is, ea, id* als Personalpronomen mit *er, sie, es* wiedergeben und alle anderen Formen entsprechend. *Dieser, diese, dieses* sind eigentlich keine Personalpronomen, sondern Demonstrativpronomen, gehören aber zu den Nebenbedeutungen von *is, ea, id*. Da die Unterscheidung erfahrungsgemäß Schwierigkeiten macht und die meisten sie konsequent falsch machen, lernen wir stur: *is, ea, id* = *dieser, diese, dieses*! Und zwar immer! *Dieser, diese, dieses* passt immer und damit liegt man immer einigermaßen richtig!

[2] Zu den reflexiven Formen: *reflexus* heißt *zurückgebeugt*. Reflexive Formen sind rückbezügliche Objekte, Attribute oder präpositionale Ausdrücke auf die handelnde oder sprechende Person selbst. Sie gelten nur für Maskulinum und Femininum. Ein Neutrum der reflexiven Formen gibt es nicht. Oft liegt man richtig, wenn man auch reflexive Formen als nicht reflexiv übersetzt.

[3] Bei allen Ablativen der Personalpronomen gilt die Regel: **Ablativ der Person – nie ohne Präposition!** Keines der Personalpronomina kommt im Ablativ ohne *a* oder *cum* (oder *de*) vor.

[4] Beide Formen kommen vor. Sallust bevorzugt den ei-Stamm.

Tabellen

Demonstrativpronomen

Numerus	Kasus	1. Person: hic			2. Person: iste			3. Person: ille		
		♂	♀	n	♂	♀	n	♂	♀	n
Singular	Nominativ	hic dieser	haec diese	hoc dieses	iste dieser	ista diese	istud dieses	ille jener	illa jene	illud jenes
	Genitiv	huius von diesem	huius von dieser	huius von diesem	istius von diesem	istius von dieser	istius von diesem	illius von jenem	illius von jener	illius von jenem
	Dativ	huic diesem	huic dieser	huic diesem	isti diesem	isti dieser	isti diesem	illi jenem	illi jener	illi jenem
	Akkusativ	hunc diesen	hanc diese	hoc dieses	istum diesen	istam diese	istud dieses	illum jenen	illam jene	illud jenes
	Ablativ	hōc durch diesen	hāc durch diese	hōc durch dieses	isto durch diesen	istā durch diese	isto durch dieses	illo durch jenen	illā durch jene	illo durch jenes
Plural	Nominativ	hi diese	hae diese	haec diese	isti diese	istae diese	ista diese	illi jene	illae jene	illa jene
	Genitiv	hōrum von diesen	hārum von diesen	hōrum von diesen	istōrum von diesen	istārum von diesen	istōrum von diesen	illōrum von jenen	illārum von jenen	illōrum von jenen
	Dativ	his diesen	his diesen	his diesen	istis diesen	istis diesen	istis diesen	illis jenen	illis jenen	illis jenen
	Akkusativ	hōs diese	hās diese	haec diese	istōs diese	istās diese	ista diese	illōs jene	illās jene	illa jene
	Ablativ	his durch diese	his durch diese	his durch diese	istis durch diese	istis durch diese	istis durch diese	illis durch jene	illis durch jene	illis durch jene

Relativ- und Fragepronomen

Numerus	Kasus	♂	♀	n
Singular	Nominativ	qui oder quis welcher oder wer	quae oder quis welche oder wer	quod oder quid welches oder was
	Genitiv	cuius dessen, wessen, von welchem	cuius deren, von welcher	cuius dessen, von welchem
	Dativ	cui welchem, wem	cui welchem, wem	cui welchem, wem
	Akkusativ	quem welchen, wen	quam welche	quod oder quid welches oder was
	Ablativ	quo durch welchen	qua durch welche	quo durch welches
Plural	Nominativ	qui welche	quae welche	quae welche
	Genitiv	quorum deren, von welchen	quarum deren, von welchen	quorum deren, von welchen
	Dativ	quibus welchen	quibus welchen	quibus welchen
	Akkusativ	quos welche	quas welche	quae welche
	Ablativ	quibus durch welche	quibus durch welche	quibus durch welche

Tabellen

Zusammengesetzte Pronomen

Pronomen	Präfix/Suffix	Form	Übersetzung
qui	ali-	ali-qui[1]	irgendein
	-cumque	qui-cumque	welcher auch immer
	-dam	qui-dam	ein gewisser
	-vis	qui-vis	jeder
quis	ali-	ali-quis	irgendwer
	-quis	quis-quis	wer auch immer
	-quam	quis-quam	irgendwer
	-que	quis-que	jeder
	-piam	quispiam	irgendwer
quid	ali-	ali-quid	irgendwas
	-quid	quicquid (aus: quid-quid)	was auch immer
	-quam	quicquam (aus quid-quam)	irgendwas

[1] Nominativ Feminum Singular: aliqua, irgendeine

idem, eadem, idem

Numerus	Kasus	♂	♀	n
Singular	Nominativ	īdem derselbe	eadem dieselbe	idem dasselbe
	Genitiv	eiusdem desselben / von demselben	eiusdem derselben / von derselben	eiusdem desselben / von demselben
	Dativ	eidem demselben	eidem derselben	eidem demselben
	Akkusativ	eundem denselben	eandem dieselbe	idem dasselbe
	Ablativ	eodem durch denselben	eādem durch dieselbe	eodem durch denselben
Plural	Nominativ	iidem/eidem/īdem dieselben	eaedem dieselben	eadem dieselben
	Genitiv	eorundem derselben / von denselben	earundem derselben	eorundem derselben
	Dativ	eisdem/īsdem denselben	eisdem/īsdem denselben	eisdem/īsdem denselben
	Akkusativ	eōsdem dieselben	eāsdem dieselben	eadem dieselben
	Ablativ	eisdem/īsdem durch dieselben	eisdem/īsdem durch dieselben	eisdem/īsdem durch dieselben

ipse, ipsa, ipsum

Numerus	Kasus	♂	♀	n
Singular	Nominativ	ipse er selbst	ipsa sie selbst	ipsum es selbst
	Genitiv	ipsīus von ihm selbst	ipsīus von ihr selbst	ipsīus von ihm selbst
	Dativ	ipsi ihm selbst	ipsi ihr selbst	ipsi ihm selbst
	Akkusativ	ipsum ihn selbst	ipsam sie selbst	ipsum es selbst
	Ablativ	ipso durch ihn selbst	ipsā durch sie selbst	ipso durch es selbst
Plural	Nominativ	ipsi sie selbst	ipsae sie selbst	ipsa sie selbst
	Genitiv	ipsōrum von ihnen selbst	ipsārum von ihnen selbst	ipsōrum von ihnen selbst
	Dativ	ipsīs ihnen selbst	ipsīs ihnen selbst	ipsīs ihnen selbst
	Akkusativ	ipsōs sie selbst	ipsās sie selbst	ipsa sie selbst
	Ablativ	ipsīs durch sie selbst	ipsīs durch sie selbst	ipsīs durch sie selbst

Tabellen

Die Possessivpronomen im Singular

Numerus	Kasus	1. Person ♂	1. Person ♀	1. Person n	2. Person ♂	2. Person ♀	2. Person n	3. Person ♂	3. Person ♀	3. Person n
Singular	Nominativ	meus mein	mea meine	meum mein	tuus dein	tua deine	tuum dein	suus sein/ihr	sua seine/ihre	suum sein/ihr
	Genitiv	mei von meinem	meae von meiner	mei von meinem	tui von deinem	tuae von deiner	tui von deinem	sui von seinem/ihrem	suae von seiner/ihrer	sui von seinem/ihrem
	Dativ	meo meinem	meae meiner	meo meinem	tuo deinem	tuae deiner	tuo deinem	suo seinem/ihrem	suae seiner/ihrer	suo seinem/ihrem
	Akkusativ	meum mein	meam meine	meum mein	tuum dein	tuam deine	tuum dein	suum sein/ihr	suam seine/ihre	suum sein/ihr
	Ablativ	meo durch mein	meā durch meine	meo durch mein	tuo durch dein	tuā durch deine	tuo durch dein	suo durch sein/ihr	suā durch seine/ihre	suo durch sein/ihr
Plural	Nominativ	mei meine	meae meine	mea meine	tui deine	tuae deine	tua deine	sui seine/ihre	suae seine/ihre	sua seine/ihre
	Genitiv	meōrum von meinen	meārum von meinen	meōrum von meinen	tuōrum von deinen	tuārum von deinen	tuōrum von deinen	suōrum von seinen/ihren	suārum von seinen/ihren	suōrum von seinen/ihren
	Dativ	meīs meinen	meīs meinen	meīs meinen	tuīs deinen	tuīs deinen	tuīs deinen	suīs seinen/ihren	suīs seinen/ihren	suīs seinen/ihren
	Akkusativ	meōs meine	meās meine	mea meine	tuōs deine	tuās deine	tua deine	suōs seine/ihre	suās seine/ihre	sua seine/ihre
	Ablativ	meīs durch meine	meīs durch meine	meīs durch meine	tuīs durch deine	tuīs durch deine	tuīs durch deine	suīs durch seine/ihre	suīs durch seine/ihre	suīs durch seine/ihre

Die Possessivpronomen im Plural

Numerus	Kasus	1. Person ♂	1. Person ♀	1. Person n	2. Person ♂	2. Person ♀	2. Person n	3. Person ♂	3. Person ♀	3. Person n
Singular	Nominativ	noster unser	nostra unsere	nostrum unser	vester euer	vestra eure	vestrum euer	suus ihr	sua ihre	suum ihr
	Genitiv	nostri von uns	nostrae von uns	nostri von uns	vestri von euch	vestrae von euch	vestri von euch	sui ihres/von ihnen	suae ihrer/von ihnen	sui ihres/von ihnen
	Dativ	nostro unserem	nostrae unserer	nostro unserem	vestro eurem	vestrae eurer	vestro eurem	suo ihrem	suae ihrem	suo ihrem
	Akkusativ	nostrum unser	nostram unsere	nostrum unser	vestrum euer	vestram eure	vestrum euer	suum ihr	suam ihr	suum ihr
	Ablativ	nostro durch unser	nostrā durch unsere	nostro durch unser	vestro durch euer	vestrā durch eure	vestro durch euer	suo durch ihr	suā durch ihre	suo durch ihr
Plural	Nominativ	nostri unsere	nostrae unsere	nostra unsere	vestri eure	vestrae eure	vestra eure	sui ihre	suae ihre	sua ihre
	Genitiv	nostrōrum von uns	nostrārum von uns	nostrōrum von uns	vestrōrum von euch	vestrārum von euch	vestrōrum von euch	suōrum ihrer/von ihnen	suārum ihrer/von ihnen	suōrum ihrer/von ihnen
	Dativ	nostrīs unseren	nostrīs unseren	nostrīs unseren	vestrīs euren	vestrīs euren	vestrīs euren	suīs ihren	suīs ihren	suīs ihren
	Akkusativ	nostrōs unsere	nostrās unsere	nostra unsere	vestrōs eure	vestrās eure	vestra eure	suōs ihre	suās ihre	sua ihre
	Ablativ	nostrīs durch unsere	nostrīs durch unsere	nostrīs durch unsere	vestrīs durch eure	vestrīs durch eure	vestrīs durch eure	suīs durch ihre	suīs durch ihre	suīs durch ihre

Tabellen

Suffixe und Endungen des Komparativs

Numerus	Kasus	Suffix + Endung			Adjektiv-Stamm: clar(o)-		
		♂	♀	n	♂	♀	n
Singular	Nominativ	-ior	-ior	-ius	clarior der berühmtere	clarior die berühmtere	clarius das berühmtere
	Genitiv	-ior-is	-ior-is	-ior-is	clarioris des berühmteren	clarioris der berühmteren	clarioris des berühmteren
	Dativ	-ior-i	-ior-i	-ior-i	clariori dem berühmteren	clariori der berühmteren	clariori dem berühmteren
	Akkusativ	-ior-em	-ior-em	-ius	clariorem den berühmteren	clariorem die berühmtere	clarius das berühmtere
	Ablativ	-ior-e	-ior-e	-ior-e	clariore durch den berühmteren	clariore durch die berühmtere	clariore durch das berühmtere
Plural	Nominativ	-ior-es	-ior-es	-ior-a	clariores die berühmteren	clariores die berühmteren	clariores die berühmteren
	Genitiv	-ior-um	-ior-um	-ior-um	clariorum der berühmteren	clariorum der berühmteren	clariorum der berühmteren
	Dativ	-ior-ibus	-ior-ibus	-ior-ibus	clarioribus den berühmteren	clarioribus den berühmteren	clarioribus den berühmteren
	Akkusativ	-ior-es	-ior-es	-ior-a	clariores die berühmteren	clariores die berühmteren	clariores die berühmteren
	Ablativ	-ior-ibus	-ior-ibus	-ior-ibus	clarioribus durch die berühmteren	clarioribus durch die berühmteren	clarioribus durch die berühmteren

Suffixe und Endungen des Superlativs/Elativs

Numerus	Kasus	Suffix + Endung			Stamm: clar(o)-		
		♂	♀	n	♂	♀	n
Singular	Nominativ	-issim-us	-issim-a	-issim-um	clarissimus der berühmteste	clarissima die berühmteste	clarissimum das berühmteste
	Genitiv	-issim-i	-issim-ae	-issim-i	clarissimi des berühmtesten	clarissimae der berühmtesten	clarissimi des berühmtesten
	Dativ	-issim-o	-issim-ae	-issim-o	clarissimo dem berühmtesten	clarissimae der berühmtesten	clarissimo dem berühmtesten
	Akkusativ	-issim-um	-issim-am	-issim-um	clarissimum den berühmtesten	clarissimam die berühmteste	clarissimum das berühmteste
	Ablativ	-issim-o	-issim-a	-issim-o	clarissimo durch den berühmtesten	clarissima durch die berühmteste	clarissimo durch das berühmteste
Plural	Nominativ	-issim-i	-issim-ae	-issim-a	clarissimi die berühmtesten	clarissimae die berühmtesten	clarissima die berühmtesten
	Genitiv	-issim-orum	-issim-arum	-issim-orum	clarissimorum der berühmtesten	clarissimarum der berühmtesten	clarissimorum der berühmtesten
	Dativ	-issim-is	-issim-is	-issim-is	clarissimis den berühmtesten	clarissimis den berühmtesten	clarissimis den berühmtesten
	Akkusativ	-issim-os	-issim-as	-issim-a	clarissimos die berühmtesten	clarissimas die berühmtesten	clarissima die berühmtesten
	Ablativ	-issim-is	-issim-is	-issim-is	clarissimis durch die berühmtesten	clarissimis durch die berühmtesten	clarissimis durch die berühmtesten

Tabellen

maior und *maximus*

Numerus	Kasus	♂		♀		n	
		Komparativ	Elativ/Superlativ	Komparativ	Elativ/Superlativ	Komparativ	Elativ/Superlativ
Singular	Nominativ	maior der größere	maximus der größte	maior die größere	maxima die größte	maius das größere	maximum das größte
	Genitiv	maioris des größeren	maximi des größten	maioris der größeren	maximae der größten	maioris des größeren	maximi des größten
	Dativ	maiori dem größeren	maximo dem größten	maiori der größeren	maximae der größten	maiori dem größeren	maximo dem größten
	Akkusativ	maiorem den größeren	maximum den größten	maiorem die größere	maximam die größte	maius das größere	maximum das größte
	Ablativ	maiore durch den größeren	maximo durch den größten	maiore durch die größere	maxima durch die größte	maiore durch das größere	maximo durch das größte
Plural	Nominativ	maiores die größeren	maximi die größten	maiores die größeren	maximae die größten	maiora die größeren	maxima die größten
	Genitiv	maiorum der größeren	maximorum der größten	maiorum der größeren	maximarum der größten	maiorum der größeren	maximorum der größten
	Dativ	maioribus den größeren	maximis den größten	maioribus den größeren	maximis den größten	maioribus den größeren	maximis den größten
	Akkusativ	maiores die größeren	maximos die größten	maiores die größeren	maximas die größten	maiora die größeren	maxima die größten
	Ablativ	maioribus durch die größeren	maximis durch die größten	maioribus durch die größeren	maximis durch die größten	maioribus durch die größeren	maximis durch die größten

minor und *minimus*

Numerus	Kasus	♂		♀		n	
		Komparativ	Superlativ	Komparativ	Superlativ	Komparativ	Superlativ
Singular	Nominativ	minor der kleinere	minimus der kleinste	minor die kleinere	minima die kleinste	minus das kleinere	minimum das kleinste
	Genitiv	minoris des kleineren	minimi des kleinsten	minoris der kleineren	minimae der kleinsten	minoris des kleineren	minimi des kleinsten
	Dativ	minori dem kleineren	minimo dem kleinsten	minori der kleineren	minimae der kleinsten	minori der kleineren	minimo dem kleinsten
	Akkusativ	minorem den kleineren	minimum den kleinsten	minorem die kleinere	minimam die kleinste	minus das kleinere	minimum das kleinste
	Ablativ	minore durch den kleineren	minimo durch den kleinsten	minore durch die kleinere	minima durch die kleinste	minore durch das kleinere	minimo durch den kleinsten
Plural	Nominativ	minores die kleineren	minimi die kleinsten	minores die kleineren	minimae die kleinsten	minora die kleineren	minima die kleinsten
	Genitiv	minorum der kleineren	minimorum der kleinsten	minorum der kleineren	minimarum der kleinsten	minorum der kleineren	minimorum der kleinsten
	Dativ	minoribus den kleineren	minimis den kleinsten	minoribus den kleineren	minimis den kleinsten	minoribus den kleineren	minimis den kleinsten
	Akkusativ	minores die kleineren	minimos die kleinsten	minores die kleineren	minimas die kleinsten	minora die kleineren	minima die kleinsten
	Ablativ	minoribus durch die kleineren	minimis durch die kleinsten	minoribus durch die kleineren	minimis durch die kleinsten	minoribus durch die kleineren	minimis durch die kleinsten

Tabellen

melior und *optimus*

Numerus	Kasus	♂		♀		n	
		Komparativ	Elativ/Superlativ	Komparativ	Elativ/Superlativ	Komparativ	Elativ/Superlativ
Singular	Nominativ	melior der bessere	optimus der beste	melior die bessere	optima die beste	melius das bessere	optimum das beste
	Genitiv	melioris des besseren	optimi des besten	melioris der besseren	optimae der besten	melioris des besseren	optimi des besten
	Dativ	meliori dem besseren	optimo dem besten	meliori der besseren	optimae der besten	meliori dem besseren	optimo dem besten
	Akkusativ	meliorem den besseren	optimum den besten	meliorem die bessere	optimam die beste	melius das bessere	optimum das beste
	Ablativ	meliore durch den besseren	optimo durch den besten	meliore durch die bessere	optima durch die beste	meliore durch das bessere	optimo durch das beste
Plural	Nominativ	meliores die besseren	optimi die besten	meliores die besseren	optimae die besten	meliora die besseren	optima die besten
	Genitiv	meliorum der besseren	optimorum der besten	meliorum der besseren	optimarum der besten	meliorum der besseren	optimarum der besten
	Dativ	melioribus den besseren	optimis den besten	melioribus den besseren	optimis den besten	melioribus den besseren	optimis den besten
	Akkusativ	meliores die besseren	optimos die besten	meliores die besseren	optimas die besten	meliora die besseren	optima die besten
	Ablativ	melioribus durch die besseren	optimis durch die besten	melioribus durch die besseren	optimis durch die besten	melioribus durch die besseren	optimis durch die besten

peior und *pessimus*

Numerus	Kasus	♂		♀		n	
		Komparativ	Elativ/Superlativ	Komparativ	Elativ/Superlativ	Komparativ	Elativ/Superlativ
Singular	Nominativ	peior der schlechtere	pessimus der schlechtest	peior die schlechtere	pessima die schlechteste	peius das schlechtere	pessimum das schlechteste
	Genitiv	peioris des schlechteren	pessimi des schlechtesten	peioris der schlechteren	pessimae der schlechtesten	peioris des schlechteren	pessimi des schlechtesten
	Dativ	peiori dem schlechteren	pessimo dem schlechtesten	peiori der schlechteren	pessimae der schlechtesten	peiori dem schlechteren	pessimo dem schlechtesten
	Akkusativ	peiorem den schlechteren	pessimum den schlechtesten	peiorem die schlechtere	pessimam die schlechteste	peius das schlechtere	pessimum das schlechteste
	Ablativ	peiore durch den schlechteren	pessimo durch den schlechtesten	peiore durch die schlechtere	pessima durch die schlechteste	peiore durch das schlechtere	pessimo durch das schlechteste
Plural	Nominativ	peiores die schlechteren	pessimi die schlechtesten	peiores die schlechteren	pessimae die schlechtesten	peiora die schlechteren	pessima die schlechtesten
	Genitiv	peiorum der schlechteren	pessimorum der schlechtesten	peiorum der schlechteren	pessimarum der schlechtesten	peiorum der schlechteren	pessimorum der schlechtesten
	Dativ	peioribus den schlechteren	pessimis den schlechtesten	peioribus den schlechteren	pessimis den schlechtesten	peioribus den schlechteren	pessimis den schlechtesten
	Akkusativ	peiores die schlechteren	pessimos die schlechtesten	peiores die schlechteren	pessimas die schlechtesten	peiora die schlechteren	pessima die schlechtesten
	Ablativ	peioribus durch die schlechteren	pessimis durch die schlechtesten	peioribus durch die schlechteren	pessimis durch die schlechtesten	peioribus durch die schlechteren	pessimis durch die schlechtesten

Tabellen

plus und *plurimum*, *plures* und *plurimi*

Numerus	Kasus	♂ Komparativ	♂ Superlativ	♀ Komparativ	♀ Superlativ	n Komparativ	n Superlativ
Singular	Nominativ	-	-	-	-	plus mehr	plurimum das meiste
	Genitiv	-	-	-	-	pluris teurer, mehr wert	plurimi des meisten, sehr teuer
	Dativ	-	-	-	-	-	plurimo dem meisten
	Akkusativ	-	-	-	-	plus mehr	plurimum am meisten
	Ablativ	-	-	-	-	-	plurimo durch das meiste, sehr teuer
Plural	Nominativ	plures mehrere	plurimi die meisten	plures mehrere	plurimae die meisten	plura mehrere (Dinge)	plurima die meisten
	Genitiv	plurium mehrerer	plurimorum der meisten	plurium mehrerer	plurimarum der meisten	plurium mehrerer	plurimorum der meisten
	Dativ	pluribus mehreren	plurimis den meisten	pluribus mehreren	plurimis den meisten	pluribus mehreren	plurimis den meisten
	Akkusativ	plures mehrere	plurimos die meisten	plures mehrere	plurimas die meisten	plura mehrere (Dinge)	plurima die meisten
	Ablativ	pluribus durch mehrere	plurimis durch die meisten	pluribus durch mehrere	plurimis durch die meisten	pluribus durch mehrere	plurimis durch die meisten

Beispiele regelmäßiger Adverbbildung

Deklination	Positiv Adjektiv	Positiv Adverb	Komparativ Adjektiv	Komparativ Adverb	Superlativ Adjektiv	Superlativ Adverb
a-/o-	longus der lange	longe lang	longior der längere	longius länger	longissimus der längste	longissime am längsten
	latus der weite	late weit	latior der weitere	latius weiter	latissimus der weiteste	latissime am weitesten
	clarus der berühmte	clare berühmt	clarior der berühmtere	clarius berühmter	clarissimus der berühmteste	clarissime am berühmtesten
	honestus der aufrichtige	honeste aufrichtig	honestior der aufrichtigere	honestius aufrichtiger	honestissimus der aufrichtigste	honestissime am aufrichtigsten
	doctus der gelehrte	docte gelehrt	doctior der gelehrtere	doctius gelehrter	doctissimus der gelehrteste	doctissime am gelehrtesten
3.	acer der heftige	acriter heftig	acrior der heftigere	acrius heftiger	acerrimus der heftigste	acerrime am heftigsten
	audax der brutale	audacter brutal	audacior der brutalere	audacius brutaler	audacissimus der brutalste	audacissime am brutalsten
	gravis der schwere	graviter schwer	gravior der schwerere	gravius schwerer	gravissimus der schwerste	gravissime am schwersten
	sapiens der weise	sapienter weise	sapientior der weisere	sapientius weiser	sapientissimus der weiseste	sapientissime am weisesten
	constans der beständige	constanter beständig	constantior der beständigere	constantius beständiger	constantissimus der beständigste	constantissime am beständigsten

Tabellen

Verbaladjektive

Suffixe und Endungen des PPA

Numerus	Kasus	Suffix + Endung			Beispiel: Stamm audi- hören		
		♂	♀	n	♂	♀	n
Singular	Nominativ	-ns	-ns	-ns	audiens der hörende	audiens die hörende	audiens das hörende
	Genitiv	-nt-is	-nt-is	-nt-is	audientis des hörenden	audientis der hörenden	audientis des hörenden
	Dativ	-nt-i	-nt-i	-nt-i	audienti dem hörenden	audienti der hörenden	audienti dem hörenden
	Akkusativ	-nt-em	-nt-em	-ns	audientem den hörenden	audientem die hörende	audiens das hörende
	Ablativ	-nt-i / -nt-e	-nt-i / -nt-e	-nt-i / -nt-e	audienti/audiente durch den hörenden	audienti/audiente durch die hörende	audienti/audiente durch das hörende
Plural	Nominativ	-nt-es	-nt-es	-nt-ia	audientes die hörenden	audientes die hörenden	audientia die hörenden
	Genitiv	-nt-ium	-nt-ium	-nt-ium	audientium der hörenden	audientium der hörenden	audientium der hörenden
	Dativ	-nt-ibus	-nt-ibus	-nt-ibus	audientibus den hörenden	audientibus den hörenden	audientibus den hörenden
	Akkusativ	-nt-is / -nt-es	-nt-is / -nt-es	-nt-ia	audientis/audientes die hörenden	audientis/audientes die hörenden	audientia die hörenden
	Ablativ	-nt-ibus	-nt-ibus	-nt-ibus	audientibus durch die hörenden	audientibus durch die hörenden	audientibus durch die hörenden

Suffixe und Endungen des PPP

Numerus	Kasus	PPP-Stamm fac-t-		
		♂	♀	n
Singular	Nominativ	factus der gemachte	facta die gemachte	factum das gemachte
	Genitiv	facti des gemachten	factae der gemachten	facti des gemachten
	Dativ	facto dem gemachten	factae der gemachten	facto dem gemachten
	Akkusativ	factum den gemachten	factam die gemachte	factum das gemachte
	Ablativ	facto durch den gemachten	factā durch die gemachte	facto durch das gemachte
Plural	Nominativ	facti die gemachten	factae die gemachten	facta die gemachten
	Genitiv	factorum der gemachten	factarum der gemachten	factorum der gemachten
	Dativ	factīs den gemachten	factīs den gemachten	factīs den gemachten
	Akkusativ	factōs die gemachten	factās die gemachten	facta die gemachten
	Ablativ	factīs durch die gemachten	factīs durch die gemachten	factīs durch die gemachten

Tabellen

Numerus	Kasus	PPP-Stamm vi-s-		
		♂	♀	n
Singular	Nominativ	visus der gesehene	visa die gesehene	visum das gesehene
	Genitiv	visi des gesehenen	visae der gesehenen	visi des gesehenen
	Dativ	viso dem gesehenen	visae der gesehenen	viso dem gesehenen
	Akkusativ	visum den gesehenen	visam die gesehene	visum das gesehene
	Ablativ	viso durch den gesehenen	visā durch die gesehene	viso durch das gesehene
Plural	Nominativ	visi die gesehenen	visae die gesehenen	visa die gesehenen
	Genitiv	visorum der gesehenen	visarum der gesehenen	visorum der gesehenen
	Dativ	visīs den gesehenen	visīs den gesehenen	visīs den gesehenen
	Akkusativ	visōs die gesehenen	visās die gesehenen	visa die gesehenen
	Ablativ	visīs die gesehenen	visīs die gesehenen	visīs die gesehenen

Suffixe und Endungen des PFA

Numerus	Kasus	Suffix + Endung			Stamm fu- sein		
		♂	♀	n	♂	♀	n
Singular	Nominativ	t-ur-us	t-ur-a	t-ur-um	futurus der zukünftige	futura die zukünftige	futurum das zukünftige
	Genitiv	t-ur-i	t-ur-ae	t-ur-i	futuri des zukünftigen	futurae der zukünftigen	futuri des zukünftigen
	Dativ	t-ur-o	t-ur-ae	t-ur-o	futuro dem zukünftigen	futurae der zukünftigen	futuro dem zukünftigen
	Akkusativ	t-ur-um	t-ur-am	t-ur-um	futurum den zukünftigen	futuram die zukünftige	futurum das zukünftige
	Ablativ	t-ur-o	t-ur-a	t-ur-o	futuro durch das zukünftige	futura durch die zukünftige	futuro durch das zukünftige
Plural	Nominativ	t-ur-i	t-ur-ae	t-ur-a	futuri die zukünftigen	futurae die zukünftigen	futura die zukünftigen
	Genitiv	t-ur-orum	t-ur-arum	t-ur-orum	futurorum der zukünftigen	futurarum der zukünftigen	futurorum der zukünftigen
	Dativ	t-ur-is	t-ur-is	t-ur-is	futuris den zukünftigen	futuris den zukünftigen	futuris den zukünftigen
	Akkusativ	t-ur-os	t-ur-as	t-ur-a	futuros die zukünftigen	futuras die zukünftigen	futura die zukünftigen
	Ablativ	t-ur-is	t-ur-is	t-ur-is	futuris durch die zukünftigen	futuris durch die zukünftigen	futuris durch die zukünftigen

Tabellen

Suffixe und Endungen des passiven Notwendigkeitspartizips auf -nd (Gerundivum)

Numerus	Kasus	Suffix + Endung			Stamm: faci- (das e ist ein regelabweichender Bindevokal)		
		♂	♀	n	♂	♀	n
Singular	Nominativ	-nd-us	nd-a	nd-um	faciendus der zu machende	facienda die zu machende	faciendum das zu machende
	Genitiv	-nd-i	nd-ae	nd-i	faciendi des zu machenden	faciendae der zu machenden	faciendi des zu machenden
	Dativ	-	-	-	-	-	-
	Akkusativ	nd-um	nd-am	nd-um	faciendum den zu machenden	faciendam die zu machende	faciendum das zu machende
	Ablativ	nd-o	nd-a	nd-o	faciendo durch den zu machenden	facienda durch die zu machende	faciendo durch das zu machende
Plural	Nominativ	nd-i	nd-ae	nd-a	faciendi die zu machenden	faciendae die zu machenden	facienda die zu machenden
	Genitiv	nd-orum	nd-arum	nd-orum	faciendorum der zu machenden	faciendarum der zu machenden	faciendorum der zu machenden
	Dativ	-	-	-	-	-	-
	Akkusativ	nd-os	nd-as	nd-a	faciendos die zu machenden	faciendas die zu machenden	faciendas die zu machenden
	Ablativ	nd-is	nd-is	nd-is	faciendis durch die zu machenden	faciendis durch die zu machenden	faciendis durch die zu machenden

Zur Übersetzung des Zeitverhältnisses

Tempus des übergeordneten Prädikates (im lateinischen Satz)	Tempus einer Form der:		
	Gleichzeitigkeit (während) (PPA, Infinitiv Präsens)	Vorzeitigkeit (nachdem) (PPP, PPDep, Infinitiv Perfekt)	Nachzeitigkeit (bevor) (PFA, Infinitiv Futur)
Präsens	Präsens	Perfekt	Futur 1
Imperfekt	Präteritum	Plusquamperfekt	Konjunktiv Futur 1 (selten)
Futur 1	Futur 1	Futur 2	Futur 1
Perfekt	Präteritum	Plusquamperfekt	Konjunktiv Futur 1 (selten)
Plusquamperfekt	Präteritum	Plusquamperfekt	Konjunktiv Futur 1 (selten)
Futur 2	Futur 1	Futur 2	Futur 1